KB157562

# 신의 나라는 네 안에 있다

기독교는 신비의 종교가 아닌 새로운 생활의 이해다

# 신의 나라는 네 안에 있다

ⓒ들녘 2016

초판　1쇄 발행일 2016년 5월 20일
초판　2쇄 발행일 2016년 6월　9일

지 은 이　레프 니콜라예비치 톨스토이
옮 긴 이　박홍규

출판책임　박성규
기획실장　선우미정
편　　집　유예림 · 구소연
디 자 인　김지연 · 이수빈
마 케 팅　석철호 · 나다연
경영지원　김은주 · 박소희
제　　작　송세언
관　　리　구법모 · 엄철용

펴 낸 곳　도서출판 들녘
펴 낸 이　이정원
등록일자　1987년 12월 12일
등록번호　10-156
주　　소　경기도 파주시 회동길 198
전　　화　마케팅 031-955-7374　편집 031-955-7381
팩시밀리　031-955-7393
홈페이지　www.ddd21.co.kr

I S B N　979-11-5925-158-0(04300)
　　　　　978-89-7527-070-3(세트)

「이 도서의 국립중앙도서관 출판예정도서목록(CIP)은 서지정보유통지원시스템 홈페이지(http://seoji.nl.go.
kr)와 국가자료공동목록시스템(http://www.nl.go.kr/kolisnet)에서 이용하실 수 있습니다.(CIP제어번호:
CIP2016011326)」

# 신의 나라는 네 안에 있다

기독교는 신비의 종교가 아닌 새로운 생활의 이해다

레프 니콜라예비치 톨스토이

박홍규 옮김

들녘

**옮긴이 일러두기**

1. 이 번역본은 몇 가지 영어판 중 Constance Garnett가 번역한 최초의 영어 번역본을 기본 대상으로 삼았지만, 그 뒤에 나온 러시아어판(러시아판도 여러 가지 있다) 등의 다른 외국어 번역도 참고했다.
2. 이 책의 판본은 여러 가지이므로 그중 어느 것이 소위 정본이라고 하기 어렵다. 톨스토이 자신도 그 어느 것을 정본으로 삼은 적이 없다. 그 자신도 모르게 여러 가지 판이 나왔기 때문이다. 따라서 나는 그 여러 가지 중에서 가장 훌륭한 것을 기준으로 삼는다는 원칙하에서 여러 가지를 취사선택했다. 가령 부제인 '기독교는 신비의 종교가 아닌 새로운 생활의 이해다'는 Garnett 영어판에는 없이(있는 영어판도 있다) 러시아어판에 나오는 것을 옮긴 것이고, 본문의 인용 문헌도 Garnett의 영어판에는 생략되었지만 러시아어판에는 있는 경우 러시아어판의 그것을 옮긴 것처럼 독자들에게 필요하다고 생각되는 것은 나름으로 취사선택했다.
3. 영어판에 나오는 옮긴이 머리말과 최근의 영어판에 나오는 머리말은 우리 독자들에게는 불필요하다고 생각하여 생략했다. 여러 영어판은 인터넷에서 쉽게 구할 수 있으므로 그 부분이 필요한 사람들은 거기에서 찾아 읽을 수 있을 것이다.
4. 러시아판에는 없는 Garnett 영어판 장의 소제목도 본문에서는 생략하고 옮긴이 나름으로 장의 제목을 새롭게 붙이고 절을 나누어 그 제목도 새로 달았다.
5. 어느 판에서나 문장은 대체로 길기 때문에, 읽기 편하도록 가능한 한 끊어서 번역하고, 인용이나 대화인 경우 문단을 바꾸었다.
6. 본문의 주는 모두 옮긴이가 단 것이다.
7. 성서 번역은 '생명의 말씀' 사에서 나온 『현대인의 성경』에 따랐다. 그러나 문맥에 따라 약간 수정하기도 했다. 또 톨스토이가 수정한 경우에는 그것을 그대로 번역했다.

**편집자 일러두기**

1. 본문에 소개한 문헌 중 단행본은 『 』, 논문이나 팸플릿 등의 제명은 「 」, 잡지는 《 》, 신문은 〈 〉로 구분했다.
2. 책에 삽입한 여러 이미지는 원서에는 실리지 않은 것들로 편집자가 내용에 맞게 선택했음을 밝힌다. 모든 사진은 wikipedia.com에서 제공하는 자유 저작권 이미지이며, 이용에 있어 저작권법에서 명시하는 인용의 범위에서 벗어나지 않도록 노력했다.

톨스토이의 초상
(일리야 레핀 作)

이 책은 톨스토이의 『신의 나라는 네 안에 있다*The Kingdom of God Is Within You*』를 우리말로 옮긴 것이다. "천국이라고도 하는 신의 나라는 하늘에 있는 것이 아니라 우리의 마음속에 있다"는 뜻인데, 이는 톨스토이의 말이 아니라 복음서에 있는 예수의 말에 나오는 것이다.

> 신의 나라는 볼 수 있게 오는 것이 아니며, 또 '여기 있다', '저기 있다' 하고 말할 수도 없다. 왜냐하면 신의 나라는 네 안에 있기 때문이다(누가복음 17장 20~21절).

이는 바리새파[1] 사람들이 예수에게 "신의 나라가 언제 올 것 같은가?"라고 물었을 때 예수가 답한 말이다. 그런데 예수는 정확히 신의 나라가 '언제 온다'라고 답하지 않고 '네 안'에 있다고만 말한다. 그러니 신의 나라가 '이미 온 것'인지, '앞으로 올 것'이라고 하는 것인지도 잘 알 수 없다. 그렇게 답한 것 외에 다른 말도 없다.

『신의 나라는 네 안에 있다』는 이 제목을 '기독교는 신비의 종교가 아닌 새로운 생활의 이해'라는 부제와 연결시켜 보면 좀 더 알기 쉬울 것이다.

---

1    바리사이파, 바리새파 또는 바리새인은 예수 시대에 존재했던 유대교의 경건주의 분파로 이스라엘이 그리스와 로마 문화의 영향을 받아 이스라엘 고유의 문화와 신앙을 잃을 것을 우려하여 오경(토라 또는 율법)의 가르침을 문자 그대로 준수하였다.

여기서 '새로운 생활' 또는 '새로운 삶'이란 "회개하라, 예수 믿어라, 교회에 오라, 그러면 천당에 간다" 등을 뜻하지 않는다. 톨스토이는 천국이나 기적 따위의 신비한 것들에 아무런 관심이 없다. 교회에도 관심이 없다. 천국이란 본 적도 없으니 말할 것도 없지만 어디에서나 볼 수 있는 교회라는 것도 예수와는 무관하기 때문이다. 그가 말하는 '신의 나라는 네 안에 있다'란 천국이나 천당이 있다면 그것은 곧 나의 실천, 나의 생활, 나의 삶 속에 있다는 뜻이다. 즉, 이상은 우리의 삶 속에 있다는 것이다. 우리의 삶을 바꾸지 않으면 안 된다는 뜻이다. 기독교를 아무리 열심히 믿어도 우리의 삶이 그대로이면 아무런 의미가 없다. 기독교를 믿는다는 것은 삶을 바꾸는 것이다.

그러니 이 책의 제목에는 문제가 많다. 먼저 '신의 나라' 또는 천국이나 천당 같은 것을 톨스토이는 인정하지 않으면서도 그런 것이 마치 있는 것인 양 오해를 불러일으킬 수 있기 때문이다. 그렇게 제목을 붙인 이유는 그 말이 대부분이 기독교인들인 서양인에게 익숙한 탓이라고밖에 생각할 수 없다. 도리어 톨스토이가 생각한 '신의 나라'란 지상의 유토피아, 새로운 삶을 사는 사람들의 새로운 마을 같은 것이었는지도 모른다. 그러나 국가 자체를 부정하는 톨스토이는 어떤 유토피아도 구상하지 않는다는 점에 주목해야 한다. 도리어 부제에 나오는 '새로운 생활', '새로운 삶'과 같은 정도의 의미인지도 모른다. 그래서 제목을 다른 것으로—가령 이 책의 핵심 내용인 '권력에 대한 비폭력 저항'— 바꿀까도 고려했으나, 이미 100년 이상 그 제목이 수없이 회자되었기 때문에 그대로 두기로 했다. 그러니 신이 있고 없고, 천국이 있고 없고는 문제가 아니다. 새로운 삶이 어떤 것이어야 하는가가 문제일 뿐이다. 어떻게 살아야 하는가 하는 것이 문제일 뿐이다.

물론 여기까지만 생각해도 문제는 있다. 천국이나 교회를 부정하는 자가 어떻게 예수를 믿는다고 할 수 있냐는 반발이 당연히 생길 터이기 때문이다. 사실 톨스토이를 어디까지 기독교인이라 보아야 하는지도 의문이다. 가령 그가 영생이나 부활 같은 기적을 믿었는지 의문이고, 특히 예수를 신의 아들이라 인정했는지도 의문이다. 우리가 현실적으로 인정할 수 없는 성서의 여러 기적에 대해 톨스토이는 부정적이다. 기껏 문학적 비유나 종교적 강조의 차원이라는 의의 외에 다른 의의를 부여하지 않기 때문이다. 그러니 톨스토이가 읽는 성서는 매우 간결한 내용이 될 수밖에 없다. 서로 사랑하면서 착하게 살라는 내용 정도일 뿐이다. 서로 싸우지 말고 욕하지 말고 욕심 부리지도 말고 서로 나누어 함께 정답게 살라고 했을 뿐이다. 돈과 권력의 노예가 되지 말고, 서로 죽일 듯이 경쟁하여 세상을 각박하게 만들지 말고, 거짓과 욕망으로 자신과 세상을 더럽히지 말고, 서로 사랑하면서 깨끗이 살라고 했을 뿐이다. 이는 지금 우리 삶의 방식과는 전혀 다른 것이다. 지금 우리는 오로지 돈으로 모든 가치를 판단하는 소유의 삶을 살고 있을 뿐이다. 이 책에서 톨스토이가 말하는 것은 그런 소유의 삶이 아닌 새로운 삶을 살자는 권유이다.

그런데 실은 더 큰 문제가 있다. 톨스토이가 이 책에서 예수의 가르침에 따르면 가능해진다고 하는 '새로운 생활'이란 비폭력 무저항, 반(反)권력의 자유와 평등 및 평화의 삶을 말하는 탓이다. 그것은 모든 폭력, 특히 전쟁을 거부하는 삶이다. 따라서 군대에 가거나 무기를 들고 사람을 죽이는 것도 거부하는 삶이다. 바로 양심적 병역 거부의 삶이다. 그 양심이란 흔히 양심적인 사람이라거나 양심이 있니 없니 하고 말하는 경우처럼 '정직한 마음'이 있고 없고 등의 뜻으로 사용하는 것과 달리, 선악을 판단하는 도덕의식이나 사상이나 신념 등을 말하지만 법이나 제도에 의해 명확하게 규정되어 있지 않다.

한국에서는 양심적 병역 거부가 아직도 불법이고, 그것을 이유로 한 죄수가 세상에서 가장 많은 나라이다. 특히 다른 사람들도 아닌 기독교인들이 앞장서서 반대한다. 세계에서 기독교열이 가장 맹렬하다는 한국에서 대부분의 교회나 성직자, 신도들은 신앙을 이유로 병역 거부를 거부한다. 마치 그런 신앙은 신앙이 아니라고 하듯이 말이다. 그렇다면 우리는 톨스토이를 어떻게 생각해야 하는가? 특히 한국의 기독교인은 그를 어떻게 생각해야 하는가? 양심적 병역 거부자만을 참된 기독교인이라고 생각하는 톨스토이를 우리는 어떻게 생각해야 하는가? 100년도 더 전에 그 문제를 제기한 톨스토이를 읽어야 하는 이유는 양심적 병역 거부, 아니 양심이라는 것에 대해 검토할 필요가 있기 때문이다.

톨스토이는 병역 거부만이 아니라 전쟁 자체에 반대한다. 나아가 사형에도 반대한다. 그러나 한국에서는 대부분의 종교인이 전쟁이나 사형에 찬성한다. 어쩌면 병역이나 전쟁이나 사형과 같은 문제에 대해 기독교들이 맨 앞장을 서고 있는지도 모른다. 내가 성서를 처음으로 완독하고 기독교회라는 곳에 처음 간 것도 군대 시절이었다. 일요일에는 그 밖에 달리 할 일이 없었기 때문이다. 또한 유일하게 읽을 수 있는 책도 성서였다. 민간인의 이야기를 들을 수 있는 유일한 곳도 교회였다. 물론 민간의 이야기는 아니었다. 하느님의 이름으로 투철한 군인이 되어야 한다는 군대식 설교뿐이었다. 아니, 그 군목도 군인이었다. 우리 모두 하느님의 군인이었다. 성서도 군인의 성서였다. 그런 것들도 톨스토이는 인정했을 리 없다.

톨스토이는 양심적 병역 거부나 전쟁 및 사형에 대한 반대를 기독교의 본질, 종교의 본질이라 본다. 나아가 기독교인이 모든 국가 활동에 참여하는 것도 거부해야 한다고 주장한다. 따라서 기독교인은 군인은 물론 어떤 공무원도 될 수 없다. 뿐만 아니라 재산의 사유도 인정할 수 없고 장사를 하는 상인이 될 수도 없다. 참된 기독교인이라면 자연 속에서 자급자족하며 소박하게 사는 농민이어야 한다고 그는 생각했다. 특히 병역, 전쟁, 사형, 재산 등에 반대했다. 기독교는 바로 그런 것일 뿐이라 보았다고 해도 좋을 정도로 그 점을 특히 강조했다. 그렇게 말한 탓에 그는 19세기 말 러시아 정교에서 파문을 당했다. 그가 지금 이 땅에 살아 있다면 역시 파문을 당할 것이다. 당대의 러시아 정교와 오늘날 우리의 기독교가 크게 다르지 않기 때문이다. 아니다. 톨스토이가 만일 21세기 한국의 기독교를 보았다면 더욱 더 크게 분노했을 것이다. 그 이유를 여기 굳이 적을 필요가 없을 정도로 우리 기독교는 이미 그 이름조차 '개독교' 따위로 불리고 있지 않은가.

기독교만이 아니다. 톨스토이는 기독교만이 아니라 한국 역사에 존재한 모든 종교를 종교가 아니라며 부정했을 것이다. 우리가 보통 자랑스럽게 말하는 호국불교니 호국종교니 하는 말도 그는 이해하지 못할 것이다. 그에게는 말 자체에 모순을 내포한, 있을 수 없는 말이니까! 생각해보라. 어떻게 종교가 국가나 권력, 특히 폭력과 직결 내지 동치, 아니 최소한으로도 관련될 수 있겠는가? 어떤 정치인은 서울을 하느님에게 봉헌한다고 했다. 서울시장이라고 해서 서울을 그렇게 제물로 멋대로 바쳐도 좋은지 의문이지만, 그 하느님은 절대로 그 선물 또는 뇌물을 받지 않았을 것이다. 하느님이 무엇을 소유한다니 생각만 해도 끔찍하다. 서울시를 뇌물로 받은 하느님은 물욕의 귀신이었을 뿐이다.

호국불교 같은 것은 한국이나 동양에서만이 아니라 서양에서도 그 모습을 찾아볼 수 있다. 뿌리도 제법 깊다. 물론 초기 기독교는 호국과 아무런 상관이 없었다. 그러다가 4세기 로마 제국에서 국교가 되면서 기독교는 권력과 결탁하여 타락하기 시작했고, 19세기에는 대부분의 인류를 식민지로 지배하는 '제국의 종교'로 악마화했다. 우리의 기독교는 그때 들어온 것이다. 그리고 일제강점기와 전쟁 및 독재 통에 극성을 부렸다.

지금 우리나라의 기독교란 그처럼 악마화한 기독교의 변종이다. 권력과 부를 찬양하는 반(反)종교일 뿐이다. 권력의 주구가 된 거대 교회는 물론 철저히 보수·반동화한 기독교를 위시한 모든 종교가 그렇다. 유교를 종교라 한다면 그 역시 같은 종류에 불과하다. 그런 점에서 우리 기독교는 유교의 변종인지도 모른다. 불교 또한 마찬가지다. 부처는 권력을 거부했는데, 한반도의 불교는 처음부터 권력과 관련되었으니 말이다.

톨스토이는 그런 국가 종교를 철저히 거부했다. 그래서 19세기 후반 그가 살았던 러시아 정교회를 철저히 비판했고, 결국은 그 일 때문에 파문당했다. 지금 한국에 필요한 진정한 종교인은 톨스토이처럼 파문을 당하는 기독교인, 불교인, 유교인이다. 썩은 종교를 거부하는 종교인이다. 종교만이 아니라 모든 분야에서 그 각각의 부정부패를 고발하는 사람들이다. 자기 전공을 비판하는 전공인들이다. 정치인은 정치를, 경제인은 경제를, 학자는 학문을, 예술가는 예술을, 기술자는 기술을 비판해야 한다. 그래야 새로운 삶이 가능하다. 자기 비판, 자기 정화의 능력이 있어야 건강하다.

톨스토이가 이 책에서 말하는 바에 따르면 지금 한국에는 참된 종교인이 없다. 아니 인간이 없다. 모두들 귀신에 홀린 불쌍한 노예 중생에 불과하다. 그들이 믿는 것은 예수도 부처도 아닌 오로지 돈과 권력이다. 우리는 모두 돈과 권력의 노예일 뿐이다. 그래서 나는 이 책을 소개하고자 한다.

이런 말을 하는 톨스토이는 미친 사람인가? 내가 좋아하는 마하트마 간디는 이 책을 읽고 감동하여 비폭력운동을 하게 되었다. 그렇다면 간디도 미친 사람인가? 간디를 따라 비폭력운동을 한 마틴 루서 킹도 미친 사람인가? 지금 그 세 사람을 미쳤다고 하는 한국인은 없다. 그러나 그들이 비판한 기독교를 비롯한 여러 종교를 양심적 병역 거부의 거부라는 이유로 비판하는 사람도 없다. 그렇다면 톨스토이, 간디, 킹에 대한 한국인의 사랑은 거짓이다. 나는 그 세 사람을 사랑한다. 따라서 양심적 병역 거부를 인정한다. 그리고 전쟁과 사형에 반대한다. 권력에 반대한다. 부귀에 반대한다. 자본주의에 반대한다. 마찬가지로 공산주의에도 반대한다. 모든 국가에 반대한다. 모든 폭력에 반대한다.

『신의 나라는 네 안에 있다』를 너무나 사랑한 나는 이 책이 제발 우리말로 번역되어 우리나라에서도 양심적 병역 거부와 전쟁 및 사형 반대를 비롯한 여러 가지 비폭력운동이 지금보다 더욱더 적극적으로 전개되기를 학수고대했다. 그러나 이 책이 나온 지 1세기가 더 지난 지금까지도 번역은 이루어지지 않았고, 나는 결국 영어 등 다양한 번역으로 여러 해 동안 읽고 이해한 내용을 직접 옮기게 되었다. 거의 50년 전, 어린이용 위인전으로 톨스토이를 만나고부터 그는 내 마음의 스승이 되었다.『내 친구 톨스토이』(2015, 들녘)를 펴낸 것도 그를 따르고자 하는 작은 발걸음이었다.

그러나 내가 이 책을 번역하고자 결심한 가장 큰 이유는 최근 권력에 대한 회의가 너무도 커졌기 때문이다. 언제나 권력을 회의했지만, 최근 21세기에 와서 더욱더 회의하게 되었고, 이에 따라 나는 이 문제에 대한 가장 고전적인 명저인 톨스토이의 이 책을 번역해야겠다고 마음먹었다. 이 책은 내가 아는 어떤 책보다도 반(反)권력의 책이기 때문이다.

나는 오랫동안 권력을 거부하는 사상인 아나키즘에 관심을 가져왔다. 우리에게 권력이라는 것이 너무나도 강력하다고 생각하여 그것에 가장 극단적으로 대처하는 사상인 아나키즘에 관심을 둔 것인데, 내가 사는 이 나라는 세상 그 어느 곳보다 권력주의가 강한 곳이어서 아나키즘은 실뿌리조차 내리지 못한 실정이다. 그러나 이제는 우리도 아나키즘을 제대로 살펴볼 때가 되지 않았을까?

태어나면서부터 죽을 때까지 우리는 갖가지 권력 아래 노예처럼 살아간다. 그 권력은 아버지이고 형이고, 선생이고 상관이고, 사장이고 과장이고, 대통령이고 시장이다. 그것은 모두 불평등한 권력관계의 지배자이다. 그 아래 피지배자는 권력관계를 없애 평등한 관계를 만들고자 하지 않고, 자신이 언젠가 지배자가 되기만을 기다렸다가 자기에게 권력이 돌아오면 더욱더 엄청난 권력을 행사한다. 서양인의 시민혁명이란 귀족이니 평민이니 하는 모든 권력관계를 청산하고 모두가 시민이 된 것이었으나, 우리는 모두가 양반, 즉 귀족이 되는 길을 선택했다. 양반이라는 자리에 한이 맺힌 탓인지 모르지만, 그리고 모두 양반이 되었으니 평등을 이룩한 게 아니냐고 반문할지도 모르지만, 양반이 뜻하는 권력욕이 모두에게 전염되어 우리는 결국 권력의 노예가 되었다. 진보니 보수니 하며 싸우는 것도 그런 권력욕의 노예가 된 탓이 아닐까?

이 책은 그런 점을 가장 예리하게 비판하고 있다. 그래서 특히 우리에게 필요한 고전 중의 고전이다. 1906년 톨스토이가 처음 이 땅에 소개되었을 때, 무엇보다 먼저 이 책이 소개되었더라면 권력의 노예라는 멍에에서 좀 더 빨리 벗어났을지도 모른다. 그 뒤 지금까지 톨스토이만큼 우리나라 사람들에게 강력한 영향을 끼친 외국인도 드물 것이다. 그러나 그의 사상은 물론 문학조차도 제대로 이해되거나 수용되지 못했다. 가령 그 누구보다도 톨스토이의 영향을 많이 받았다고 하는 이광수는 일제강점기부터 우리나라에서 가장 많은 독자를 가진 작가로 톨스토이의 어느 작품보다도 『부활』과 함께 『신의 나라는 네 안에 있다』를 애독한다고 말했지만 이 책으로 러시아 정부나 교단에서 추방된 톨스토이나, 이 책의 영향으로 대영제국에 비폭력 저항운동을 벌여 여러 차례 감옥을 갔던 간디와 달리 일제를 조선의 해방자라 믿고서 그것에 철저히 아부하여 민족을 배반했다. 왜 똑같은 식민지 상황이었던 인도와 한반도에서는 전혀 반대의 톨스토이가 존재했는가? 도대체 무엇이 문제였는가?

　게다가 『신의 나라는 네 안에 있다』를 소설로 썼다고 해도 과언이 아닌 『부활』의 영향도 이광수에게는 그가 쓴 「무정」, 「재생」, 「유정」 등의 소설에서 드러나듯이 봉건적인 여성의 순결 도그마를 강조하는 것으로 왜곡된 신파극이었을 뿐이었다. 즉 『부활』이 보여주는 재판이나 감옥, 국가나 정부, 관료나 토지사유 등의 당시 러시아 사회에 대한 비판은 이광수의 경우 전혀 문제되지 않았다. 따라서 이광수는 당시 세계적으로 유명한 작가였던 톨스토이라는 이름을 자신의 유명세를 위해 팔아먹은 것에 불과했고, 그런 잘못된 신파적인 톨스토이 소개로 인해 일제강점기는 물론 지금까지도 문학이나 사상을 비롯한 정신 풍토에 엄청난 왜곡을 초래했다.

　오늘날 우리의 국가지상주의, 권력지상주의, 독재지상주의, 자본지상주의 등의 풍조도 그런 왜곡이 빚은 하나의 결과일 수도 있다. 톨스토이나 간디가 국가, 권력, 자본, 군대, 사형 등등을 거부한 것이 이광수를 비롯한 우리에게는 완벽하게 반대로 그것들을 더욱 철저히, 완벽하게 긍정하고 적극적으로 수용하는 것으로 왜곡된 것이다. 내가 이 책을 번역해야 한다고 마음먹은 이유 중 하나는 그런 오해와 왜곡에서 하루 빨리 벗어나기 위해서이다. 왜냐하면 여전히 이광수가, 그 닮은꼴들이, 그 후예들이 이 나라를 지배하고 있기 때문이다. 여전히 이 나라에는 톨스토이가 없기 때문이다. 톨스토이를 팔아먹고 사는 가짜들만이 판을 치고 있기 때문이다. 톨스토이만이 아니다. 예수도 마찬가지다. 예수는 팔아먹기 좋은 또 다른 유명세거리에 불과하다. 권력을 잡고 부를 축적하기 위한 수단에 불과하다. 그러니 개독교다. 개불교다. 개유교다. 모두가 개판이라고 해도 과언이 아니다.

　이 책은 제목에서 알 수 있듯이 종교, 그것도 종교 일반이 아닌 기독교를 다루고 있다. 이 같은 연유로 위에서 말한 나의 생각에 의문을 가질 분이 계실지도 모른다. 그러나 이 책은 사실 아나키즘에 대한 책이다. 보통 보는 종교서, 특히 기독교 책이 아니라 아나키즘 책이다. 게다가 그 어떤 아나키즘 책보다도 강력한 아나키즘 책이다. 이 책에서 톨스토이는 아나키즘을 비판하지만, 그것은 19세기 후반 러시아의 폭력주의적 테러리즘의 일종인 아나키즘이다. 반면 이 책에서 말하는 내용은 권력주의 비판을 본질로 하는 아나키즘의 정수라고 나는 생각한다. 내가 이 책을 새롭게 평가하는 이유다. 사실 그 누구든 기독교와 아나키즘을 연결하기란 쉽지 않을 터다. 그러나 나는 오래전부터 기독교, 특히 예수는 반권력주의자라 생각해왔다. 마찬가지로 부처도 반권력주의자로 보았다. 그러나 권력주의가 깊게 뿌리 내린 사회에서 살아가는 우리에게는 예수도 부처도 권력의 화신으로 변신한다. 그러나 예수와 부처는 아나키스트다. 톨스토이 역시 이 책에서 그리스도를 아나키스트로 보았다.

『신의 나라는 네 안에 있다』에서 톨스토이는 신에 대해서 이야기한다. 그러나 그가 말하는 신이란 종교인들이 보통 말하는 신비한 어떤 절대자나 조물주가 아니라, 간디도 말한 바 있는 '진실'에 가까운 존재다. 그렇지만 진실한 마음은 물론 행동까지 신으로 추구했던 간디보다도 톨스토이는 훨씬 더 신에 대해 회의적이었다. 만년에 이르러서도 "신이 있는지 없는지 모르겠다"며 고백할 정도였다. 그는 자기 영혼의 본질을 형성하는 어떤 법칙이 있다는 것을 충분히 지각하며, 그 법칙의 원인이자 근원을 신이라 부른다고 말했다. 영혼의 본질을 형성하는 법칙을 움직이는 것이 신이자 진실이라는 것이다.

나에게 그것은 인간이 참되게 살아가게 해주는 어떤 근원적 힘 정도로 이해된다. 그런 것이 신이라면 나도 부정하고 싶지 않다. 이런 점에서 보면 나도 유신론자다. 그런데 톨스토이나 간디에게 그 법칙은 무엇보다도 비폭력이다. 내가 이해하는 기독교도, 불교도 기본적으로 비폭력의 종교이다. 비폭력은 반권력이다. 그런데 우리나라의 기독교는 비폭력이나 반권력이 아니라, 도리어 폭력과 권력에 가깝다. 우리나라에 1천만 명이 훨씬 넘는 기독교인이 있다고 하는데도 1세기 이상 이 책이 번역되지 못한 것도 기본적으로 그런 권력주의 탓이라 생각된다.

그러나 이 같은 나의 주장과 달리 1세기도 전에 러시아에서 나온 책이니 지금 한국에 사는 우리의 눈으로 보면 당치도 않은 내용이 있다는 이유에서 아직 번역되지 않았던 것인지도 모른다. 러시아 기독교, 즉 러시아 정교에 대한 무관심 내지 무지의 소산인지도 모르지만, 이 점을 제외한다고 해도 톨스토이에게 문제가 전혀 없는 것은 아니다. 가령 기독교 절대주의 내지 유일주의 같은 태도나 아시아 아프리카 등의 비서양에 대한 서양의 편견 같은 것에 대해서는 나 역시 비판적이다. 특히 중국에 대해 톨스토이는 비판적인데 이를 통해 보면 그가 한반도에 대해 전혀 언급하지 않은 이유도 어느 정도 짐작할 수 있다. 그럼에도 나는 이 책은 번역될 가치가 충분하다고 생각한다. 그것도 100년 전부터 말이다. 만일 그랬다면 우리나라에도 이 책을 읽고 간디처럼 비폭력 민족해방운동을 벌인 사람이 나타났을지 모른다.

비록 100년이나 늦었지만 나는 아직도 그런 기대를 가지고 이 책을 낸다. 우리에게도 간디 같은 사람이 나타나기를 고대하면서 이 책을 낸다. 간디는 이 책을 기독교 책으로 읽지 않았다. 그는 평생 많은 기독교인과 교류했지만 기독교로 개종하지 않고 태어날 때부터 믿어온 힌두교를 평생 믿었다. 그러나 간디는 힌두교 사원을 고정적으로 방문하지 않았고, 특별한 어느 사원의 신도인 적도 없고, 힌두교의 어떤 행사에도 참석하지 않았다. 인도 독립을 위해서는 그렇게 할 수도 있었고, 사람들이 대부분 힌두교도인 인도에서는 그것이 가장 좋은 독립운동의 방법일 수도 있었을 터인데도 그는 그렇게 하지 않았다. 어떤 사원의 종교 행사에 참여하거나 조찬기도회니 신도회니 하는 여러 가지 정치적 종교 행사에 관여한 적도 없다. 그런 의미에서 그는 힌두교도가 아니었다. 더 나아가 그는 힌두교의 어떤 의례나 상징에 대해서도 무관심했다. 힌두교의 그 많은 신에 대해서도 무관심했다. 그를 힌두교도라고 볼 수 있는 점은 그가 힌두교 경전의 하나인 『바가바드기타』를 즐겨 읽었다는 정도뿐이다. 그러나 이 역시 비폭력 무저항의 경전이라는 차원에서다. 그 밖에는 어떤 종교적 신비주의도 인정하지 않았다. 톨스토이가 이 책의 부제로 말한 '기독교는 신비의 종교가 아닌 새로운 생활의 이해'라고 한 것은 간디의 힌두교에도 그대로 적용된다. 두 사람 모두 '비폭력 무저항'의 정신을 '새로운 생활의 이해'로 보았다.

내가 간디의 책을 번역하고 관련 논저를 내는 것에 대해 간디의 문제점, 특히 그가 카스트의 즉각적 해체를 주장하지 않았고, 만년에 어린 소녀들과 동침했다는 사실이나 사회주의운동에 비판적이었다는 점 등을 거론하며 부정적으로 평가하는 견해가 있지만, 그런 문제점을 알면서도 나는 비폭력운동의 선구자라는 점에서 간디가 우리에게 더 진지하고 확실하게 소개될 필요가 있다고 생각한다.[2]

톨스토이에 대해서도 마찬가지다. 그가 귀족 출신이었고 거대한 영지를 소유했으며 『전쟁과 평화』나 『안나 카레니나』 등의 소설 몇 편을 제외하고는 읽을 만한 책을 쓰지 못했다는 평가, 특히 만년의 『나의 신앙은 어디에 있는가?』(번역서 명은 '신앙론'이다) 등은 극단적인 도덕주의에 치우친 것이므로 살필 필요가 없다는 식의 부정적 평가도 있지만, 나는 지금 내가 사는 한국이나 세계의 모든 문제 해결에 톨스토이의 관점, 더욱이 만년의 비폭력주의적 관점이 여전히 유효하다고 생각한다.[3] 우리가 과연 절대왕권 시대를 벗어났는지, 독재주의 시대를 벗어났는지, 우리 스스로 이런 것들을 없애고 모두가 자유롭고 평등한 민주주의 세상을 만들어야 한다는 점에 합

---

2  지금까지 간디는 인도 독립의 아버지 정도로 소개되어 왔다. 한국의 간디라고 불릴 정도로 간디의 영향을 많이 받은 함석헌의 간디 수용에도 문제가 많다는 점을 나는 『함석헌과 간디』(들녘, 2015)에서 밝혔다. 간디는 톨스토이로부터 거의 절대적이라고 할 정도의 영향을 받았으나, 함석헌은, 힌두교도인 간디와 달리 함석헌 자신과 같은 기독교인인 톨스토이에 대해 크게 주목한 바가 없었다는 점도 문제라 할 수 있다. 함석헌은 일제강점기에 무라카미 간조의 무교회운동의 영향을 받아 무교회주의자로 활동하다가 만년에는 퀘이커파에 귀의했다. 반면 톨스토이는 성서를 읽고 신을 믿었지만 교회와는 무관하게 살았다. 즉 무교회운동 같은 것에도 관심을 갖지 않았다. 무교회운동은 반드시 비폭력운동이라고 할 수 없는 반면 퀘이커는 기독교의 핵심이 비폭력운동이라고 생각했다. 톨스토이의 기독교관과 퀘이커의 종교관은 비폭력운동이라는 점에서 일치했다. 그러나, 톨스토이는 퀘이커를 비롯한 어떤 기독교 교파와도 무관하게 살았다. 그러면서도 톨스토이는 스스로 기독교인이라고 했다. 그가 말하는 기독교인은 교회와는 무관하게 예수가 한 말을 믿는 사람을 말한다. 그런 점에서는 나도 기독교인이다. 그러나 나는 한국의 어떤 교회와도 무관하다. 그런 점에서 간디도 기독교인이다. 그 역시 톨스토이나 나처럼 교회와는 무관하게 예수가 한 말을 믿었기 때문이다. 마찬가지로 그는 불교인이자 힌두교도인이기도 하다. 절이나 사원과 무관하게 부처나 바가바드기타 등의 가르침, 특히 비폭력의 가르침을 믿기 때문이다. 그런 점에서 볼 때 종교에 대한 태도의 구분이란 소속된 교회나 절이 있느냐 없느냐의 차이일 뿐이고, 예수나 부처의 비폭력을 믿는 인간은 모두 마찬가지라고 할 수 있다. 즉 우리 모두 비폭력주의자인 한 기독교인이나 불교인이다.

3  우리가 유의해야 할 또 하나의 관점은 제도에 대한 톨스토이의 성찰이다. 톨스토이는 비폭력주의를 신약성서에서 끌어내는데 성서의 비폭력주의가 기독교의 제도화인 교회의 성립과 제도화의 극단인 국교화로 인해 약화 내지 퇴화되었다고 주장한다. 톨스토이는 이 책에서 그러한 제도화에 대한 근본적인 비판을 하지 않고 있으나, 이미 20대 후반의 교육 실천의 시기에 학교라는 제도에 대한 비판으로 나타났다. 따라서 그가 20세기의 자유교육운동 내지 반교육운동이나 반학교운동의 최초 선구자로 평가되는 것은 당연하다. 한국에서는 그의 교육사상 및 교육실천을 서민교육 정도의 수준에서 파악하는 경향이 있지만 이는 그가 교육의 강제성 내지 독재성을 비롯한 문제점에 근본적 비판을 가했다는 점을 간과하는 것이라 보지 않을 수 없다. 나아가 톨스토이의 반제도론은 교육이나 학교, 종교나 교회에 그치는 것이 아니라 산업사회 내지 근대사회 전반에 대해서 제기되는 비판임을 유의하여야 한다. 이는 특히 제도화 내지 제도에 대한 물신적 숭배 경향까지 나타나고 있는 한국에서 주목해야 할 점이다. 사상적인 측면에서 이 점에 대해 가장 강력한 문제 제기는 이반 일리치에 의해 내려졌다. 반제도론은 반전문화론으로 연결된다는 점도 주목해야 한다. 가령 교회의 성직자들에 대한 불신이다. 톨스토이는 성직자를 포함하는 모든 전문가 집단에 대한 일반적인 비판을 하고 있지는 않지만, 그러한 비판의 가능성을 우리는 이반 일리치를 통해서 살펴볼 수 있다. 그러나 이반 일리치보다 톨스토이의 논의가 우리 현실에서는 더욱 절실하다. 특히 이 책에서 논의되고 있는 양심적 병역 거부 문제를 비롯한 국가권력에 대한 비판이다. 교육의 경우에도 탈학교론보다 국가의 통제와 관리로부터 교육을 해방시키는 일이 급선무다. 최소한 정치인들에 의해 좌우되는 교육정책이 아니라 정부로부터 완전히 독립된 교육행정 기구의 확립이 시급하다. 이미 유럽과 미국에서는 교육행정의 상당 부분이 그런 기구에 의해 수행되고 있다. 반면 우리의 경우 최근 교육에 대한 정치적 간섭은 더욱 강화되고 있다.

의했는지 아직 불투명한 탓이다.

　지금 내가 번역하는 이 책 『신의 나라는 네 안에 있다』는 톨스토이가 종
교는 물론, 국가·세계·학문·예술·사회·문화·경제 등등 세상사 전반을
다룬 책으로서 나에게는 언제나 엄청난 감동을 준다. 그래서 아무도 주목
하지 않는 이 책을 번역한다. 나는 젊은 시절, 라스카사스의 책을 번역하
기 위해 스페인어를, 몽테뉴의 책을 읽기 위해 프랑스어를, 루쉰의 책을 읽
기 위해 중국어를 공부했듯이, 이 책의 번역을 위해 러시아어를 배울 생
각도 했지만, 나이가 들고 생활이 바빠진 탓인지 제대로 공부하지 못했다.
그래서 오랫동안 이 책의 번역을 포기했으나 최근 몇 년 동안 엄혹한 국가
주의 내지 권력주의 아래 살면서 톨스토이의 국가 비판에 다시 한 번 귀
를 기울이게 되었다.

　1891년, 63세에 쓰기 시작하여 2년 뒤인 1893년의 집필 종료 후 바로 검
열에 걸린 탓에 러시아에서 러시아어로 출판되지 못하고, 1894년 독일과
영국에서 출판된 것이 이 책의 최초 모습이다. 우리말 번역은 여러 영어판
중 Constance Garnett가 번역한 최초의 영어 번역본을 기본으로 삼고, 그

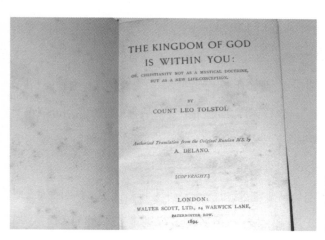

1894년에 출판된 최초의
영어 번역본 『신의 나라는
네 안에 있다The Kingdom
of God Is Within You』
(CC BY-SA 2.5)

뒤에 나온 러시아어판 등 다른 외국어 번역을 참고했다.

이 책 제목에서 말하는 '신의 나라'는 '비폭력의 나라'이고, 부제에 나오는 '새로운 생활의 이해인 기독교'라는 것도 비폭력 기독교를 말한다. 따라서 이 책은 비폭력에 대한 책이다. 내가 이 책을 번역하는 또 다른 이유는 우리나라가 '폭력의 나라'이기 때문이다. 남북의 분단을 비롯하여 우리 사회에 수많은 차원의 분단이 존재하는 이유는 기본적으로 우리나라가 '폭력의 나라'이기 때문이다. 특히 기독교가 그런 폭력을 부추기는 측면이 있어서 이 책은 우리에게도 소중하다. 이 책에서 톨스토이가 비판하는 러시아 기독교나 러시아 국가는 우리 기독교 및 국가와 크게 다르지 않다.

따라서 100년도 훨씬 넘은 옛날에 나온 고전인 이 책의 소개가 전혀 무의미하다고는 생각하지 않는다. 비폭력에 대한 책이 없었던 것이 아니지만, 나는 이 책만큼 강렬한 인상을 받은 책을 알지 못한다. 그동안 이 책의 번역이 없었다는 점과 우리의 폭력성을 관련지을 수는 없겠지만, 이광수 류의 반정치적이고 감상적인 톨스토이 이해가 얼마나 잘못되고 우스운 것인지를 생각해볼 필요는 있다. 우리에게는 이광수가 아니라 간디가 필요했고, 지금도 여전히 필요하기 때문이다. 톨스토이의 종교나 윤리에 대한 사상을 소위 순수문학인들이나 그 아류는 비웃는 경향이 있지만, 나는 도리어 톨스토이 문학의 본질은 그의 사상에 있다고 생각한다.

이 책은 많은 사람들의 생활을 바꾸었지만, 특히 간디의 생활을 바꾼 책으로 기억할 만하다. 1894년 막 영국에서 출판된 이 책을 남아프리카에서 읽은 간디는 비폭력운동을 시작했고, 그것이 20세기의 마틴 루서 킹을 비롯한 많은 비폭력운동가들에게 영감을 주었다. 뿐만 아니라 많은 기독교인들에게 비폭력 기독교에 대해 새롭게 인식하게 했다. 아니, 기독교도만이 아니라 모든 종교인들은 물론 많은 사람들에게 종교에 대해 다시 생각하게 했다. 최근 종교가 아예 필요 없다는 주장도 많지만, 톨스토이는 종교 자체의 필요성을 부인하지는 않고, 참된 종교의 모습을 비폭력에서 찾으려고 노력한다. 사실 톨스토이의 그런 노력은 자기 생활의 변화와 관련되었다. 그런 점에서 이 책을 톨스토이가 자기 인생의 변화를 기록한 책으로 보아도 무방할 것이다.

기독교를 믿는 군인귀족 집안에서 태어난 톨스토이에게 신약성서의 산상수훈이 말한 비폭력 평화는 기독교를 여자나 아이들이나 하인들을 위한 종교이지 남자들의 종교가 아니라고 생각하게 했다. 그래서 젊은 시절에는 기독교에 대해 여러 가지로 회의하고 방탕한 생활까지 했다. 기독교가 그에게는 윤리적 규준이 되지 않았기 때문이다. 결혼 뒤에는 자연과 가정과 예술을 종교로 삼아 살면서 『전쟁과 평화』, 『안나 카레니나』 같은 걸작들을 썼다. 그동안 기독교에 대한 관심을 버린 것이 아니었지만 아들의 가정교사인 혁명가와 나누었던 대화를 계기로 톨스토이는, 기독교 신념에 따라, 1881년 황제 알렉산더 3세에게 그 아버지 살해범을 사면해달라고 탄원했고, 그 이후 비폭력과 종교적 급진주의에 기울었다. 같은 해, 시골 고향에서 모스크바로 이사한 그는 도시 노동자 계급의 불행을 목격했다. 그리고 빈민의 생활을 직접 보고자 도시 통계조사에 참여한 뒤 1886년에 쓴 『그러면 우리는 무엇을 할 것인가?』(이 책도 우리나라에서는 아직 번역되지 못했는데, 나는 곧 번역할 생각이다)에서는 시민의 양심과 함께 종교적 가르침을 비판하기 시작했다.

그보다 앞서 1881년부터 82년 사이에 쓴 『교의 신학 비판』에서 톨스토이는 교회가 복음서 메시지를 상당히 반대되는 의미로 채택하여 도덕적으로나 지적으로 왜곡했다고 비판했다. 신은 삼위이며 동시에 하나라는 소위 삼위일체(三位一體)[4]와 같은 교리들은 그에게 아무 의미가 없었고, 특히 성례식[5]을 문명의 초기 단계에나 적합한 '야만적 관습'이라고 비난했다. 아울러 1882년 「교회와 국가」라는 제목의 짧은 팸플릿에서 그는 '기독교 국가'라는 구절을 '뜨거운 얼음'이라는 말처럼 역설적이며 무의미하다고 말하면서, 그러한 국가는 국가가 아니며 그런 기독교는 기독교가 아니라고 선언했다.

그에 의하면 왕은 결국 단순히 세례받은 강도이고, 그리스도의 가르침은 국가에 적대적이다. 따라서 기독교인은 국가를 파괴하는 것은 아니라 해도, 그것을 지지하거나 국가가 요구하는 것들 중 많은 것에 불응해야 한다고 주장한다. 1884년에 쓴 『나의 신앙은 어디에 있는가?』에서 그는 그리스도가 십자가에 매달렸을 때의 강도들 중 한 사람이라고 자신을 독자들에게 소개한 뒤 그의 개종은 그가 "악한 사람을 대적하지 말아라. 누가 네 오른 뺨을 때리거든 왼뺨도 돌려 대어라(마태복음 5장 39절)"[6]는 말의 참뜻을 깨달았을 때 일어났다고 하며, 다음과 같이 썼다.

　　나는 심판하고 처벌하도록 교육받았고 전쟁을 하도록 교육받았다. 즉, 나는
　　악한 사람에게 살인으로 저항할 것이며, 내가 그 일원으로 있는 군인 계급을
　　그리스도를 사랑하는 군대라고 부르고, 그곳에서의 활동은 그리스도의 축

---

4 　삼위일체(Trinitas)는 기독교 등의 종교적 교리이지만 그 세부적인 개념은 종파마다 상이하다. 기독교에서 성부(聖父), 성자(聖子), 성령(聖靈)은 삼위(세 인격, 3Persons, 세 분, 세 위격)로 존재하지만 본질은 한 신이라는 교리이다. 삼위일체라는 표현은 구약성경과 신약성경에는 기록되어 있지 않으나, 로마 가톨릭교회, 동방정교회, 개혁교회를 포함한 대다수의 기독교는 삼위에 대한 개념이 요한복음 등에서 간접적으로 암시함을 주장하고 있다.

5 　성례식에는 세례식과 성찬식이 있다. 세례식은 그리스도와 함께 옛사람이 죽고, 그리스도와 함께 부활에 참여한 새사람이 되었다는 것을 여러 증인 앞에 나타내 보이는 예식이다. 성찬식은 죄와 허물로 죽은 우리를 구원하기 위하여 십자가에서 그리스도가 자신의 몸을 찢고 피 흘려 죄를 대속하여 죽음을 기념하는 예식이다.

6 　NIV(The new international version) 영어성경에는 "Do not resist an evil person"이라고 되어 있는데 이를 직역하면 "악한 자에 저항(항거)하지 말라"가 된다.

복 아래 신성시되는 것이라고 교육받았다.

이 책의 제1장에 소개되어 있듯이 『나의 신앙은 어디에 있는가?』는 검열에 걸려 러시아에서는 출판되지 못했으나 여러 외국어로 출판되어 세계적인 논쟁을 불러일으켰다. 그 10년 뒤인 1894년에 출판된 이 책 『신의 나라는 네 안에 있다』는 그 논쟁에 대한 답이라 해도 과언이 아니다. 『나의 신앙은 어디에 있는가?』는 1879~1882년에 쓴 『참회』의 속편 내지 결론이라 할 수 있는 대작으로, 신약성서의 산상수훈 중의 다섯 가지 계율, 특히 악에 맞서기 위해 폭력을 사용해서는 안 된다고 하는 비폭력주의를 톨스토이 자신의 신앙이라고 선언한 책이다. 이 책 『신의 나라는 네 안에 있다』는 그러한 논의에 대한 대답이자 『나의 신앙은 어디에 있는가?』에서 전개한 논의의 확대이며 심화라 할 수 있다. 즉, 개인적인 삶의 문제를 다룬 『나의 신앙은 어디에 있는가?』의 사회적 확대판이 『신의 나라는 네 안에 있다』라고 해도 과언이 아니다.

보다 직접적인 집필의 계기가 된 것은 이 책의 1장에서 언급된 아딘 발루의 『모든 중요한 방면에서 해명되고 옹호된 기독교적 무저항*Christian Non-resistance, in all its important, illustrated and defended*』을 1891년 7월에 읽고서 감동하여 번역했는데, 그것에 간단한 서문으로 쓰기 시작한 글이었다(7월 29일 일기에 의함). 그리고 그 제목은 그보다 한 달 먼저인 6월, 스웨덴보르그의 신봉자들이 필라델피아에서 내는 신문인 〈새로운 기독교*The New Christianity*〉를 읽고 7일 자 일기에 다음과 같이 쓴 것에서 비롯되었다.

가까이, 문 앞에 와 있는 것에 관한 놀랍고, 즐거우며, 자극적인 사상이다. 사람들을 깜짝 놀라게 하는 것을 모두 써서 모아야 한다. 그것은 두 가지 방향인데, 하나는 국가와 교회를 고발하는 행동이고, 또 하나는 신의 나라가 온다는 것이다.

이 책의 1장은 비폭력에 관한 기독교인들의 신앙에 대한 이야기고, 2장은 러시아 정교회의 기독교 복음에 대한 해석에 대한 반론이다. 3장은 기독교에 대한 기독교도의 오해를 비판한 것이며, 4장은 학자들의 기독교에 대한 오해를 비판한 것이다. 5장에서는 생활과 양심의 모순에 대해 말한 뒤, 6장과 7장에서는 각각 전쟁과 병역의무를 비판한다. 그리고 8장에서는 무저항 수용의 필연성, 9장에서는 기독교적 인생관의 수용이 해방의 길임을 강조한다. 이어 10장에서는 국가를 거부하고, 11장에서는 폭력을 끝내기 위해 기독교적 인생관을 다시 강조한다. 마지막 결론인 12장에서는 앞의 여러 장을 요약하며 그 요지를 반복하고 있다. 그러한 반복은 기독교인이 아닌 사람들에게는 물론이고 기독교인들에게도 생소하고 지루할지 모르지만, 그것들을 우리 현실과 관련시켜 읽으면 충분히 흥미로울 수 있다.

나는 기독교에 대한 책으로서는 물론이고, 종교에 대한 어떤 책보다도 이 책을 흥미롭게 읽었기에 우리 독자들에게 반드시 소개해야 한다고 오래전부터 생각해왔다. 이 책을 세상에 내놓은 바로 다음 날이라도 더 좋은 번역이 나와 이 책이 불필요해지기를 진심으로 기대한다.

마지막으로 이 책의 교정 등에 힘쓴 들녘의 선우미정 씨와 김경천 변호사에게 진심으로 감사한다. 특히 김 변호사는 여러 가지로 바쁜 가운데 독실한 기독교인으로서 원고를 원서와 세밀하게 대조하며 열심히 고쳐주었다.

2016년 5월, 박홍규

진리를 알게 될 것이며 그 진리가 너희를 자유롭게 할 것이다.

(요한복음 8장 32절)

몸은 죽여도 영혼은 죽이지 못하는 자들을 두려워하지 말고
영혼과 몸을 능히 지옥에서 다 멸망시킬 수 있는 분을 두려워하라.

(마태복음 10장 28절)

신께서 값을 치르고 여러분을 사셨으니 사람의 종이 되지 마십시오.

(고린도전서 7장 23절)

1897년의 톨스토이

1884년, 나는 『나의 신앙은 어디에 있는가?』[1]라는 제목의 책을 썼다. 그 책에서 나는, 내가 실제로 믿는 신앙에 대해 서술했다.

그리스도의 가르침에 대한 나의 신앙을 서술하면서, 나는 보통 기독교라고 부르는 교회의 교리를 내가 왜 믿지 않는지, 그것을 왜 틀렸다고 생각하는지를 설명하지 않을 수 없었다.

그리스도의 가르침에 반하는 많은 기독교 교회의 교리 가운데 가장 중요한 것이 '권력의 악행에 대한 무저항의 결여'라고 나는 그 책에서 지적했다. 다른 무엇보다 바로 이 부분에서 교회 교리가 그리스도의 가르침을 왜곡했음이 명백하게 드러나기 때문이다.

우리 모두가 그렇듯 나는 '악에 대한 무저항'이라는 주제에 대해 과거의 실천, 논의 및 기록이 거의 없음을 알았다. 내가 아는 것은 극소수였다. 즉, 오리게네스[2]나 테르툴리아누스[3]와 같은 교회 교부들이 그 주제에 관하여

---

1  이 책의 번역본은 1964년 김병철 번역으로 을유문화사에서 『신앙론』으로 나온 뒤에 더 이상 나오지 않았다. 그 책에는 톨스토이의 예술론, 참회록, 인생론, 교육론이 함께 들어 있고, 그 네 가지는 그 뒤에도 계속 여러 사람에 의해 번역되고 소개된 반면 『나의 신앙은 어디에 있는가?』만큼은 더 이상 나오지 않은 점에서 대조적이다. 번역본에서는 그 책의 집필 연도가 1887년으로 나오지만 이는 1884년을 잘못 쓴 것이다.

2  오리게네스(Origenes, 185?~254?)는 기독교 최초의 체계적 신학자로 성서의 비유적 해석을 통해 기독교와 그리스철학을 조화롭게 융합시켰다.

3  테르툴리아누스(Quinrus Septirnius Florens Tertullianus, 160~220)는 그리스 철학을 이단으로 배척하고 성서에 따라서 삼위일체론 등의 신학을 수립했다.

언급했음을 알았고, 기독교도로서 무기 사용을 인정하지 않고 병역도 거부하는 메노나이트파,[4] 헤른후트파,[5] 퀘이커파[6]와 같은 교파들이 있었고 지금도 있다는 정도를 알고 있었을 뿐이었다. 그러나 그 문제의 해명을 위해서 그 교파들이 한 일에 대해서는 거의 알지 못했다.

내가 예견했듯이 앞에서 말한 나의 책은 러시아 당국의 검열을 받아 모두 압수되었다. 그러나 작가로서 내가 가진 문학적 명성 때문인지 아니면 그 책이 사람들의 호기심을 자극한 탓인지, 그 책의 사본과 그 석판 인쇄본은 러시아에서, 그리고 그 번역본은 해외에서 널리 유통되었다.

그리고 한편으로 나의 확신을 공유하는 사람들로부터 그 주제에 관하여 쓴 많은 정보를 얻게 되었고, 다른 한편으로는 나의 책에 나와 있는 신념에 대한 여러 가지 비판이 쏟아져 나왔다.

이 두 가지는 모두 최근의 역사적 사건들과 함께 나에게 많은 것들이 분명하게 보이게 해주었다. 그래서 나는 새로운 결과와 결론에 이르게 되어 이제 이를 해명하고자 한다.

---

4　메노나이트파(Mennonite)는 네덜란드의 종교개혁자인 메노 시몬스(Menno Simons, 1496~1561)가 세운 재세례파 운동의 최대 교파로 국가와 교회의 분리를 주장하며 외부와는 단절하고 엄격한 규율로 집단생활을 해왔다. 미국에서는 '아미시'라는 교파를 형성하고 있다.

5　헤른후트파(Herrnhut)는 '주의 가호가 함께'라는 뜻으로 독일의 친첸도르프(Nicolaus Ludwig Zinzendorf, 1700~1760)가 창설한 신앙공동체로 교회의 기초가 신조가 아닌 경건에 있음을 강조했다.

6　퀘이커파(Quakers)는 1647년 영국인 조지 폭스가 창시한 교파로 '안으로부터의 빛'을 믿고 인디언과의 우호, 흑인노예무역과 노예제도에 대한 반대, 전쟁 반대와 양심적 징병거부, 십일조 반대 등을 주장했다. 퀘이커파교도들은 한 자리에 모여 한 시간 동안 조용히 앉아 내 속에 빛으로 계신 신의 움직임을 기다리는 시간으로 보내며, 누구든지 내면의 빛이 비쳤다고 여겨지는 사람은 그 빛을 다른 이들과 나누기 위하여 짧게 몇 마디씩 간증한다. 직업적인 목사가 없고 모두가 모두에게 '봉사'하는 '봉사자들'만 있을 뿐이며, 십일조 등 전통적인 예배의식을 배격하고 특정한 교리에 구애됨이 없이 오로지 신의 직접적인 체험을 종교에서 가장 중요한 요소로 여긴다. 2009년 기준 전 세계적으로 35만 정도의 교인들에 불과하지만 아직도 평화운동이나 사회개혁운동에서의 영향력은 엄청나다.

먼저 나는 '악에 대한 무저항'이라는 문제의 역사에 대해 내가 얻은 정보를 말하겠다. 이어 종교계, 즉 기독교를 믿는다고 공언하는 사람들이 지지하는 견해, 그리고 보통사람들, 즉 기독교를 믿는다고 공언하지 않는 사람들이 갖는 견해에 대해 말하겠다. 그리고 마지막으로 최근의 역사적 사건들에 비추어 이 모든 것에 의하여 내가 이르게 된 결론을 말하겠다.

톨스토이

야스나야

1893년 5월 14/26일

# 차례

# 제12장 신의 나라는 네 안에 있다

# 01

## 퀘이커파의 무저항 사상

내가 쓴 『나의 신앙은 어디에 있는가?』라는 책에 대한 최초의 반응 중 하나는 미국의 퀘이커파 교도들이 나에게 편지를 보내준 것이었다. 퀘이커파 교도들은 그 편지에서 기독교인에게는 전쟁과 모든 종류의 폭력 사용이 불법이라고 주장한 나의 책에 공감을 표명하면서, 그들의 교파에 대해 자세히 알려주었다. 그들은 200년 이상 실제로 '권력의 악행에 대한 무저항'이라는 그리스도의 가르침을 믿어왔으며, 과거에도 현재에도 자기 방어를 위해 어떤 무기도 사용하지 않는다고 했다.

퀘이커파 교도들은 편지와 함께 그들이 만든 소책자, 잡지, 책들도 나에게 보내주었다. 그들이 나에게 보내준 그 자료들에서 나는 그들이 오래전부터, '권력의 악행에 대한 무저항'이라는 그리스도의 계율을 실천하는 기독교인의 의무를 의심할 여지없이 명확하게 확립하였고, 전쟁과 사형을 허용하는 기독교 교회의 교리가 오류라는 것을 폭로해왔음을 알게 되었다.

퀘이커파 교도들은 많은 논의와 저술을 통해 인간을 위한 평화와 선의를 기초로 한 종교인 기독교가 전쟁, 즉 인간을 살상하는 것과 서로 일치하

37

지 않음을 보여주었다. 그들은 기독교인이라고 자처하는 인간들이 이 계율을 무시하고 기독교도로서 전쟁과 폭력을 허용하는 것만큼, 기독교의 진리를 이교도의 눈에 모호하게 보이게 하며, 전 세상에 기독교의 전파를 가로막는 것은 다시없다고 주장하면서 이를 철저히 증명하였다. 그들은 말한다.

폭력과 칼이라는 수단에 의해서가 아니라, 악에 대한 무저항, 온유, 온건, 평화 애호로 사람들에게 알려진 그리스도의 가르침은, 그것을 따르는 사람들이 오로지 평화와 조화와 사랑의 모범을 보여 세상에 전파될 수 있다.

신의 가르침에 따르면 기독교인은 모든 인간에게 평화적으로만 행동할 수 있고, 따라서 어떤 권력도 기독교인으로 하여금 신의 가르침과 이웃과의 관계에서 기독교인의 기본 덕목에 반하는 행위를 하도록 강요할 수 없다.

국가가 필요로 하는 법률은, 세상의 이익을 위하여 일치시킬 수 없는 것을 일치시키려고 노력하는 인간으로 하여금 신의 율법에 등을 돌리게 할 수 있지만, 그리스도의 가르침을 따르는 것이 그에게 구원을 줄 것이라고 진지하게 믿는 기독교인에게 국가의 법률은 아무런 힘을 가질 수 없다.

퀘이커파의 활동과 그들의 저술, 즉 폭스,[1] 펜,[2] 그리고 특히 1827년에 출판된 디몬드[3]의 저서에 대해 좀 더 상세히 알게 되면서 나는 다음 두 가지를 알게 되었다. 즉, 기독교를 폭력 및 전쟁과 연결시킬 수 없음은 아주 오래전부터 인정되어왔을 뿐만 아니라, 이러한 연결 불가능성은 오래전부터 너무나 분명하고 확실하게 입증되었다는 점이다. 그럼에도 기독교의 가르침과 폭력의 불가능한 타협이 계속되었으며, 그것이 아직도 존재하고 있

고, 심지어는 여전히 기독교 교회에서 설교
되고 있다는 사실에 대해 오로지 놀라워할
수밖에 없었다.

조지 폭스 　　　윌리엄 펜

## 게리슨의 무저항 사상

내가 퀘이커파 교도들로부터 알게 된 것 말고도 같은 무렵 역시 미국으로
부터, 그것과 완전히 별개로 전에 내게 알려지지 않는 곳에서 같은 주제에
대한 몇 가지 정보를 얻게 되었다.

　흑인 해방의 유명한 투사인 윌리엄 로이드 게리슨[4]의 아들이 나의 저서
를 읽었다고 하면서 내게 편지를 보낸 것이다. 그는 나의 저서에서 자기 아

---

1　조지 폭스(George Fox, 1624~1691)는 영국 출신으로 어려서부터 노동자로 살다가 1644년 '내면의 빛'을
듣게 되어 당시 영국 교회의 종교적 관습들을 비판했다. 1649년 성령이 모든 권위의 길잡이라고 주장하며
설교하다가 투옥당한 것을 위시하여 1673년까지 8년간 구금당했다. 출감 후 감옥의 공포 분위기와 인권
개선을 위해 운동을 벌이기도 했다. 1660년에 왕정복고 이후 그와 퀘이커파 교도들은 더 많은 박해를 당했
다. 북아메리카의 영국식민지와 네덜란드를 비롯한 유럽에서 선교를 한 뒤 폭스는 1691년 런던에서 죽었다.

2　윌리엄 펜(William Penn, 1644~1718년)은 영국 출신으로 옥스퍼드대학을 졸업하고 1681년 찰스 2세에게
북아메리카의 델라웨어 강 서안의 땅에 대한 지배권을 출원하여 허가를 받자 그 땅을 펜실베이니아(펜의 숲
이 있는 지방이라는 뜻)라 명명하고, 퀘이커파 교도를 중심으로 하는 자유로운 신앙의 신천지로 만들었다. 이
듬해 현지로 가서 총독이 되어 필라델피아를 건설하고 인디언들과도 우호적으로 지냈다. 펜실베이니아 주
는 그 별명 'Quaker State'가 말하는 것처럼 펜이 평화와 관용이라는 퀘이커파의 이상을 실험하기 위해 세
운 주이고, 주도 필라델피아는 '형제 우애'라는 뜻으로 그 시청 꼭대기에는 윌리엄 펜의 동상이 서 있다.

3　조녀선 디몬드(Jonathan Dymond, 1796~1828)는 영국 출신의 퀘이커파 교도로 독학으로 윤리학자가 되
어 3권의 책을 썼다. 즉 『기독교의 원칙과 전쟁의 일치에 관한 연구』(1823), 『국가 행위에 대한 신약성서의
평화원칙 응용 고찰』(1825), 『도덕 원리』(1829)이다. 톨스토이가 뒤에서 말한 1827년 저서는 그중 어느 것일
것이다.

4　윌리엄 로이드 게리슨(William Lloyd Garrison, 1805~1879)은 미국의 노예제도폐지운동가이다. 1830년
부터 노예폐지운동에 참가했고 퀘이커파 교도인 벤자민 랜디와 협력했다. 본문에 나오는 1838년의 선언
은 Declaration of Sentiments Adopted by the Peace Convention By William Lloyd Garrison, 『The Liberator』, Vol.
VIII. No. 39 (September 28, 1838)를 말한다.

버지가 1838년에 말한 것과 유사한 생각을 보았다고 전하면서, 내가 자기 아버지의 생각을 알게 되면 흥미로워할 것이라고 생각하여 거의 50년 전에 그의 아버지가 쓴 「무저항 선언문Non-resistance」을 내게 보내주었다.

그 선언문은 다음과 같은 형편에서 생겨났다. 즉, 윌리엄 로이드 게리슨은 1838년 미국에서 '인민 사이에 전반적 평화를 확립하기 위해 창립한 협회'의 전쟁 폐지의 수단에 대한 토론에 참여했다. 그곳에서 그는 전반적인 평화의 확립은 폭력에 의해 악에 저항하지 않는다고 하는 그리스도의 가르침(마태복음 5장 39절)을 그 자체의 완전한 의미로, 즉 자신과 우호관계에 있는 퀘이커파 교도들이 이해하듯이 분명히 인식해야만 확보될 수 있다는 결론에 이르렀다. 이러한 결론에 이른 게리슨은 곧이어 그 협회에 다음 선언문을 제출했다. 당시(1838년) 많은 회원들이 그 선언문에 서명했다.

인민 사이에 전반적 평화를 확립하기 위해 창립된
협회의 회원들이 채택한 원칙의 선언문

1838년 보스톤

아래에 서명한 우리는 우리 자신, 우리가 사랑하는 대의, 우리가 살고 있는 나라, 그리고 여타의 모든 세계에 대하여 우리의 신앙을 선언하고, 그중에서 우리가 달성하고자 하는 원리와 분명한 목적, 전반적이고 도덕적이며 평화적인 혁명을 달성하기 위해 채택하는 수단을 표명하는 선언문을 공표함이 우리의 의무라고 생각한다. 우리의 신앙은 다음과 같다.

우리는 인간이 만든 어떤 국가에 대한 충성도 인정하지 않는다. 우리가 인정하는 것은 인류의 단 하나의 왕이자 입법자, 하나의 재판관이자 지배자만이 있다는 것이다. 우리가 조국으로 인정하는 것은 세계이며 우리가 인정하는 동포는 오직 모든 인류이다.

우리는 우리가 다른 나라를 사랑하는 것과 같이 우리의 조국을 사랑할 뿐이다. 미국 시민으로서의 이익과 권리는 전체 인류의 그것보다 귀중한 것이 아니다. 그러므로 우리는 어떤 국가적인 모욕이나 손해에 대하여 복수하기 위하여 어떤 애국심에도 호소할 수 없다.

우리는 인간에게는 외국의 원수에 대항하여 자신을 방어하거나 그 침략자를 공격할 권리가 없음을 인정한다. 어떤 개인도 그 개인적 인간관계에서 그러한 권리를 갖지 못하며, 개별 단위가 그 집합체보다 더 중요할 수가 없다고 우리는 생각하기 때문이다. 만일 조국의 약탈을 자행하며 동포를 살상할 의도로 외국에서 몰려오는 정복자가 인민이나 공무원에 의해 저지될 수 없다면, 이와 마찬가지로 공공의 평화를 파괴하고 일신의 안전을 위협하는 자에게도 어떤 저항을 해서는 안 된다.

세상의 모든 국가는 신에 의해 창설되고 인정된 것이라고 하면서 미국, 러시아, 터키 등에 있는 국가권력이 모두 신의 뜻에 부응한다고 주장하는 교회의 설교 명제는 부조리할 뿐만 아니라 불경스러운 신성모독이기도 하다. 그것은 창조주를 불공평한 존재로 만들며 악을 확립하여 장려하는 것처럼 만든다.

어떤 국가에 존재하는 권력도 적을 처리하면서 그리스도의 가르침에 의해 움직이거나 그리스도의 모범에 따라 인도된다고 주장할 수 없다. 그러므로 권력의 활동은 신의 뜻과 일치할 수 없다. 따라서 그들 인민의 정신적 부활로 그들을 타도함이 불가피하다.

우리는 공격적인 전쟁은 물론 방어적인 모든 전쟁뿐만 아니라, 전쟁을 위한 모든 준비를 비기독교적이고 불법적인 것이라고 생각한다. 모든 전쟁 준비, 즉 모든 무기 공장의 건설, 모든 요새의 설치, 모든 군함의 건조를 비기독교적이며 불법적인 것이라고 생각한다. 모든 종류의 상비군, 모든 군의 지휘관, 우리가 쓰러트린 적에 대한 승리를 기념하는 모든 기념물, 전투에서 얻은 모든 전리품, 군사적 착취를 기념하는 모든 찬양, 군대를 이용한 방어를 위한 모든 준비, 인민의 병역의무를 요구하는 국가의 모든 명령을 우리는 비기독교적이며 불법적인 것이라고 생각한다.

그러므로 우리는 병역만이 아니라 무기 소지를 불법으로 여기며, 인민에게 투옥이나 사형의 고통으로 선행을 하도록 강제하는 직무를 부과하는 어떤 공직도 가질 수 없다고 생각한다. 따라서 우리는 자발적으로 우리 자신을 모든 입법 및 사법기구에서 배제하며, 모든 세속의 정치와 명예 그리고 권력적 신분을 거부한다.

우리가 입법부나 사법부의 자리를 차지할 수 없다면, 우리는 다른 사람을 그러한 능력에 합당한 우리의 대리인으로 내세울 수도 없다. 우리는 우리에게서 부당하게 빼앗은 어떤 것을 되돌려 받기 위하여 그 누구도 법정에 고소할 수 없다. 만일 그가 우리의 속옷을 가지려 한다면, 그를 처벌받게 하지 않고 그에게 겉옷마저 내어줄 것이다(마태복음 5장 40절).

'눈에는 눈, 이에는 이'라는 구약성서의 형법은 예수 그리스도에 의하여 폐지되었고, 신약성서에서 그는 모든 제자들에게 어떤 경우에라도 원수를 처벌하는 대신 용서하라고 명령했다. 적으로부터 돈을 강탈하고 그들을 투옥하며 추방하거나 처형하는 것은 용서가 아니라 보복임이 분명하다.

인류의 역사는 다음을 증명하는 증거로 가득하다. 즉, 육체적 강압은 도덕적 부활에 도움이 되지 않고, 죄를 저지르는 인간의 기질은 오로지 사랑으로만 순화될 수 있으며, 악은 오로지 선으로만 근절할 수 있다는 것이다. 또 우리를 악으로부터 보호하기 위하여 무기의 권력에 의존하는 것은 안전하지 않으며, 온순함, 오랜 인내, 풍부한 자비에 참된 안전이 있고, 땅을 물려받는 사람은 오로지 온유한 사람이라는 것이다. 왜냐하면 칼을 빼는 사람은 칼로써 망하기 때문이다.

그러므로 재산, 생명, 자유, 공공의 안녕, 개인적 행복을 더욱 확실하게 보증하기 위해서도, 왕 중의 왕이고 주인 중의 주인인 신의 의지를 실행하기 위해서도, 우리는 진심으로 무저항의 신념을 채택하며, 그것이 모든 가능한 결과를 내어준다고 믿는다. 그리고 전능한 권력으로 무장하고 궁극적으로 모든 공격적 권력에 대해 승리하리라고 확신한다.

우리는 어떤 혁명적인 교리도 옹호하지 않는다. 혁명주의의 영혼은 보복, 폭력, 살인의 영혼이다. 그것은 신을 두려워하지도 않고, 인격을 존중하지도 않는다. 우리의 바람은 그리스도의 영혼으로 충만하다는 것이다. 우리가 악을 악으로 대적하지 않는다는 근본 신념을 준수한다면, 우리는 어떤 모반, 소동, 폭력에도 가담할 수 없다.

우리는 복음서의 계율에 반대되는 것을 제외하고, 국가의 모든 법령 및 요구 사항에 복종할 것이다. 불복종에 대한 형벌에 온유하게 복종하는 것 외에 어떤 경우에도 법의 집행에 저항하지 않을 것이다.

그러나 우리는 적에게 대하여 무저항과 수동적 복종을 고수하는 한편, 도덕적 및 영성적인 의미에서, 높은 곳에 있든 낮은 곳에 있든 불법을 공격할 것이다. 또 우리의 신념을 모든 현존하는 악이나, 정치적, 법적, 종교적 제도에 적용할 것이며, 이 세상의 모든 나라가 우리의 신인 예수 그리스도의 나라가 되도록 재촉할 것이다.

복음서에 반하여 어떤 시기에도 파괴되어야 하는 것은 지금 당장 근절되어야 하는 것이 자명한 진리라고 우리는 생각한다. 그때 만일 칼이 부수어져 쟁기가 되고, 창이 전지용 낫이 되며, 인민이 전쟁기술을 더 이상 배우지 않게 될 것으로 예견된다면, 이러한 치명적 무기를 제조하고 판매하거나 사용하는 모든 사람은 이렇게 하여 지상에서 신의 아들의 평화스런 지배에 대하여 스스로 무장하게 된다.

이렇게 우리의 신념을 선언하면서 우리의 목적을 실행하기 위해 우리가 채택하고자 제안하는 방법을 제시하고자 한다.

우리는 '열렬한 설교'를 통해 승리하리라고 기대한다. 우리는 우리의 견해를 모든 사람에게, 그들이 속한 모든 나라, 교파, 사회 계층에도 알리고자 노력할 것이다. 그러므로 우리는 대중강연을 조직하고, 소책자와 출판물을 유포할 것이며, 단체를 만들고, 모든 통치조직에 탄원할 것이다. 전쟁의 범죄성과 적의 처리를 배려하는 단체의 견해, 감정, 관행에 대한 급진적인 변화를 달성하기 위한 방법과 수단을 고안하는 것이 우리의 주된 목적이 될 것이다.

우리는 우리 앞에 놓인 이 위대한 과업에 착수하면서, 그 실행 과정에서 우리는 우리의 진실을 시험받기 위해 심지어 불과 같은 시련 속에 놓일 수도 있음을 모르는 바가 아니다. 그것은 우리를 모욕, 분노, 고통, 심지어는 죽음 자체에 이르게 할 수도 있다. 우리는 적지 않은 오해와, 잘못된 해석과 비방을 예상한다. 우리를 향한 소요가 일어날 수도 있다. 오만하며 위선적인 인간들, 야욕적이며 전제적인 군주들과 권력자들이 합심하여 우리를 파괴할 수도 있다.

우리가 겸허하게 모방하고자 노력하는 메시아를 그들은 이미 그렇게 대접했다. 그러나 우리는 그들의 테러를 두려워하지 않을 것이다. 우리의 기대는 전능한 주에 있지 사람에 있지 않다. 인간의 보호에서 물러났으니, 세상을 이기는 믿음 말고 무엇이 우리를 지탱하겠는가? 우리는 우리를 시험하고자 하는 불의 시련에 대하여 이상하게 생각하지 않고, 그리스도의 고통에 동참하는 것을 즐거워할 것이다.

무엇을 위하여 우리는 우리 영혼의 보호를 신에게 맡기는가? 그리스도를 따르려고 집, 형제, 자매, 아버지, 어머니, 아내, 자녀, 땅을 버리는 모든 사람은 그 백배를 받을 것이며 영원한 생명을 물려받을 것이기 때문이다.

이 선언에 담긴 견해의 확실하고도 보편적인 승리를 굳게 믿으면서, 그것을 향한 반대가 아무리 무서울지라도, 우리는 여기에 서명하며 그것을 인류의 이성과 양심에 맡기고, 주인 신의 권능 안에서 조용히, 온유하게 그 결과를 받아들일 것을 결의한다.

이 선언이 나온 직후 게리슨에 의해 무저항 단체가 창설되었고, 《무저항자Non-resistant》라는 잡지도 창간되었다. 이 잡지에서는 무저항 교리가 위 선언문에서 표명된 그 완전한 의미 그대로, 가장 중요한 것으로 주장되었다. 나는, 그 무저항 단체와 잡지의 최종적인 운명에 대한 자세한 정보를, 그의 아들이 쓴 윌리엄 로이드 게리슨의 훌륭한 전기에서 얻었다.

그러나 그 협회와 잡지는 그리 오래가지 못했다. 왜냐하면 노예해방을 위한 운동에 많이 참여했던 게리슨의 동료들이 잡지 《무저항자》의 내용이 너무 급진적이어서 흑인해방의 실제적인 작업으로부터 사람들을 쫓아버릴 수 있음을 우려하여, 선언문에 표현된 무저항의 신념을 표명하지 않겠다고 하는 바람에 협회와 잡지가 중단되었기 때문이다.

게리슨의 이 선언문은 인민에게 그렇게도 중요한 너무나 강력하며 웅변적인 신앙고백의 표현이었으므로, 틀림없이 인민에게 강한 인상을 심어주었을 것이며, 전 세계에 알려져 여러모로 토론의 주제가 되었을 것이라고 생각할지도 모른다. 그러나 그런 일은 전혀 벌어지지 않았다. 그 선언문은 유럽에 전혀 알려지지 않았을 뿐만 아니라 게리슨에 대하여 그렇게 높은 평가를 하는 미국인들도 그 선언문을 거의 알지 못했던 탓이다.

## 발루의 무저항 사상

무저항에 대한 또 다른 옹호자인 미국인 아딘 발루[5]도 똑같이 불우했다. 그는 이 가르침을 설교하면서 50년을 보낸 뒤 최근에 죽었다.

무저항 문제와 관련된 모든 것에 대한 무지가 얼마나 컸는지는, 자신의 아버지에 대한 훌륭한 4권의 방대한 전기를 집필한 게리슨의 아들이, 현재 무저항 단체와 그 교리의 신봉자가 존재하는지에 대한 나의 질문에 답하면서, 그가 아는 한 그 단체는 이미 없어졌고, 그 교리의 신봉자가 더 이상 아무도 없다고 말한 것으로 알 수 있다. 한편 그가 내게 편지를 쓴 바로 그때, 아버지 게리슨의 작업에 참여했던 아딘 발루가 매사추세츠 주의 홉데일에 살고 있었다. 그는 설교와 출판을 통해서 무저항 교리를 옹호하며 50년을 보냈다.

나는 발루의 제자이자 동료인 윌슨으로부터 편지를 받았고, 발루 자신과도 편지를 교환했다. 내가 발루에게 편지를 보내자 그는 나에게 답장과 함께 자신의 책[6]을 보내주었다. 다음은 그것들로부터 발췌한 내용의 요약이다. 발루는 "예수 그리스도는 나의 주이며 스승이다"고 하면서 자기 방어와 전쟁의 권리를 동시에 인정하는 그리스도인들의 모순을 설명하는 그의 에세이 중 하나에서 다음과 같이 썼다.

**1896년에 출간된 자서전에 실린 아딘 발루의 모습**

나는 모든 것을 버리고, 선과 악을 겪으며 죽음에 이르기

---

5  아딘 발루(Adin Ballou, 18903~1890)는 미국의 평화주의자이자 사회주의자이다.

6  『모든 중요한 방면에서 해명되고 옹호된 기독교적 무저항*Christian Non-resistance, in all its important, illustrated and defended*』

까지 그리스도를 따르겠다고 약속했다. 그러나 동시에 나는 미국이라는 민주 연방 공화국의 시민으로 국가에 충성하기 위하여 필요하다면 생명을 바쳐서라도 조국의 헌법을 수호한다고도 선서했다.

그리스도는 내가 다른 인민에게 대해 그들이 나에게 해주기를 바라는 것과 같이 나도 다른 사람에게 해주기를 요구한다. 그러나 미국의 헌법은 그들이 나에게 해주기를 바라는 것과 정반대의 것을 내가 2백만 명의 노예들(그 당시에는 노예들이 있었다. 이제는 이 단어를 '노동자들'로 바꿀 수 있다[7])에게 해주기를 바란다. 즉 그들을 현재의 노예 상태에 머물도록 하자는 것이다. 그러나 이는 말도 안 되는 모순이다.

또 나는 계속하여 선거에서 누군가를 선출하거나 선출되도록 하고, 정치를 도우고자 하며, 심지어 어떤 국가 관직에 선출되어도 좋다고 생각한다. 국가는 이것이 내가 기독교인이 되는 것을 막지 않을 것이라고도 생각한다. 나는 여전히 기독교를 믿을 것이고, 그리스도와 국가와의 약속을 이행함에 어려움을 찾지 못할 것이라고도 생각한다.

그러나 예수 그리스도는 악행을 행하는 자들에게 저항하지 말라고 하며, 눈에는 눈, 이에는 이, 피에는 피, 그리고 생명에는 생명을 취하지 말라고 한다. 반면 나의 국가는 내게 그것과 정반대이기를 요구하고 국내외의 적에 대항하여 사용하기 위해, 교수대, 총, 칼로써 자기방위체계를 구축하여 나라 안은 결국 교수대, 감옥, 무기고, 전함 및 병사들로 가득 차게 된다.

이러한 살인용의 값비싼 장치들을 유지하고 사용하면서 우리는 우리에게 손해를 끼치는 자를 용서하고, 적을 사랑하며, 우리를 저주하는 자를 축복하며, 우리를 미워하는 자에게 선을 베푸는 미덕을 지극히 편리하게 실현할 수

7  이는 톨스토이가 붙인 말이다.

있다고도 한다.

이를 위하여 우리나라에는 기독교 성직자들이 항상 있어서 우리를 위하여 기도하며 성스러운 살육 작업을 위해 신의 축복을 내려달라고 기원하고 있는 것이다. 나는 이 모든 것, 즉 신앙과 생활의 모순을 알면서도 종교를 믿으며 국가에 참여하고 있다. 그리고 독실한 기독교인인 동시에 국가의 충실한 종임을 자랑스러워한다.

나는 이러한 무저항이라는 의미 없는 신념에 동의하고 싶지 않다. 나는 나의 권력을 포기할 수 없고, 오로지 부도덕한 사람들이 국가를 관리하도록 내버려둘 수 없다. 헌법은 국가에 전쟁을 선포할 권리가 있다고 말한다. 나는 이에 동의하며 그것을 지지하고 그 지지를 맹세한다.

동시에 나는 그런 이유로 기독교인이기를 포기하지는 않는다. 전쟁도 기독교인의 의무라고 생각하기 때문이다. 수십만 명의 동포를 죽이고 부녀자를 강간하고 마을들을 파괴하고 불태우며, 있을 수 있는 모든 잔혹함을 실천하는 것은 기독교인의 의무가 아닌가?

이제 나는 모든 거짓된 감상주의적 행위를 버려야 할 때라고 생각한다. 그것은 상처를 용서하고 원수를 사랑하는 가장 참된 수단들이라는 것이다. 우리가 이것을 오로지 사랑의 영혼으로 행한다면, 그러한 집단 살인보다 더 기독교적인 것은 있을 수 없다.

「범죄를 미덕으로 바꾸는 데 얼마나 많은 인민이 필요한가?」라는 제목의 또 다른 소책자에서 그는 다음과 같이 말한다.

사람은 혼자서 살인을 하지 않는다. 그가 같은 인간을 죽인다면 그는 살인자다. 만일 2명, 10명, 100명이 그렇게 한다면 그들 역시 살인자들이다.

그러나 국가나 국민이, 그들이 좋아하는 만큼을 죽인다면 그것이 살인이 아니라 위대하고 고귀한 행위가 된다. 사람들을 대규모로 함께 모은다면 수만 명의 학살은 무죄의 행위가 된다.

그러나 그렇게 되려면 정확히 몇 명의 사람들이 있어야 하는가? 그것이 문제다. 혼자서는 약탈하거나 강탈할 수 없으나 전 국민은 할 수 있다.

그러나 그것이 가능하려면 정확히 몇 명이 필요한가? 왜 1명, 10명, 100명으로는 신의 율법을 깨어서는 안 되는데, 엄청나게 많은 수의 국민은 그렇게 할 수 있다는 말인가?

## 발루의 무저항 교리 문답

다음은 그의 신도들을 위한 발루의 교리 문답서다.

### 무저항의 교리 문답[8]

**문** '무저항'이라는 단어는 어디서 나오는가?

**답** "악한 사람을 대적하지 마라"(마태복음 5장 39절)는 말에서 나온다.

**문** 그것은 무엇을 보여주는가?

**답** 그리스도가 우리에게 가르친 숭고한 기독교의 미덕을 보여준다.

**문** '무저항'이란 단어는 가장 넓은 의미로 이해해야 하는가? 즉 그것은 어떤 종류의 악에 대해서도 어떤 저항을 해서도 안 된다는 뜻인가?

**답** 아니다. 그것은 우리 구세주가 가르친 정확한 의미대로 이해되어야 한다. 즉, 악을 악으로 갚지 말라는 것이다. 악에 대해서는 우리가 할 수 있는 모든

---

8 원문 자체가 아니라 톨스토이가 원문의 몇 부분을 생략한 편역이다.

정당한 수단으로 저항해야 하지만 악으로 대적해서는 안 된다는 것이다.

**문** 그리스도가 무저항을 그런 의미로 지시한 것을 보여주는 증거는 무엇인가?

**답** 그것은 같은 때 그가 한 다음 말에 나타난다. 그는 말했다. "'눈은 눈으로, 이는 이로 갚아라'고 한 말을 듣지 않았느냐? 그러나 나는 너희에게 말한다. 악한 사람을 대적하지 마라. 누가 네 오른뺨을 때리거든 왼뺨도 돌려 대어라. 너를 고소하여 속옷을 빼앗고자 하는 사람에게는 겉옷까지 벗어 주어라."(마태복음 5장 38~40절)

**문** 그가 누구에 대하여 "한 말을 너희가 듣지 않았느냐?"라고 말하였는가?

**답** 구약성서에 기록된 족장과 선지자에 대해 말한 것이다. 히브리인은 이를 보통 율법과 예언자라 부른다.

**문** 그리스도가 "너희가 듣지 않았느냐?"라고 한 말은 무엇을 언급한 것인가?

**답** 노아, 모세 등의 예언자가 악한 행위를 처벌하고 근절하기 위하여, 가해자에게 개인적인 해를 가할 권리를 인정한 것이다.

**문** 그러한 말을 인용해보라.

**답** "사람을 죽인 짐승이나 인간은 반드시 죽여야 한다."(창세기 9장 6절)

"사람을 쳐서 죽인 자는 반드시 죽여라… 그러나 그 여자가 다른 상처를 입었으면 생명은 생명으로, 눈은 눈으로, 이는 이로, 손은 손으로, 발은 발로, 화상은 화상으로, 상처는 상처로, 타박상은 타박상으로 갚아라."(출애굽기 21장 12절, 23~25절)

"사람을 죽인 자는 반드시 죽여야 하며… 누가 다른 사람에게 상처를 입혔으면 그가 행한 대로 갚아주어라. 골절은 골절로, 눈은 눈으로, 이는 이로, 그가 남에게 상처를 입힌 그대로 갚아주어야 한다."(레위기 24장 17~20절)

"재판장은 그 사건을 자세히 조사해보고 그 증인이 다른 사람을 해치려고 거짓 증언을 한 것이 판명되면, 죄 없는 사람이 받을 뻔했던 형벌을 그 거짓 증인이 받도록 하여 여러분 가운데서 이런 악을 제거하십시오. … 여러분은 그와 같은 거짓 증인에게 동정을 베풀지 말고 생명은 생명으로, 눈은 눈으로, 이는 이로, 손은 손으로, 발은 발로 갚아 그를 벌하십시오."(신명기 19장 18~21절)

노아, 모세, 그리고 예언자들은 자신의 이웃을 죽이거나, 불구자로 만들거나, 상처를 입히는 자는 악을 행하는 것이라고 가르쳤다. 그러한 악에 대항하고 이를 근절하기 위하여, 악행을 한 사람을 반드시 죽게 하거나, 불구로 만들거나, 신체적 고통으로 처벌해야 한다. 부정행위는 부정행위로, 살인은 살인으로, 고통은 고통으로, 악은 악으로 반드시 대항해야 한다. 노아, 모세 등의 예언자들은 그렇게 가르쳤다. 그러나 그리스도는 이 모든 것을 부인한다. 복음서에 기록되어 있듯이, "나는 너희에게 말한다. 악한 사람을 대적하지 마라." 즉 손해를 손해로 맞서지 말고, 차라리 악을 행하는 자로부터 계속되는 손해를 참으라. 허용되던 것이 금지된다. 어떤 종류의 저항을 그들이 가르쳤는지 이해하면, 우리는 그리스도가 금지한 저항을 정확하게 알게 된다.

**문** 그렇다면 옛날 사람들은 모욕을 모욕으로 대항함을 허용했는가?

**답** 그렇다. 그러나 예수는 그것을 금한다. 기독교인은 그에게 해를 가한 자신의 이웃사람을 죽이거나, 그에게 피해를 되돌려줄 수 있는 권리를 어떤 경우에도 가질 수 없다.

**문** 기독교도는 자기 방위를 위해 타인을 죽이거나 불구자로 만들 수 있는가?

**답** 아니다.

**문** 기독교도는 가해자를 처벌받도록 하기 위해 판사에게 고소할 수 있는가?

**답** 아니다. 다른 사람을 통해 한다는 것도 사실상 스스로 하는 것과 마찬가지이기 때문이다.

**문** 기독교도는 외국의 적들이나 평화를 교란하는 사람들과 대적하여 싸울 수 있는가?

**답** 절대로 아니다. 그는 전쟁이나 전쟁 준비에 참여할 수 없다. 그는 살상용 무기를 이용할 수도 없다. 혼자이든, 다른 사람과 함께하든, 스스로 또는 다른 사람을 통해서 하든, 피해를 피해로 대항할 수 없다.

**문** 그가 국가를 위하여 자진해서 병사를 선발하거나 그를 무장시킬 수 있는 가?

**답** 아니다. 만일 그가 그리스도의 율법에 충실하고자 한다면 그런 짓은 할 수 없다.

**문** 그가 군사력, 사형, 폭력에 의존하는 국가를 돕기 위하여 자진해서 돈을 줄 수 있는가?

**답** 아니다. 그 돈 자체가 정당하고, 목적이나 수단이 선한 특별한 대상이 아 니라면 줄 수 없다.

**문** 그러한 국가에 스스로 세금을 낼 수 있는가?

**답** 아니다. 자진해서 세금을 내서는 안 된다. 그러나 세금 징수에 저항해서 는 안 된다. 세금은 국가에서 부과하는 것으로 인민의 의지와는 무관하 다. 어떤 종류의 폭력에 의존하지 않고 그것에 저항하는 것이 불가능하 다. 기독교인은 폭력을 사용할 수 없으므로, 그는 당국에 의하여 부과된 폭력으로 인한 손실에 대해 즉각 자신의 재산을 제공해야 한다.

**문** 기독교인은 선거에서 투표하거나, 국가 또는 재판에 관여할 수 있는가?

**답** 아니다. 선거, 국가, 재판에 참여함은 국가의 폭력에 참여하는 것이다.

**문** 무저항 교리의 주된 의의는 어디에 있는가?

**답** 그것만이 자신의 마음에서, 또한 이웃의 마음에서 악을 근절할 수 있는

가능성을 준다는 점에 있다. 이 가르침은 세상에 악이 영속하여 만연하게 되는 것을 허용하지 않고 있다. 다른 사람을 공격하여 모욕하며 피해를 준 사람은 다른 사람에게 모든 악의 뿌리인 증오의 감정에 불을 붙이게 된다. 그가 우리에게 피해를 주었으니 상대에게 해를 가하는 것은, 마치 악을 일소하는 것이 목적인 듯이 상대에 대해서 그리고 자신에 대해서 악행을 반복하는 것이다. 그것은 우리가 반드시 몰아내어야 하는 그악마의 영혼을 낳거나, 적어도 풀어주어서 조장하고 격려하는 것이다. 사탄은 결코 사탄으로 고쳐질 수 없다. 허위는 허위로 극복할 수 없다. 진실한 무저항은 악에 대한 유일하게 진정한 저항 수단이다. 그것은 뱀의 머리를 부수는 것이다. 그것은 결국 악한 감정을 뿌리 뽑을 수 있다. 즉 악행을 하는 자의 내부에서도, 악행을 당하는 자의 내부에서도 악의 감정을 말살한다.

**문** 그러나 그것이 무저항 원칙의 진정한 의미라고 해도, 과연 그것은 언제나 실행할 수 있는 것인가?

**답** 그렇다. 그것은 신이 명한 다른 모든 선행처럼 실행될 수 있다. 선행은 자기희생, 궁핍, 고통, 그리고 극단적인 경우 목숨 자체의 희생이 없이는 어떤 상황에서도 실행될 수 없다. 그러나 신의 뜻을 실천하기보다 자기 생명을 중요하게 여기는 사람은, 이미 유일한 진리의 생활에서 죽은 사람이나 다름없다. 자기 생명을 구하고자 하는 자는 그것을 잃는다. 뿐만 아니라 일반적으로 말해서, 무저항은 하나의 생명 또는 약간의 물질적인 행복의 희생을 필요로 하는 반면, 저항은 엄청난 희생을 요구한다.

무저항은 구원이지만 저항은 멸망이다.

정의롭게 행동하는 것이 정의롭지 않게 행동하는 것보다, 피해를 보는 것이 폭력으로 저항하는 것보다 비교할 수 없을 정도로 더 안전하다. 심지어 현재의 생활에 대한 자신의 관계에 있어서도 덜 위험하다. 만일 모든 인민이 악을 악으로 저항하지 않는다면 우리의 세상은 행복해질 것임에 틀림없다.

**문** 그러나 오로지 소수의 사람들만 그렇게 행동한다면, 그들에게 어떤 일이 일어날 것인가?

**답** 만일 그렇게 행동하는 사람이 단 한 사람뿐이라고 한다면, 그리고 남은 모든 사람이 모두 그를 십자가에 처형하는 것에 동의한다고 해도, 그들에게는 적을 위해 기도하면서 무저항의 사랑이라는 영광으로 죽는 쪽이, 죽은 자의 피로 물든 카이사르의 왕관을 쓰고 사는 것보다 더욱 숭고하지 않겠는가? 그러나 악에 대해 악으로 저항하지 않기로 굳게 결심한 이상, 그것이 한 사람이든 수천 명이든 간에, 문명화된 이웃 속에 있는 또는 야만적인 이웃들 사이에 있는 간에, 폭력에 의거하는 사람들보다 훨씬 더 폭력에 의한 위험에서 안전하다. 강도, 살인자, 사기꾼이 무기를 들고 대적하는 사람들보다도 빨리 그들을 평화롭게 놓아줄 것이고, 칼을 빼어드는 자는 칼로 망할 것이지만, 평화를 바라며 친절하고 해롭지 않게 처신하고, 손해를 용서하고 잊어버리는 사람은 대체로 평화를 누리거나, 또는 그들이 죽는다고 해도 축복을 받으며 죽을 것이다. 이렇게 해서 만일 모두가 무저항의 계율을 지킨다면, 명백히 아무런 악도 범죄도 없을 것이다. 만일 대다수가 그렇게 행동한다면, 그들은 결코 악을 악으로 대적하지 아니하며, 결코 폭력에 의거하지 않을 것이며, 심지어 악인에게도 사랑과 선의의 지배를 확립할 것이다. 만일 그러한 인민이 상당히 많다면, 그들은 모든 잔인한 처벌이 폐지되고, 폭력과 반목이 평화와 사랑으로 대체될 수 있는 매우 유익한 도덕적 영향을 사회에 행사하게 될 것이다. 비록 그들이 소수라고 해도, 그들은 세상의 비웃음보다 더 심한 것은 거의

겨지 않을 것이고, 반면 세상은 비록 그것을 인식하지 못하고 그것을 고맙게 생각하지 못해도 무저항에 따른 그들의 보이지 않는 영향으로 인해 지속적으로 더욱 현명해지고 선량해질 것이다. 그리고 최악의 경우에 소수 중 몇 사람이 압박을 받아 죽음에 처해진다고 해도, 정의를 위한 죽음으로 그들의 뒤에 순교의 피로 성스러워진 그들의 가르침을 남기게 될 것이다.

그리하여 평화를 추구하는 모든 인민에게 평화를, 그리고 모두에게 이기는 사랑으로 "폭력으로 악에 저항하지 마라"고 한 그리스도의 계율에 순종하는 모든 인민에게 불멸의 유산이 될 것이다.

아딘 발루[9]

50년 동안 발루는 주로 권력의 악행에 대한 무저항의 문제를 다루는 책을 쓰고 출판했다. 명료한 사상과 웅변적인 해설이 돋보이는 여러 책에서 그는 이 문제를 모든 가능한 각도에서 고찰했고, 덕분에 성서를 신의 계시로 믿는 모든 기독교인에 대한 이 계율의 의무적 본질이 굳건히 확립되었다.

그의 여러 책에서는 환전상을 성전에서 쫓아낸 것과 같은, 무저항의 교리에 대한 모든 일반적인 반박이 구약성서와 신약성서로부터 제시되었고, 그 모든 것을 반증하는 주장이 이어졌다. 즉, 성서와 무관하게 이러한 규칙의 실제적 합리성이 제시되었으며 그것에 대한 통상의 반대가 언급되면서 논파되었다.

그리하여 가령 그 저서의 어떤 장은 예외적인 경우의 무저항을 다루었

---

9  아딘 발루의 교리문답은 톨스토이의 『인생독본』 3월 17일 자 읽을거리에도 실렸다.

다. 그 속에서 그는 만일 악에 대한 무저항의 규칙이 적용될 수 없는 경우가 있다고 한다면, 그것은 그 규칙에 보편적 근거가 없음을 증명하는 것임을 인정했다. 그는 이러한 특수한 경우를 인용하면서 그 경우에야말로 그런 규칙의 적용이 필요하며, 그것이 합리적이기도 하다는 것을 증명했다.

이 문제에 대하여 그에게 찬성하는 사람의 것이든 반대하는 사람의 것이든, 그의 저서에서 연구되지 않는 측면은 없다. 나는 기독교를 믿는 인민을 위하여 그 책이 가져야 하는, 오해의 여지가 없는 관심을 보여주기 위해 이 모든 것을 거론한다. 따라서 발루의 책은 꽤 알려졌을 것이며, 그가 표명한 사상은 인정되거나 반박되었을 것이라 생각할지도 모르지만, 그런 경우는 없었다.

아버지 게리슨의 활동과 그의 무저항 협회 창설과 선언문은 퀘이커파 교도들과의 교제 이상으로 다음 사실을 내게 확신시켜주었다. 즉, 기독교의 지배적인 형태가 권력에 대한 무저항이라고 하는 그리스도의 율법으로부터 떠난 것은 오래 전부터 관찰되고 지적되어온 오류였고, 인민은 이를 시정하기 위해서 애써왔으며, 아직도 애쓰고 있다는 사실이다.

발루의 활동은 나에게 이러한 시각을 더욱더 확신시켜주었다. 그러나 게리슨의 운명, 특히 같은 방향을 향한 50년간의 철저하고 끈질긴 작업에도 불구하고 완전히 알려지지 못한 발루의 운명을, 그러한 모든 노력을 몰살하고자 하는 집요한 침묵의 음모가 존재한다는 것을 나에게 확인시켜주었다.

발루는 1890년 8월에 죽었다. 기독교인의 시각에 관한 미국 잡지인《종교-철학 저널*Religio-philosophical Journal*》8월 23일 자에 그의 부고가 실렸다. 그 찬양의 알림에서는 발루가 단체의 영적 지도자로서 8천 회 내지 9천 회의 설교를 하고 1천 쌍을 결혼시켰으며, 5백 편의 글을 썼다고 했다.

그러나 그가 평생을 바친 목표에 대해서는 단 한 줄도 언급하지 않았다.

심지어 '무저항'이란 단어조차 보이지 않았다. 그래서 퀘이커파가 2백 년 동안이나 설교해왔고, 그 협회와 잡지, 그리고 선언을 기초한 아버지 게리슨의 노력의 경우처럼, 발루의 평생 작업도 마찬가지로 과거부터 지금까지 전혀 존재하지 않았던 것처럼 느껴졌다.

## 헬치츠키의 무저항 사상

'권력의 악행에 대한 무저항'의 교리를 설명하며, 이 계율을 깨닫지 못하는 사람을 질타하기 위해 썼던 글이 파묻혀버린 놀라운 예를 우리는 체코 사람인 헬치츠키[10]의 저서에서도 찾아볼 수 있다. 그는 최근에야 겨우 알려졌으며, 그의 책은 지금까지 출판되지 않았다.

나의 책이 독일어로 출판되자마자 나는 프라하 대학의 어떤 교수로부터 한 통의 편지를 받았다. 그는 15세기 체코인이었던 헬치츠키의 『신앙의 그물』[11]이라는 책이 아직 출판된 적이

헬치츠키가 프라하 대학의 교수들과 이야기를 나누고 있다.

---

10 　헬치츠키(Peter Chelcicky, Petr Chelcický, 1390년경~1460년경)는 15세기 보헤미아(현재의 체코) 종교개혁을 이룬 종교지도자였으나 폭력적인 방식으로 종교 운동을 하기 시작한 후스파를 배척하였으며, 타협하는 태도를 취한 발도파로부터도 돌아서서 전쟁을 그리스도교 정신에 위배되는 것으로 정죄하였다. 톨스토이는 1906년에 낸 『인생독본』에서도 헬치츠키에 대해 설명했다. 먼저 9월 15일 자 뒤의 읽을거리에서 다루면서 톨스토이는 헬치츠키가 농부 출신이었으리라고 추측했다. 이어 10월 13일 자 뒤에서는 헬치츠키의 글을 번역하여 수록했다. '신의 법칙과 이 세상의 법칙'이라는 제목의 그 글에서 헬치츠키는 최초의 기독교인들 사이에서 사도들은 평등을 내세웠다고 했다. 또 11월 10일 자 읽을거리에서도 헬치츠키의 글을 길게 인용했다. 이를 보면 만년의 톨스토이가 헬치츠키를 얼마나 중시했는지를 잘 알 수 있다.

11 　『Siet' viery pravé』, 영어판은 『The Net of True Faith』이다.

없음을 내게 알려주었다. 그리고 헬치츠키가 자신의 저서에 내가 『나의 신앙은 어디에 있는가?』에서 쓴 것과 너무나도 똑같이 참된 기독교와 거짓 기독교에 대한 견해를 보여주었다고 전해주었다.

그는 또한 헬치츠키의 책이 《페테르부르크 학술 저널Journal of The Petersburg Academy of Science》에 처음으로 체코어로 출판될 것이라고도 썼다. 그러나 나는 그 저널을 구할 수 없었으므로 헬치츠키에 대하여 직접 알아보고자 노력했고, 그 프라하의 교수가 보내준 독일어 책과 피핀의 체코 문학 역사로부터 정보를 얻을 수 있었다. 다음은 피핀의 설명이다.

『신앙의 그물』은 그리스도의 가르침으로, 사람을 세속의 어두운 심연과 그 자신의 죄악에서 끌어냈음에 틀림없다. 참된 신앙은 신의 말을 믿는 데 있다. 그러나 이제 인민이 진실한 신앙을 이단으로 잘못 아는 때가 왔다. 그러므로 진실한 신앙이 무엇인지를 아무도 모른다면 가르쳐주어야 한다. 그것은 어둠 속에 사람들로부터 숨겨져 있어서 그들은 그리스도의 참된 가르침인 율법을 알지 못하고 있다.

이 율법을 쉽게 이해하도록 하기 위해 헬치츠키는 기독교 사회의 원시조직에 주목한다. 그러나 지금 이 조직은 로마교회에 의해 가증스러운 이단으로 여겨지고 있다고 그는 말한다. 이 원시교회는 평등, 자유, 인류애 위에 세워진 사회조직의 특별한 이상이었다. 헬치츠키는 기독교가 아직도 이러한 요소들을 지니고 있고, 왕과 교황이 필수적인 사회질서라는 모든 불필요한 여타의 형태를 파괴하는 그 순수한 교리로 사회가 돌아가는 것만이 필요할 뿐이며, 어떠한 경우에도 사랑의 율법만으로 충분하다고 했다.

헬치츠키는 역사적으로 기독교의 타락을 콘스탄티누스 대제[12]의 시대 탓으로 돌리는데, 모든 이교도적 도덕 및 생활과 함께 그를 기독교로 이끈 사람은 교황 실베스터[13]였다. 콘스탄티누스는 그 답례로 교황에게 세속의 부와 권력을 부여했다. 그 후 이 두 지배 권력은 끊임없이 서로가 오로지 외부 영광을 추구하는 것을 도왔다. 신학자와 성직자는 전 세계를 오로지 그들의 권력에 복종시키려고 노력했으며, 인민을 부추겨서 서로 살인하고 약탈하게 하였고, 정작 교리에서나 생활에서는 기독교를 무익한 것으로 축소시켜버렸다. 헬치츠키는 전쟁의 수행과 사형에 관한 권리를 완전히 부정한다. 모든 병사들, 심지어 '기사'마저도 그에게는 오로지 난폭한 악인, 즉 살인자일 뿐이다.

똑같은 설명이 독일어 저서에도 나와 있는데, 약간의 전기적 내용 및 일부 헬치츠키의 작품에서 발췌한 것을 추가한 것이다. 이렇게 헬치츠키 가르침의 본질을 안 나는 그 학회 저널에 『신앙의 그물』이 실리기를 기다렸다. 그러나 1년, 2년, 3년이 지나도 그 책은 출판되지 않았다. 그 책의 인쇄가 시작되었다가 중지된 것을 내가 안 것은 1888년이었다. 나는 인쇄된 교정쇄를 구하여 그것들을 끝까지 읽었다. 그것은 여러 가지 관점에서 놀라운 책이었다.

피핀은 그 내용을 완전히 정확하게 전해주었다. 헬치츠키의 근본 사상은 기독교가 콘스탄티누스 시절에 속세 권력과 결탁하고 그러한 상태로 발전해나가면서 완전히 왜곡되었으며 기독교적이기를 완전히 중단해버렸다는 데 있다. 그는 예수가 제자들을 '인민의 어부'라고 부른 복음서의 구

---

12  콘스탄티누스 1세(Flavius Valerius Aurelius Constantinus, 272~337, 재위 306~337)는 최초의 기독교인 로마 군주로 313년 밀라노 칙령으로 기독교에 대한 관용을 선포하여 기독교에 대한 박해를 끝내고 사실상 정식 종교로 공인했고 325년 제1차 니케아 공의회를 소집하여 기독교의 발전에 기여했다.

13  실베스터 1세(Silvester I)는 제33대 교황(재위: 314~335)으로 그의 재위기간에 콘스탄티누스 대제의 주도로 성 베드로 대성전 등의 웅장한 성당들이 건립되었다.

절에서 힌트를 얻어 자기 책에 '신앙의 그물'이라는 제목을 달았다고 했다. 그는 다음과 같이 말한다.

> 그리스도는 그의 제자들을 통하여 세상 전부를 자기 신앙의 그물에 잡았을 것이지만, 더 큰 물고기들은 그물을 찢고서 거기서 빠져 나오고, 나머지 모두는 더 큰 물고기들이 만든 구멍을 통해서 빠져 나와 그물은 거의 텅 비어 있다. 그물을 찢은 큰 물고기들은 권력을 포기하지 않고, 진실한 기독교 대신에 단순히 그 가면만을 걸친 권력자, 황제, 교황, 왕들이었다.

헬치츠키는 정확하게 과거부터 현재까지 무저항을 실천하는 메노나이트파와 퀘이커파, 그리고 과거의 보고밀파,[14] 폴리시안파[15] 등 여러 교파에 의해 설파되었으며 지금도 전해지고 있는 내용을 가르쳤다. 즉 기독교는 그것을 따르는 인민에게 온순함, 온유함, 평화스러움, 피해의 용서, 한쪽 뺨을 맞으면 다른 뺨을 돌려대고, 원수에 대한 사랑을 요구한다. 하지만 기독교는 권력의 필수조건인 폭력을 사용하는 것과 일치할 수 없다고 가르친다.

헬치츠키의 해석에 따르면, 기독교인은 권력자나 군인이 될 수 없을 뿐만 아니라 국가나 상업에 종사할 수 없고, 심지어 지주도 될 수 없으며 오로지 장인(노동자)이나 농부가 될 수 있을 뿐이다.

『신앙의 그물』은 공식적으로 기독교를 공격하였음에도 불태워지지 않은 몇 안 되는 책 중의 하나다. 소위 모든 이단적인 저술들이 거의 다 저자와

---

14  보고밀파(Bogomilites)는 10세기 중반 보고밀이 창시하여 14세기까지 불가리아에서 성행한 기독교 교파이다.

15  폴리시안파(Paulicians)는 7세기에서 9세기 사이에 아르메니아에서 성행한 기독교 교파이다.

헬치츠키가 사람들에게
"악을 악으로 돌려주지 말라"고
설교하고 있다(알폰스 무하 作).

체코 공화국에 세워진
헬치츠키 조각상

함께 화형에 처해지는 상황에서 이처럼 공개적으로 기독교의 일탈을 고발한 책이 남아 있다는 것은 매우 흥미로운 일이다. 그러나 이 같은 흥미는 차치하더라도 여러 가지 관점에서 볼 때 그 책은 목적의 심오함, 그것이 쓰인 언어의 놀라운 힘과 아름다움, 그리고 그 오래됨으로 인해 가장 두드러진 사상서 중의 하나라 볼 수 있다. 그러나 4세기가 넘는 동안 여전히 인쇄되지 못했기에 몇 명의 전문 학자를 제외하면 전혀 알지 못했다.

퀘이커파의 책이든, 게리슨의 책이든, 발루의 책이든, 헬치츠키의 책이든 그 모든 저술은, 복음서의 원리 위에서 우리의 현대 세계는 그리스도의 가르침에 대해 그릇된 시각을 가지고 있음을 주장하고 증명하므로, 영적 교사와 그 신자 사이에서 관심, 흥분, 대화, 토론을 일으켰으리라고 누구나 생각할 수 있다. 이런 종류의 저술은 필시 기독교 교리의 본질 자체를 다루고 있으므로, 연구되어 진리로 수용되거나, 논박되어 거부당했을 것이라고 누구나 생각할 수 있다. 그러나 그런 일들은 일어나지 않았고, 그 모든 저술에 똑같은 운명이 반복되었다.

가장 다양한 견해를 가진 인민, 신자들, 그리고 놀랍게도 믿음이 없는 진보주의자조차 마치 약속이나 한 듯이 그 모든 저술에 대하여 똑같이 일관된 침묵을 유지했고, 그리스도 가르침의 참된 의미를 설명하려고 인민이 기울인 모든 노력은 무시되거나 잊혀졌다.


## 디몬드의 무저항 사상

나의 책이 나오고서야 알게 되었던 다른 두 권의 책은 더욱더 놀랍게도 여전히 거의 알려지지 않았다. 그 두 권의 책이란 1824년 런던에서 처음으로 출판된 디몬드의 『전쟁에 관하여On War』와 다니엘 무서[16]가 1864년에 쓴

『무저항Non-resistance』이다. 이 책들이 알려져 있지 않은 데 특히 놀라는 이유는, 그 본래의 가치를 차치한다고 해도, 두 권 모두 이론적이라기보다 생활에 대한 이론의 실용적 적용, 즉 병역의무에 대한 기독교인의 태도를 다루고 있기 때문이다. 이는 요즘 같은 보편적 징병제 시대에 특히 중요하며 흥미롭다.

사람들은 다음과 같이 물을지 모른다. 즉 전쟁이 자신의 종교와 일치하지 않는다고 믿는 사람은 국가가 그에게 병역의무를 수행해야 한다고 명령할 때 어떻게 행동해야 하는가?

나는 이 질문이야말로 가장 중요한 것이라고 생각한다. 그 답은 현대와 같은 보편적 징병제 시대에 특히 중요하다. 모두, 아니 적어도 과반수 이상의 인민이 기독교인이며, 모든 인민이 병역의무에 소집되고 있으니 말이다. 기독교인으로서 어떻게 이 명령을 받아들일 것인가? 디몬드 책의 요지는 다음과 같다.

기독교인의 의무는 겸허하지만 확고하게 군대 복무를 거부하는 것이다.

어떤 사람은 그것에 대해 확실한 생각을 해보지도 않고, 국가 대책에 대한 책임은 전적으로 그것을 결정하는 자에게 달려 있거나, 여러 국가나 통치자들이 그들의 인민을 대신하여 옳고 그른 것을 결정하며, 인민의 의무는 오로지 복종하는 것이라고 섣불리 결론을 내린다.

나는 이런 종류의 주장은 오로지 사람의 양심을 흐릴 뿐이라고 생각한다. 그들은 말한다.

"나는 국가 조직에 참여할 수 없고, 따라서 국가의 범죄행위에 책임이 없다."

---

16　다니엘 무서(Daniel Musser, 1809~1877)는 미국의 메노나이트파 기독교인이다.

그러나 우리는 우리의 범죄행위에 대해 책임이 있다.

그것이 범죄행위인 줄 알면서 그 실행을 우리가 돕게 되면 우리 통치자의 범죄행위가 우리의 것으로 된다. 자신은 국가에 복종해야 하며, 자신이 저지른 범죄행위가 그들에게서 그들의 통치자들에게 이전된다고 상상하는 인민은 자신들을 속이는 것이다. 그들은 말한다.

"우리는 우리의 행위를 다른 사람의 의지에 맡기므로 우리의 행위는 좋을 수도 나쁠 수도 없고, 선에 대한 공적도, 악에 대한 책임도 있을 수 없다. 왜냐하면 그 행위는 우리의 의지에 따라 행해진 것이 아니기 때문이다."

병사들에게 암송하도록 하는 그들에 대한 교훈에도 똑같은 것이 전달된다는 점은 주목할 만하다. 즉, 장교만 그 명령에 따른 결과에 대한 책임이 있다는 것이다. 그러나 이는 옳지 않다. 사람은 자신의 행위에 대한 책임을 벗어날 수 없다. 이는 다음 예에서 분명해진다.

만일 당신의 상관이 당신에게 이웃의 아기를 죽이거나 당신의 부모를 죽이라고 명령한다면 당신은 복종하겠는가? 만일 당신이 복종하지 않는다면 그 모든 주장은 근거를 잃게 된다. 왜냐하면 만일 당신이 한 가지 문제에서 통치자에게 복종하지 않을 수 있다면, 당신이 그들에게 복종할 수 있는 한계를 어디에서 찾겠는가? 기독교에 의해서 그어진 한계 말고는 없고 그 한계는 합리적이며 실행할 수 있는 것이다.

그러므로 우리는 전쟁이 기독교와 일치하지 않는다고 생각하는 모든 인민은 온유하지만 확고하게 군대 복무를 거부해야 한다고 생각한다. 그리고 자신의 운명이 그렇게 행동하는 것임을 자각한 인민은 위대한 임무의 달성이 곧 자신들에게 달려 있음을 기억하여야 한다.

세계 인류의 평화의 운명은, 종교가 사람들에게 달려 있는 만큼 그 종교에 대한 충실함에 달려 있다. 그들이 자신의 신념을 믿고, 말로만이 아니라 필요하다면 수난을 당해서라도 그것을 위해 일어서야 한다.

만일 당신이 그리스도가 살인을 금지한다고 믿는다면, 살인에 당신의 손을 없도록 부탁하는 인민의 판단이나 명령에 복종하지 않아야 한다. 폭력 사용에 대한 그러한 확고한 거부를 통해 "이 말을 듣고 행하는" 자에게 약속한 축복을 내려달라고 기원하라. 그러면 당신이 인류의 개혁에 도움을 주었음을 세상이 인정하는 때가 올 것이다.


## 무서의 무저항 사상

무서의 책 제목은 『무저항의 확인Non-resistance asserted』 또는 『그리스도의 나라와 세속 나라의 분리Kingdom of Christ and kingdom of this world separated』로서 1864년에 나왔다. 이 책은 위의 책들과 똑같은 문제를 다루고 있는데, 미국이 남북전쟁 시기, 시민에게 병역의무를 부과할 무렵 저술되었다. 무서의 책 역시 언제나 가치를 지니고 있으며, 그러한 상황에서 '인민이 어떻게 병역의무 이행을 거부할 수 있고, 거부해야 하는가'라는 문제를 다루고 있다. 저자가 서문에서 언급한 내용의 취지는 다음과 같다.

> 미국에 의식적으로 전쟁을 부정하는 많은 사람들이 있다는 것은 잘 알려져 있다. 그들은 '무방비(defenceless)' 기독교인이나 '무저항(non-resistant)' 기독교인으로 불린다. 이 기독교인들은 자기 나라의 방어, 병역복무, 원수에 대해 전쟁을 하라는 국가의 소집을 거부한다.
>
> 지금까지 이 같은 종교적 양심에서 비롯된 가책은 국가에 맞서는 정당한 구실로 여겨졌으며, 이를 요구한 인민은 군복무에서 면제되었다. 그러나 미국에서 남북전쟁이 시작되었을 때 여론은 이 문제로 분노했다. 그들의 나라를 지

키기 위하여 전쟁의 고통과 위험을 감수하는 것이 그들의 의무라고 생각한 인민이, 오랫동안 그들과 함께 국가의 보호 아래 이익을 함께 나누었으면서도 이제 절실하고 위험한 때에 나라를 방어하는 노력과 위험을 함께 짊어지지 않는 자에게 분노를 느끼는 것은 당연했다. 그들이 그러한 자의 태도를 괴물 같고, 비이성적이며, 의심스럽다고 선언하는 것도 당연했다.

많은 연설가와 저술가가 이런 태도를 비난하기 위해 일어나, 성서는 물론 상식을 근거로 무저항이 죄악임을 증명하려고 노력했다. 이는 지극히 당연한 것으로 많은 경우, 그 저술들은 옳았다.

옳았다는 것은 그들이 국가로부터 받은 혜택을 포기하지 않고 병역의무의 고통만을 피하려고 애쓰는 인민의 경우이지만, '무저항' 자체의 신념에 관해서는 옳지 않았다.


무엇보다 먼저 우리의 저자는 기독교인의 무저항 규칙의 의무성을 증명한다. 즉, 이 계율은 완전히 명확하며 오해의 여지없이 그리스도에 의해 모든 기독교인에게 부과되는 것임을 증명한 것이다.

"신보다 사람에게 복종하는 것이 옳은지 스스로 판단하라"고 베드로와 요한은 말했다. 따라서 그리스도가 "권력으로 악에 저항하지 말라"고 말했을 때, 이것이야말로 정확하게, 기독교인이 되기를 원하는 모든 인민이 병역의무에 대해 주장해야 할 태도가 되어야 하는 것이다.

그러므로 원리 자체의 문제에 대해 저자는 그것을 해결된 것으로 여긴다. 그러나 또 하나의 문제, 즉 폭력에 의존하는 국가가 주는 혜택을 거부하지 않은 인민이 군복무를 거부할 권리가 있는지에 대해 저자는 상세히 고찰한 끝에 다음과 같은 결론에 이르게 된다. 즉, 그리스도의 율법을 따르는 기독교인은 전쟁에 나가지 않는다면, 마찬가지로 국가기관, 법정, 선거 등 어느 것도 이용해서는 안 되고, 자신의 개인적인 관심에 대해 당국, 경찰, 법에 호소할 수 없다는 것이다. 나아가 그 책에서 그는 구약성서와 신약성서의 관계, 기독교도에 대한 국가의 가치, 무저항 교리와 그것에 행해진 비난에 대해 고찰하며 다음과 같이 결론을 맺는다.

> 기독교인은 국가를 필요로 하지 않고, 따라서 그리스도의 가르침에 반대되는 점에서 국가에 복종할 수 없으며, 더욱이 국가 활동에 참여할 수도 없다.

그리스도는 그의 제자들을 세상 밖으로 데려갔다고 그는 말한다. 그들은 세상의 축복을 기대하지 않고 영원한 생명을 기대한다. 그들의 영혼이 그들을 만족하게 하며, 모든 위치에서 행복하게 한다. 만일 세상이 그들을 묵인해준다면, 그들은 언제나 만족한다. 그러나 만일 세상이 그들을 평화롭게 두지 않는다면, 그들은 다른 곳으로 갈 것이다. 왜냐하면 그들은 지상의 나그네로서 정해진 거처가 딱히 없기 때문이다. 그들은 "죽은 자가 죽은 자를 묻는다"고 믿는다. 그들에게 필요한 오직 하나는 "우리의 주를 따르는 것"이다.

무서가 쓴 이 두 권의 책에서 주장된 신념이 과연 옳은가 하는 문제는 차치하고라도, 전쟁에 대한 저자의 태도에서 기독교인의 의무에 대해 우리는 실제적인 중요성과 문제 결정의 시급한 필요성을 인식하지 않을 수 없다.

## 러시아의 양심적 병역 거부

수십만 명의 퀘이커파, 메노나이트파, 러시아의 모든 두호보르파,[17] 몰로카니파[18]는 물론 어느 특정한 교파에 속하지 않은 다른 인민들도 폭력의 사용, 즉 병역의무가 기독교와 상반된다고 생각한다. 그래서 결국 매년 러시아인 사이에서는 이 같은 종교적 신념을 근거로 군복무를 거부하는 몇 명이 병역의무에 소집된다.

국가는 그들을 풀어주는가? 아니다. 국가는 그들을 강제로 가게 하는가? 복종하지 않을 경우 그들을 처벌하는가? 아니다. 이것이 1818년 국가가 그들을 처리한 방법이다. 다음에 보는 카르스 출신의 니콜라스 미라비요프[19]의 일기에서 발췌한 내용은 검열을 거치지 않아 러시아에서는 알려져 있지 않다.

> 티플리스, 1818년 10월 2일
>
> 탐보프 지방의 지주에 속한 다섯 명의 소작 농부가 최근에 조지아(그루지야)로 보내졌다고 사령관이 내게 아침에 말했다. 그들은 병사로 보내졌으나 병사로 복무하지 않으려 했다. 그들은 여러 번 채찍을 맞고 구타를 당했으나 복무하지 않기 위해 가장 잔인한 고문, 심지어 죽음도 기꺼이 받고자 했다.
>
> "우리를 보내달라"고 그들은 말했다.
>
> "우리를 내버려달라. 우리는 아무도 해치지 않을 것이다. 모든 인민은 평등하

---

17  두호보르파(Douhobortsi)는 러시아 정교회 분리파 중 하나로 그 말의 의미는 '영혼을 위해 싸우는 자'이다. 러시아 제국 시절, 기독교 평화주의에 근거한 양심적 병역 거부 때문에 탄압을 받았고, 그와 관련해 일부는 캐나다(서부지역), 키프로스로 이주했다.

18  몰로카니파(Molokani)는 16세기부터 서부 러시아 지역에 살면서 초기 기독교 교리를 신봉하고 실천했으며, 1905년 코카서스 국가의 박해를 받았다.

19  니콜라스 미라비요프(Nicholas Myravyov)는 러시아의 군인이다.

고 황제도 우리와 같은 사람이다. 그런데 우리가 왜 그에게 세금을 바쳐야 하는가? 나에게 아무런 해를 끼치지 않은 누군가를 전투에서 죽이려고 왜 나의 생명을 위험에 노출시켜야 하는가? 당신은 우리를 토막 내어 죽일 수 있지만 우리는 병사가 되지 않을 것이다. 우리를 동정하는 사람은 우리에게 자선을 베풀 것이지만 국가의 배급품을 우리는 갖지 않았고 앞으로도 가질 생각이 없다."

이것이 그 농부들이 한 말이었다. 그들은 러시아에 그들 같은 인민이 다수 있다고 주장했다. 그들은 네 번씩이나 각료회의에 끌려갔고, 결국 그 문제는 황제 앞에 제출되는 것으로 결정되었다. 황제는 그들의 교정을 위해 조지아(그루지야)로 데려 가라고 명령하고, 이 농부들이 더 나은 영혼을 갖도록 하는 점진적 성과에 대한 보고서를 매달 보내라고 최고 사령관에게 명령했다.

그 교정이 어떻게 마무리되었는지에 대해선 알려진 바가 없다. 왜냐하면 그 전체 일화가 알려지지 않은 극비였기 때문이다. 이것이 바로 국가가 75년 전, 많은 경우에 취한 행동으로, 인민에게는 계획적으로 숨긴 것이었다. 물론 지금도 국가가 취하는 방법이다. 그러나 예외적으로 헤르손[20] 지방에 사는 독일계 메노나이트파 신도의 경우, 병역의무에 대한 탄원이 정당한 이유가 있다고 여겨져 숲속 노동으로 그들의 군복무 기간을 대체하게 되었다. 그러나 메노나이트파 이외의 신도가 종교적 이유를 근거로 군대복무를 거부한 최근의 사건에서 국가 당국은 다음과 같은 방법으로 행동했다.

먼저 그들은 피고인들을 '교정'하고 그를 '더 나은 영혼'으로 만들기 위해 우리 시대에 사용되는 모든 강압적인 수단을 적용하고, 이 대책은 극

---

20  헤르손(Kherson)은 우크라이나의 도시이다.

비리에 실행된다. 나는 1884년 모스크바에서 복무를 거부한 사람의 경우, 두 달이 지나자 그들에 대한 공식 조서가 커다란 책만큼 높이 쌓였고 내각에서 절대 비밀로 유지되었음을 알고 있다. 그들은 언제나 그 피고인들을 신부에게 보내는 것으로 시작하고, 신부는 그들에게 수치스럽게도 항상 복종을 권고했다. 그러나 그리스도의 이름으로 그리스도를 부인하라는 이 이상한 권고는 대체로 성공하지 못했으므로 신부의 영혼 교정 충고를 받은 뒤 피고인들은 헌병에게 이송되었다. 만일 헌병이 피고인들에게 정치적인 범죄 의도가 없음을 확인하면, 그들은 다시 돌려보내져서 이후 학자, 의사, 그리고 영혼을 치유하는 정신병원으로 가야 했다.

이 모든 절차가 진행되는 가운데 그들은 자유를 박탈당하고, 선고된 범죄자처럼 모든 종류의 수모와 고통을 겪어야 했다(이 모든 것은 네 가지 경우에 반복되었다). 의사는 그들을 정신병원에서 내보내고, 그들을 자유롭게 놓아주는 것—그들로 인해서 다른 인민까지 군복무를 거부할까 봐—을 막기 위해, 동시에 그들이 병사 사이에 남겨지는 것을 막기 위해 모든 종류의 비밀스런 계책이 동원된다. 이는 다른 병사들이 병역의무가 그들이 확신하는 것처럼 신의 율법에 의한 의무가 전혀 아니며 도리어 그것과 정반대라는 것을 배우게 될 것을 두려워한 탓이다.

국가가 행할 수 있는 가장 손쉬운 방법은 과거처럼 병역 거부자들을 매질이나 다른 수단을 써서 죽이는 것이다. 그러나 우리 모두 믿는 기독교 교리를 믿는다는 이유 때문에 그들을 공개적으로 사형에 처하기란 불가능하다. 그렇다고 해서 불복종자들을 자유롭게 두는 것도 불가능하다. 따라서 국가는 그들을 학대하여 강제로 그리스도를 부인하게 만들거나, 이런저런 방법으로, 즉 공개적 사형이 아니라 아무도 모르게 그들을 제거하고, 어떤 방법으로든 그 행위 및 그 사람들을 다른 사람들로부터 숨기려 하는

70

것이다. 그리고 모든 종류의 계책과 계략과 잔인함으로 그들을 꼼짝 못하게 한다.

그들은 무저항자들을 전방에 보내거나 부추겨서 불복종하게 만들며, 군법을 어긴 죄로 심문하여 규율 대대의 감옥에 가두고, 누구도 보지 못하는 상태에서 그들을 마음대로 학대한다. 혹은 그들을 미쳤다고 인정하여 영혼을 치유하는 정신병원에 가두어버린다. 그렇게 하여 그들은 한 사람을 이런 식으로 타슈켄트[21]에 보내기도 했다. 즉, 그를 타슈켄트 군대에 전출하는 것처럼 가장한 것이다. 다른 한 사람은 옴스크[22]로, 세 번째 사람은 불복종으로 기소하여 감옥에 수감했고, 네 번째 사람은 정신병원으로 보냈다.

어디에서나 같은 이야기가 되풀이된다. 비단 국가뿐만이 아니다. 소위 자유주의자나 진보주의자라 하는 사람들에게도 해당된다. 그들은 거의 모두가 의도적으로, 기독교 또는 심지어 사회가 개인의 원리로 받아들인 인류애의 가르침과 양립할 수 없음을 증명하려는 인민들이 말하고 쓰고 행하는 모든 노력으로부터 멀어지게 된다. 이 문제를 해명하려고 애쓴 러시아나 유럽 및 미국의 지배 계급의 태도에 대해 내가 얻은 정보는, 이러한 지배 계급에 존재하는 것은 진정한 기독교에 대한 의식적인 적대적 태도이고, 이는 특히 겉으로 드러난 모든 부조리한 사건에 대한 그들의 침묵에 의해 표명되고 있다고 나를 확신시키게 했다.

---

21  타슈켄트(Toshkent)는 우즈베키스탄의 수도로 지금은 러시아에서 독립되어 있지만 톨스토이 생존 시에는 러시아의 일부로 벽지였다.

22  옴스크(Omsk)는 러시아 중남부의 도시로 시베리아 지방에 있다.

# 02     '권력의 악행에 대한 무저항'에 관한 비판

**『나의 신앙은 어디에 있는가?』에 대한 종교적 비판의 무책임성**

나의 저서 『나의 신앙은 어디에 있는가?』에서 내가 피력하고자 했던 것을 은폐하려 들고 나를 침묵하게 만들려고 했던 온갖 의도 덕분에 나는 이 책 자체를 새롭게 평가하게 되었다.

이 책은 나오자마자 내가 예상했던 대로 금지당했고, 법에 따라 소각되었다. 그러나 동시에 관리들이 그것을 검열 관청에서 가지고 나가 원고는 석판 사본으로 많이 배포되었으며, 외국에서는 번역본들이 출판되었다.

그러자 매우 빠른 속도로 그 책에 대한 다양한 비판이 나타나기 시작했다. 종교적인 비판도 있었고 세속적인 비판도 있었다. 심지어 국가에서는 이를 용인했을 뿐 아니라 조장하기까지 했다. 덕분에 아무도 몰랐어야 할 한 권의 책에 대한 비판이 대학에서 신학적 논문의 주제로 채택되었을 정도로 널리 알려졌다.

내 책에 대한 비평은 일반적으로, 러시아에서든 국외에서든, 동일하게 크게 두 가지 양상으로 나타났다. 하나는 스스로 기독교 신자라고 여기는 자들의 종교적 비평이었고, 또 하나는 세속적 비판, 즉 자유사상가들이 보여준 비평이었다.

첫 번째 부류부터 검토해보자.

『나의 신앙은 어디에 있는가?』에서 나는 교회 교사들, 즉 성직자들을 다음과 같이 비난했다. 즉, 그들의 가르침은 신약성서의 산상수훈에서 명백하고 정확하게 표현된 그리스도의 계율에 반하는 것이며, 특히 악에 대한 무저항에 관한 그리스도의 계율에 반하므로 그들은 그리스도 가르침의 모든 가치를 박탈한 것이라고 나는 비판했다.

교회 당국은 권력의 악행에 대한 무저항이라는 계율을 포함한 산상수훈의 가르침을 신의 계시라고 당연히 받아들였다. 따라서 그들이 나의 저서에 대해 뭔가 반박할 필요가 있다고 느꼈다면, 무엇보다 먼저 내 비난의 중점에 답해야 했다. 즉, 산상수훈의 가르침과 특히 악에 대한 무저항의 계율을 기독교인의 의무라고 인정하는지 아닌지를 답해야 했다는 것이다. 그들이 보통 하는 방식, 즉 "비록 한편으로는 절대적으로 부인할 수 없으나, 다른 한편으로 우리는 다시금 완전히 동의할 수도 없다. 더욱이 …을 고려하면…" 등등의 애매모호한 궤변이 아니라 내가 내 책에서 물은 대로 즉답을 해야 했던 것이다.

그렇다. 그들은 내 저서에서 주장된 만큼 명료하게 그 문제에 답해야 했다. 그리스도는 정말 산상수훈의 가르침을 그의 제자들이 실행하기를 요구하였는가? 그리스도가 요구하였다면 기독교인은 항상 기독교인이면서도 남을 재판하거나, 재판에 참가하거나, 사람들에게 유죄를 선고하거나, 자신의 보호를 위해 변호를 요구하는 것이 과연 옳은가? 기독교인이 정치에 참가하여 그의 이웃에게 폭력을 사용할 수 있는가? 마지막으로 현대의 모든 인간이 직면하고 있는 가장 중요한 문제인 일반적 병역의무에 대해, 기독교인인 사람이 그리스도의 직접적 금지에 반하여, 그의 가르침에 직접 반

산상수훈(칼 블로흐 作)

대되는 미래의 행위에 대한 복종을 약속할 수 있는가? 그리고 군대에서 자기 몫의 의무를 다하고, 사람을 죽일 준비를 하며, 심지어 실제로 그들을 살인할 수가 있는가?

이러한 질문들은 명백하며 직선적이다. 따라서 마찬가지로 명확하며 직선적인 답을 요구하는 것이다. 그러나 나의 저서에 대한 어떤 비평에서도 그런 명백하고 직선적인 답은 찾아볼 수 없었다. 그렇다. 나의 저서는 교회 교사들이 그리스도의 율법으로부터 일탈한 것에 대한 모든 비난처럼 정확하게 똑같은 대접을 받았다. 이 일탈의 역사는 콘스탄티누스 시대부터 현재까지 이어져왔다.

너무나 많은 것들이 내 저서와 관련해 언급되었다. 즉, 내가 복음서의 여러 구절을 부정확하게 번역했다거나, 삼위일체, 대속(代贖),[1] 영혼의 불멸성 등을 정확하게 깨닫지 못했다는 것 등이다. 이처럼 너무나 많은 것들이 언급되었으나 정작 모든 기독교인의 생활에서 문제 삼아야 할 가장 본질적인 질문에 대한 것은 단 한마디도 없었다. 즉 우리의 교사인 그리스도의 말씀과 우리 모두의 가슴속에 너무나도 명료하게 표현되어 있는 가르침인 용서, 온유함, 거부, 이웃과 원수를 포함한 모든 사람에 대한 사랑의 의무를 우리가 동포나 외국인에 대한 전쟁에서 폭력을 사용해야 한다는 명령과 어떻게 양립시킬 것인가 하는 질문 말이다.

이 질문에 대해 답을 요구할 가치가 있는 모든 것은 다음 다섯 가지로 요약할 수 있다. 이는 나의 저서에 대한 비판뿐만 아니라 이 주제와 관련하여 과거에 논의된 것들로부터 내가 할 수 있는 한 모든 것을 모은 것이다.

## 첫째, 폭력 사용은 기독교에 반하지 않는다는 비판

첫 번째 답이자 가장 유치한 비판은 폭력 사용이 그리스도의 가르침에 반대되지 않는다는 난폭한 주장이다. 즉, 폭력은 기독교인에게 구약성서 및 신약성서에서 허용되었으며, 심지어 명령되었다고 대담하게 단언하는 것이다.

이런 종류의 주장은 대체로 통치 및 성직 계통에서 가장 높은 지위를 가진 자들이 하는 말이다. 따라서 그들은 아무도 자기들 주장을 반박하지 못할 것이며, 만일 반박하는 자가 있다고 해도 아무도 그것을 듣지 않으리라 확신한다. 이러한 자들은 대체로 권력에 중독되어 바보가 된 사람들이

---

1   예수 그리스도가 십자가에 매달려 죽음으로써 만민의 죄를 대신 속죄(贖罪)하였음을 의미하는 신학 용어다.

다. 기독교라는 이름으로 그들의 지위를 유지하면서도 기독교가 무엇인지에 대한 올바른 개념조차 완전히 잊어버리고 있기 때문에 기독교 속에 있는 기독교적인 것은 그들에게 이단으로밖에 보이지 않는 반면, 반(反)그리스도적이고 이교도적인 의미로 왜곡될 수 있는 구약성서 및 신약성서의 모든 것을 그들은 기독교의 근본으로 여긴다.

기독교가 폭력 사용과 모순되지 않는다는 자신들의 주장을 뒷받침하기 위해 그들은 대단히 뻔뻔스럽게도 구약성서 및 신약성서에서 아나니아와 삽비라[2] 그리고 마법사 시몬의 처형[3] 등과 같은 가장 애매한 구절을 끌어모아서 이를 가장 비기독교적인 방법으로 해석한다.

또 그들은 잔인함을 정당화하기 위해 그리스도의 모든 말을 인용한다. 즉, 성전으로부터의 추방, "소돔 땅이 그 성보다 견디기 쉬우리라" 등등이다. 이들의 신념에 따르면, 기독교 국가는 결코 평화, 용서, 원수에 대한 사랑의 정신으로 인도되어서는 안 된다.

베드로와 시몬의 갈등. 오른쪽 검은 옷을 입은 사람이 시몬이다
(아반치노 누치 作)

---

2  사도행전 5장 1절에서 11절까지 나오는 이야기.

3  마법사 시몬(Simon the Sorcerer)은 시몬 마구스(Simon Magus) 또는 기타의 시몬(Simon of Gitta)이라고도 한다. 사마리아 사람으로 기원후 1세기에 생존했던 나스티시즘(Gnosticism, 영지주의) 교부들 중의 한 명이었으며, 나스티시즘의 일파인 시몬파(Simonians·Simonianism)의 창시자라고 전통적으로 여겨진다. 성경에서는 시몬 마구스가 사도행전 8장 9~24절에서 언급된다.

나는 그들의 주장을 반박하는 것이 무익하다고 생각한다. 왜냐하면 이런 주장을 하는 바로 그자들이, 기독교 이름으로 교회 자체가 존재할 뿐만 아니라 그 안에서 그들의 일자리가 존재하는데도, 기독교 대신에 자신의 그리스도와 자신의 기독교를 조작하여 스스로 자신을 반박하거나, 도리어 그리스도를 부인하기 때문이다. 만일 모든 사람이 교회는 용서가 아니라 처벌과 전쟁의 그리스도를 믿는다고 고백하는 것을 알게 된다면 아무도 교회를 믿지 않을 것이며, 교회가 증명하려고 노력하는 바를 누구에게도 증명할 수 없을 것이다.

## 둘째, 폭력 사용은 악행 억압에 필요하다는 비판

약간 덜 난폭한 두 번째 형태의 주장은, 우리가 왼쪽 뺨을 돌려 대고 옷도 내주어야 한다고 예수가 비록 정말로 설교하였고 이것이 가장 높은 도덕적인 의무라 하더라도, 세상에는 악한 자들이 있으며 이들 악한 자들을 폭력으로 진압하지 않는다면 전 세계와 모든 선한 인민이 그들로 인하여 멸망할 것이라는 비판이다. 내가 요한네스 크리소스토무스[4]에서 처음으로 찾은 이 주장이 어떻게 잘못된 것인지를 나는 『나의 신앙은 어디에 있는가?』에서 설명했다.

첫째, 이 주장에는 아무런 근거가 없다. 왜냐하면 만일 우리가 자신에게 어떤 사람을 본질적으로 악한 사람으로 여기도록 허용한다면, 제일 먼저 우리는 그렇게 함으로써 하늘에 계신 아버지의 자녀로 모두 동등하며 형제자매라는 기독교 가르침의 모든 개념을 무효화하기 때문이다.

---

4　요한네스 크리소스토무스(John Chrysostom, 349?~407)는 초기 기독교의 교부이자 제37대 콘스탄티노폴리스 대주교다.

둘째, 그 주장에는 정당한 이유가 없다. 왜냐하면 비록 악한 자들에 대항하는 폭력 사용을 신이 허락했다 하더라도, 우리가 악한 사람과 선한 사람을 명확히 구별할 수 있는 완벽하며 실수 없는 구별 기준을 찾는 것은 불가능하다. 따라서 모든 개인과 인민의 모임이 바로 지금 그러하듯이, 서로를 악한 자들로 여기는 것으로 귀결된다.

셋째, 비록 악한 사람과 선한 사람을 실수 없이 구별할 수 있다고 해도, 심지어 그렇다 하더라도, 이들 악한 자들을 사형에 처하거나 상처를 입히거나 감옥에 가두는 것은 불가능하다. 왜냐하면 기독교 사회에서는 기독교인으로서의 모든 기독교인은 악한 사람에게 아무런 폭력도 사용하지 말라는 계율을 받았고, 따라서 기독교 사회에서는 그것을 실행할 사람이 아무도 없기 때문이다.

### 셋째, 자신의 이웃을 방어하기 위해 폭력 사용의 의무가 있다는 비판

세 번째 답은 앞의 것들보다 더 미묘하다. 즉, 비록 권력의 악행에 대한 무저항의 계율에서 그 악행이 기독교인 자신에게 직접 향해진다면 의무가 되지만, 그 악행이 자신의 이웃에게 향해진다면 그것은 의무일 수가 없다. 그러므로 기독교인은 그 계율을 실천할 의무가 없을 뿐만 아니라 심지어 그의 이웃을 방어하기 위하여 그 계율과 반대로 행동할 의무가 있으며, 가해자인 악인에 대항하여 폭력을 사용해야 할 의무가 있다고 주장하기 때문이다. 정말이지 이는 극단적인 억측에 불과하다.

우리는 그리스도의 모든 가르침에서 그러한 주장에 대한 어떤 확증도 찾을 수 없다. 뿐만 아니라 이는 계율에 대한 제한이고, 직접적인 반박이며, 부정이다. 만일 모든 사람이 다른 사람을 위협하는 위험에 직면하여 폭력을 사용할 수 있는 권리를 가진다면, 폭력 사용의 문제는 다른 사람에 대한 위험의 정의 문제로 축소된다.

만일 나의 개인적인 판단이 다른 사람에 대한 위험이 무엇인지의 문제를 결정할 수 있다면, 다른 사람을 위협하는 위험을 근거로 정당화되지 않을 폭력 사용의 경우란 없게 된다. 그들은 마녀를 살해하여 불태웠고, 귀족과 지롱드 당원[5]들을 살해했으며, 적들을 사형에 처했다. 왜냐하면 권력을 잡은 자들이 그들을 인민에게 위험하다고 여겼기 때문이다.

근본적으로 그 계율의 전체적인 가치를 훼손하는 이 중요한 제한이 만

**가야바의 재판(지오토 디 본도네 作)**

---

5    지롱드 파(Girondins)는 프랑스혁명 중 등장한 프랑스 정치 파벌의 하나로 중산층 부르주아, 개신교 등 이어지는 온건 공화파 계열의 여러 파벌의 집합체이며, 자주연방주의자라고 불렸다.

일 그리스도의 가르침에 들어 있다면, 어딘가에 그것에 대한 언급이 있어야 한다. 그러나 이 제한은 우리 구세주의 생애나 설교 어디에서도 만들어지지 않았다. 오히려 그 계율을 무효화하는 배반적이며 수치스러운 제한에 대해 정확하게 경고했다. 그러한 제한의 오류와 불가능성은 복음서에 특별히 명료하게 나타난다. 즉, 가야바의 재판[6]에 대한 이야기에서 가야바는 정확하게 이러한 구별을 하고 있다. 그는 무죄인 예수를 처벌하는 것이 잘못임을 인정하였다. 그러나 예수에게서 자신이 아니라 모든 인민에게 미치는 위험의 근원을 보았으므로, 전체 민족이 멸망하지 않으려면, 한 사람이 죽는 것이 더 좋다고 말했다.

그러한 제한의 오류는 베드로가 예수에게 가해지는 악을 폭력으로 저지하려 하자 예수가 그에게 한 말에서 훨씬 더 분명하게 표현되었다(마태복음 26장 52절). 베드로는 자신을 방어하지 않고 그가 사랑하는 거룩한 주인을 방어했다. 이에 그리스도는 당장 그를 질책하면서 "칼을 든 사람은 칼로 망할 것"이라 말했다. 이처럼 그리스도는 폭력을 진정으로 금지했다.

게다가 더욱 큰 폭력으로부터 다른 이웃을 방어하려고 자기 이웃에 대항하여 폭력을 사용한다는 구실은 언제나 옳지 못하다. 왜냐하면 악한 의도를 아직 실행하지 않은 사람에 대해 폭력이 행사될 때, 나는 내 폭력 행사의 악 또는 내가 방어하고자 하는 행위의 악 중에서 어느 것이 더 큰 것인지 결코 알 수 없기 때문이다.

우리는 그 범죄자를 죽여서 사회에서 그를 없애는 것이 옳은 일인지, 오늘의 범죄자가 내일 개선될 수 있는 사람인지, 우리가 그를 처벌하는 일이

---

6    신약성서에 나오는 대제사장으로 예수와 그의 제자들을 반대하는 일에 적극적인 역할을 했다(마태 26:3~4; 요한 11:47~51; 18:13~14).

쓸모없는 잔인함은 아닌지를 결코 알 수 없다. 우리는 우리의 생각에 따라 사회를 위험하게 만들지도 모르는 구성원을 가두지만, 다음 날 그는 위험하게 되지 않을 수도 있다. 그러면 그의 투옥은 쓸모없는 일이 되지 않겠는가?

내가 악당이라 인식한 사람이 어린 소녀에게 위해를 가하는 장면을 목격했다고 치자. 마침 내 손에는 총이 들려 있다. 나는 그 악당을 죽이고 소녀를 구한다. 이때, 악당이 죽거나 상처 입는 일은 확실히 발생할 수 있지만, 이 같은 일이 일어나지 않았다면 과연 어떤 일이 벌어졌을지는 알 수 없다.

그리고 사람들에게 무슨 일이 생길지 예견하는 권리를 갖도록 허락한다면, 얼마나 많은 악이 초래될 것인가? 아니, 실제로 그런 일이 초래된다. 세상의 99퍼센트 악은 이러한 논법에 기초한다. 이단자 탄압에서부터 다이너마이트 폭탄에 이르기까지, 수만 명이나 되는 정치범의 처형이나 처벌도 그렇다.

### 넷째, 무저항 계율의 위반을 단순한 나약함이라고 하는 비판

권력의 악행에 저항하지 말라는 그리스도의 계율에 대해 과연 기독교인은 어떤 태도를 취해야 할까 하는 질문에 대한 네 번째 답은 앞의 것들에 비해 훨씬 세련된 것이다. 즉, 악에 대한 무저항의 계율을 부인하는 것이 아니라, 다른 모든 계율의 경우처럼 그것을 인정한다고 주장하면서, 단지 그들은 오로지 분파주의자들에 의해 부과된 특별히 배타적인 가치를 이 계율에 부여하지 않을 뿐이라고 선언하는 탓이다.

다시 말해, 게리슨, 발루, 디몬드, 퀘이커파, 메노나이트파, 쉐이커파[7]가

---

7 쉐이커파(Shakers)는 18세기에 퀘이커파에서 분파한 기독교 교파이다. 정식 명칭은 그리스도 재림신자 연합회(United Society of Believers in Christ's Second Appearing)이며, 천년왕국설을 믿는 독신주의자들의 단체다. 그들은 미국에 공동체를 세웠고, 완전한 생활과 생산적인 노동에 헌신했으며, 경제적으로 번창했고, 미국의 건축·가구·수공품 등에서 독특한 양식을 창출하는 데 기여했다.

현재 실천하고 있듯이, 그리고 모라비아 형제회파,[8] 월든스파,[9] 알비파,[10] 보고밀파, 폴리시안파가 과거에 행한 것처럼, 이 계율을 기독교인의 생활에서 필요 불가결한 조건으로 여기는 것은 한쪽으로 기운 이단자의 것이라고 하는 것이다. 이 계율은 다른 모든 계율보다 더도 덜도 아닌 가치를 지니며, 인간의 나약함으로 인하여 무저항의 계율을 포함한 어떤 계율을 위반하는 사람이라 할지라도 진실한 신앙만 유지하고 있다면 기독교인이기를 그만두는 것은 아니라고 주장하는 것이다.

이는 매우 교묘한 계략이어서 많은 인민이 쉽게 기만당한다. 왜냐하면 이는 계율에 대한 직접적이고도 의식적인 거부를 우발적인 위반으로 축소시키기 때문이다. 그러나 우리는 그저 이 계율에 대한 교회 교사들의 태도와 그들이 정말로 인정하는 다른 계율에 대한 태도를 비교함으로써 이 두 가지 태도가 서로 완전히 다르다는 것을 확신할 수 있다.

이를 테면, 간음을 금지하는 계율은 정말이라고 인식하여 어떤 경우이든 간음은 죄라고 인정한다. 교회 설교자들은 간음을 금지하는 계율을 어겨도 되는 어떤 경우도 인정하지 않을뿐더러 우리에게 언제나 간음의 시험에 들 수 있는 유혹을 회피해야 한다고 가르친다. 그러나 무저항의 계율에 대해서는 그렇지 않다. 모든 교회의 설교자들은 이 계율을 어겨도 되는 경우를 알고 있으며, 인민을 이에 합당하게 가르친다. 또한 그것을 어길 수

---

8    모라비아 형제회파(Moravian Brothers)는 15세기 보헤미아 종교개혁으로 생긴 3파 중 정치에 참여하지 않은 파로서 1457년 보헤미아의 쿤발트라는 시골에서 교회생활을 시작하였다.

9    월든스파(Waldenses)는 12세기 프랑스에서 생긴 기독교 교파로서 예수의 가난과 단순한 생활을 실천하였다.

10    알비파(Albigenses, Albigensians)는 카타리파 또는 순수파라고도 하며, 12세기에서 13세기까지 프랑스 남부의 알비와 툴루즈를 중심으로 생겨난 기독교 교파로, 그 교리는 이원론과 영지주의를 바탕으로 한 것으로 11세기에 주로 랑그도크 지역에 전파되었으며 12세기에서 13세기까지 교세를 확장하였다.

있는 시험—그중 가장 중요한 것은 군대 선서이다—을 회피해야 한다고 가르치는 대신 그들 스스로 강요한다. 그 외 교회 설교자들은 어떤 경우이든 다른 어떤 계율을 위반해도 된다고 옹호하지 않는다.

그러나 무저항의 계율과 관련되면 이야기가 달라진다. 그들은 공개적으로 우리 일반인들은 이를 너무 직설적으로 이해해서는 안 된다고 가르치고, 우리가 정반대로 행해야 하는, 즉 고소하거나 싸우거나 처벌해야 하는 상황과 환경이 별도로 있다고 말한다. 따라서 권력의 악행에 대한 무저항의 계율을 실천해야 하는 상황들은 대개 그것을 실천하지 않아도 되는 상황으로 수용된다.

이 계율의 실천은 매우 어려우며 완전무결하게 할 수 없다고 그들은 말한다. 그것을 위반하는 것이 금지되지 않았을 뿐만 아니라, 법정, 감옥, 대포, 총, 군대, 전쟁이 교회의 직접적 비호 아래 있는데 어떻게 어렵지 않겠는가? 그러므로 이 계율이 다른 계율과 같은 수준으로 교회 설교자들에게 인식된다는 것은 사실이 아니다. 그러나 교회 설교자는 이를 명백하게 인정하지 않는다. 그저 인정하지 않는다는 사실을 감추려 할 뿐이다.

**다섯째, 오래전에 결론이 난 것처럼 보여 답변을 회피하는 비판**

다섯 번째 답변은 가장 교묘한 것으로, 널리 사용되며 가장 유력한 것이다. 즉 이 질문은 아주 오래전에 지극히 명료하고 만족스럽게 결론이 났으므로 새삼 거론할 가치가 없다면서 답 자체를 회피하는 것이다.

이러한 방법은 다소 교양 있는 종교 저술가들, 즉 논리의 법칙이 스스로에게 의무라고 느끼는 자들이 즐겨 사용하는 것이다. 우리가 입으로 믿는 그리스도의 가르침과 우리 생활의 모든 질서 사이에 존재하는 모순은 말만으로 제거될 수 없다는 것, 그리고 이 문제를 건드리는 것이 그것을 더욱 명백하게 만들 뿐임을 잘 아는 그들은 다소의 재간으로 이를 회피함으로써 기독교와 폭력 사용의 양립 문제는 이미 결론이 났거나 전혀 존재하지 않은 체한다.

나의 저서에 대한 대부분의 종교적 비평은 그 답변으로서 이 다섯 번째 방법을 사용했다. 나는 10명도 넘는 그런 비평가의 견해를 인용할 수 있는데, 예외 없이 그 모두가 똑같은 내용을 반복하고 있는 것을 발견했다. 그 책의 기본적 주제를 구성하는 것에 대한 것 말고는 모든 것이 논의되었다.

그러한 비평의 전형적인 예로 나는 저명하고 영리한 영국의 저술가이며 설교자인 파러[11]의 글을 인용하겠다. 그는 학식 있는 신학자들이 대개 그러하듯 빙 둘러서 질문을 회피하는 기술의 대가이다. 그의 글은 미국 잡지 《포럼*Forum*》 1888년 10월 호에 발표되었는데, 파러는 내 저작의 내용에 대해 간단하게나마 성심껏 설명한 뒤 다음과 같이 덧붙인다.

> 톨스토이는 "악에 저항하지 말라"는 그리스도의 말이 시민사회에서 전쟁, 재판, 사형, 이혼, 맹세, 민족적 편견, 그리고 사실상 시민 및 사회적 생활 제도의 대부분과 양립하는 것으로 여겨질 때, 세상에 지독한 기만이 숨겨져 있다는 결론에 도달했다. 그는 이제 모든 인민이 다음과 같은 이들 다섯 가지 계율을 준수한다면 신의 나라가 올 것이라고 믿는다.
> 1. 모든 인민과 평화롭게 살라.
> 2. 순수하게 살라.
> 3. 맹세하지 말라.
> 4. 악에 저항하지 말라.

---

11  파러(Frederic William Farrar, 1831~1903)는 영국 성공회 사제이다.

5. 민족 차별을 거부하라.

톨스토이는 구약성서와 사도서간의 영감을 부인한다. 그러므로 피에 의한 속죄, 삼위일체, 사도들에게의 성령 강림, 사제를 통한 전파와 같은 교회의 중심 교리를 부인한다. 그리고 그는 그리스도의 말과 계율만을 인정한다. 그러나 그리스도에 대한 이런 해석이 과연 옳은 것인가? 모든 인민이 톨스토이가 가르치는 대로 행해야 하는가? 즉, 그리스도의 이러한 다섯 가지 계율을 실천해야 하는가?

위 글을 읽은 사람들은, 이 본질적인 질문만이 내 책에 관한 글을 쓰도록 권유할 수 있는 유일한 것이므로, 그에 대한 답으로서 "그리스도의 가르침에 대한 이 해석이 진실하니 무조건 따라야 한다"고 말하거나, 아니면 그러한 해석이 틀린 이유를 보여주면서 내가 부정확하게 해석한 그 말에 대한 다른 어떤 정확한 해석을 내렸을 것으로 기대할 터다. 그러나 그런 일은 일어나지 않았다.

파러는 오로지 "비록 가장 고상한 성실함으로 비롯되었지만, 톨스토이 백작은 복음서의 의미 및 그리스도의 이성과 의지에 대한 불완전하며 편파적인 해석으로 잘못 인도되었다"는 자신의 '믿음'을 표현할 뿐이다. 그러면서 이 과오가 어디에 있는지 분명하게 밝히지 않고 오로지 다음과 같이 말할 뿐이다.

이 글에서 그것을 증명하기는 불가능하다. 왜냐하면 나는 이미 내가 사용할 수 있는 지면을 초과했기 때문이다.

그리고 태연하게 다음과 같이 결론을 내린다.

그런데 만일 자기 생활의 모든 조건을 저버리고, 평범한 노동자의 지위와 노동을 짊어지는 것이 자신의 의무가 아닐까 불안하게 느끼는 독자는 당분간 '세계는 올바르게 판단한다(securus judicat orbis terrarum)'는 원리에 따라야 하겠다. 매우 소수의 보기 드문 예외로 사도 시대부터 우리 자신의 시대까지 통틀어 모든 기독교인이 원대한 영원의 원리를 세우는 것이 그리스도의 목적이지, 모든 인간 사회제도의 기반을 흔들고 파괴하는 것이 아니었고, 그 체제 자체는 신의 지지뿐만 아니라 필연적인 상황에 의존한다.

예수 가르침의 전체적 방법과 일치하는 역사적 원리 위에서만 해석될 수 있는 신적 역설(divine paradoxes) 위에 톨스토이 백작이 기초한 공산주의 신념이 얼마나 지지할 수 없는 것인지를 증명하는 것이 나의 목적이라면, 그것은 지금 여기 나의 몫보다 좀 더 큰 캔버스가 필요할 것이다.


그가 말한 '나의 몫보다 좀 더 큰 캔버스'를 그가 가지지 못했다니 얼마나 애처로운 일인가! 과거 15세기 동안 우리가 믿는 그리스도가 말한 것과 전혀 같지 않은 것을 말하고 있음을 증명할 만한 '충분한 크기의 캔버스'를 아무도 갖지 못했다는 것은 실로 얼마나 황당한 일인가! 만일 그들이 여전히 원한다면 이를 증명할 수 있을 것이다. 그러나 누구라도 아는 것을 증명하는 것은 가치가 없을 테니, 그저 "세계는 올바르게 판단한다"고 말하는 것으로 충분하다.


## 진실한 기독교 신앙에 대한 성직자와 당국의 잘못된 태도

교육받은 신자로서 그 지위에 가해지는 위험성을 깨달은 자들의 비평은 예외 없이 모두 이런 종류의 것들이다. 그들에게 유일한 탈출구는 교회와 전통과 그들이 가진 신성한 직책의 권위를 이용하여 독자들을 위협하는 것, 스스로 복음서를 읽고자 하는 생각, 그리고 자신의 마음속에서 그러한 질문이 나오는 것으로부터 독자들을 멀리 끌어내는 게 좋다는 그들의 희망에 놓여 있다.

이런 점에서 그들은 성공적이다. 그 어떤 사람이 이 모든 것을 거짓이자 비방이라 생각하겠는가? 과연 그 누구인들 세기에서 세기로, 엄청난 열성과 엄숙함으로써 모든 부주교, 주교, 대주교, 종교회의, 교황 등이 되풀이한 그 모든 것이, 그들이 사치스럽게 살아가기 위해 필요한 돈을 다른 사람의 목 위에 안전하게 보관하기 위해 그들 스스로 그리스도 위에 몰래 끼워 놓은 것이라 생각하겠는가?

그것은 거짓말이고 비방이다. 너무나 명백하다. 따라서 그들이 주장하는 바를 지속시킬 유일한 방법은 그들의 열성과 진지함으로 인민을 위협하는 데 있다. 이것이 바로 최근 해마다 병력 보충 기간에 일어났던 일들이다.

황제 권위의 상징인 거울 앞에 있는 테이블에, 황제의 실물 사이즈 초상화 아래 높은 분의 자리에 위엄 있는 관리들이 앉아 있다. 그들은 훈장을 달고서 자유롭고 편안하게 잡담을 나누면서 기록을 하고 있다. 그들은 자기 앞에 있는 사람을 불러 명령을 내린다. 마찬가지로 그들 가까이, 십자가를 가슴에 달고 비단 예복을 입어 유복해 보이며, 긴 회색 머리카락이 그의 망토 위에 흘러내리고 있는 늙은 신부가, 황금 십자가가 그려져 있고 금색으로 제본된 복음서가 놓여 있는 성서 책상 앞에 있다.

그들은 "이반 페트로프" 하고 호명한다. 그러자 한 청년이 비참하고 초라한 복장으로 들어온다. 두려움으로 그의 얼굴 근육이 움직이며, 그의 눈은 하얗고 초점이 없다. 깨진 목소리로, 거의 속삭이듯 그가 말한다.

"그리스도의 율법에 따라 저는 기독교인으로서 그렇게 할 수 없어요."

"뭐라고 중얼거리는 거야?"

장관이 참을 수 없다는 듯이 얼굴을 찡그리며, 이야기나 들어볼 요량으로 책에서 눈을 떼고 말한다.

"더욱 크게 말해봐."

번쩍이는 견장을 단 대령이 그에게 소리친다.

"저는, 저는 기독교인이라서…."

그 젊은 사람은 자신이 기독교인이기 때문에 군대복무를 거절하는 것처럼 보인다.

"허튼 소리 작작해. 키 재게 똑바로 서 있어. 의사 선생, 저 사람 키를 재어주시오. 합격이지요?"

"네, 합격입니다."

"그러면 신부는 그에게 맹세를 시키세요."

불쌍하고 겁먹은 젊은이가 중얼거리는 소리에 주목하는 사람은 단 한 명도 없다. 심지어 관심조차 두지 않는다.

"다들 뭔가 할 말이 있는 모양인데, 등록할 사람이 너무나 많아서 일일이 귀 기울일 틈이 없다네."

후보병은 아직도 무엇인가 말해보려고 한다.

"그것은 그리스도의 율법에 어긋납니다."

"시끄러워, 저리 가. 네 도움 따위 없어도 무엇이 율법에 어긋나는지, 무엇이 아닌지 우리가 더 잘 알고 있으니까. 신부, 저 사람을 설득하세요, 설득하라니까요. 다음, 바실리 니키틴!"

이제 그들은 떨고 있는 청년을 데리고 나간다. 그리고, 아무도, 즉 경호원들, 그들이 데리고 들어온 바실리 니키틴, 또는 그 어떤 구경꾼도 귀담아듣지 않고 당국자에 의해 그 자리에서 무시당했던 청년의 의견이 진리를 담고 있다는 것, 반면 조용하고 자신에 차 있는 관리와 신부의 크고 엄숙하게 내뱉은 문장이 실은 거짓말이며 사기였다는 사실도 함께 사라진다.

## 여러 비판의 공통된 문제점

바로 이런 것들이 파러의 글뿐만 아니라 엄숙한 설교와 논문, 그리고 여러 방면에서 나타나고 있는 책 모두에서 드러난다. 실낱같은 진리가 압도적인 거짓 아래 설 자리를 잃고 있는 것이다. 이들의 비판은 길고, 영리하다. 꾀 많은 일련의 엄숙한 연설과 집필로 주제와 관련된 문제를 거의 다 다루고 있는 것처럼 보이게 하면서 실은 주제 자체를 교묘하게 피해간다. 말로는 그리스도의 가르침을 신봉한다면서 실제 생활에서는 그것을 철저하게 부인하고 인민에게도 똑같이 하라고 가르치는 것, 이것이야말로 교회 기독교가 스스로 초래한 모순으로부터 빠져 나올 수 있는 다섯 번째의 가장 효과적인 수단의 본질이다.

첫 번째 방법으로 자신을 정당화한 자들은, 단적으로 뻔뻔하게도 그리스도가 폭력, 전쟁, 살인을 허가했다고 주장하면서 그리스도의 가르침을 직접 부인한다. 두 번째, 세 번째, 네 번째 방법으로 방어를 찾는 자들은 혼란에 빠져 있으므로 그 오류를 쉽게 깨닫게 된다. 그러나 이 마지막 부류는 논쟁하지도 않고 그것에 대해 겸손하게 논의하지도 않는 반면, 그들 자신의 위엄 뒤에 숨을 곳을 찾으며, 이 모든 것이 그들에게서 또는 적어도 오래전에 누군가에 의해 해결되었다고 자랑하고, 누구에게도 의심의 가능성을 주지 않음으로써 안전거리를 유지하고, 그들이 국가나 교회가 뿌려놓은 환각적인 영향 아래 있다는 것을 인민 스스로 깨달아 더 이상 그것에 영향을 받지 않을 때까지 공격에서 벗어나 있는 것이다.

이것이 곧 나의 책에 대한 종교계의 소위 영성적 비평가들, 즉 그리스도에 대한 신앙을 믿는 자들의 비판 태도이다. 그들의 태도는 다를 수 없다. 그들은 모두 주님의 신성에 대한 믿음과 그리스도의 명백한 계율에 대한 불신 사이에서 이 같은 애매한 태도를 취함으로써 모순으로부터 회피하기를 원한다. 따라서 우리는 질문의 본질 자체에 대한 자유로운 토론을 기대할 수 없다. 즉, 그리스도의 가르침을 기존의 세계 질서에 적용할 때 반드시 생겨나는 인민 생활의 변화에 관한 토론 따위를 바라서는 안 되는 것이다.

## 러시아 자유사상가들의 비판

나는 그러한 자유로운 토론을 속세의 자유사상 비평가들로부터 기대했다. 그리스도의 가르침에 구속되지 않으며, 따라서 그것에 대한 독립적 시각을 가질 수 있는 속세의 자유사상 비평가들 말이다. 나는 그들이 그리스도를 성직자들처럼 예배나 개인적 구원의 종교 창시자로서뿐만이 아니라, 그들의 언어로 그것을 표현하자면 생활의 새로운 원리를 주장하고 옛것을 파괴하며 개혁을 진행 중인 개혁가로 바라보리라 기대하고 있었다.

그리스도와 그의 가르침에 대한 시각은 내 저서의 내용을 따르는 것이다. 그러나 놀랍게도 내 책에 대한 엄청나게 많은 비평가들 중에는, 러시아인이든 외국인이든 간에, 내 책에서 접근된 측면 즉, 그들의 과학적 표현을 사용하면 철학적·도덕적·사회적인 원리로 그리스도의 가르침을 비판한 사람이 없었다. 단 하나의 비평도 없었다.

러시아의 세속적 비평가들은 내 책의 전체 내용을 악행에 대한 무저항으로 요약할 수 있다고 보고, 악행에 대한 무저항의 교리 그 자체를—의심할 여지없이 그것을 반박함은 너무나 쉬웠기에— 모든 종류의 악행과 갈등하는 것을 금지하는 방향으로 이해하여 맹렬하게 달려들었다. 그들은 실제로 과거 몇 년 동안, 그리스도의 가르침이 악행에 대한 저항을 막는 것인 한 그 가르침은 잘못된 것임을 매우 성공적으로 증명해왔다. 이 허위적인 그리스도의 가르침에 대한 그들의 논박은 그들이 사전에 자신의 주장에 대적하거나 시정될 수 없음을 알았기에 더욱더 성공적으로 진행되었다. 검열이 내 책을 허가하지 않았고, 그것을 방어하는 글도 허가하지 않은 덕분이기도 했다.

검열에 의한 제약 없이는 성서에 대해 한마디도 말할 수 없는 우리들 사이에서, 과거 몇 년간 마태복음 5장 39절을 직접적으로 언급하는 끊임없는 공격과 비난이 모든 잡지에 실렸다는 점은 주목할 만한 일이다.

러시아의 진보적 비평가들은 무저항 문제를 설명하고자 행해진 모든 작업의 내용을 분명히 깨닫지도 못한 채, 때로는 심지어 악행에 대한 무저항의 계율을 내가 개인적으로 날조한 것임이 틀림없다고 상상하면서, 그 개념 자체와 충돌하였다. 그들은 그것에 반대하고 공격하며, 다각도로 분석되고 반박된 주장을 엄청난 열기로 전개하면서 인간은 변함없이 (폭력으로) 모든 피해자와 억압당한 인민을 방어해야 하며, 그런 이유로 악행에 대한 무저항의 교리는 비도덕적인 교리라고 논증하였다.

모든 러시아의 비평가들은 그리스도 계율의 전체 요지가 "습관화된 악행에 대한 적극적인 대응을 그리스도의 가르침이 방해한다"는 것으로 압축될 수 있다고 보는 모양이다. 그래서인지 권력의 악행에 대한 무저항의 원리는 상반된 두 진영 모두에게서 공격을 받았다. 즉, 보수주의자들에게는 이 원리가 혁명주의자들에게 적용하려는 악행에 대한 저항에서 그 행동을 방해하는 것으로, 혁명주의자들에게는 이 원리가 보수주의자들에게 적용하려는 악행에 대한 저항과 전복을 방해하는 내용으로 보인 것이다. 다시 말해, 보수주의자들은 국가의 번영을 망치려는 혁명적 요소의 정력적인 파괴를 방해하는 권력의 악행에 대한 무저항의 교리에 분노했고, 혁명주의자들은 국가의 번영을 망치는 보수주의자들의 전복을 방해하는 권력의 악행에 대한 무저항의 교리에 분노했다.

이런 관계에서 혁명주의자들이, 모든 독재주의는 엄청난 공포이며 위험이라는 사실에도 불구하고, 권력의 악행에 대한 무저항의 원리를 공격한 것은 주목할 만하다. 세상이 시작된 이래, 모든 종류의 폭력 사용은, 종교재판에서 쉴뤼셀부르크 요새[12]까지, 권력의 악행에 저항할 필요성이라고 하는 반대 원리에 의존해왔거나 아직도 의존하고 있다. 그 뿐만이 아니다. 러시아 비평가들은 무저항 계율을 실제 생활에 적용하는 것을 "문명이 움직이는 길에서 인류를 옆으로 내치는 행위"라 지적했다. 그들의 의견에 따르면, 유럽 인류가 움직이는 문명의 길은 모든 인류가 언제나 따라야 하는 길이다.

## 외국인 자유사상가들의 비판

외국 비평가들은 똑같은 전제에서 출발했지만, 나의 저서에 대한 그들의 논의는 덜 신랄하며, 더 교양적이었을 뿐만 아니라, 본질적으로도 러시아 비평가들과는 상당히 달랐다.

그들은 나의 저서와 산상수훈에 표현되어 있는 복음서의 교훈을 논의하면서 그러한 교리가 특별히 기독교적인—그들에게 기독교적 교리란 가

---

12  중노동 감옥이 있는 러시아의 요새.

톨릭[13]이거나 청교도[14]적인 것이다— 것은 아니라 지적했다. 르낭[15]이 말하듯이 산상수훈의 가르침은 오로지 '매력적인 박학자(du charmant docteur)'의 너무나도 실행 불가능한 한 줄의 꿈일 뿐으로, 1,800년 전에 살았던 갈릴리의 단순하며 반(半)야만적인 거주자나, 반야만적인 러시아 농민인 수타예브와 본다레프, 그리고 러시아 신비주의자 톨스토이에게 적합할 뿐이며, 높은 수준의 유럽 문화에는 도저히 적용될 수 없는 것이라고 주장했다.

외국의 자유사상 비평가들은 나에게 불쾌감을 주지 않으면서 세련된 태도로 산상수훈의 교리 같은 고지식한 교리로 인류가 인도될 수 있다는 나의 신념은 다음과 같은 두 가지 원인에서 비롯된다는 인상을 심어주었다.

첫째, 나의 지식 부족, 역사에 대한 나의 무지, 산상수훈의 교리를 생활에 적용하려는 시도는 헛된 것이라는 이유다. 내가 무식해서 인식하지 못했을 뿐 그런 시도는 역사 속에서 꾸준히 행해져왔으나 아무것도 성취하지 못했다는 것이다.

둘째, 현재 인류가 이룩한 숭고한 문명, 예를 들면 크루프[16]대포, 무연화약, 아프리카의 식민지화, 아일랜드 강제합병[17], 의회국가, 저널리즘, 파업, 헌

---

13   기독교의 한 종파인 동시에 기독교 단일 종파 중 최대 규모의 종파.

14   청교도(淸教徒, Puritan)는 16세기에서 17세기 사이에 영국에서 원형적이고 전통적인 복음주의를 지향했던 기독교인들을 말한다.

15   르낭(Joseph Ernest Renan, 1832~1892)은 프랑스의 언어학자·철학자·종교사가·비평가로서 1860년 기독교의 기원을 밝히기 위해 시리아로 가서 학술 탐험을 한 뒤 20년에 걸쳐 『기독교 기원사Histoire de L'origine du christianisme』(1863~83) 7권을 완성했다. 그중에서 그리스도를 영감을 받은 철학자로 그린 1권의 『예수전 La vie Jésus』은 예수의 생애 가운데 초자연적인 요소를 배제하고 인간으로서의 예수를 그려 많은 사회적 논란을 불러일으켰으며, 결국 로마 가톨릭에 의해 금서가 되었다.

16   크루프(Krupp)는 독일 에센 지방에서 400년 넘게 철강생산과 군수품, 병기 제조로 유명한 가문이다. 1999년 티센과 합병해서 대기업집단인 티센크루프가 되었다.

17   1801년 연합법에 의해 잉글랜드 왕국, 스코틀랜드 왕국, 아일랜드 왕국이 그레이트 브리튼 아일랜드 연합 왕국으로 합병된 것을 말한다.

법, 그리고 에펠탑 등과 같은 것들의 완전한 가치를 내가 깊이 이해하지 못했다는 것이다.

드 보그,[18] 르로와 볼리유,[19] 그리고 매튜 아놀드[20]는 그렇게 썼다. 미국의 저자 새비지,[21] 유명한 미국의 자유사상 연설가인 잉거솔,[22] 그리고 많은 다른 자들도 그렇게 썼다. 잉거솔은 간단하게 다음과 같이 말했다.

그리스도의 가르침은 아무 소용이 없다. 왜냐하면 그것은 우리의 산업시대와 부합되지 않기 때문이다.

그는 이 말에서 완벽한 솔직함과 단순함으로 현대의 세련된 교양인과 우리 시대의 문화가 갖는 그리스도의 가르침에 대한 정확한 견해를 표현한다. 그 가르침은 우리의 산업시대에 전혀 필요가 없다는 것인데, 이는 정확히 이 산업시대의 존재는 변해서도 안 되고 변할 수도 없는 신성한 사실이라는 것과 마찬가지다. 마치 술주정뱅이가 "어떻게 하면 술 마시지 않고 맨정신으로 살 수 있을까요?" 하면서 충고를 요청할 때, "맨 정신이 되는 건 당신의 술 마시는 습관과 맞지 않아요" 하고 대답하는 것과 다르지 않다.

---

18    드 보그(Charles-Jean-Melchior de Vogüé, 1829~1916)는 프랑스의 고고학자이자 외교관이다.

19    르로와 볼리유(Pierre Paul Leroy-Beaulieu, 1843~1916)는 프랑스의 경제학자이다.

20    매튜 아놀드(Matthew Arnold, 1822~1888)는 영국의 시인이자 평론가로 『교양과 무질서』를 썼다.

21    톨스토이가 정확하게 밝히고 있지 않지만 미국의 유니테리안 파 목사이자 저자인 Minot Judson Savage(1841~1918)으로 짐작된다.

22    잉거솔(Robert G. Ingersoll, 1833~1899)은 미국의 변호사이다.

## 자유사상가들이 오해한 그리스도의 가르침

러시아인이든 외국인이든 모든 자유사상 비평가의 주장은 설명하는 말투나 방법 면에서는 다를지 몰라도 본질적으로 똑같은 오해를 범하고 있다. 그리스도의 가르침, 특히 악행에 대한 무저항은 우리 생활의 변화를 요구하므로 아무런 소용이 없다는 것이다. 즉, 그리스도의 가르침은 그것이 실행될 경우, 생활이 현재처럼 진행될 수 없기에 부적합하다는 것이다. 그러나 우리는 여기에 반드시 다음 말을 덧붙여야 한다. "우리가 습관적으로 살고 있듯이, 만일 우리가 죄를 지으며 살기 시작했다면"이라는 말이다. 이는 악에 대한 무저항의 문제가 논의되고 있지 않을 뿐만 아니라, 무저항의 의무가 그리스도의 가르침에 들어간다는 사실이 전체 가르침의 실행 불가능성을 보여주는 증거로 간주된다는 것을 보여주는 셈이다.

한편 그것은 그렇다고 해도 우리는 다음과 같은 질문에 대해 적어도 어떤 종류의 해답을 끌어낼 필요가 있다고 생각할 것이다. 이 질문은 우리에게 흥미를 부여해주는 거의 모든 것의 뿌리에 있기 때문이다. 즉, 어떤 사람이 선이라고 생각하는 것을 다른 사람은 악이라고 생각할 때, 그리고 그 반대로 누가 악이라고 생각하는 것을 다른 사람은 선이라고 생각하는 경우에, 우리는 어떤 식으로 논쟁의 결론을 이끌어내야 하는가? 따라서 악이란, 나의 반대자들이 그것을 선이라고 생각한다는 사실에도 불구하고, 내가 악이라고 생각하므로 그것은 악이라고 대답하는 것은 문제의 해답이 아니다. 여기엔 오로지 두 가지 해답이 있을 뿐이다. 즉, 무엇이 악인가에 대해 전혀 의심의 여지가 없는 기준을 찾거나, 폭력으로 악에 저항하지 않는 것이다.

첫 번째 방법은 역사시대 이후 계속 시도되었고, 우리 모두가 알다시피, 그것은 여태껏 아무런 성공적인 결과를 끌어내지 못했다. 두 번째 해답은 우리가 보편적인 기준을 찾아낼 때까지 우리가 악이라고 여기는 것에 폭력으로 저항하지 않는 것인데 이것이야말로 그리스도에 의해 주어진 답이다.

우리는 그리스도가 준 답을 불만족스럽게 옳지 않다고 생각할 수도 있다. 즉, 그것을 다른, 그리고 더 나은 것으로, 악이 모든 인민에게 만장일치로 동시적으로 정의될 수 있는 기준을 찾아 대체할 수 있을 것이다. 어쩌면 마치 야만국처럼 단순하게 그 질문의 본질을 의식하지 않을 수도 있다.

그러나 우리는 이 질문을 기독교를 믿는 지식 있는 비평가처럼 다룰 수는 없다. 그들은 그러한 질문이 전혀 존재하지 않는 것처럼, 또는 어떤 인물이나 사람들(우리 자신이 그 특정한 사람들이라면 다행일 테지만)의 모임을 위하여 악을 정의해주고 그것에 폭력으로 저항할 권리를 인정해줌으로써 마치 질문이 해결되는 것처럼 보이게 하는 탓이다. 우리는 그러한 권리를 특정한 인민에게 부여하는 것이 곧 질문에 전혀 답하는 것이 아님을 잘 알고 있다. 왜냐하면 언제나 권한 있는 인물이나 집회에는 이러한 권리를 인정하지 않는 자들이 있게 마련이기 때문이다.

그러나 우리에게 악처럼 보이는 것이 정말로 악이라는 이런 승인은 질문에 대한 완전한 오해임이 드러났다. 이는 기독교라는 종교에 관한 자유사상 비평가들의 주장의 뿌리에 놓여 있는 것이다. 이런 방법을 사용하여 성직자들과 자유사상 비평가들이 함께하는 나의 저서에 관한 토론이 나에게 보여준 것은, 대부분의 인민이 그리스도의 가르침 또는 그리스도의 가르침이 해결하고자 하는 질문을 전혀 이해하지 못한다는 점이었다.

## 03

# 기독교도의 기독교 오해

## 대다수가 오해한 기독교 교리

나의 저서 『나의 신앙은 어디에 있는가?』가 나온 뒤 내가 얻은 정보에 의하면, 기독교 교리는 언제나 소수의 사람들에 의해 직접적이고 참된 의미로 이해되어온 반면, 비평가나 성직자 및 자유사상가들은 그리스도의 가르침을 직접적인 의미로 받아들일 가능성을 전면적으로 부인했다. 즉, 한편으로 이 교리에 대한 참된 이해는 소수에게는 결코 망각된 적 없이 점점 더 명백해진 반면, 다른 한편 대다수에게는 점점 더 애매해졌다. 그 결과 마침내 그 애매함의 깊이는, 심지어 복음서에서 가장 간단한 말로 표현된 가장 단순한 가르침에 이르기까지 인민이 직접적인 의미로 이해하지 못하는 지경까지 이르게 되었다.

그리스도 가르침의 빛이 인간 의식의 가장 어두운 곳까지 스며들었을 때도, 그리스도가 말하듯이 그가 귀에 대고 속삭이던 것이 공공연히 선언되고 있는 요즈음에도, 그리스도의 가르침은 일반적으로 그 자체로서 진실하며 단순하고 직접적인 의미로 이해되지 않고 있다. 복음이 인간 생활의 모든 측면인 가정, 경제, 시민, 입법, 그리고 국제관계에 영향을 미치고 있는 때에도 마찬가지다. 그것을 해명해줄 근거가 없다면 그리스도의 가르침이 왜 진정으로 이해되지 못하는지 설명하기 어려울 것이다.

나는, 신자나 비신자나 똑같이 그리스도의 가르침을 오랫동안 제대로 이해해왔다고 믿는 것이, 그 가르침에 대한 충분한 이해를 가로막은 가장 큰 이유라고 생각한다. 즉, 그리스도의 가르침을 완전히, 확실히, 최종적으로 이해했다고 여겨 그들이 거기에 부여하는 의미와 다른 의미는 결코 있을 수 없다고 확신하였기 때문이다. 이 같은 확신의 이유는 복음서에 대한 거짓 해석과 그에 따른 무이해가 오랜 기간 전해져온 탓이다.

물의 흐름이 아무리 강할지라도 이미 가득 찬 컵에는 한 방울도 더할 수 없는 법이다.

그러나 아무리 우둔한 사람이라도 주제에 대한 어떤 생각을 이미 형성한 것이 아니라면 아무리 어려운 내용이라 해도 받아들일 여지가 있다. 반면, 아무리 총명한 사람이라 해도 그가 만일 한 점 의심 없이 자기 앞에 놓인 어떤 것에 대해 '나는 이미 다 알고 있다'고 확신하는 상태라면 그에게는 가장 단순한 것조차 이해될 수 없을 것이다.

기독교 교리는, 현대 세계의 모든 인민이 너무나 오랫동안 알아왔고 그 모든 가장 미세한 부분까지 아무런 주저 없이 받아들여서, 지금 이해되고 있는 것과 다른 어떤 방법으로도 이해될 수 없는 교리로서 오늘날 우리 세계의 인민에게 제시되고 있다.

즉, 기독교는 교회의 교리를 믿는 모든 인민에게는 신앙 속에서 되풀이되는 모든 것의 초자연적 기적의 계시로서, 교회의 교리를 믿지 않는 인민에게는 너무나 거대해진 초자연적인 것에 대한 믿음을 향한 인간 열망의 예시로서, 가톨릭이나 그리스 정교회[1] 또는 신교 교회를 통해 역사적 현상으로 받아들여진 것이다. 따라서 이것은 우리에게 더 이상 살아 있는 의미를 갖지 못한다. 복음의 진정한 의미는 이처럼 믿는 사람에게는 교회에 의해, 믿지 않는 사람에게는 학문에 의해 숨겨져 있다.


### 그리스도 최초의 가르침

나는 먼저 전자에 대해 이야기하겠다.

지금으로부터 1,800년 전의 일이다. 이교도들이 사는 고대 로마 세계 한가운데 이상하고도 새로운 가르침이 나타났다. 그 어떤 옛날 종교와도 같지 않았던 이 가르침은 예수라는 사람으로부터 비롯되었다. 그 가르침은 형태와 내용 면에서 그것이 유래된 유대인의 율법에 비해 완벽하게 새로웠다. 그것이 설교되고 전파된 로마 세계에서는 더욱더 그러했다.

예언자 이사야[2]의 말을 빌면, 규칙 위에 규칙이 놓여 있던 유대교의 복잡한 종교 의식 가운데, 그리고 완벽의 정점까지 오른 로마 법체계의 한가운데 새로운 가르침이 나타난 것이었다. 이 가르침은 모든 신들, 그리고 그들에 대한 모든 두려움과 숭배만이 아니라 모든 인간적 제도와 그 밖의 필요한 모든 것마저 부인했다.

이 가르침은 옛 종교의 모든 규칙 대신 오직 내면적 완성과 진리, 그리고 그리스도의 화신인 사랑을 내세웠다. 또한 이 가르침은 인민이 달성하는 그 내면적 완성의 결과, 즉 예언자들이 예언한 외면적 완성인 신의 나라를 보여주었다. 신의 나라가 세워지면 모든 사람은 전쟁놀이 배우기를

---

1   그리스 정교회 또는 동방 정교회는 동서 교회의 분열 때 콘스탄티노폴리스 총대주교좌를 중심으로 분리된 기독교를 말한다.

2   이사야(Isaiah)는 구약성서에 나오는 위대한 예언자로 기원전 8세기 예루살렘에서 태어나 평생 그곳에 살면서 메시아가 동정녀에서 탄생하는 것을 예언하여 왕에게 미움을 받았다.

그만두고 신에 대해 배우며 사랑으로 연합하고, 사자가 양과 함께 눕게 될 터였다.

재래의 종교와 국가의 모든 옛 법이 명령을 불이행할 경우 규정된 처벌로 위협하고 그것들을 잘 이행할 경우 보상을 약속하는 대신, 이 가르침은 오직 그것 자체가 진리였으므로 인민을 그 안으로 불러들였다.

- 누구든지 신의 뜻을 실천하고자 하면 내 교훈이 신에게서 온 것인지 내가 마음대로 말한 것인지 알게 될 것이다(요한복음 7장 17절).
- 진리를 알게 될 것이며, 그 진리가 너희를 자유롭게 할 것이다… 너희는 지금 신에게서 들은 진리를 말한 나를 죽이려 하고 있다… 내가 진리를 말하는데도 왜 나를 믿지 않느냐?(요한복음 8장 32절, 40절, 46절)[3]

이 가르침에는 진리, 교리와 진리의 일치 말고는 아무런 증거도 없었다. 전체 가르침은 진리의 인식과 그것을 따르는 데에, 진리의 점점 더 큰 달성에, 그리고 살아가면서 점점 더 가까이 그것을 따르는 데 있었다.

이 가르침에는 사람을 변호하여 정당화하고 그를 구원한다는 행위는 없었다. 오로지 그를 인도하는 진리의 모습만 있을 뿐이며, 그것은 그리스도의 화신으로서 내적인 완성, 신의 나라를 세우는 외적인 완성을 향한 것이었다. 이 가르침을 실천하는 방법은 오로지 지시된 길로 걸어가는 데 있고, 그것은 그리스도의 본을 따른 내적 완성과 신의 나라를 세우는 외적 완성에 더욱 가까워지는 것이었다. 이 가르침에 의하면, 사람이 의존하는 행복이 많거나 적은 것은 그가 달성한 완성의 정도에 있는 것이 아니라 그

---

3   톨스토이가 이 부분의 성서를 인용한 것은 우리의 성서 내용과는 맞지 않아 옮긴이가 고쳤다.

나무에 올라간 삭개오를 부르는 예수
(닐스 라르슨 스티븐스 作)

것을 추구하는 진행 속도에 달려 있었다.

이 가르침에 의하면 세리 삭개오,[4] 매춘부였던 여자, 십자가 위의 강도가 완성을 향해 나아가는 것은 바리새인들의 정지되어 있는 의로움보다 더 큰 상태의 행복이었다. 잃어버린 한 마리 양이 잃어버리지 않은 아흔아홉 마리 양보다 더 소중하고, 아버지에게 돌아온 방탕한 아들이나 잃어버렸다가 다시 찾은 돈 한 푼이 신 앞에서는 잃어버리지 않았던 돈보다 훨씬 소중하며 귀중하다고도 했다.

이 가르침에 의하면, 모든 상태는 내적 및 외적 완성을 달성하고자 나아가는 특별한 단계를 뜻했다. 그러므로 그 자체로는 아무런 의미가 없었다. 행복은 완성을 향하여 나아가는 데에만 있기 때문이었다. 만일 어떤 상태에 머물러 있다면 그것은 이러한 행복이 중단되었음을 의미했다.

---

4   누가복음에 나오는 세리로 예수를 만나 회개한 인물이다.

- 너는 불쌍한 사람을 도울 때 오른 손이 하는 것을 왼손이 모르게 하라(마태복음 6장 3절).
- 손을 쟁기에 대고 있으면서 뒤를 돌아다보는 사람은 신의 나라에 적합하지 아니하다(누가복음 9장 62절).
- 너희에게 구속되어 있는 영혼에 기뻐하지 말고, 너희의 이름이 천국에 기록되게 하라(누가복음 10장 20절).
- 하늘에 계신 너희 아버지가 완전한 것처럼 너희도 완전하라(마태복음 5장 48절).
- 먼저 천국과 그 의를 찾으라(마태복음 6장 33절).

이런 가르침의 완성은 더욱 높은 진리를 얻으려고 하는 중단 없는 전진에서, 자기 안에서 더욱 견고하게 더욱 큰 사랑을 확립하고, 자신의 바깥에서 더욱더 크게 신의 나라를 세우는 것에서 오로지 찾을 수 있었다.

그러나 이러한 가르침은 유대인의 이교도 세상의 한가운데서 나타났으므로 그것이 요구하는 것과 절대적으로 다른 생활을 살고 있던 대부분의 인민에게는 받아들여질 수 없었다. 심지어 그러한 가르침을 받아들인 인민조차도, 그것이 모든 옛날 시각과는 정반대였으므로 그 진정한 의미를 이해하지 못했다.

기독교 교리의 의미가 인민에게 지속적으로 점점 더 분명해진 것은, 오로지 여러 세대 동안 계속된 오해, 오류, 편파적 설명, 수정과 보완 덕분이었다. 기독교의 세계관은 유대인의 이교도적 세계관에 영향을 주었고, 이교도의 유대인적 세계관은 기독교인의 세계관에 영향을 주었다.

기독교는 쇠퇴한 유대교적 이교도 위에 살아가는 가르침으로서 점점 더 침투해갔으며, 계속적으로 자라나 점점 더 분명해졌고, 그 위에 겹쳐 있던 거짓과의 뒤섞임에서 스스로 벗어났다. 인민은 더욱 깊이 기독교의 의의를 구하고자 애썼고, 생활 속에서 더욱더 많이 실현했다.

모든 생활의 가르침이 언제나 그러하듯 인류가 오래 살아갈수록 기독교의 의의도 점점 더 분명해졌다. 후손들은 그 선조의 오류를 수정했고, 진정한 의미를 이해하는 데 점점 더 가까워졌다. 기독교의 가장 초창기부터 그러하였다.

## 교회에 의한 기독교의 신비화

그런데 기독교 초창기부터 자신의 권위를 바탕으로 스스로 교리에 부여하는 의미가 유일한 진리라 주장하며, 초자연적인 사건들을 자기 해석의 정확성을 뒷받침하는 증거로 제시하는 자들이 있었다. 이들 때문에 인민들은 처음엔 교리를 제대로 이해하지 못하고, 나중에는 교리를 완전히 왜곡해서 오해하게 되었다.

그들에 의해 그리스도 가르침은 다른 모든 진리와 달리 특별한 초자연적 기적의 방법으로 인민에게 전해졌다고 가정되었다. 그래서 가르침의 진리 역시 마음의 필요나 사람의 본질과 일치하는 데서 오는 게 아니라 전파에서 드러나는 기적적 방법에 의해 증명되곤 했다. 이는 그 가르침에 대한 해석의 진실성을 반박하기 어렵게 만드는 증거로 발전했다. 즉, 이 가설은 가르침에 대한 오해에서 비롯되었고, 그 결과 진리를 바르게 깨닫는 것 자체가 불가능하게 된 것이다.

이 모두가 기독교 초창기부터 생긴 일들이었다. 그 당시만 해도 그리스도의 가르침은 완벽하게 이해되기커녕 우리가 복음서와 사도행전에서 보듯 종종 잘못 해석되었기 때문이다. 제대로 이해하지 못했기에 더욱 애매하게 보였고, 진리에 대한 더 많은 외부적인 증거들이 필요해진 것이다.

"타인이 우리에게 행하기를 바라지 않는 것을 우리도 타인에게 행해서는 안 된다"는 그리스도의 말씀은 사실 기적으로 증명하거나 굳이 신앙의 잣대를 들이밀 필요가 없는 것이다. 왜냐하면 이 말씀은 그 자체로 납득되며 사람의 마음 및 본성과 충분히 조화를 이루는 것이기 때문이다. 그러나 "그리스도는 신이다"는 명제는 우리 이성의 이해를 완전히 벗어난 기적으로 증명되어야 할 필요가 있었다.

따라서 그리스도의 가르침에 대한 이해가 모호해지면 모호해질수록 교회는 그 안에 더 많은 기적을 삽입해야 할 필요성을 절감했고, 그 안에 더 많은 기적을 삽입하면 삽입할수록 교리는 진정한 의미로부터 벗어나 더욱 부자연스러워지면서 더욱더 모호해졌다. 나아가 그리스도의 가르침에 대한 이해가 부자연스럽고 모호해지면 그렇게 될수록, 교회는 더 강하게 무오류성(無誤謬性)을 주장하게 되었으며, 그 결과 인민들은 교리를 더욱더 제대로 이해하지 못하게 되었다.

복음서, 사도행전, 사도서간을 보면 최초의 시대부터 가르침의 무이해가 어떻게 하여 기적으로 보이는 불가해한 일들을 통해 입증의 필요성을 제기해왔는지 알 수 있다.

가령 사도행전에 의하면 이는 할례받지 않은 사람과 우상에 바친 음식을 먹은 사람에게 세례를 주어야 할지 말지를 두고 불거진 문제를 해결하고자 예루살렘에 제자들이 함께 모였던 집회 장면으로 시작되었다.

이러한 문제가 제기되었다는 사실 자체에서 인민들 역시 모든 외부 의식, 즉 세정식,[5] 목욕, 단식, 그리고 안식일을 부인한 그리스도의 가르침을 제대로 이해하지 못했음을 알 수 있다. 그러나 그리스도는 이에 대해 다음과 같이 분명하게 말했다.

입으로 들어가는 것이 사람을 더럽히는 것이 아니라, 입에서 나오는 것이 사람을 더럽힌다(마태복음 15장 11절).

그러므로 할례받지 않은 사람에게 세례를 주는 문제는, 비록 그들의 스승을 사랑하고 그 가르침의 위대함을 막연하게 느끼면서도 여전히 그 가르침 자체를 충분히 이해하지 못한 인민 사이에서는 충분히 제기될 만한 것이었다. 그래서 이는 사실 그대로를 말한 것이었다.

그러나 그 모임에 참석한 구성원들이 그리스도의 가르침을 정확하게 이해하지 못했기에 그들에게는 자신의 불완전한 이해를 외부적으로 확증해야 할 필요성이 더욱더 증폭되었다. 결국 이 문제를 해결하기 위해—그러한 문제 제기 자체가 가르침에 대한 그들의 몰이해를 증명하는 것이지만, 사도행전에 묘사된 바에 의하면— 어떤 단정이 옳다는 것을 외면적으로 처음 확인해야 했던 저 무서운 몇 가지 악을 낳은 "성령과 우리에게 선을 행하게 되리라"라는 구절이 나타나게 되었다.

다시 말해 그들은 자신이 결정한 바가 옳다는 것이 성령, 즉 신의 기적적인 참여로 증명되었다고 주장하게 되었다. 그러나 성령, 즉 신이 사도들을 통하여 말했다는 주장은 그 자체로서 증거를 필요로 했고, 이를 뒷받침하기 위해 성령은 인민 앞에 '오순절 불의 혀'로 강림해야 했던 것이다(사도 서간의 설명에 의하면 성령의 강림은 그 집회에 앞섰으나 사도행전은 그 두 가지보다 훨씬 뒤에야 기록되었다). 그러나 성령의 강림 역시 불의 혀를 보지 않은 인민을 위해서 다시 한 번 증명되어야 했다(그렇지만 사람 머리 위에서 타고

---

5  종교에서 옷, 제의적 도구 등의 소유물이나 신체의 일부 또는 전체를 정결하게 하거나 봉헌하기 위해 물로 씻는 의식이다.

있는 불의 혀가, 왜 그 사람이 말하고자 하는 것이 틀림없이 진리임을 증명하는 것인지를 이해하기란 쉬운 일이 아니다).

따라서 더 많은 기적과 변화에 대한 필요를 자각하게 되었고, 이는 곧 죽은 자를 살아 있는 생명체로 부활시키거나 산 자를 갑자기 죽게 하는 등 결과적으로는 인민에게 신앙의 걸림돌로 작용할 수 있는 많은 기적을 강조하기에 이르렀다. 그러나 사도행전에 가득 기록된 그러한 기적의 사례들은 인민에게 기독교 교리의 진리를 깨닫게 하기는커녕 도리어 그들을 진리로부터 쫓아버릴 수 있는 것이었다. 이러한 방법으로 진리를 입증한 결과는 매우 안타깝다고 하지 않을 수 없다. 왜냐하면 기적 이야기에 의존해 진리를 확인하면 할수록 교리는 그 본래의 의미에서 점차 멀어져 왜곡되었으며 더욱더 이해할 수 없게 되었으니까.

이는 기독교 역사의 초기부터 그렇게 되어왔고, 끊임없이 강화되어, 마침내 그것은 우리의 시대에 성변화(聖變化)[6]의 교리, 교황이나 주교 또는 성서의 절대적인 무오류성에 대한 주장, 전혀 이해할 수 없고 너무나도 무의미한 맹목적 신앙으로 나타났다. 즉 신에 대해서도 아니고, 그리스도에 대해서도 아니며, 교리에 대해서도 아니고, 가톨릭의 경우에는 한 사람에 대한, 그리스 정교회의 경우에는 여러 사람에 대한, 신교 교회의 경우에는 한 권의 책에 대한 맹목적인 신앙을 요구함으로써 그 논리적 절정에 이르렀다.

기독교가 멀리 전파되면 될수록, 또 그것에 대비하지 않은 채 그 영향권에 끌려온 인민의 숫자가 많으면 많을수록, 가르침은 더욱더 불완전하게 이해되었고 무오류성은 더욱더 절대적으로 주장되었다. 그 결과 가르침의

---

6  성찬의 빵과 포도주가 그리스도의 살과 피로 변하는 것을 말한다.

참된 의미를 이해할 수 있는 가능성도 점점 더 희박해졌다.

이미 콘스탄티누스 시대에 가르침의 전체 해석은, 속세 권력이 지지한 종교회의에서 이미 일어났던 논쟁의 개요, 즉 이미 굳어져버린 신념—나는 이러이러 저러저러 여차여차 하여 끝까지 믿는다고 하는—으로, 자신들을 교회로 일컫는 자들의 무오류성을 뜻하는 하나의 성스러운 사도들의 교회로 축소되어버렸다. 결국 인민 모두는 교회가 그들에게 믿으라고 명령하는 것만을 믿는 꼴이 되었다. 누군가에게 나타난 그대로의 신이나 그리스도를 믿지 않은 채 말이다.


## 그리스도가 교회를 세웠을 리 없다

그러나 교회는 그 자체를 스스로 성스럽고, 그리스도에 의해서 창조된 것이라고 주장했다. 신은 인민이 그의 가르침을 임의대로 해석하게끔 놓아둘 수 없었으므로 신이 교회를 세웠다고 주장한 것이다. 그러나 이 모든 주장은 너무나 터무니없는 거짓이며 근거가 없는 것이어서 반박하기조차 부끄러울 지경이다. 교회의 주장 말고는 그 어디에서도 신이나 그리스도가 성직자들이 교회를 이해하는 것 같은 어떤 내용을 찾아볼 수 없는 탓이다.

복음서에는 교회에 대한 경고가 나타나 있다. 교회는 외부적 권력이기 때문에 그리스도를 따르는 인민은 "선생이라는 말을 듣지 말아라"고 한 '마태복음 23장 8절'이 바로 이것이다. 그러나 그 어디에도 성직자들이 교회라고 부르는 기초에 대하여 말한 것은 없다.

복음서에서 '교회'라는 말은 단 두 번 사용되었다. 한 번은 논쟁을 해결하기 위한 인민의 모임이라는 의미로, 다른 한 번은 반석(베드로)과 지옥의 문에 대한 모호한 언급과 관련해서다. 우리가 지금 교회라고 이해하고 있는 모든 것들은 오로지 모임을 뜻하는 이 두 가지 구절로부터 추정되었을 뿐이다.

그러나 그리스도는 교회를, 지금 우리가 그 단어로 이해하고 있는 것을 세웠을 리 없다. 왜냐하면 우리가 지금 알고 있는 교회의 개념, 즉 성례식이나 기적, 그리고 무엇보다도 교회의 무오류성에 대한 주장과 같은 그 어떤 것도 그리스도의 말이나 그 시대 인민의 생각 속에서는 찾을 수 없기 때문이다.

그리스도가 완전히 다른 어떤 목적으로 사용한 것과 똑같은 단어로 뒤에 만들어진 것을 인민이 불렀다는 사실이, 그리스도가 단 하나의 진정한 교회를 세웠다고 주장할 권리를 부여하는 근거가 되는 것은 아니다.

게다가 만일 그리스도가 정말로 그의 모든 가르침과 전체 신앙의 토대를 위해 교회 같은 기관을 세웠다면, 그는 분명히 이 기관을 분명하고 정확하게 묘사했을 것이다. 그리고 그 유일한 진리의 교회에, 모든 종류의 미신을 받드는 데 사용되는 기적의 이야기뿐만 아니라, 전혀 오해의 소지가 없는 약간의 증거를 주어서 그 진위 여부에 대한 의심이 절대로 일어날 수 없도록 하였을 것이다. 그러나 그리스도는 그런 일을 전혀 하지 않았다. 각자가 자신들을 참된 교회라 부르는 상이한 기관들이 있었을 뿐이며, 그것들은 아직도 여전히 남아 있다.


## 교리 문답에 따른 교회의 정의

교회란 무엇인가? 먼저 가톨릭의 교리 문답은 다음과 같이 말한다.[7]

---

7   아래 인용을 톨스토이는 프랑스어 또는 독일어로 인용하고 있고, 러시아어판은 물론 모든 번역판에서 이를 그대로 인용하고 있으나 여기서는 생략한다.

교회는 신자들의 단체로서 우리 주 예수 그리스도에 의해 설립되었으며 모든 세계에 널리 퍼져서 합법적인 목회자이자 성스러운 우리의 아버지인 교황의 권력에 복종하는 것이다.

여기서 '합법적인 목회자(pasteurs legitimes)'라는 말은, 교황을 그 수반으로 하여 서로 어떤 조직에 의해 함께 구속되는 특정한 자들의 모임이라는 뜻이다.

그리스 정교회의 교리 문답은 다음과 같이 말한다.

교회는 예수 그리스도에 의해 땅 위에 세워진 단체로, 이는 신이 임명한 사제단의 명령과 지도 아래, 하나의 신성한 교리에 의해, 그리고 성례에 의해 하나의 전체로 결합된다.

'신이 임명한 사제단'이란 그리스 정교회의 사제단을 의미하며, 이런저런 지위에 있는 특정한 개인들로 구성되어 있다.

또 루터교회[8]의 교리 문답은 다음과 같이 말한다.

교회는 성스러운 기독교 또는 그들의 우두머리인 그리스도 아래 있는 모든 신자들의 모임이며, 그들에게 성령이 복음서와 성례를 통해 천국의 구원을 약속하며, 전달하고 주관한다.

---

8　루터교회(Lutheranism 또는 Lutheran Church) 또는 루터교는 16세기 마르틴 루터의 사상을 따르는 개신교 교파이다.

이는 가톨릭교회가 오류에 빠져 있으며, 구원의 진정한 방법은 루터교회에 있다는 뜻이다.

가톨릭 신자들에게 신의 교회는 로마의 사제단 및 교황과 일치한다. 그리스 정교회의 신자에게 신의 교회는 러시아 국교 및 사제단과 일치한다. 루터교회 신자에게 신의 교회는 성서와 루터의 교리 문답 권능을 인정하는 자들의 모임과 일치한다.

보통 기독교의 기원에 대해 말할 때 기존 교회 중의 하나에 속하는 사람은, 마치 오직 하나의 교회만이 있으며, 있었던 것처럼, 교회라는 단어를 단수로 사용한다. 그러나 이는 절대적으로 부정확한 것이다. 절대적인 진리를 소유한다고 주장하는 기구로서의 교회는 단 하나가 아니라 적어도 두 개의 교회들로 나타났기 때문이다.

신자들이 자신들 사이에서 화합되는 모임을 단 하나 가지고 있다면, 그들은 스스로를 교회라고 선언할 필요가 없다. 신자들이 서로 반대되는 파벌로 나누어져서 서로를 부인할 때에야 비로소 각 파벌이 자신들만 오류가 없다고 주장함으로써 그들 자신의 진리를 입증할 필요가 있게 된다. 하나의 교회라는 개념은 두 편으로 나누어져서 논쟁을 할 때에만 생겨났으며, 그때 각자는 상대편을 이단이라고 부르고, 자기편만을 무오류의 교회라고 인정했다.

만일 우리가 기원후 51년에 할례받지 않은 자들을 받아들이는 교회가 있었다는 것을 인정한다면 이는 오로지 할례받지 않은 자들을 받지 않기로 결정한 다른 교회, 즉 유대교인들의 교회가 존재한 탓이다.

만일 자신들은 오류가 없다고 주장하는 가톨릭교회가 지금 있다고 한다면, 그것은 오로지 다른 교회들, 즉 러시아 정교회,[9] 그리스 정교회, 그리고 루터교회가 있고, 각자가 자신은 아무런 오류가 없다고 주장하며 다른 모든 교회들의 무오류성을 부인하는 탓이다. 그러므로 하나의 교회란 그것에 대해 일말의 현실성도 가지지 않는 오로지 환상적인 상상일 뿐이다.

진정한 역사적 사실로 여러 단체의 사람들이 존재하였고, 아직도 존재하고 있으며, 그들은 각자가 그리스도가 세운 유일한 교회이며, 자신들을 교회라고 부르는 모든 다른 것들은 오로지 분파이며 이단이라고 주장하고 있다. 세계적으로 영향력이 큰 교회인 가톨릭, 그리스 정교회, 그리고 루터교회의 교리 문답들은 이를 공공연히 주장한다.

가톨릭의 교리 문답은 이렇게 말한다.

> 교회의 바깥에 있는 자들은 누구인가? 불신자, 이단자 그리고 분파주의자다.

따라서 그리스 정교회는 분파주의자로 여겨지며, 루터교회는 이단이며, 교회 안에 있는 유일한 인민은 가톨릭뿐이라는 것이다.

반면 정교회 교리 문답은 이렇게 말한다.

> 정교회는 하나의 기독교 교회에 의해서 이해되며, 이는 보편적 교회와 완전히 일치한다. 로마교회와 다른 종파들에 대해서는 (루터교회와 나머지를 그들은 심지어 교회라는 이름으로 부르지도 않는다) 하나의 진정한 교회로 포함하지 않는다. 왜냐하면 그들은 스스로 그것으로부터 분리되었기 때문이다.

이 정의에 따르면 가톨릭과 루터교는 교회의 바깥에 있고 교회 안에는 정교회만 있을 뿐이다.

---

9  그리스도교의 한 파로서, 동방정교회(東方正敎會)의 중핵을 이루는 러시아의 자치(自治)교회이다.

한편 루터교의 교리 문답은 이렇게 말한다.

참된 교회는 신이라는 말이 분명하고 순수하고, 인간적인 부가물이 없으며,
성례식은 그리스도의 가르침에 충실하게 확립됨에 의해 알려질 것이다.

이 정의에 의하면 가톨릭교회와 그리스 정교회가 행한 것처럼 그리스도
와 사도들의 가르침에 어떤 것을 더한 모든 교회는 교회 밖에 있다. 그리고
교회 안에는 오로지 신교도만 있을 뿐이다.


## 교회는 언제나 여럿이고 서로 적대적이다

가톨릭교회는 성령이 그들의 사제단 속에서 직접 활동하고 있다고 단언한
다. 그리스 정교회도 똑같은 성령이 그들의 사제단 속에서 직접 활동하고
있다고 주장한다. 아리우스파[10] 교회의 주장에서도 성령이 그들의 사제단
속에서 직접 활동하고 있다고 주장한다. 그들은 그것을 현재 지배적인 권
한을 가진 교회들이 그것을 역설하는 경우와 똑같은 권한으로 이를 주장
한다. 모든 종류의 신교도들, 즉 루터교회, 개혁교회,[11] 장로교회,[12] 감리교

---

10　아리우스파(Arian)는 4세기에 생긴 그리스도교파이다. 그리스도를 신이 창조한 존재로서 신의 하위
로 보고 그리스도의 신성을 부정한 아리우스(Arius, 250?~336)를 따른 자들로 325년 니케아 공회의에 의해
이단으로 규정되었다.

11　개혁교회(改革敎會, Reformed Church, Reformed)는 중세 가톨릭교회의 부패와 타락에서 맞서 '성경으
로 돌아가자'는 영국의 신부 존 위클리프나 그에게서 영향을 받은 모라비아 교회의 얀 후스의 후스파 및
칼뱅주의의 정신을 이어받은 개혁운동의 일파이며 마르틴 루터의 95개조 논박이 도화선이 되어 발생한 종
교개혁 이래로 보편교회의 역사성을 계승하였다고 주장하는 유럽대륙(주로 네덜란드)을 기반으로 하는 개
신교회이다.

회,[13] 스웨덴보르그 교회,[14] 모르몬 교회[15]도 성령이 오직 그들의 공동체 속에서만 활동한다고 주장한다.

가톨릭교회가 주장하듯 아리우스파와 그리스 정교회로 분열되었을 때, 성령이 무너지는 교회를 떠나 유일한 참 교회에 머물렀다고 주장할 수 있을 것이다. 또한 이와 똑같은 권한으로 모든 교파의 신교 교회들이 가톨릭으로부터 그들의 교회가 분리되었을 때 성령이 가톨릭을 떠나서 그들이 믿는 교회로 들어왔다고 주장할 수도 있을 것이다. 이는 지금 그들이 행하고 있는 바로 그것이다.

모든 교회는 그 경전을 그리스도와 사도들로부터 직접 전달받은 것으로 추적한다. 진정으로 그리스도로부터 파생된 각각의 기독교 경전은 특정한 전달 경로를 통해서 현재의 세대까지 내려왔음에 틀림없다. 그러나 전달된 모든 것들 중에서 어떤 것 하나만이, 모든 다른 것을 제외하고서 아무런 의혹의 여지가 없는 유일한 진리임을 증명할 수는 없다.

한 나무의 모든 가지들은 연결이 끊어지지 않고 같은 뿌리에서 나온다. 그러나 각각의 가지가 하나의 뿌리로부터 나왔다는 사실이, 각각의 가지가 유일한 것임을 증명해주는 건 아니다. 교회의 경우도 마찬가지다. 모든 교회

---

12    장로교(長老敎, presbyterianism)는 16세기 종교개혁 운동에 의해 형성된 유럽의 칼뱅주의적 개혁과 가운데 스코틀랜드의 종교개혁 기간 중에 존 녹스를 중심으로 형성된 칼뱅주의 성격의 기독교 종파를 말한다.

13    감리교회(監理敎會, Methodist Church)는 성서를 중심으로 한 이성, 전통, 체험을 기독교의 근간으로 이해하는 복음주의적이며 경건한 신학적 입장을 가진 개신교 교파이다.

14    스웨덴의 종교가 에마뉘엘 스웨덴보르그(Emanuel Swedenborg, 1688~1772, 이름의 스웨덴어식 발음은 '스웨덴보리')의 종교 사상을 따르는 교회로 자칭 '새교회(the New Church)' 또는 '새예루살렘교회(the New Jerusalem Church)'라고 한다.

15    신의 계시와 하늘 사자들의 성역에 의해 예수가 2천 년 전에 세웠다는 초대교회를 회복했다고 주장하는 조셉 스미스(Joseph Smith)에 의해 1830년 4월 6일 미국 뉴욕 주 페이어트(Fayette)에서 창시된 기독교 종파이다.

가 그 계승에서, 다른 교회들과 마찬가지로, 자기 교회의 신뢰성을 뒷받침하기 위해 정확히 똑같은 증거를, 심지어 똑같은 기적을 제시하지 않는가?

따라서 "교회가 무엇인가?"라는 물음에 답할 수 있는 오직 하나의, 엄밀하며 정확한 정의—우리가 그것에 대해 바라는 바인 환상적인 어떤 것이 아니라, 실제로 존재하고, 존재해왔던 것으로서—란 "교회는 완전하며 유일한 진리를 소유하고 있다고 스스로 주장하는 자들의 모임"이라는 것이다. 그리고 이러한 모임은 시간이 지나면서 속세 권력의 지원을 받아 강력한 단체로 발전하면서 그리스도 가르침의 진정한 이해 전파에 주된 걸림돌이 되어왔다.

그것은 그렇게 될 수밖에 없었다. 기존의 종교로부터 그리스도의 가르침을 구별하는 주된 특징은, 그것을 받아들인 인민이 그 가르침을 이해하고 깨닫기 위하여 점점 더 지속적으로 노력하는 데 있다. 그러나 교회의 교리는 그리스도의 가르침에 대한 그 자체의 완전하며 최종적인 이해와 깨달음을 주장하였다.

기독교 단체로서 교회가 갖는 잘못된 시각 안에서, 그리고 이단에 대한 경멸 안에서 자라난 우리에게는 그것이 비록 이상하게 보이겠지만, 사실은 오직 이단이라고 불리는 것에서 어떤 진리의 움직임, 즉 진정한 기독교가 있었다고 할 수 있다. 그러나 이단이 움직임을 멈추고 고정된 형태의 교회로 굳어질 때 그들 역시 진리의 기독교이기를 멈추게 된다.

## 이단이란 무엇인가?

과연 무엇이 실제로 이단인가? 모든 신학 책을 하나둘 읽어보면, 이단이란 그 자체가 먼저 정의(定義)로 나타나는 주제임을 알 수 있다. 어떤 신학 책이든 진정한 그리스도의 가르침과 그것을 둘러싸고 있는 잘못된 교리, 즉 이단으로부터 구별되는 것을 다루고 있기 때문이다. 그러나 우리는 어디에서도 이단의 정의 같은 것을 찾지 못할 것이다.

학식 있는 기독교 역사가인 드 프레상스[16]는 "그리스도가 있는 곳에 교회가 있다*Ubi Christus, ibi ecclesia*"라는 부제를 단 자신의 저서 『교리의 역사 *Histoire du Dogme*』(파리, 1869년)에서 이 주제를 다루었는데, 그 내용 역시 이단이라는 단어를 정의하지 않은 예이다. 그가 그 책의 서문에서 말한 내용은 다음과 같다.

> 나는 초기 교부들에 의해서 그렇게 맹렬히 거부된 경향, 즉 이단에 대해 그러한 정의를 부여하는 권리에 관련하여 우리 사이에 논란이 있음을 알고 있다. 이단이라는 단어의 사용 자체가 양심과 사상의 자유에 대한 침해인 것 같이 보인다. 그러나 우리는 그러한 양심의 가책을 공유할 수 없다. 왜냐하면 그것은 다름이 아니라 기독교에서 모든 특유한 성격을 빼앗는 것과 같기 때문이다.(3쪽)

그리고 그는 콘스탄티누스 시대 이후, 교회가 실제로 종교적 견해를 달리하는 인민을 이단이라고 지목하여 그 권력을 남용하였다고 주장한다. 그러나 초기의 기독교를 논하면서 그는 다음과 같이 밝혔다.

> 교회는 자유로운 단체다. 그것으로부터 분리되는 것은 이익을 얻고자 하는 것일 뿐이다. 오류와의 논쟁은 사상이나 감정에 근거해서만 실현될 수 있다. 하나의 통일된 형태의 교리는 아직 다듬어지지 않았다.
> 부차적인 문제에 대한 이견이 동에서 서에서 자유로이 나타나 신학은 불변의

---

16  드 프레상스(Edmond Dehault de Pressense, 1824~1891)는 프랑스의 개신교 지도자이다.

교리에 매여 있지 않다. 만일 이런 다양함의 한가운데 모든 인민에게 공통적인 많은 믿음이 드러난다면, 그래도 우리는 과연 그 안에서, 각 종파의 권위 있는 대표자들에 의해서 작성된 최후의 공식화된 체계가 아니라, 가장 순수한 충동에서, 또 가장 직접적으로 나타나는 신앙 자체를 보는 권리를 갖지 않겠는가?

모든 근본적인 신앙 속에 나타나는 똑같은 의견 일치가 특정한 경향을 거부하는 것에 있음이 판명된다면, 그래도 우리는 거기에서 이들 경향이 기독교의 근본 원리와 극렬하게 대치된다고 추측하는 권리를 갖지 않겠는가?

그리고 우리는 교회에서 일반적으로 거부된 교리 중에, 각각 과거 종교 중의 독특한 면모를 인정한다면 그러한 추정이 완전한 확신으로 바뀌지 않겠는가? 만일 그노시스파[17]나 에비온주의[18]가 기독교 사상의 정당한 형태라고 말한다면, 우리는 반드시 대담하게 기독교 사상의 존재 자체나, 그로 인해서 인식될 수 있는 어떤 특정한 성격이라도 부인해야 한다.

그리고 그 사상을 확대한다는 구실 아래 우리를 전적으로 폐지할지도 모른다. 플라톤 시대에는 아무도 관념론을 포함하지 않는 가르침을 시인하는 자가 없었을 것이다. 그리고 당연하게도 에피쿠로스[19]나 제논[20]을 플라톤 학파의 신봉자라고 주장하는 자가 있었다면 그리스 전역에서 조롱을 받았을 것

---

17  그노시스파는 초대교회의 한 종파를 가리키며, 이 종파는 신에 대한 직접적인 지식을 강조함으로써 이단으로 낙인찍혔다. 그들에 따르면 세계는 신이 창조하지도 않았고, 신의 섭리에 따라 움직이지도 않는다. 세계를 창조하고 지배하는 존재들은 신으로부터 나왔지만 신에 대해 모르고, 인간들로 하여금 신에 대해 아는 것을 방해하는 하급신(아콘Archon)이라고 한다.

18  에비온주의(ebionism)는 초기 기독교 교파의 하나이다.

19  에피쿠로스(Epicurus, 기원전 341~기원전 271)는 고대 그리스의 철학자이자 에피쿠로스 학파 (Epicurianism)라 불리는 학파의 창시자이다. 에피쿠로스에게 철학의 목적은 행복하고 평온한 삶을 얻는 데 있었다. 그가 말하는 행복하고 평온한 삶은 평정(ataraxia), 평화, 공포로부터의 자유, 무통(無痛, aponia)의 특징이 있다. 그는 쾌락과 고통은 무엇이 좋고 악한지에 대한 척도가 되고, 죽음은 몸과 영혼의 종말이기 때문에 두려워하지 말아야 하며, 신은 인간을 벌주거나 보상하지 않고, 우주는 무한하고 영원하며, 세상의 모든 현상은 궁극적으로는 빈 공간을 움직이는 원자의 움직임과 상호작용으로부터 나온다고 가르쳤다.

이다. 그렇다면 기독교라고 불리는 종교 또는 교리가 있다면, 그 이단도 있을 것이라고 인식하지 않을 수 없다.

그의 전체 논리는 결국 다음과 같다. 즉, 특정한 시간에 우리가 믿는 교리의 규준과 다른 모든 의견은 모두 이단이라는 것이다. 그러나 특정한 시간과 장소에서 인민은 언제나 어떤 것이나 다른 것을 믿고 있다고 해도, 어떤 장소, 어떤 시간에 따라 확실하지 않은 어떤 것에 대한 이 믿음은 진리의 기준이 될 수 없음은 물론이다. 결국 모든 것은 다음으로 귀결된다. 즉, 그리스도가 있는 곳에 교회가 있다는 것이다. 그러나 그 그리스도는 우리가 있는 곳에 있다는 것이다.

소위 모든 이단은, 언제 어디에서나 그러하듯이 그 자신의 교리를 진리로 여기면서, 교회 역사에서 그 자신이 주장하는 교리의 예들을 아주 쉽게 찾을 수 있고, 그들 자신을 대신한 드 프레상스의 모든 주장을 이용할 수 있으며, 그들 자신의 교리만을 하나의 진정한 기독교 교리라 부를 수 있다. 그리고 그것이 바로 모든 이단들이 행하고 있으며 언제나 행해온 것이다.

따라서 이단('airesi'라는 말은 부분을 의미한다)의 유일한 정의는 다음과 같다. 즉, 사람들의 모임이 그 모임에 의하여, 그들 자신이 믿는 교리의 일부를 거부하고자 하는 모든 판단에 주어진 이름이다. 더 흔한 의미, 즉 더 자주 이단이라는 단어에 주어지는 의미는, 속세 당국에 의하여 세워지고 지지되는 교회 교리를 거부하는 의견을 의미한다.

---

20  제논(Zenon, 기원전 490~430)은 고대 그리스의 철학자, 수학자이다. 불생불멸의 유일한 실재를 인정하였다. 엘레아 학파의 파르메니데스의 제자로 파르메니데스를 따라 '운동 불가능론'을 주장하였다. 이것은 파르메니데스를 옹호하는 입장에서 제논이 나눌 수 없으며, 영원하고 사라지지 않는 존재인 일자를 증명하기 위해 내놓은 것이다.

## 이단에 관한 아놀드의 견해

많이 알려지지 않은 저작 가운데 주목할 만한 대저로『올바른 교회 및 이단의 역사*Unparteyische Kirchen und Ketzer-Historia*』가 있다. 1729년 고트프리트 아놀드[21]가 쓴 이 책은 이단이라는 주제를 정확하게 다루고 있다. 이 책은 신에게 버림받았다는 의미로 이단이라는 단어를 사용하는 것이 불법이고 독단이며, 무의미하고 잔인하다고 지적한다. 이 책은 이단의 역사라는 형태로 기독교의 역사를 기록하고자 한 시도이다. 그 책의 서론에서 저자는 다음과 같은 일련의 문제를 제기한다.

    (1) 이단자를 만드는 자들에 대하여,

    (2) 이단자로 만들어진 자들에 대하여,

    (3) 이단 문제 자체에 대하여,

    (4) 이단자를 만드는 방법에 대하여,

    (5) 이단자를 만드는 목적과 결과에 대하여.

이런 항목 각각에 대하여 그는 수십 가지의 질문을 제시하고, 이에 대한 대답은 뒤에 유명한 신학자들의 저술로부터 찾아내놓는다. 그는 자신이 직접 결론을 내리는 대신 독자들에게 전체 책의 설명으로부터 기본적인 결론을 내리게끔 한다. 해답이 어느 정도 포함되어 있는 이러한 질문의 예로 나는 다음을 인용하겠다. 네 번째 항목 표제어 아래, 즉 이단자가 만들어지는 방법에 대한 4항과 관련하여 그는 질문(일곱 번째) 중의 하나에서 다음과 같이 말한다.

---

21    아놀드(Gottfried Arnold, 1666~1714)는 독일 개신교의 지도자이자 역사학자이다.

가장 뛰어난 이단자 제조기와 그런 기술의 달인들이야말로 바로 이들 지혜로운 자들이며, 아버지는 이들 즉, 위선자, 바리새인, 율법사나 그야말로 신도 모르며 왜곡된 자로부터 그의 비밀을 숨겼다는 것을 모든 역사가 보여주지 않는가?(질문 20-21) 그리고 신의 커다란 은혜를 부여받았고, 순수한 기독교 시대에 높은 영광의 자리에 앉힐 바로 이들이, 기독교가 부패된 시대였다면 위선자들과 시기하는 자들에 의하여 쫓겨나고 비난받지 않았던가?

나아가 그 반대로 기독교가 쇠퇴할 때 자신들을 무엇보다도 높였으며, 가장 순수한 기독교의 선생들이라 자인한 자들 바로 그들이 그리스도의 사도들과 제자들의 시대에 가장 수치심을 모르는 이단자며 반(反)그리스도적인 교도라고 여겨지지 않았던가?

그중에서 그는, 이 문제에 대하여 교회가 요구하는 신앙에 대한 언어적 표현과 신앙으로부터 멀어지는 것을 이단으로 여기지만, 그 이탈의 표현이 결코 신자들의 종교적 세계관을 완전히 망라할 수 없다는 것, 따라서 특정한 말로 신앙의 표현을 요구하는 행위는 지속적으로 이단을 생산하게 될 뿐이라는 의견을 설명한다. 이어 그는 질문 21에서 다음과 같이 말한다.

그리고 만일 신의 사업과 사상이 어느 사람에게 너무나 위대하고 심오하여 그가 그것을 표현할 적합한 말을 찾지 못한다고 한다면, 우리는 그가 자신의 생각을 완벽한 정확함으로 표현할 수 없다고 하여 그를 이단이라고 불러야 하겠는가?

또한 질문 33은 다음과 같다.

초기 기독교인들은 언어적 표현이 아니라 행위와 마음으로 서로를 판단하였고, 이단자로 불리는 두려움 없이 그들의 생각을 표현할 완벽한 자유를 가졌기 때문에 이단이 없었다는 것이 아닌가? 성직자가 누군가를 제거하거나 멸망시키기를 원한다면, 그들이 개인의 믿음에 의혹을 던지고, 그에게 이단의 옷을 입히며, 이런 방법으로 그를 비난하고 제거하는 것이 가장 쉬우며 가장 평범한 교회의 절차가 아니던가?

나아가 그는 다음과 같이 말한다.

소위 이단자들에게 죄악과 오류가 있었음이 사실일 수도 있겠지만, 성실하고 양심적인 어떤 중요한 인물 중에 성직자들이 시기 또는 다른 이유로 멸망시키지 않은 사람은 단 한 명도 없었다는 것은, 여기에 인용된 교회와 이단의 역사에서 무수한 예를 보건대 적지 않게 진실하며 분명하다.

이와 같이 거의 200년 전에 이단의 진정한 의미가 이해되었다. 그럼에도 불구하고 그것에 대한 똑같은 개념이 지금까지도 존재하고 있다. 교회라는 개념이 존재하는 한 그것은 존재하지 않을 수 없다. 이단은 교회의 반면(反面)이다. 따라서 교회가 있는 곳에는, 반드시 이단의 개념이 있게 마련이다. 교회란 자신들이 오류가 없는 진리를 소유하고 있다고 주장하는 자들의 모임이다. 이단이란 교회의 진리의 무오류성을 인정하지 않는 자들의 의견이다.

이단은 교회의 움직임을 드러내는 것이다. 그것은 화석처럼 굳어버린 교회의 확신을 타파하려는 노력이다. 그리스도의 가르침을 살아 숨 쉬는 것으로 이해하기 위한 시도이다. 가르침에 대한 이해와 결실에의 점진적인 전진은 이단자들에 의해 이루어졌다. 테르툴리아누스, 오리게네스, 아우구스티누스[22], 루터, 후스[23], 사보나롤라[24], 헬치츠키 등도 모두 이단이었다. 그들은 그렇게 이단이 되지 않을 수 없었다.

그리스도의 가르침은 영원히 이를 점점 더 많이 이해하고 그것을 실행하는 데 있고, 그리스도를 따르는 자는 완성을 향한 과정에 있지만, 그가 단지 그리스도를 따르는 자이기 때문에 자신이 그리스도의 가르침을 완전히 이해하며 실행한다고 자타에 대해 주장할 수는 없다. 더욱이 인민의 모임에서는 이렇게 주장할 수 없다.

그리스도를 따르는 자가 어느 정도까지 이해나 완성에 도달하였다 해도, 그는 언제나 이해와 실천의 부족을 느끼게 마련이며, 언제나 더 충만하게 이해하고 이를 실천하고자 노력해야 한다. 그러므로 자신이야말로 그리스도의 가르침을 완전히 이해하며 실천하는 사람이라고 주장하는 것은, 그리스도 가르침의 정신 자체를 부인하는 것이다.

## 교회들은 인민을 분열시키고 기독교에 적대적이다

이상하게 보일지 모르지만, 교회는 언제나 그리스도 가르침의 정신과 무관

---

22 　성 아우렐리우스 아우구스티누스(Sanctus Aurelius Augustinus, 354~430)는 4세기 알제리 및 이탈리아에서 활동한 기독교 신학자이자 주교로, 로마 가톨릭교회 등 서방 기독교에서 교부로 존경하는 사람이다.

23 　얀 후스(Jan Hus, 1372?~1415)는 체코의 기독교 신학자로 존 위클리프의 예정구원론을 기반으로 성서를 믿음의 유일한 권위로 강조하는 복음주의적 성향을 보였으며, 로마 가톨릭교회 지도자들의 부패를 비판하다가 1411년 대립, 교황 요한 23세에 의해 파문당했다. 콘스탄츠 공의회의 결정에 따라 1415년 화형에 처해졌지만 그가 화형당한 이후 그의 사상을 이어받은 사람들이 보헤미안 공동체라는 공동체를 만들고, 그의 주장은 마르틴 루터 등 알프스 이북의 종교개혁가들에게도 영향을 끼쳤다. 현재에는 18세기 이후에 설립된 모라비아 교회 혹은 체코 개신교라는 명칭으로 명맥을 이어가고 있다.

24 　지롤라모 사보나롤라(Girolamo Savonarola, 1452~1498)는 이탈리아의 종교개혁자다.

한 단체였을 뿐만 아니라 심지어 그것에 직접 대립한 시설이었다. 아니, 대립할 수밖에 없었다. 그래서 볼테르[25]는 너무도 당연히 교회를 '수치'라 부른 것이고, 너무나 당연하게도 모든 또는 거의 모든 기독교의 종파들이 교회를 요한계시록에 나오는 죄 많은 여자인 매춘부로 여긴 게 아닐까? 당연한 바이지만, 교회의 역사는 가장 큰 잔인함과 두려움의 역사다.

기독교 교회로서의 교회는 많은 인민이 상상하는 것처럼, 바른 길로부터 약간 어긋나긴 했지만, 근본적으로는 기독교의 원리를 그대로 유지한 단체라고 할 수 없다. 교회로서, 즉 그 자신의 무오류성을 주장하는 모임으로서의 교회는 기독교에 적대적인 단체들이다. 이름을 제외하고는 교회와 기독교 사이에는 아무런 공통점이 없을 뿐만 아니라, 서로에게 근본적으로 적대적이며 반목하는 두 가지 원리를 대표한다. 그 하나는 교만, 폭력, 자기 주장, 정체, 죽음을 대표하고, 다른 하나는 온유, 회개, 겸양, 진보, 생명을 대표한다.

우리는 이 두 가지 주인을 함께 섬길 수 없다. 우리는 반드시 그들 중에서 하나를 선택해야 한다.

모든 종파의 교회에 봉사하는 자들은 특히 최근, 자신을 기독교 진보운동의 옹호자로 보이고자 노력하고 있다. 그들은 양보하며 교회에 들어온 권력 남용의 악습을 시정하기 바라고, 이러한 악습을 이유로 우리가 기독교 교회의 원리 자체를 부정할 수 없으며, 그것만이 모든 인민을 함께 연합하여 묶으며 인민과 신 사이의 중재자가 될 수 있다고 주장한다.

그러나 이것은 모두 틀린 말이다. 교회는 결코 사람들을 연합하여 함께 묶은 적이 없을 뿐 아니라, 언제나 사람들 사이를 분열시켜, 서로에 대한

---

25  볼테르(Voltaire, 1694~1778)는 프랑스의 계몽주의 작가이다. 「캉디드」, 「관용론」 등이 대표작이다.

증오, 전쟁, 살육, 이단 탄압, 성 바르톨로메오 축일의 대학살[26] 등에 주된 원인을 제공해왔다.

또한 교회는 결코 인민과 신의 중재자로 봉사하지 않았다. 아니, 그러한 중재는 필요하지 않았다. 자신의 가르침을 직접, 그리고 각자에게 계시한 그리스도에 의해 중재가 금지되었기 때문이다. 그러나 교회는 신을 대신하여 죽은 형식을 세웠고, 신을 제대로 보여주기는커녕 오히려 알 수 없는 존재로 만들었다. 즉, 교회는 그리스도의 가르침을 오해하여 생겨난 것이며 이런 오해를 요지부동으로 확고하게 유지하였기에 그리스도의 가르침에 대한 참된 이해와 인식을 거부하지 않을 수 없는 것이다. 교회는 이를 숨기려고 부단히 노력해왔지만 그것은 불가능하다. 왜냐하면 그리스도가 우리에게 보여주고 가리킨 길을 따라 앞으로 나아가는 모든 걸음이 교회를 멸망으로 향하게 하는 걸음이기 때문이다.

최근 각 종파의 교회 관련 저술가들이 기독교의 진리나 선행에 대해 언급한 설교나 논문을 듣고 읽노라면, 나아가 수세기 동안 다듬어져온 이런 훌륭한 주장과 권고와 고백을 듣고 읽노라면, 때로는 진지한 고백 같아 보여 교회들이 기독교에 적대적일 수 있다는 의문을 쉽게 가질 수 없게 된다. 그래서 다음과 같이 말하게 된다.

크리소스톰,[27] 페넬론,[28] 버틀러 등과 같은 기독교 설교자들이 기독교에 적대적이라고 말하는 것은 있을 수 없는 일이다.

---

26  1572년 8월 프랑스에서 벌어진 개신교 학살사건.

27  크리소스톰(John Chrysostom, 347~407)은 요한네스 크리소스토무스 또는 요한 크리소스톰이라고 하는 초기 기독교의 교부이자 제37대 콘스탄티노폴리스 대주교이다.

28  페넬론(François Fénelon, 1651~1715)은 프랑스의 가톨릭 신부이다.

나아가 다음과 같이 말하고 싶을 것이다.

> 교회가 기독교로부터 벗어났을 수도 있고, 그들이 잘못했을 수도 있지만, 교
> 회가 기독교에 적대적일 수 없다.

그러나 우리는, 그리스도가 우리에게 가르쳤듯이, 나무를 판단하려면 그 열매를 보아야 한다. 따라서 그 열매가 악이고, 그 행위의 결과가 기독교를 왜곡한 것임을 깨닫게 된다면, 인민이 아무리 선하더라도 그들이 참여하고 있는 교회의 일은 기독교적이지 않다는 것을 인정해야 할 것이다.

교회를 섬기는 자들의 선량함과 장점은 그들의 선량함과 장점이지, 그들이 섬기는 단체의 선량함과 장점이 아니다. 이 모든 선량한 사람들, 가령 아시시의 성 프란체스코,[29] 프란체스코 살레시오,[30] 러시아의 티혼 자돈스키,[31] 토마스 아 켐피스[32]를 비롯한 그 밖의 다른 사람들은 모두 기독교에 적대적인 단체를 섬겼음에도 불구하고 선량한 자들이었고, 만일 그들이 섬기고 있는 오류의 영향 아래 있지 않았다면 그들은 훨씬 더 선량하고 가

---

29  아시시의 성 프란체스코(San Francesco d'Assisi, 1181 또는 1182~1226)는 이탈리아의 로마 가톨릭교회 수사이자 저명한 기독교 설교가이다. 역사적으로 그리스도의 가르침을 충실히 따르며 그의 과업을 수행하기 위해서 프란체스코처럼 헌신했던 사람은 일찍이 없었다는 평가가 있다.

30  프란체스코 살레시오(Francis of Sales, 1567~1622)는 제네바의 주교이자 로마 가톨릭교회의 성인이다. 『신을 찾는 이들에게』 등 영성 지도와 형성을 주제로 한 책을 저술했다. 그는 신에 대한 사랑의 모범으로서 성모 성심이 더할 나위 없이 완벽하다는 글을 남겼으며, 이는 요한 에우데스로 하여금 예수 성심과 성모 성심에 대한 신심을 발전시키는 데 영향을 끼쳤다.

31  티혼 자돈스키(Tihon Zadonsky, 1724~1783)는 러시아 정교의 주교이다.

32  토마스 아 켐피스(Thomas a Kempis, 1380~1471)는 독일의 신비사상가로서 그리스도를 본받아 수도적인 청빈·정결·복종의 생활을 보내도록 노력하고 재산은 공유하며, 스스로의 노동으로 그날그날의 양식을 벌었다. 일은 사본(寫本) 및 인쇄·제본과 교육으로, 특히 연소자의 교육에 힘을 기울였으며, 후에 에라스무스, 니콜라우스 쿠사누스 등을 배출했다.

부친과 절연하고
자신의 상속권을 포기하는
성 프란체스코
(지오토 디 본도네 作)

프란체스코          티혼 자돈스키          토마스 아 켐피스
살레시오

치 있는 존재였을 것이다.

그러나 우리가 왜 과거를 논해야 하며, 과거로부터 판단해야 하는가? 그것은 우리에게 잘못 제시되고 잘못 깨달아졌을 수도 있지 않은가? 교회, 그 원리와 그 관행은 과거의 것이 아니다. 교회는 오늘날 우리 앞에 있고, 우리는 그들의 실제 행위, 인민에 대한 그들의 영향을 기준으로 특정한 목적을 가지고 그들을 판단할 수 있다.


## 러시아 교회가 하는 일

오늘날 교회가 실제로 하는 일은 무엇인가? 인민에 대한 그 영향은 무엇인가? 세상의 모든 교회들, 즉 가톨릭교와 신교, 그리고 그 사이에 있는 모든 교회들은 도대체 어떤 일을 하고 있는가? 그들의 실제 작업의 결과는 무엇인가?

소위 러시아 정교회의 활동은 러시아에 사는 모든 사람들에게는 매우 익숙한 것이다. 숨김의 가능성이 없으며, 논란의 여지도 없다. 러시아 교회는 매우 광대하고 엄청나게 활동적인 단체로서 대략 50만 명이 넘는 인민의 집단으로 구성되어 있다. 그들이 수천만 루블을 지출하며 행하는 사업의 실체는 도대체 무엇일까?

교회의 실제 사업은, 상상 가능한 모든 수단을 동원하여 1억 명의 러시아 인민에게 오늘날 아무런 타당성도 없는 믿음이라고 하는 그들의 멸종되고 고사한 신앙의 유물을 주입시키는 데 있을 따름이다. 그것은 과거에 우리 인민과 무관한 자들이 믿었지만, 이제는 거의 아무도 믿지 않으며, 심지어 이러한 거짓된 믿음을 전파하는 의무를 가진 자들도 믿지 않고 있는, 참으로 믿을 수 없을 정도로 희한한 것이다.

비잔틴 신학, 삼위일체, 성모 마리아, 성례식, 은혜 등등의 멸종된 개념, 우리 인민에게 이질적이고 우리 시대 인민에게 아무런 의미도 가지고 있지 않은 성직자 계급의 교리를 주입시키는 것이 러시아 교회의 오직 하나뿐인 사업이다. 그 사업의 다른 부분은, 문자 그대로 직설적 의미를 지니는 우상숭배의 유지, 성스러운 유물 및 성상의 숭배, 그것에 제물 바치기, 기도에 대한 응답의 기대에 있다.

나는 그들의 신학 잡지에 등장하는 과학적인 또는 자유주의 성향의 성직자들이 설교한 내용이나 기록한 것을 언급하지 않을 것이다. 나는 그 광활한 러시아 땅을 통틀어 1억 명의 인민 사이에서 실제로 성직자들이 어떤 일을 행하는지에 대해서만 언급하고자 한다. 그들은 무엇을 인민에게, 부지런히, 꾸준히, 어느 곳에서나 똑같이, 쉬지 않고 가르치고 있는가? 소위 기독교의 가르침 대신 그들은 인민으로부터 무엇을 요구하고 있는가?

한 어린이의 출생으로부터 시작해보자. 아이가 태어날 때, 그들은 아이와 어머니를 정화하기 위하여 반드시 기도를 올려야 하며, 이 기도를 하지 않을 경우 새로 태어난 아이의 어머니는 더러운 존재인 것처럼 러시아 정교회의 교회는 가르친다. 이를 행하기 위하여 사제는 성자들—그들을 인민은 보통 신들이라 부른다—의 우상 앞에서 아이를 품에 안고 악령을 쫓아내는 말씀을 읽는데 그것이 어머니를 정화해준다고 강조한다.

이어 부모들에게 그들이 그것들을 이행하지 않을 경우에 받게 될 처벌에 대해 겁을 주면서 아이가 반드시 세례를 받아야 한다고 권고한다. 세례란 사제가 아이를 물에 세 번 담그고, 동시에 아무도 이해할 수 없는 어떤 말을 크게 외치며, 여전히 이해할 수 없는 어떤 행위를 하는 것을 말한다. 즉 신체의 여러 부분을 기름으로 문지르며, 머리카락을 자르고, 동시에 보호자들은 가상의 악마를 불어서 내뱉는 것이다. 사제는 이 모든 것이 아이를 정화해주고, 그를 기독교인으로 만드는 데 반드시 필요하다고 역설한다.

이어 그들은 아이에게 소위 성례식이라는 것을 실시한다. 즉, 그에게 빵과 포도주로 흉내 낸 그리스도의 몸과 피를 먹도록 하며, 그로 인해 아이는 그 안에 있는 신의 은혜를 받게 된다고 주입받는다.

또 아이는 자라면서 반드시 기도하는 법을 배우도록 권고받는다. 기도한다는 것은 그리스도, 성모 마리아, 성자들의 얼굴을 그린 나무판자 앞에 앉아 머리와 몸 전체를 숙이고, 앞이마, 어깨, 배를 오른손과 함께 땅에 대며, 손가락들을 특정한 방향으로 잡고 슬라브어 몇 마디를 중얼거리는 것이다. 아이들에게 가르치는 가장 흔한 말은 "성모 마리아여, 당신을 기뻐합니다" 등등이다.

아이는 성장하면서 어떤 교회나 성상을 보더라도 똑같은 행위를 반복해야 한다고 배운다. 즉, 십자 성호를 그어야 한다는 것을 주입받는 것이다. 그에게 주입되는 것은 축일(축일이란 비록 아무도 그것이 언제인지 모르지만, 그리스도가 태어나고, 그가 할례를 받았으며, 성모 마리아가 죽고, 이어 십자가를 메었으며, 성상이 세워지고, 무당이 환영을 보았고 하는 등등을 기념하는 날이다)이되면 가장 좋은 옷을 입고 교회에 가야 하고, 양초를 사서 성상들 앞에 놓아야 한다는 것이다. 이어 헌금을 하고, 죽은 자들을 위해 기도해야 하고, 작은 빵을 삼각형 조각으로 자른 뒤, 황제와 대주교의 건강과 행복을 위해, 그리고 자신과 자신의 일을 위해 여러 번 기도하고, 십자가와 사제의 손에 입맞춤해야 한다고 배운다.

이러한 의식 말고도, 적어도 1년에 한 번은 고백하여야 한다고 주입받는다. 고백한다는 것은 교회에 가서 사제에게 자신의 죄를 말하는 것으로, 이는 타인에게 자신의 죄를 완전히 고백함으로써 그로부터 자신을 정화시킨다는 이론에 근거하는 것이다.

그 뒤 그는 조그만 스푼으로 포도주에 적신 빵 한 조각을 먹어야 하는 데, 이는 그를 더욱더 정화시키기 위한 것이라고 주입받는다. 다음으로 남자와 여자가 육체적 결합을 성스럽게 하고자 한다면 그들은 반드시 교회에 가서 금속제 관을 쓰고 어떤 성스럽다고 하는 물약을 마신 뒤, 역시 성스럽다고 하는 노래 소리에 맞추어 테이블 주위를 세 번 걸어야 한다. 그러면 남자와 여자의 육체적 결합은 성스럽게 되며, 이로써 다른 모든 결합과 전적으로 달라진다고 주입받는다.

나아가 그는 일상생활에서 반드시 다음과 같은 규칙을 준수해야 한다고 배운다. 어떤 날에는 버터나 우유를 먹지 마라, 다른 날에는 죽은 자를 위해서 기도하고 레퀴엠을 불러라, 축일에는 자기 집을 찾은 사제를 기쁘게 하고 그에게 돈을 주어라, 그리고 1년 중 몇 번씩 교회에서 성상을 가져와 그것들을 어깨에 메고 들판과 집 사이로 가라 등등이다.

임종 시에는 반드시 스푼으로 빵과 우유를 먹지 않으면 안 되고, 성스러운 기름을 몸에 문지르는 시간을 가져야 한다고 배운다. 이것이 미래에 그의 행복을 보장한다는 것이다.

그리고 그가 죽은 뒤에는 죽은 자의 구원을 위하여 인쇄된 기도문을 그의 몸 위에 놓아두는 것이 좋다고 주입된다. 나아가 어떤 책을 죽은 사람의 몸 위에서 큰소리로 읽어주며, 죽은 사람의 이름을 특정한 시간에 교회에서 거명하는 것이 좋다고 주입된다. 이 모든 것이 모든 인민에게 의무적인 신앙으로 여겨진다.

그러나 만일 누군가가 자기 영혼을 특별히 배려하고자 하는 경우, 이 신앙에 따르면, 세상에서 영혼을 구원하는 최상의 보증은 교회와 수도원에 돈을 기부하며, 이런 방법으로 성직자들이 그를 위해 기도하게 하는 것이라는 가르침을 받는다.

수도원을 순례하는 것도, 유물과 기적의 성상에 입 맞추는 것도 영혼의 구원을 위해 좋은 방법이라고 한다. 이 신앙에 의하면 기적적으로 나타난 성상과 성골은 특별한 신성함, 권능 및 은혜를 자기 속에 집중시키는 것이 므로 이런 물체에 접근하거나 그것들을 만져보며, 그것에 입 맞추고, 그 앞에 촛불을 가져다놓으며, 그것을 운반할 때 그 밑을 기어가는 것 역시 구원을 위해 효험이 있다고 배운다. 이러한 성스러운 것들 앞에서 기도를 반복하는 것도 마찬가지라고 한다.

이것이 바로 다름 아닌 정교회의 참된 신앙이라고 하는 것이다. 그것은 기독교의 하나로 교회의 모든 힘을 기울여 함께 있어온 실제적 신앙이고, 지금은 특별한 정열로 인민에게 주입시키고 있는 신앙이다.

정교회의 교사들인 성직자들은 그리스도 가르침의 본질적인 부분이 다른 어떤 것에 있다고 생각하거나, 이 모든 것은 파괴할 필요가 없다고 생각되는 옛날의 관습이라고 말해서도 안 된다. 그것은 새빨간 거짓말이기 때문이다. 이것은, 오로지 이것만이, 러시아의 전체 성직자들이 러시아 전체를 통틀어, 최근 수년 동안 특별한 정열로 가르치고 있는 신앙이다. 그 밖에는 가르치는 것이 아무것도 없다.

대도시에서는 무엇인가 다른 신앙을 이야기하고 쓸지도 모르지만, 1억명의 인민에게는 신앙만이 행해지고 있으며, 가르쳐지고 있다. 더 이상 다른 것은 없다. 성직자들은 다른 어떤 신앙을 말할지도 모르지만, 이것만이 그들의 힘으로 가능한 모든 방법에 의해 그들이 가르치는 것이다.

이 모든 것, 그리고 유물과 성상 숭배는 신학 저술과 교리 문답 안에 포함되어왔다. 그렇게 해서 그들은 그것을 이론적으로도 실제적으로도 인민에게 열심히 가르치며, 권력, 엄숙함, 장엄함, 폭력의 모든 자원을 사용하여 그들에게 심어준다. 그들에게 위협을 가하여 이를 믿도록 강요하며, 이러한 야만적인 미신으로부터 인민을 자유롭게 하려는 모든 시도로부터 이 신앙을 필사적으로 지킨다.

내가 나의 저서를 출판하면서 그 속에서 말했듯이, 악에 대한 무저항에 대한 그리스도의 가르침은 수년 동안 조롱과 저속한 농담의 주제가 되어왔다. 성직자들은 이 같은 신성 모독적이고 파렴치한 행위를 막기는커녕 도리어 조롱을 부추겨왔다.

그러나 이베르스카야[33] 처녀상의 이름 아래, 술 취한 인민이 모스크바에서 신성모독을 받으며 끌려 다니는 우상에 대해 불경스러운 말을 하는 실험을 한번 해보라. 틀림없이 성직자들의 떠들썩한 분노를 유발할 수 있을 것이다. 그들이 설교하는 모든 것은 우상 숭배 의식의 외적인 준수일 뿐이다. 그러니 다음처럼 말해서는 안 된다.

즉, 모든 것은 서로 양립하지 않는다거나 "이것도 행하고 저것도 버리지 말아야 했다", 혹은 "그러므로 너희는 그들이 말하는 것이 무엇이든지 따르고 지켜야 한다. 그러나 그들의 행동은 본받지 마라. 그들은 말만 하고 실행하지 않는다"(마태복음 23장 3절)고 말이다.

그리스도의 이 말씀은 율법이 처방한 모든 외부적 의식을 준수했던 바리새인들에게 한 것이었다. "그들이 말하는 것이 무엇이든지 따르고"라는 것은 자비와 선의 행위를 가리키며, "그들의 행동은 본받지 마라. 그들은 말만 하고 실행하지 않는다"라는 말은 그들이 의식은 준수하되 선한 행위에는 무관심함을 가리키는 것이다. 즉, 성직자들이 이 말을 의식을 준수하라는 권고로 해석하면서 본래 부여했던 것과 정반대되는 의미를 가지게 된 것이다.

외면적인 숭배, 그리고 진리와 정의에 대한 봉사는 대체로 양립하기 어

---

33  이베르스카야(Iversky)는 성모 성상으로 유명한 모스크바의 정교회이다.

렵다. 즉 하나는 그 상대방을 배척한다. 바리새인들이 그랬던 것처럼, 이제 교회의 기독교인들도 그렇게 하고 있다. 만일 사람이 대속, 성례식, 기도로 구원받을 수 있다면, 그는 선행을 할 필요가 없지 않을까?

## 산상수훈인가, 사도신경인가?

산상수훈인가 아니면 사도신경[34]인가? 우리는 두 가지를 동시에 믿을 수 없다. 그러나 성직자들은 후자를 택했다. 사도신경은 교회에서 기도로 가르쳐지며 읽혀지지만, 산상수훈은 심지어 교회에서 읽혀지는 복음 구절에서도 제외되고, 그래서 전체 복음서가 읽혀지는 날을 제외하고는 교회의 집회에서 신도들은 결코 듣지 못한다.

참으로, 그 반대의 경우는 있을 수 없다. 인류에게 저주를 내렸으며, 자신의 아들을 제물로 바쳤으며, 인류의 일부를 영원한 고통에 처하게 한 사악하고 무의미한 신을 믿는 인민은, 사랑의 신을 믿을 수 없다. 신을 믿으며, 그리스도가 영광의 자리에 다시 와서 산자와 죽은 자를 심판하리라고 믿는 인민은, 우리에게 왼쪽 뺨을 돌려 대라고 하고, 심판하지 말며, 악하게 대하

---

34 사도신경(Symbolum Apostolicum) 또는 사도신조는 그리스도교에서 사용하고 있는 주요한 12가지 신앙고백의 하나로 주로 서방교회에서 사용되는 신앙고백이며 기도문이다. 2세기의 교회에서 정리된 세례의 믿음 고백 형식이 3세기 이래로 발전하여 사도신경의 기본이 되었다. 4세기가 되어 처음으로 사도신경이란 이름으로 불리며 사도적 기원과 설화가 나타났고 5세기 들어서 현재의 형태를 갖추었으며, 10세기 완결된 형태로 오토 대제에 의해서 니케아-콘스탄티노플 신경을 대체하여 서방교회에서 사용되기 시작했다. 11세기 이후 동방교회와의 분리 이후 서방교회에서 신앙의 기준으로 자리 잡아 지금도 로마 가톨릭교회에서는 전례에 포함시켜 각종 예식이나 미사 때마다 사도신경을 통해 신앙을 고백한다. 개신교에서는 예배 시작 시 신앙을 고백하며, 세례와 기도 생활에서 중요한 위치를 차지한다. 현대에 들어서 찬양예배에 의한 예배 순서 변경이나, 교리적 선언 등 다른 신앙 고백으로 대체하는 경우도 있으나 여전히 중요한 신앙 고백문이다. 이러한 역사적인 유래 때문에, 로마 가톨릭교회를 극단적으로 배격하는, 일부 개신교 종파에서는 사도신경의 유효성을 부인하고 사용하지 않는다.

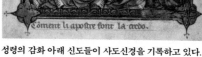

성령의 감화 아래 신도들이 사도신경을 기록하고 있다.

산상수훈의 '팔복'을 기록한 2절판 필사본
(데릭 반 델프트 作, 15세기)

는 자를 용서하고, 원수를 사랑하라고 하는 그리스도를 믿을 수 없다.

구약성서의 영감과, 자기를 저주한 노인을 자신은 그에 대한 맹세에 매여 죽일 수 없었으니 임종 시에 죽이라고 명령했던 다윗의 신성한 성격, 그리고 구약성서에 가득 차 있는 유사한 잔학 행위를 믿는 사람은 그리스도의 성스러운 사랑을 믿을 수 없다. 전쟁 및 사형제도와 기독교가 공존할 수 있다고 하는 교회의 교리를 믿는 사람은 모든 사람의 동포애를 믿을 수 없다. 그리고 무엇보다도 중요한 것은, 대속이나 성례식에 대한 신앙을 통해 구원을 얻으리라 믿는 사람은 자신의 생활에서 그리스도의 도덕적 가르침을 깨닫고 실천하는 데 자신의 모든 힘을 쏟을 수가 없다는 점이다.

사람은 자신의 힘으로 구원될 수 없으며 그것과 다른 구원의 수단이 있다는 모독적인 교리를 교회에서 배운 사람은, 틀림없이 이러한 수단에 의존할 것이고, 자기 자신의 권력에 의존하지 않을 것이며, 교회는 그것을 믿는 것이 죄악이라고 그에게 확신시켜줄 것이다. 따라서 모든 교회는 대속과 성례를 믿으며, 그리스도의 가르침을 제외한다. 정통 교회의 모든 가르침의 대부분은 우상 숭배의 의식을 가지고 있다.


## 러시아 정교회는 기독교의 진정한 의미를 숨긴다

이에 대한 반박으로 "그러나 인민은 언제나 그렇게 믿어왔고, 지금도 그렇게 믿고 있다"고 말할 수 있을 것이다. "러시아 인민의 전체 역사가 그것을 증명한다. 인민에게서 그들의 전통을 빼앗을 수 없다"고도 할 것이다.

그러나 이 주장이야말로 기만이다. 인민은 정말로, 비록 똑같은 것이 전혀 아닐지라도, 지금 교회가 믿고 있는 것을 과거에도 믿었다. 성상, 가정의 신, 유물, 그리고 자작나무 화환으로 장식한 성령 강림절의 축제에 대한 그들의 미신적인, 또는 영성적인 생각에도 불구하고, 인민 안에는 여전히 언제나 심오한 도덕 및 생활상의 기독교에 대한 깨달음이 있었다. 그러나 그것은 어느 교회에도 결코 있은 적이 없고, 오로지 가장 뛰어난 교회 대표자들 속에서만 볼 수 있었다.

그러나 국가와 교회가 인민에게 주입시킨 모든 편견에도 불구하고, 인민은 그러한 유치한 이해 수준을 오래전에 벗어났다. 이는 오늘날 러시아에 들끓는 합리주의 종파가 각지에서 분출하고 있는 것만 보아도 알 수 있으며, 교회는 이에 맞서 힘겨운 싸움을 벌이는 중이다. 인민은 기독교의 도덕적이고 생활적인 측면에 대한 의식을 발전시키고 있다. 그런데도 교회는 인민들의 이 같은 의식을 수용하기커녕 쇠퇴해버린 이교도의 돌처럼 굳어버린 형식주의만을 그들에게 열심히 주입하려 노력하면서, 인민이 애써 벗어난 어둠속으로 그들을 다시 밀어 넣으려 하고 있을 뿐이다.

"우리는 인민에게 새로운 것을 가르치지 않으며, 그들이 믿는 것만을 오로지 조금 더 완전한 형태로 가르친다"고 성직자들은 말한다. 이는 바로 다 자란 병아리를 묶어, 그것이 기어 나온 달걀 껍데기 안으로 다시 밀어 넣는 사람들이 하는 짓과 다를 바 없다. 사람들이 어떻게 서로를 망상 속에 가두고 그 마법의 원에서 빠져나올 수 없는지 관찰하다 보면, 그 결과가 무섭지 않다면 우습겠지만, 나는 가끔 짜증스럽다.

첫 번째 의문, 즉 생각하기 시작하는 러시아인의 첫 번째 의혹은 성상, 나아가 기적을 일으키는 유물에 관한 의문이다. 그것이 진짜이고, 그 기적이 성상들을 통해 생긴다는 게 사실일까? 수만 명이 스스로 이 의문을 제기한다. 그러나 이에 답하기 어려운 이유는 주교, 대주교, 그리고 권력을 가진 모든 사람이 유물이나 기적을 일으키는 성상에 키스하고 있다는 사실 때문이다. 주교와 권력자에게 왜 그렇게 행하는지 한번 물어보라. 그들은 필시 인민을 위해 그렇게 한다고 대답할 것이다. 그러나 인민은 주교와 권력자들이 그렇게 하므로 그것을 따라 할 뿐이다.

오늘날 교회 구성원들이 그들의 작업에서 하기 시작한 현대화, 지식, 그리고 영성이라는 외부적 치장에도 불구하고, 그들의 논문, 그들의 신학 잡지, 그들의 설교, 러시아 교회의 실제적 사업은 오로지 인민을 거칠고 야만적인 우상 숭배의 상태에 붙들어두는 데 있으며, 더 나쁘게는 미신과 종교적 무지를 강화하고 전파하며, 우상 숭배와 나란히, 인민 안에 존재하는 기독교에 대한 생생한 이해를 억압하는 데 있다.

나는 언젠가 오브나치 수도원[35]의 수도사 서점에서 늙은 농부가 글을 아는 그의 손자에게 줄 책을 고르던 모습을 기억한다. 수도사가 그에게 유물,

---

35   Optchy Hermitage

축일, 기적의 성상, 시편 등을 보여주었다. 나는 그 노인에게 물었다.

"손자가 복음서를 가지고 있습니까?"

"아니오."

"그에게 러시아 성경을 주시지요"라고 나는 수도사에게 말했다.

"그것은 그에게 적절하지 않습니다"라고 수도사가 답했다.

이것이 우리나라 교회 활동의 축도이다.

물론 이는 야만적인 러시아의 이야기임을 유럽과 미국의 독자들은 알 것이다. 그러한 견해는 정당하다. 그러나 이는 오로지 국가를 언급할 때뿐이다. 러시아처럼 인민을 우민화하고 부패시키는 활동을 하는 교회를 돕고 있는 국가에 관한 경우이기 때문이다.

유럽 어디에도 국가가 그렇게 횡포하게, 그리고 긴밀하게 지배적 교회와 결탁한 곳은 없다. 그러므로 인민의 타락을 부추기는 속세 권력의 몫은 러시아에서 가장 크다고 보아도 좋을 것이다. 그러나 다른 나라 교회 역시 러시아 교회처럼 인민에 대한 좋지 않은 영향력을 행사하고 있다.


## 다른 나라 교회도 마찬가지다

교회라는 것은 어디에서나 마찬가지다. 만일 가톨릭, 영국 국교회[36] 또는 루터교회가 가까이에 러시아처럼 고분고분한 국가를 가지고 있지 않다면, 그것은 그러한 국가를 이용하고 싶다는 희망이 없어서가 아니다.

교회는 가톨릭, 영국 국교회, 루터교회, 장로교 등 어느 것이든지 그것

---

36  '영국 국교회'라는 용어는 성공회 전체를 지칭하는 것이 아니라, 잉글랜드 성공회만을 가리킨다. 전 세계 성공회 중에서 성공회를 국교로 삼은 국가는 잉글랜드가 유일하다.

이 교회인 한, 러시아 교회와 똑같은 목적을 위해 분투하지 않을 수 없다. 즉, 그리스도 가르침의 진정한 의미를 숨기고 그들 자신의 것으로 대체하는 것이다. 아무런 의무도 부과하지 않고, 그리스도의 진정한 가르침을 이해할 가능성을 배제하며, 인민의 비용으로 뒷받침되는 사제들의 존재를 정당화하는 것이다.

가톨릭은 또한 그 밖에 무엇을 하였는가? 복음서를 읽지 못하게 막고, 교회 권력과 무오류성을 가진 교황에게 무조건 복종하도록 요구하는 가톨릭은 그 밖에 과연 무엇을 하고 있는가? 가톨릭이라는 종교는 러시아 교회의 종교와는 다른 것인가?

거기에도 역시 똑같은 외부적 의식, 똑같은 유물, 똑같은 기적, 그리고 기적을 일으키는 노트르담[37]의 성상, 그리고 똑같은 교회 행렬이 있다. 책이든 설교이든 러시아 교회에서 하는 것처럼 고상하고 모호한 기독교에 대한 토론을 이어가는 한편 똑같이 우상 숭배를 지지한다.

영국 국교회, 루터교회, 그리고 여러 교회로 형성된 신교의 모든 종파도 마찬가지 아닐까? 우리 시대의 사람들에게는 이미 그 의미를 상실한, 4세기에 작성된 교리를 믿어야 하는 의무를 신도들에게 부과하고, 유물이나 성상은 아니더라도, 안식일이나 성서의 문자에 대한 똑같은 우상 숭배 의무를 부과한다. 언제나 기독교의 진정한 요구를 숨기는 대신 외적인 형식과 위선적인 말로 바꾸는 똑같은 행위가 있는 것이다. 이는 특히 억압받는 영국인들의 모습, 즉 신교에서 두드러진다. 그들에게는 전통이라는 구실이 없

---

37  노트르담(Notre Dame, nɔtʁdam)은 '우리들의 귀부인'이라는 뜻의 프랑스어 단어로 '성모 마리아'를 뜻한다. 노트르담은 로마 가톨릭교회에서 성당의 이름으로 흔히 사용된다.

는 탓이다. 또한 현 시대의 부흥주의, 즉 부흥된 칼뱅주의[38]와 구세군[39]을 낳은 복음주의에서도 정말이지 똑같은 일들이 나타나고 있다.

결국 그리스도의 가르침에 대한 모든 교회의 태도는 똑같은 것이다. 그들은 오직 자신의 이익을 위하여 그리스도의 이름을 취한다. 따라서 그들은 그리스도의 진정한 가르침을 숨기고, 모든 종교의 교회 형태를 분열시키고,

장 칼뱅

구세군을 세운 윌리엄 부스 부부

여기서 파생되는 불일치를 인민으로부터 숨기기 위하여 특별히 노력한다.

실제로, 신이 6일 만에 세상을 창조하였다거나, 해보다 빛을 먼저 창조하였다거나, 노아가 모든 동물을 방주에 가두었다거나, 예수도 신의 아들로 시간이 존재하기 전에 모든 것을 창조하였다거나, 이 신이 아담의 죄를 보상하려고 땅 위에 내려왔다거나, 그가 죽음에서 일어나 하늘로 올라가 신의 오른쪽에 앉아 있다가 구름을 타고 세상을 심판하러 올 것이라고 하는 등등을 어린 시절부터 주입받은 사람이라면, 또한 교회에 의해 지지되

---

38  칼뱅주의(Calvinism)는 개혁주의(Reformed Theology)라고도 하는, 장 칼뱅이 주창한 기독교의 사상 및 신학 사조로 종교 개혁을 통해 체계화되어 개신교의 주요 신학이 된 사상이다. 구원에 있어서 신의 절대적 은혜를 강조하기 때문에 은혜의 교리라고도 불린다. 칼뱅주의를 표방하는 개신교 교파들로는 종교개혁 때부터 시작된 장로교회와 개혁교회 및 개혁 침례교회가 대표적이다.

39  개신교의 교파 중 하나로 1865년 영국 런던에서 윌리엄 부스(William Booth)가 감리회에서 분리되어 나와 창설했다. 봉사를 중시하여 복지시설 운영과 빈민구제 활동의 비중이 상당히 높다. 군대식 조직 명칭을 갖고 있는데 교회는 영문, 목사는 사관, 신학교를 사관학교라 부르며 사관은 구세군 신자끼리만 결혼할 수 있다.

어온 신앙의 개별 조항이나 뭇 성인들에 관해 귀에 못이 박이도록 들은 사람이라면, 요즘 어디에나 만연한 지질학이나 물리학, 화학이나 우주학, 또는 역사학에 관한 이야기들을 주워듣고 이제껏 주입받은 사상과 의식적으로 비교했던 첫 순간을 떠올려보는 게 좋을 것이다. 이렇게 비교해보는 것만으로도 충분한 가치가 있기 때문이다.

사실 이 모든 명제는 4세기경 다듬어진 것이다. 당시 사람들에게는 특별한 의미가 있었겠지만, 지금 이 시대 사람들에게는 아무런 의미가 없다. 현대인은 그들의 입술로 이 말을 반복할 수는 있어도 그것들을 온전히 믿을 수는 없다. 왜냐하면 신이 하늘에 산다거나, 하늘이 열리고 어디에선가 목소리가 울려퍼져 어떤 내용을 말했다거나, 그리스도가 부활하여 하늘의 어딘가로 올라갔다거나, 다시 구름 위 어디로부터 돌아올 것이라거나 하는 등등의 문장이 우리에게는 실로 아무런 의미가 없기 때문이다.

하늘을 단단하며 유한한 천장으로 여기는 사람은 신이 하늘을 만들었고, 하늘이 열렸으며, 그리스도가 하늘로 올라갔다고 믿거나 말거나 할 수 있지만, 지금 우리에게 이 모든 구절은 도대체 아무런 의미가 없다. 현대인은 오로지, 정말로 그들이 그래야 한다면 이것을 믿어야 한다는 것만 믿을 수 있을 뿐, 실제로 믿지는 못한다. 그들에게는 이것이 아무런 의미가 없기 때문이다.

비록 이 모든 구절이 상징적인 의미로 해석되어야 하는 비유라 해도, 우리는 첫째, 모든 성직자들이 그것에 찬성하지 않고 도리어 이와 반대로, 사람들 대부분은 성서를 그 문자의 의미로 이해함을 고수하고, 둘째, 이러한 비유적 해석은 너무나 다양하여 어떤 증거로도 뒷받침되지 않는다는 것을 알고 있다.

그러나 비록 어떤 사람이, 교회에서 배운 것과 똑같이 교회의 교리를 믿고자 자신을 강제하길 원한다 해도, 그렇게 함으로써 교육과 복음서의 일반적 보급과 여러 종파의 상호 교류는 훨씬 더 극복하기 어려운 장애를 낳게 될 것이다.

## 교회 교리를 파괴하는 현대 생활의 외부 조건

예전에는, 그리스도의 가르침에 반하여 자신들을 선생이라 부르며 저희들끼리 논쟁하는 어떤 정신의 목자도 어떤 권위를 만드는 게 아니라는 것, 성직자들이 우리에게 가르치는 것이 진짜 기독교가 아니라는 것을 절실하게 깨달으려면 예전에는 몇 푼 정도 주고 복음서를 구입해 읽으면 되었다. 그렇게 하면 아무런 오해도 있을 수 없었다. 즉, 그리스도가 사마리아 여인에게 "아버지는 예루살렘에서도 말고 이 산에서도 말고 저 산에서도 말고 신령과 진정으로 예배하는 자를 찾느니라"고 말했다거나 "기독교인은 이방인처럼 기도해서는 안 되며, 남에게 보여주기 위해서 기도해서도 안 되고, 은밀한 중에, 즉 자신의 골방에 들어가서 기도해야 되느니라"고 말했다거나, 그리스도를 따르는 자는 어떤 사람에게도 선생 또는 아버지라 불러서도 안 된다고 하는 말 등은 명백하며 오해의 여지가 없는 것들이므로 그야말로 쓰인 그대로 읽으면 되는 것이다.

그러나 요즈음은 다르다. 비록 현대인들이 계속 기적을 믿으면서 복음서를 읽지 않는다 하더라도, 형태가 다른 종교나 신앙을 가진 사람과 만나 단순히 교제하는 일은 얼마든지 생겨날 수 있다. 그러다 보면 자기 신앙에 대해 의혹을 갖게 마련이다. 자신이 믿는 것과 다른 종교를 가진 사람을 만나지 않았을 때는 자기 종교만이 유일한 진리라 믿었기에 다른 도리가 없었다. 그러나 이 시대에는, 더구나 생각을 좀 할 줄 아는 사람이라면, 다른 종파 사람들과 좋든 싫든 접촉하지 않을 수 없고, 서로의 믿음을 비난하게 되며, 결국 자신이 믿는 신앙의 진리를 의심하게 된다. 따라서 이 시대에는 오직, 종교가 다루는 치명적인 문제에 절대적으로 무지하거나 절대적으로 무관심한 사람만이 교회 안의 신앙에 머무를 수 있다.

신앙에 대한 이 모든 파괴적 경향에도 불구하고, 모든 사제, 목사, 성직자, 관리자, 수도원장, 부제, 주교, 대주교가 행하는 것처럼 지속적으로 교회를 건설하며, 미사를 거행하고, 설교하고, 가르치고, 개종시키고, 그중에서도 특히 그것들에 대한 대가로 그 엄청난 보수를 받으려면, 교회는 과연 어떤 식으로 인민을 기만하고, 얼마나 격렬히 노력해야 하는 것일까?

아마도 그들에게는 특별한 초자연적인 노력이 필요할 것이다. 교회들이 더욱더 강력하게, 더욱더 열정적으로 끊임없이 노력하는 이유다. 러시아의 우리에게 그들은 다른 방법 외에, 속세의 권력이 교회에 기꺼이 복종하려 하므로 쉬우면서도 잔인한 폭력을 사용한다. 신앙에 대한 외부적 동의를 거부하며 공개적으로 그렇게 말하는 사람은 직접 처벌당하거나 권리를 박탈당한다. 반면 종교의 외부적 형식을 엄격하게 지키는 자들은 보상을 받으며 특권도 부여받는다.


## 교회의 최면술과 기만술

그것이야말로 러시아 정교회의 성직자가 나아가는 방법이다. 그러나 사실 모든 교회가 마찬가지라고 할 수 있다. 모두가 예외 없이 목적을 위하여 모든 수단을 이용한다. 그중에서 가장 중요한 것 가운데 하나가 지금 최면술이라 불리는 것이다.

사람들의 영혼에 영향을 미치고 그들을 마비시키기 위해 건축물에서 시

(詩)에 이르기까지 모든 예술을 동원함으로써 그 효과를 끊임없이 재생산하는 것이다. 인민을 마비 상태로 몰고 가는 최면술의 사용은 특히 구세군의 행동에서 명백하게 드러난다. 그들은 우리에게 익숙하지 않은 트럼펫, 큰북, 깃발, 복장, 행진, 춤, 눈물, 그리고 극적인 연기와 같은 낯선 행위들을 이용한다.

그러나 이는 우리를 불쾌하게 할 뿐이다. 왜냐하면 방식만 새로울 뿐, 그들이 사용하는 특별한 조명, 황금색, 찬란함, 촛불, 성가대, 오르간, 종소리, 복장, 영창 등등은 옛날 교회들의 오래된 행위와 근본적으로 다르지 않기 때문이다.

그런데 이 최면술의 영향은, 비록 그것이 매우 강력하다 해도 교회의 핵심적인 또는 가장 치명적인 유해한 행위가 아니다. 교회의 가장 핵심적이며 치명적인 행위는 바로 어린이들을 기만하는 것이다. 그리스도는 어린이들에 대해서 이렇게 말했다.

이 조그만 어린이들 중의 하나에게 죄를 짓는 자에게 저주가 있으라.

어린이의 의식이 가장 먼저 일깨워질 때부터 교회는 그를 속인다. 그들 스스로도 믿지 않는 것을 최고의 엄숙함으로 포장하여 어린이들에게 주입시키고, 이것이 어린이의 본성 안에 습관으로 고착될 때까지 계속해서 주입하고 또 주입한다. 즉 그들은 매우 교묘하게 생활에서 가장 중요한 주제에 대하여 어린이를 기만하고, 그 기만이 어린이와 함께 자라게 하여 그것을 뿌리 뽑기조차 어렵게 만든다. 물론 그런 다음 그들에게 전체 세상의 학문과 현실을 보여주지만, 이것은 결코 어린 시절 이미 주입된 믿음과 조화를 이루지 못한다. 교회는 이제 인민들 각자가 이러한 모순으로부터 최선을 다해 자기 길을 찾아가도록 책임을 돌려버린다.

만일 우리가 어떤 사람을 혼란스럽게 만들려면, 특히 어린 시절부터 그에게 주입한 두 가지 반대되는 이론 때문에 영혼이 혼미하여 명확하게 판단하지 못하게 만들거나 생각 자체를 할 수 없게 만들려면, 어린 시절부터 기독교 사회에서 교육받도록 권유하면 된다. 아마 이보다 더 효과적인 방법은 없을 것이다.

교회가 사람들에게 행하는 바를 생각하면 참으로 두렵다. 그러나 우리가 그 교회를 구성하는 사람의 입장을 상상하면 우리 역시 그들과 같게 행동할 수밖에 없음을 알게 된다. 이처럼 교회는 딜레마에 놓여 있다. 즉 산상수훈이냐, 니케아 신경[40]이냐 하는 문제인 것이다. 전자는 후자를 배제하게 마련이다. 만일 어떤 사람이 산상수훈을 진지하게 믿는다면, 니케아 신경의 원리는 필연적으로 그 의미와 중요성을 잃게 될 것이다. 교회와 대표자들도 그것과 함께 모든 의미와 중요성을 잃게 될 것이다. 반대로 만일 어떤 사람이 니케아 원리, 즉 스스로를 교회의 대표자라 칭하는 사람들을 믿는다면, 산상수훈은 그에게 불필요하게 된다.

그러므로 교회들은 산상수훈의 의미를 애매하게 함으로써 인민들을 자신에게 끌어들이려 노력하는 것이다. 교회의 영향이 오늘날까지 지속된 것은 오로지 이런 방향으로 각 교회들이 열정을 불태운 덕분이다.

교회들이 대중에게 최면을 걸고, 어린이들을 기만하지 못하게 하여야 한다. 아주 짧은 시간만이라도 그 같은 행동을 멈추게 하여야 한다. 그러면 인민은 그리스도의 참 가르침을 깨닫기 시작할 것이며, 이로써 대다수 교회와 그들이 이제껏 쌓아온 모든 영향력은 종말을 고하게 될 것이다. 그

---

40    니케아 신경(-信經, 라틴어: Symbolum Nicaenum)은 325년 제1차 니케아 공의회에서 아리우스파를 비롯한 이단을 단죄하고 정통 기독교 신앙을 수호하기 위해 로마 가톨릭교회가 채택한 신앙 고백문이다.

러나 교회는 이런 결과를 원하지 않을 것이며, 따라서 성인들에게는 최면을 걸고 어린이들은 기만하는 사업을 절대 멈추지 않을 것이다. 이에 대한 그들의 열정을 조금도 누그러뜨리지 않을 것이다.

그러므로 교회가 하는 일은 그리스도의 가르침에 대한 거짓 해석을 사람들에게 주입시키거나 대다수의 소위 믿는 사람들이 그리스도의 가르침에 대한 진실한 해석에 다가서지 못하도록 막는 것이다.

## 04

# 학자들의 기독교 오해

## 종교란 무엇인가?

이제 나는 기독교의 진정한 의미를 가로막는 또 하나의 시각인 학문적인 시각에 대해 말하고자 한다.

성직자들은 그들 자신이 만든 개념을 기독교라고 생각하고, 기독교에 대한 자신들의 시각을 유일하게 오류가 없는 참된 것으로 여긴다. 반면 학자들은 기독교를 과거와 현재의 서로 다른 교회들이 견지해온 것이라고 여긴다. 그리고 그 신앙이 기독교의 모든 의미를 상실하게 했다는 전제하에 그것을 이미 시대에 뒤처진 낡은 종교적 가르침으로 받아들인다.

이런 관점으로는 기독교의 가르침을 제대로 이해하기가 불가능하다는 것을 분명하게 보여주기 위해 우리는 스스로, 일반적인 종교 특히 인류의 생활에서 기독교가 실제로 견지해온 입장에 대한, 그리고 학문이 그것에 부여한 의의에 대한 개념을 형성해야 할 것이다.

개인이 자기 생활의 의미에 대해 어느 정도 관념을 갖고 살아가며 비록 무의식적이긴 해도 자신이 부여하는 의미에 따라 생활 속에서 행위를 형성해나가는 것처럼, 동일한 조건 아래 살고 있는 사람들의 집합체인 민족의 경우도 사회생활의 의미와 그로부터 나오는 활동에 대한 나름대로의 관념을 소유하게 마련이다. 즉, 각 개인이 성장 단계에 따라 필연적으로 자신의 인생관을 바꾸는 것처럼, 성인이 파악하는 인생의 의미와 어린아이가 파악하는 인생의 의미가 다른 것처럼, 민족이라는 집합체도 그들의 연령에 따른 발전 과정에 준해 반드시 인생관 및 거기서 비롯되는 활동들을 바꾼다는 뜻이다.

그런데 여기서 개인과 전체 인류 사이에 차이점이 발생한다. 개인은 그가 진입하는 삶의 주기에 따라 달라지는 새로운 인생관을 정립하게 될 때, 혹은 그것에서 초래되는 활동을 결정하게 될 때, 그가 진입하는 성장의 단계를 이미 경험한 선배들의 경험을 통해 일정 부분 혜택을 보게 되지만, 인류 자체로서는 이러한 도움을 받을 수 없다는 점이 서로 다르다. 왜냐하면 인류는 언제나 밟지 않은 길을 따라서 움직이고 있으므로 새로 진입하는 단계에서 어떻게 살아야 할지, 새로운 국면을 맞아 어떻게 행동해야 할지 물어볼 수 있는 대상을 찾을 수 없기 때문이다.

그럼에도 불구하고, 아내와 자식을 가진 어떤 사람이 어렸을 때처럼 생활을 받아들여 계속할 수 없는 것처럼, 인류도 현재 발생하고 있는 다양한 변화, 높은 인구 밀도, 상이한 인민 사이의 교류 확립, 자연과 투쟁하는 방법의 개선, 그리고 지식의 축적에 직면하여 그 옛날의 인식과 생활 방식대로 살아갈 수는 없다. 인류가 진입하였거나 막 진입하고 있는 새로운 환경에 적응하여 새로운 인생관을 형성하고, 그것으로부터 행위를 구성해야 한다.

이러한 요구에 답하기 위해 인류는 인간의 생활 전체에 새로운 의미를 부여하는 무엇인가를 만들어내는 특별한 능력을 발휘한다. 즉, 이전의 모든 것과 매우 다른 새로운 형태의 행위가 수반되는 인생관을 형성하게 되는데, 이는 인류가 진입하는 새로운 상황에서 인류에게 적합한 생활의 철학을 정립해주고 그로부터 발생되는 행위들을 요구한다. 그것이 바로 소위 종교라는 것이다.

그러므로 첫째, 종교는 학자들이 상상하는 것처럼 한때 인류의 발전과 함께하다가 뒤에 가서 인류에게 필요가 없어진 현상이 아니다. 그것은 언제나 인류의 생활에 내재된 본질적인 현상이며, 다른 시대만큼이나 현재에도 없어서는 안 될 '인류에게 불가결한 고유의 어떤 것'이다.

둘째, 종교는 언제나 미래의 행위에 대한 이론이지 과거의 활동에 대한 이론이 아니다. 그러므로 과거의 현상을 연구하는 것은 그 어떤 의미에서도 종교의 본질을 파악하는 데 도움이 되지 않는 것이 분명하다.

여러 종교적인 가르침의 본질은 학자들이 생각하는 것처럼, 자연의 힘에 관한 상징적 표현에 대한 욕구나, 이러한 힘을 두려워함이나, 기적을 갈망함이나, 그것이 나타내는 외부적 형식 속에 있는 것이 아니다. 종교의 본질은 새로운 인생관을 발견하기 위하여 인류가 반드시 따라가며 움직여야 하는 생활의 길을 예견하고 지시하는 사람들의 능력에 있다. 그 결과 인류 전체의 미래 행위가 변화되고, 이전에 있었던 모든 것과 달라지는 것이다.

인류가 반드시 따라가며 움직여야 하는 길을 예견하는 능력은, 모든 사람에게 다소간 존재한다. 그러나 어느 시대에나 이러한 능력을 특별히 많이 가진 사람들이 있어왔고, 그들은 모든 사람이 막연하게 느끼던 것을 분명하고 명확하게 표현해주었다. 또한 새로운 방향과 이에 따른 행동을 제시함으로써 수십만 년 이어져갈 새로운 인생관을 형성했다.

## 세 가지 인생관

그러한 인생관에 대하여 우리는 세 가지를 알고 있다. 그중 두 가지는 인류가 이미 체험했고, 세 번째는 지금 우리가 기독교를 통해 체험하고 있는 것이다. 세 가지 인생관이란 여러 가지 인생관을 우리가 임의적으로 모아 각각의 표제 아래 정리한 게 아니다. 모든 사람의 행동이 언제나 이 세 가지 인생관에 기초하기 때문에 그렇게 이름 붙인 것이다. 즉, 이 세 가지 말고는 다른 생활을 볼 수 없는데, 그것들은 다음과 같다.

첫째, 개인적인 또는 동물적인 인생관이다.

둘째, 사회적인 또는 이교도적인 인생관이다.[1]

셋째, 전 세계적인 또는 신적인(또는 영성적인) 인생관이다.[2]

첫 번째 인생관에 의하면 사람의 생활은 개인에게 달려 있고, 생활의 목적은 개인의 의지를 만족시키는 점에 있다.

두 번째 인생관에 의하면 사람의 생활은 개인이 아니라, 개인이 속한 집합체인 종족, 가족, 씨족, 민족, 국가와 같은 사회나 계급으로까지 확대되고, 생활의 목적은 각 집합체의 의지를 만족시키는 것에 있다.

세 번째 인생관에 의하면 사람의 생활은 개인이나 사회나 계급이 아니라, 생활의 원리 및 근원, 즉 신을 따르는 것이다.

이 세 가지 인생관은 이제까지 존재했거나 현재 존재하는 모든 종교의 토대를 이룬다.

첫째, 야만인은 오로지 자신의 생활과 개인적 욕망만을 인식한다. 생활에 대한 그의 관심은 늘 자신한테만 집중된다. 따라서 그가 생각하는 최고의 행복이란 자신의 욕망을 가장 완전하게 만족시키는 데 있고, 생활의 동기가 되어주는 힘은 개인적인 즐거움에 있다. 또한 그의 종교는 자신의 신

---

1 아래 본문에서는 국가적 인생관이라고도 한다.
2 아래 본문에서는 기독교적 인생관이라고도 한다.

을 숭배하며 신의 비위를 맞추는 것으로 이들은 그 신을 오로지 자신의 개인적 목적을 이루어주기 위해 살아가는 사람으로 상상한다.

둘째, 문명화된 이교도는 생활을 자신 안에서만이 아니라 사람들의 집합체, 즉 부족, 씨족, 가족, 나라 안에서 인식한다. 그리고 이런 집합체를 위해 그는 그의 개인적 행복을 희생한다. 그에게 생활의 동기로 작용하는 힘은 오로지 명예다. 그의 종교는 그와 동맹을 맺은 자들, 즉 그 집합체의 시조, 선조, 그의 통치자들의 명예를 드높이는 것이며, 그의 씨족, 그의 가족, 그의 민족, 그의 국가의 배타적인 보호자인 신을 숭배하는 데 있다.

셋째, 신적인(또는 영성적인) 인생관을 갖는 사람은 자기 개인이나, 개인들의 집합체인 사회(가족, 씨족, 민족, 부족, 또는 국가)가 아니라 영원하며 죽지 않는 생활의 근원에서, 즉 신에서 생활을 인식한다. 그리고 신의 의지를 실천하기 위해 그는 개인적, 가족적, 사회적 행복을 희생할 준비가 되어 있다. 그에게 있어 생활의 동력은 바로 사랑이다. 그리고 그의 종교는 행위와 진리에 의해 만물의 근원으로 인정된 신에 대한 숭배이다.

## 기독교적 인생관에 대한 학자들의 오해

인류 전체의 역사적 생활이란 개인적-동물적 인생관으로부터 사회적 인생관으로, 그리고 사회적 인생관에서 신적 인생관으로 점차 나아가는 것에 다름 아니다. 수천 년을 지속하다가 고대 로마의 역사와 함께 끝나버린 옛날 인민 전체의 역사는 개인적-동물적 인생관이 사회적 인생관으로 변한 역사이기도 하다.

또한 로마 제국과 기독교 출현 이후의 모든 역사는 지금 우리가 통과하고 있는 것으로서 사회적 인생관이 신적 인생관으로 변하고 있는 역사이다. 이 마지막 인생관과 그것에 근거한 기독교의 가르침은 우리의 생활 전체를 이끌어가기 위한 안내이자 실제적이고도 이론적으로 우리의 모든 행위의 근거를 형성하고 있다.

그러나 소위 과학이라 잘못 일컬어지는 것을 믿는 사이비 과학자들은 오로지 그 외면적인 것만을 보면서 이를 시대에 뒤떨어지고 아무런 가치가 없는 것으로 여긴다. 이들은 기독교의 가르침을 오로지 교리적인 측면, 즉, 삼위일체, 대속, 기적, 교회, 성례식 등등으로 축소하여 이를 인류 역사상 존재해온 무수히 많은 종교 중의 하나일 뿐이라 폄훼한다. 그러면서 이 종교 역시 인류 역사에서 역할을 다했고, 그 자신의 시대를 넘어 학문과 진리를 아우르는 계몽의 빛 앞에서 사라져갈 뿐이라 주장한다.

우리는, 많은 경우 그렇듯이, 인류가 어떤 식으로 가장 조잡한 오류를 범하는지 확인할 수 있다. 즉 이해의 수준이 저급한 자들이 높은 수준의 질서 있는 현상과 접촉할 때 나타나는 현상으로서 주제를 이해하고 반드시 도달해야 하는 대상 관찰의 관점까지 자신을 끌어올리는 대신, 그것을 낮은 관점에서 판단하고 자신들이 토론하는 바에 대해 잘 모르면 모를수록 더 강력하게 확신하면서 일말의 주저도 없이 판단을 내리는 것이다.

따라서 그리스도가 보여준 생활상의 도덕적 가르침을 사회적 인생관의 낮은 관점에서 바라보는 대부분의 학자들에게는 이 가르침 역시 인도의 금욕주의나 고대 스토아 철학 및 신플라톤주의 철학처럼, 그리고 비현실적이며 반사회적인 환상의 불확실하고 조리 없는 결합처럼, 그리고 우리 시대에 아무런 의미를 획득하지 못하는 그저 그런 것처럼 보일 뿐이다.

그들에게는 그리스도 가르침의 전체 의미가 오로지 외부적인 현상, 즉 가톨릭, 신교, 특정한 교파 또는 속세의 권력과의 갈등에만 집중되고 있다. 이러한 현상에 의존하여 기독교의 가치를 짐작하는 것은 장님이 음악가의 움직임을 짐작하면서 음악의 성격과 질을 판단하는 것과 전혀 다르지 않다.

그 결과 콩트,[3] 슈트라우스,[4] 스펜서,[5] 르낭에 이르는 모든 학자들은 그리스도 가르침의 의미와 목적, 이유 등을 깨닫지 못한다. 나아가 어떤 종류의 대답을 요구하는 질문의 의미도 깨닫지 못한다. 심지어 가르침의 의미에 깊이 들어가려는 노력도 하지 않은 채 그저 기분에 따라 달라지고, 특히 기분이 나쁜 경우 가르침의 어떠한 타당함도 인정하지 않는다. 만일 그 가르침을 너그럽게 보아주고 싶을 때에는, 우월한 위치에 서서, 그리스도가 정확하게 그들 자신의 생각을 표현하려는 뜻이었다는 가정 아래, 정중한 척하면서 그것을 교정하려고 한다. 그러나 결코 성공을 거두지는 못한다.

그들은 그리스도의 가르침에 대해, 자신만만한 사람이 자신의 하수로 여기는 인민에게 말하듯이 행동하면서, 가끔 그들 동료의 말도 덧붙인다. "그렇다. 당신은 이러저러한 것을 말하려고 한다" 하는 식으로 말이다. 이러한 교정의 방식은 실로 자신이 언제나 상대보다 높은 위치에 있다는 것을 드러내기 위해, 그리고 신적인(또는 영성적인) 인생관의 가르침을 더 낮은 사회적 인생관의 수준으로 깎아내리기 위해 사용하는 흔한 방법이다.

그들은 대개 이렇게 말한다. "기독교의 도덕적 가르침은 매우 훌륭하지만 너무 과장되었다. 이것을 완전하게 훌륭한 것으로 만들려고 하면 우리가 그 안에 있는 모든 것, 즉 우리의 생활 방식에 의미가 없으며 불필요한 것들을 반드시 거부해야 한다"고 말이다. 그리고 "너무나 많은 것을 바라

---

3   콩트(Isidore Marie Auguste François Xavier Comte, 1798~1857)는 프랑스의 사회학자로 실증주의적 사회학을 수립했다.

4   슈트라우스(David Friedrich Strauss, 1808~1874)는 독일의 신학자이다.

5   스펜서(Herbert Spencer, 1820~1903)는 영국 사회학자, 철학자로 오귀스트 콩트의 체계에 필적할 대규모의 종합사회학 체계를 세워 영국 사회학의 창시자가 되었다.

고, 실행할 수 없는 것을 요구하는 이 가르침은 인간에게 가능하며 각자의 능력에 부합한 것을 요구하는 신조보다 더 나쁘다"고 하면서 기독교에 대한 유식한 해석자들이 오래전부터 주장해온 것을, 그리고 그를 이해하지 못한 탓에 자신들의 교사인 그리스도를 십자가에 처형했던 유대인들이 주장할 수밖에 없었던 내용을 반복한다.

우리 시대 학자들의 판단에 따르면 히브리의 율법, 즉 '이에는 이, 눈에는 눈'이라는 것은 정당한 보복의 율법으로서 그리스도가 가르친 성스러운 법보다 5천 년 전에 인류에게 알려졌다. 그들은, 그리스도의 가르침을 문자 그대로 깨닫고 이에 따라 살았던 사람들이 행했던 모든 일, 진정한 기독교인이나 성자들이 말하고 행했던 모든 일, 오늘날 사회주의와 공산주의라는 형태로 현재의 세상을 개혁하려고 하고 있는 모든 일을 단순히 과장이자 말할 가치가 없는 것으로 파악한다.

기독교에 대한 1,800년간의 교육이 이루어지는 동안 문명세계는 가장 진보된 사상가들이 설명하듯 기독교를 도그마의 종교라고 확신했다. 즉, 인생에 관한 기독교의 가르침은 비합리적이고 터무니없는 과장이며, 인간의 본성에 부합하는 실정법적 도덕의무를 파괴한다는 것이다. 따라서 그리스도의 가르침으로 폐지된 즉, 그리스도가 배척한 바로 그 보복의 율법이 우리 인간에게는 보다 더 실용적이며 유익하다고 확신하는 것이다.

## 기독교의 무저항 교리에 대한 학자들의 오해
학자들은 권력의 악행에 대한 무저항의 계율을 과장되고 비이성적인 것으로 본다. 그들은 기독교에 그런 계율이 없는 편이 훨씬 좋았을 거라 생각하는 것 같다. 그러나 이는, 그들의 말에서 드러나듯이, 기독교의 본질이 어떤 것인지 깊이 관찰해보지 않고서 하는 말이다. 왜냐하면 악에 대한 무저항의 교리가 과장된 가르침이라 말하는 것은, 마치 "원에 대하여 그 반지름은 서로 같다"는 주장이 원의 정의에서 과장이라 말하는 것과 같기 때문이다. 이렇게 말하는 사람은 사실 원이 무엇인지 모르고 있는 자가 원의 둘레에 있는 각 점은 원의 중심으로부터 항상 똑같은 거리에 있어야 하는 것을 과장이라고 주장하는 것이나 다르지 않으니 말이다. 원의 반지름은 서로 같다고 하는 정리를 포기하거나, 완화한다고 말하는 것은 바로 원이란 무엇인지를 이해하지 못하는 것이다.

그리스도의 악에 대한 무저항의 계율을 거부하거나 필요에 따른 교리만을 옹호하는 것은 실제로 그리스도의 가르침을 오해한 데서 비롯된다. 이를 확신하여 행동에 옮기는 사람도 그리스도의 가르침을 전혀 이해하지 못하는 것이다. 그의 가르침이 생활의 새로운 이론에 대한 규칙이라는 것, 즉 사람들이 1,800년 전에 들어간 새로운 생활에 요구되는 전적으로 새로운 인생 이해의 확립이고, 그것에서 비롯되는 새로운 활동의 규정이라는 것을 깨닫지 못한 결과다. 따라서 이들은 그리스도가 말하고자 한 것이 실제로 말해진 것임을 받아들이지 않는다. 그리고 그리스도가 산상수훈에서, 그리고 다른 곳에서 말한 것들을 단지 우연히, 혹은 지능이 모자라거나 교양이 부족해서 그렇게 말한 것으로 간주한다.

• 그러므로 내가 너희에게 말한다. 너희 생명을 위해 무엇을 먹을까, 무엇을 마실까, 너희 몸을 위해 무엇을 입을까 걱정하지 말라. 생명이 음식보다 더 중요하고 몸이 옷보다 더 중요하지 않느냐? 공중의 새를 보아라. 새는 씨를 뿌리거나 거두지도 않고 곳간에 모아들이지도 않는다. 그러나 하늘에 계시는 너희 아버지께서 새를 기르신다. 너희는 새보다 더 귀하지 않느냐? 너희

중에 누가 걱정한다고 해서 자기 키를 한 치라도 더 늘릴 수 있느냐? 그리고 너희는 어째서 옷 걱정을 하느냐? 들의 백합화가 어떻게 자라는가 보아라. 그것은 수고도 하지 않고 옷감을 짜지도 않는다. 그러나 내가 너희에게 말하지만 솔로몬이 온갖 영광을 누렸으나 이 꽃만큼 아름다운 옷을 입어보지 못하였다. 믿음이 적은 사람들아, 그러므로 너희는 '무엇을 먹을까?', '무엇을 마실까?', '무엇을 입을까?' 하고 걱정하지 말라. 이런 것들은 모두 믿지 않는 사람들이 애써 구하는 것이다. 하늘에 계신 너희 아버지께서는 이 모든 것이 너희에게 있어야 할 것을 다 알고 계신다. 너희는 먼저 신의 나라와 그의 의를 구하라. 그러면 이 모든 것을 너희에게 덤으로 주실 것이다. 그러므로 내일 일을 걱정하지 말라. 내일 일은 내일 걱정할 것이요 한 날 괴로움은 그 날의 것으로 충분하다(마태복음 6장 25~34절).

- 너희는 가진 것을 팔아 가난한 사람들을 도와주고 너희 자신을 위해 낡아지지 않는 주머니를 만들어라. 그것은 없어지지 않는 보물을 하늘에 쌓아두는 것이다. 그것은 도둑이 가까이 하는 일도 없고 좀먹는 일도 없다. 너희 보물이 있는 곳에 너희 마음도 있다(누가복음 12장 33~34절).

- 네 재산을 다 팔아 가난한 사람들에게 나눠주어라… 그리고 와서 나를 따르라(마가복음 10장 21절).

- 나와 복음을 위해 집이나 형제나 부모나 자녀나 논밭을 버린 사람은 … 오는 세상에서는 영원한 생명을 얻을 것이다(마가복음 10장 29~30절).

- 자기를 부인하고 날마다 제 십자가를 지고 나를 좇으라(누가복음 9장 23절).

- 내 양식은 나를 보내신 분의 뜻을 실천하고 그 분의 일을 완성하는 것이다 (요한복음 4장 34절).

- 제 뜻대로 마시고 아버지의 뜻대로 하십시오(마가복음 14장 36절).

이 모든 주장은 수준 낮은 인생관의 관점에서 볼 때 생활에 직접 적용할 수 없는 충동적인 열정의 표현처럼 여겨진다. 그러나 이 원리는 실제로 생활에 대한 기독교의 교리에서 나온 것이다. 마치 한 개인이 자신의 소득 일부를 공공사업에 바치며, 개인 생활의 일정 부분을 국가 방어에 희생한다는 원리가 사회적 인생관에서 비롯되는 것처럼 기독교적 인생관에서 나온 원리인 것이다.

## 학자들이 주장하는 사회적 인생관과 신적 인생관의 차이

사회적 인생관을 갖는 사람은 야만인에게 다음과 같이 말한다.

> 반성하라, 자신을 회개하라! 너의 개인적인 생활은 불행하고 과도적인 것이므로 참된 생활일 수가 없다. 그러나 개인의 집합체와 그 계보인 가족, 씨족, 부족, 국가 등의 생활만은 계속해서 살아갈 수 있다. 그러므로 사람은 가족이나 국가의 생활을 위해 자기 개인을 희생하여야 한다.

이와 똑같은 방식으로 기독교는 사회적 인생관을 가진 사람에게 이렇게 말할 수 있다.

> 회개하라, 그렇지 않으면 멸망하리라. 지금 존재하다가 내일이면 사라지는 이 육체적인 개인의 생활은 영속성이 없다. 어떤 외적인 수단이나, 생활을 어떻게 영위하더라도, 연속성이나 영속성을 줄 수 없다는 것을 깨닫도록 하라. 당신이 살고 있는 삶은 진정한 것이 아니라는 점을 반성하라. 가족의, 사회의, 국가의 생활은 우리를 멸망으로부터 구하지 않을 것임을 깨닫도록 하라. 참

된 합리적 삶, 이성적인 생활은 가족이나 국가의 일원으로서가 아니라, 생활의 근원인 신에 참여하는 방법에 의하여서만 오직 가능하다. 즉, 자신의 생활을 신의 생활에 병합하는 방법으로써만 가능하다. 기독교적인 인생관은 틀림없이 그러하며, 복음서의 모든 말에 나타나 있다.

어떤 사람은 이런 인생관에 동참하지 않을 것이고, 어떤 사람은 거부할 것이며, 어떤 사람은 내용상의 부정확함과 오류를 밝힐 테지만, 이런 인생관을 터득하지 않고서는 그리스도의 가르침에 대해 정확하게 판단할 수 없다. 더욱이 낮은 관점에서 보다 높은 차원의 주제를 비난할 수 없음은 명백하다. 누구도 지하실에서는 첨탑 꼭대기에서 바라본 광경을 말할 수 없으니 말이다.

그런데 이것이야말로 현대의 유식한 비평가들이 하는 일이다. 왜냐하면 그들은 오류를 범하지 않고 주제를 분석할 수 있다는 정통 교회 신자들의 잘못된 사상을 공유하고 있기 때문이다. 따라서 그들은 소위 과학적인 비평 방법을 적용한다면 결론도 정확할 것이라 상상한다. 절대로 오류가 있을 수 없다는 과학의 방법으로 이 주제를 시험하는 것은 불신자들, 즉 소위 교육받은 인민이 기독교를 이해하고자 할 때 만나게 되는 치명적인 장애이다. 학자들에 의해 만들어진 기독교에 대한 오해, 특히 그들이 기독교를 정확히 이해하는 데 방해가 되는 것으로 두 가지 기묘한 오해를 들 수 있다.

## 학자들의 첫째 오해_실천 불가능성

그 첫 번째 오해는 기독교의 도덕적 가르침은 실천할 수 없는 것이므로 전혀 의무적인 것이 아니고 힘을 갖지 못한다는 주장이다. 따라서 기독교 교리가 행위의 규칙으로 받아들여지면 안 되고, 반드시 우리 사회 안에서 실천 가능한 한계에 맞게 변형되고 적응되어야 한다고 주장한다. 또 하나의 오해는 기독교의 신이 가르치는 사랑에 대한 교리는 매우 애매하고 신비스러운 원리이므로 이를 좀 더 정확하며 이해할 수 있는, 즉 인간에 대한 사랑과 인류에 대한 봉사의 원리로 교체되어야 한다고 말한다.

기독교 교리의 실천 불가능성에 대한 첫 번째 오해는, 사회적 인생관을 가진 사람이 무의식적으로 그 교리를 인간을 지배하는 표준으로 생각하고, 기독교 교리의 완성을 인생을 규율하는 규정으로 간주하여, 만일 그 가르침이 요구하는 모든 것을 완전히 이행해야 한다면 생활을 파멸시킬 것이므로 기독교의 가르침을 따르는 게 불가능하다고 생각해서 나온 결론이다. 그들은 다음과 같이 말한다.

> 누군가 한 사람이 그리스도가 가르치는 모든 것을 실행한다면, 그는 자기 자신의 생활을 파멸시킬 것이고, 모든 사람이 그것을 실행한다면, 인류는 끝장이 날 것이다.
>
> 우리가 내일을 위해 생각하지 않는다면, 우리가 무엇을 먹고 우리가 무엇을 마실지, 무엇을 입고, 우리의 생활을 지키지 않으며, 힘으로 악에 저항하지 않으며, 우리의 생명을 타인을 위하여 내놓고, 완전한 순수함을 지킨다면, 인류는 존재할 수 없다.

그런데 이는 그들이, 일상생활의 국가적 원리 안에서 모든 사람이 납세의무, 법 준수의무 등의 규정을 이행해야 하는 것과 마찬가지로, 그리스도의 가르침이 부여한 기독교 교리의 완성을 모든 사람이 달성해야 하는 것으로 간주한다면 지극히 옳은 말이다.

그러나 이런 오해는 정확히, 그리스도의 가르침은 낮은 차원의 인생관에 기초한 가르침이 사람들을 인도하는 방식과 다르다는 사실에 근거한다. 사회적 인생관의 가르침은 계율이나 법률을 정확히 실천하도록 요구함으로써 사람들을 인도하는 것에 불과하다. 그러나 그리스도의 가르침은 현재 자신의 불완전 정도가 어떠하든지 모든 사람을 독립적으로 그리고 자발적으로 신의 무한한 완성을 향해 나아가도록 사람들을 인도하는 것이다.

사회적 관점에서 기독교의 원리를 판단하는 사람들은, 그리스도가 지시하는 완성을 완전히 이룰 수 있다는 가정 아래, 이 모든 것들이 이행된다면 어떤 결과가 초래될지를 스스로에게 묻는다(마치 국가의 법률이 이행되리라는 가정하에 똑같은 질문을 하듯)는 데 있다. 그러나 이러한 가정은 결코 성립될 수 없다. 왜냐하면 기독교인에게 완성이란 무한한 것이며, 결코 달성될 수 없는 것이기 때문이다. 그리스도는, 절대적인 완성이란 결코 달성할 수 없는 것이며, 절대적이고 무한한 완성을 향해 사람들이 지속적으로 노력하는 것 자체가 행복을 더해줄 수 있다고 말한다.

그리스도는 천사들이 아니라 동물적인 생활 속에서 살아 움직이는 사람들을 상대로 삼아 가르친다. 그래서 이런 동물적 힘의 움직임에 신적인 (또는 영성적인) 완성을 향해 가는 새로운 인식을 적용하여, 이 두 가지 힘의 작용 결과에 따라 움직임을 이끌어간다. 그러므로 인간의 생활이 그리스도가 가리키는 방향으로 가고 있다고 가정하는 것은 세찬 강물 위에 떠 있는 작은 배가 그 경로를 물의 흐름과 거의 정확하게 반대 방향으로 이끌 때 가능하다고 생각하는 것과 같다.

그리스도는 평행사변형의 양쪽 면, 즉 인간의 생활을 구성하는 두 개의 영원한 힘, 파괴할 수 없는 힘의 존재를 인식한다. 바로 사람이 가진 동물적 본능의 힘과 신에 대한 혈연관계를 의식하는 힘의 존재이다. 스스로를 정당화하며, 언제나 그대로 있으며, 따라서 사람의 의지와는 별개인 동물적 힘에 대해서는 아무것도 이야기하지 않으면서 그리스도는 오직 신적인 (또는 영성적인) 힘을 이야기한다. 사람이 그것을 좀 더 가까이 알기를 요구하고, 그것을 저해하는 것들로부터 좀 더 자유롭게 되기를 바라는 것이다.

그리스도의 가르침에 따르면, 이 힘을 자유롭게 해방하고 강화시키는 과정에 사람의 참된 생활이 존재한다. 참된 생활이란 이전의 종교에서는 계율, 즉 율법을 실행함에 있었지만, 그리스도의 가르침에 의하면 그것은, 모든 사람 앞에 제시되고 그들이 스스로 인식하는 신적인(또는 영성적인) 완성에 훨씬 더 근접하는 데 있으며, 신의 뜻 안에 자신의 뜻을 완벽하게 융합하는 것이다. 즉, 사람의 목표인 융합으로 나아가는 것으로서 우리가 알고 있는 기존의 생활방식을 파괴하고 새로운 원칙을 적용함으로써 달성할 수 있는 것이다. 이것이 바로 신적인(또는 영성적인) 완성이다. 사람들은 이를 위해 인생을 살아가는 동안 언제나 애쓰게 마련인데, 이는 언제나 다가가고자 하는 점근선(漸近線)[6]과 같은 것이다. 그러나 그것은 오로지 무한에 가서야 도달될 수 있다.

기독교는 사람들이 이상을 지향하는 것을 계율로 착각할 때 생활의 가능성을 배제하는 것처럼 보인다. 오직 그때에야, 그리스도의 가르침에 의해 제시된 요구가 생활을 근절하는 것처럼 보인다. 그러나 이 요구야말로 참된 생활을 가능하게 해주는 유일한 것이다. 이 요구가 없으면 참된 생활은 가능할 수 없다.

인민들은 기독교의 요구 조건을 토론하면서 보통 "너무 많이 기대해서는 안 된다"고 말한다. "복음서에서 말하는 대로, 우리는 내일을 위해 절대

---

6  점근선(asymptote)은 곡선 위의 점이 어떤 직선에 한없이 가까워질 때의 직선을 말한다.

적으로 아무런 고민을 해서는 안 된다. 그러나, 오로지 그것만을 위해 너무 많은 생각을 해서도 안 된다. 우리는 가난한 인민에게 모든 것을 줄 수 없지만, 어떤 정해진 양만큼은 주어야 한다. 반드시 순결할 필요는 없지만, 방탕하게 살면 안 된다. 아내와 자식을 용서할 필요는 없지만, 자신의 마음 안에 그들의 자리를 지나치게 넓게 마련해둘 필요도 없다"고 말이다.

이렇게 말하는 것은 급류와 싸우면서 흐름에 맞서는 사람에게 "흐름을 거슬러 노를 저어 강을 건너는 것은 불가능하니, 강을 무사히 건너려면 물이 흐르는 대로 같이 떠내려가야 한다"고 말하는 것과 같다. 기독교의 가르침이 종래의 다른 가르침과 다른 점은, 외면적인 규칙이 아니라 신적 완성을 달성할 수 있는 내면적인 자각으로 사람들을 이끄는 데 있다. 그리고 인간의 마음속에 있는 것은 정의와 박애의 중용을 얻은 규칙에 있는 것이 아니라, 완전하고 무한한 신적인 완성의 이상이다. 이러한 완성에 대한 희구만이 인간 생활의 방향을 동물적 상태로부터 이러한 생활에서 가능한 한, 신적인 상태로 향하게 하는 것이다.

바라는 장소에 배를 닿도록 하려면 그는 반드시 훨씬 더 위쪽을 향해 모든 힘을 다해 노를 저어야 할 것이다.

그러나 이처럼 이상을 향해 나아가기를 포기하라고 요구하는 것은 완성의 가능성을 감소시킬 뿐만 아니라 이상 자체를 끝장내는 것이기도 하다. 사람들을 움직여주는 이상이란 누군가에 의해 고안된 것이 아니라, 모든 사람이 자신의 영혼 안에 갖고 있는 것이기 때문이다. 이렇게 완전하며 무한한 완성을 향해 나아가는 이상만이 사람들에게 힘을 주고, 그들로 하여금 기꺼이 행동하도록 자극한다. 적당한 완성은 사람들의 가슴에 별다른 영향력을 행사하지 못한다.

그리스도의 가르침은 그것이 절대적인 완성, 즉 모든 사람의 영혼에 존재하는 신적인(또는 영성적인) 본성과 신의 뜻이 융합할 때, 다시 말해 아들과 아버지가 연합할 때 오롯이 힘을 가진다. 그리스도의 가르침에 의하면, 생활은 오로지 이렇게 각자에게 존재하는 신의 아들을 동물적인 것으로 부터 자유롭게 하고, 그를 아버지께 더욱 가까이 데려가는 데 있다.

그러나 인간의 삶은 우리 안에 있는 동물적 존재만으로 구성되지 않는다. 마찬가지로 신의 뜻에 오롯이 부합한 삶은 인간의 삶이 아니다. 인간의 삶은 동물적 삶과 신적인(또는 영성적인) 삶의 합성이다. 이러한 합성이 신적인(또는 영성적인) 삶에 접근하면 할수록 인간의 삶은 더더욱 신적인(또는 영성적인) 삶 속에서 더욱더 커지게 된다. 기독교에 의한 삶은 신적인(또는 영성적인) 완성으로의 꾸준한 전진이다. 따라서 어떤 상태가 다른 것보다 높거나 낮을 수 없다. 이 모든 각각의 상태는 도달할 수 없는 완성을 향한 길 위에 있는 특정한 단계일 뿐 그 자체로는 아무 의미가 없다. 그 자체로서 위대하다거나 초라하다고 평가할 수 없다는 뜻이다. 기독교 교리에 따르면, 우리가 신적인(또는 영성적인) 생활의 완성을 향해 빠르게 나아가는 길만이 삶의 향상을 가져올 따름이다.

그러므로 세리 삭개오나 간통녀, 그리고 십자가에 매달렸던 강도가 완성을 향해 떼었던 그 발걸음들은 바리새인의 정체된 정의보다 더 높은 정도의 생활임을 암시해준다. 따라서 이 종교에는 반드시 복종해야 할 의무가 있는 계율이 없다. 낮은 단계에 있더라도 완성을 향하여 계속 움직이는 사람은 완성을 향해 계속 움직이지 않는—비록 훨씬 더 높은 수준의 도덕성을 갖춘 사람이라 해도— 사람보다 더욱 도덕적이며, 더욱 나은 삶을 살아가며, 그리스도의 가르침을 더욱 많이 이행하고 있기 때문이다. 잃어버린 양이 잃어버리지 않은 양보다 아버지에게 더욱 소중하다는 것은 바로 이런 의미다. 돌아온 탕자의 이야기나 잃어버린 몇 푼을 다시 찾은 이야기

등도 마찬가지다.

그리스도 가르침을 실천하는 것은 자신으로부터 멀어져 신에게로 나아가는 데 있다. 여기엔 그 어떤 정해진 율법이나 계율이 있을 수 없다. 모든 완성의 정도나 모든 불완성의 정도는 그 가르침의 실천면에서 동등하다. 즉, 율법을 잘 지킨다는 것은 그리스도 가르침의 실천과는 전혀 상관이 없다. 따라서 그 가르침의 실천을 위한 어떠한 구속적인 율법이나 계율도 있을 수 없다. 국가적 인생관에 기초한 모든 이전의 종교와 기독교 사이에 근본적인 다름이 존재하는 것도 위와 같은 이유에서다. 즉, 국가적 인생관의 가르침은 대체로 특정하게 실용적으로 규정된 행위를 고집하며, 그 실천 여부에 의해 인간의 삶이 정당화되거나 역으로 평가되는 반면, 그리스도의 가르침은 신에게로 나아가는 꾸준한 전진에 의해서만 평가되기 때문이다.

## 산상수훈의 다섯 가지 계율

기독교의 계율—사랑의 계율은 단어의 엄격한 의미상 계율이라고 볼 수 없고 기독교의 본질 그 자체의 표현이다—은 산상수훈이라는 다섯 가지 계율[7]인데 모두 소극적인 것들이다. 그들 계율은 인간성의 발전 단계 중 어떤 단계에서는 인간이 행할 수 없어도 무방한 것만을 보여준다. 이러한 계율은 마치 인류가 목표로 삼고 있는 완성을 향한 끝없는 길의 이정표라 볼 수 있다. 즉, 인류가 그것을 향해 움직이고 있으며, 인류의 특정한 발전의 시기에 가능한 완성 지점을 보여주는 것이다.

---

7  톨스토이가 뽑아낸 산상수훈에서의 다섯 가지 계율이다. 즉, ①노여워하지 말아라, ②간음하지 말아라, ③맹세하지 말아라, ④악을 악으로 대적하지 말아라, ⑤누구의 적도 되지 말아라.

그리스도는 산상수훈에서 사람들이 자발적으로 닿고자 하는 영원한 이상이 무엇인지, 그리고 사람들이 이를 우리 시대에 얼마나 달성할 수 있는지 그 정도를 보여준다.

그 이상은 첫째, 누구를 해치고자 하는 적대감을 품는 것이 아니고, 그 누구에게도 나쁜 뜻을 가지게 하는 것도 아니며, 오로지 모든 인간을 사랑하는 것이다. 그 이상을 달성하기 위해 그 이하의 수준으로 내려가지 않는 단계를 보여주는 계율이란, 말로 사람을 모욕하지 않는 것이다. 그것이 첫 번째 계율이다.

그 이상은 둘째, 사고 속에서도 완전한 순수함을 의미한다. 그 이상을 달성하기 위해 그 이하의 수준으로 내려가지 않는 단계를 보여주는 계율이란, 결혼생활의 순결과 방탕의 금지이다. 그것이 두 번째 계율이다.

그 이상은 셋째, 미래에 대해 생각하지 않고 현재의 순간을 충실히 사는 것이다. 그 이상을 달성하기 위해 그 이하의 수준으로 내려가지 않는 단계를 보여주는 계율이란, 맹세하지 않는 것, 즉 사전에 어떤 것을 약속하는 것을 금지하는 것이다. 이것이 세 번째 계율이다.

그 이상은 넷째, 어떤 목적을 위해서도 폭력을 사용하지 않는 것이다. 그 이상을 달성하기 위해 그 이하의 수준으로 내려가지 않는 단계를 보여주는 계율이란, 악을 악으로 갚지 않고, 모욕을 참으며, 바지를 벗어주는 것이다. 이것이 네 번째 계율이다.

그 이상은 다섯째, 우리를 미워하는 원수를 사랑하는 것이다. 그 이상을 달성하기 위해 그 이하의 수준으로 내려가지 않는 단계를 보여주는 계율이란, 원수에게 악을 행하지 말고, 그들을 좋게 말하며, 그들과 우리 이웃을 차별하지 않는 것이다.

이 모든 계율은 우리의 완성을 향한 길 위에서 피해야 할 일과 반드시 해야 할 일이 무엇인지 보여준다. 어떤 생각이나 행동을 하면 안 되는지, 반드시 달성하려고 애써야 하는 것은 무엇인지를 보여줌으로써 우리 인간이 무엇을 점진적으로, 그리고 본능적이며 무의식적인 습관으로 바꾸어나가야 하는지를 보여준다.

그러나 이들 가르침은 그리스도 가르침의 전체를 구성하기보다 단순히 완성을 향한 길 위에 있는 단계이다. 왜냐하면 종교에 의하여 견지되는 완성의 길 위에서 이 계율들은 더 높은 가르침이 이끄는 대로 따라야 하기 때문이다.

그러므로 그 계율 속에서 표현된 것보다 더 높은 요구를 선언하는 것이, 그리고 마치 사회적 인생관의 관점으로부터 기독교를 판단하는 사람들이 상상하듯이 이상 그 자체나 계율의 요구를 결코 낮추지 않는 것이야말로 필연적으로 기독교의 한 특징인 것이다. 이것이 그리스도 가르침의 의미와 목적인데, 학자들은 이를 단단히 오해하고 있다.


## 학자들의 둘째 오해_신에 대한 봉사를 인류에 대한 봉사로 대체

똑같은 근원에서 나오는 또 하나의 오해는, 신을 사랑하고, 신에게 봉사하는 것에 대한 기독교의 요구를 인간에 대한 사랑과 인류에 대한 봉사로 대체하는 데 있다.

신을 사랑하고 섬기는 기독교의 교리, 그리고 오로지 그러한 사랑의 결과로 자신의 이웃을 사랑하고 봉사한다는 기독교의 가르침은 학자들에게 모호하고 신비스러우며 막연한 것처럼 보인다. 따라서 그들은 신에 대한 사랑과 봉사의 의무를 배제하려 하는데, 이는 인간과 인류를 위한 사랑의 교리가 훨씬 더 명료하고 설득력이 있으며 합리적이라고 생각하는 탓이다.

학자들은 의식적으로 유일하게 선하며 이성적인 생활은, 전체 인류에 대한 봉사에 바쳐지는 것이라고 이론적으로 가르친다. 그들에게는 이것이 기독교 교리의 의미이다. 따라서 그리스도의 가르침을 그런 의미로 축소하고, 이 두 가지 교리가 실제로 같다는 가정 아래, 복음서에서 자신들의 주장에 대한 확증을 찾는다.

그러나 이러한 생각은 절대적으로 잘못된 것이다. 기독교 교리는 실증주의자, 공산주의자, 그리고 형제지간이라고 하는 일반적 이점에 입각한 인류의 사해동포주의와는 아무런 공통점이 없다. 왜냐하면 기독교는 인간의 영혼이라는 확고하며 명백한 기초를 가지고 있기 때문이다. 이에 반해 학자들이 말하는 인류에 대한 사랑은 단지 유추에 의한 이론적 추론일 뿐이다.

오로지 인류에 대한 사랑의 교리는 사회적 인생관에 기초를 두고 있을 뿐이다.

사회적 인생관의 본질은 개인 생활의 의미를 개인들의 집합체인 가족, 씨족, 부족, 또는 국가로 옮기는 데 있다. 이런 이전은 그 초기 형태에서 생활의 의미를 개인에게 가족 및 씨족으로 이전하는 경우 아주 쉽고 자연스럽게 이루어진다. 그러나 부족이나 민족으로의 이전은 더 어렵고 특별한 훈련이 필요하다. 그리고 의식을 국가에 옮기는 것은 그 과정이 도달할 수 있는 가장 먼 한계이다.

자기 자신을 사랑하는 것은 누구에게나 당연한 것이고, 그렇게 하는 데 어떤 격려도 필요하지 않다. 자신을 지지해주며 보호해주는 씨족을 사랑하는 것도 생활의 즐거움이고, 자신을 돕는 자신의 아내를 사랑하는 것도, 자신의 존재에 대한 기쁨과 희망인 자신의 자녀들을 사랑하는 것도, 자신에게 생명과 교육을 준 부모들을 사랑하는 것도 당연한 것이기 때문이다. 또한 이러한 사랑은 비록 자신을 사랑하는 것보다 결코 더 강하지는 않아도 보통 볼 수 있는 자연스러운 현상이다.

개인적인 만족 때문에, 즉 자기 자신을 위하여 자신의 종족이나 민족을 사랑하는 것은 그 정도로 당연하지 않을지는 몰라도 흔한 일에 속한다. 자신과 같은 피를 나누고, 같은 언어를 사용하며, 같은 종교를 가진 민족을 사랑하는 것은 비록 자기 자신이나 가족, 씨족을 사랑하는 것보다 결코 강하지는 않겠지만 얼마든지 가능하다.

그러나 국가에 대한 사랑, 가령 터키, 독일, 영국, 오스트리아, 러시아 같은 구체적인 국가에 대한 사랑은 이제 거의 불가능하다. 각국에서는 제 나라 사람들에게 "국가를 사랑하라"고 열심히 주입시키지만, 그것은 오로지 상상속의 감정일 뿐 현실에는 존재하지 않는 것이다. 이러한 한계 때문에 개인의 의식을 사람에서 국가로 옮기려는 시도는 대개 중단된다. 권력에 의지한다 해도 마찬가지다. 인간은 그러한 가공의 존재에 대해 아무런 직접적인 감정을 느낄 수 없기 때문이다.

그러나 실증주의자들, 그리고 과학적 원리에 의해 형제애를 강조하는 사도들은 사랑의 대상이 확장되는 데 비례하여 감정이 약화된다는 사실을 고려하지 않은 채 똑같은 방향으로 추리를 넓혀간다. 그들은 이렇게 말한다.

> 자신의 개인적 관심을, 가족, 부족, 그리고 결국 민족과 국가로 넓혀가는 것은 개인의 이익을 위한 것이기 때문에, 사람들이 의식을 전 인류의 총합체로 넓히는 것은 더욱 유익하며, 인민이 가족이나 국가를 위해서 사는 것처럼 모두가 인류를 위해서 사는 것 또한 유익하다.

이론적으로는 분명히 그렇다.

개인의 사랑과 의식을 가족, 부족, 그리고 민족과 국가로 확대하는 것은 전적으로 논리적이며 별 문제가 없어 보인다. 인류가 여러 민족이나 국가로 분할되어 초래되는 전쟁과 재앙으로부터 자신을 구할 수 있기 위해서 사랑을 전체 인류에게로 넓힌다는 것은 일면 완벽하게 논리적이다. 따라서 이 이론을 옹호하는 자들에게는 그 어떤 것보다 당연하게 보일 것이다. 그러나 그때 인식되지 못하는 것은, 사랑이란 가질 수 있는 감정이지만 설명할 수 있는 감정은 아니고, 나아가 사랑은 반드시 대상을 가져야 하는데, 인류라고 하는 것은 대상이 아니라 허구일 뿐이라는 점이다.

가족, 부족, 심지어 국가도 인간에 의해 창조된 것이 아니라 개미 떼나 벌 떼처럼 스스로가 자연스럽게 형성되어 실제로 존재한다. 동물적 특성에 따라 자기 가족을 사랑하는 사람은 자신이 안나, 마리아, 이반, 표토르 등등 누구를 사랑하고 있는지 잘 알고 있다.

자신의 종족을 사랑하며 이에 자부심을 느끼는 사람은 본인이 모든 구엘프 가문이나 모든 기벨린[8] 가문을 사랑한다는 사실도 잘 알고 있다. 국가를 사랑하는 사람은 라인 강과 피레네 산맥을 경계로 하고, 수도는 파리이며, 이러저러한 역사를 가진 프랑스라는 나라에 대해 알고 있다. 그러나 인류를 사랑하는 사람은 무엇을 사랑하는 것일까? 국가와 같은 것, 민족과 같은 것은 존재하지만, 구체적인 개념으로서의 인류는 존재하지 않고 존재할 수도 없으니 말이다.

---

8   구엘프(Guelfi)와 기벨린(Ghibellini)은 중세 유럽(특히 북 이탈리아)에서 각각 교황권과 신성로마황제의 권력을 지지하는 분파를 말한다. 이들은 교황파(구엘프)와 황제파(기벨린)로 나뉘어 12세기에서 13세기 치열하게 싸웠는데 이들의 투쟁의 기원은 11세기부터 시작된 서임권 분쟁에서 기원한다.

## 인류란 무엇인가?

인류! 인류의 한계는 도대체 어디에 있는가? 그것은 어디서 시작하여 어디서 끝나는가? 인류는 야만인, 백치, 알코올 중독자, 또는 광인을 제외하는 것인가? 만일 우리가 전체 인류에서 가장 낮은 수준을 상징하는 대표자들을 배제하기 위해 선을 하나 그어야 한다면, 그 선을 어디에 그어야 하는가? 미국인처럼 흑인을, 영국인처럼 인도인을, 아니면 다른 어떤 인민처럼 유대인을 배제할 것인가?

우리가 예외 없이 모든 인간을 포함해야 한다면, 우리는 왜 좀 더 높은 동물들을 포함하지는 않는가? 그중에 많은 수가 인류의 가장 열등한 표본보다 우월한데 말이다.

사실 우리는 외면적인 대상으로서의 인류에 대해서는 아무것도 모른다. 그 한계에 대해서도 모른다. 인류라는 것은 허구이고, 그것을 사랑하기란 불가능하다. 의심할 필요 없이, 인간이 자신의 가족을 사랑하듯 인류를 사랑할 수 있다면 매우 이로울 것이다. 공산주의자들이 옹호하듯, 인간의 활동을 경쟁적이고 개인주의적인 방향에서 사회적이고 보편적인 방향으로 바꾼다면, 이는 매우 유익한 일이며 각자가 모두를 위하고 모두가 각자를 위하는 일이 될 것이다. 다만 인간에게는 이런 일을 하도록 이끌어줄 동기가 없을 뿐이다. 실증주의자들, 공산주의자들, 그리고 모든 과학적인 원리에 힘입은 형제애를 강조하는 사도들은, 인간이 자신이나 가족이나 국가에 대하여 느끼는 사랑을 전체 인류애로 확장하는 것을 옹호하지만, 그들은 자신들이 말하는 사랑이 실은 개인적인 사랑이라는 것을 잊고 있다. 희미한 형태로 조국을 생각하긴 해도 오스트리아, 영국, 또는 터키 같은 인위적 국가는 아니다. 그것을 모든 인류─즉 절대적으로 신비주의적인 개념과 관련하여─라고 생각할 수도 없다. 따라서 실증주의적, 공산주의적, 또는 사회주의적 형제애의 옹호자들은 다음과 같이 생각한다.

> 사람은 자신(자신의 동물적 생활)을 사랑하고 그의 가족을 사랑하고 심지어 조국을 사랑한다. 그런데 인류를 사랑하면 왜 안 되는가? 그것은 정말 너무나 훌륭한 일이지 않은가? 그리고 그것은 정확하게 그리스도가 가르치는 것이다.

사실 그것은 훌륭한 일이다. 그러나 결코 성립할 수 없는 일이다. 왜냐하면 개인적 또는 사회적 인생관에 기초하는 사랑은 국가를 위한 사랑을 초월하여 생길 수 없기 때문이다.

이러한 판단의 허위성은 가족과 민족에 대한 사랑을 형성하는 사회적 인생관 자체가 자기에 대한 사랑에 의존하며, 그것이 자신에서 가족, 부족, 민족, 그리고 국가로 확장되면서 점점 약해진다는 사실, 그리고 그 사랑이란 게 우리로서는 결코 도달하기 힘든 먼 곳에 있다는 점을 망각한 데서 나온다.

사랑의 범위를 확장해야 한다는 주장엔 논란의 여지가 있을 수 없다. 그러나 현실적으로 이 같은 사랑의 확장이라는 것 자체가 실제로는 사랑의 가능성을 파괴한다. 그 결과 개인의 사랑이나 인류의 사랑은 충분하지 못하다는 사실도 명백해진다.

그래서 실증주의적, 공산주의적, 사회주의적 형제애의 옹호자들은 파산 상태에 이른 인간의 사랑이 제대로 실행되지 못하는 단점을 보완하기 위해 기독교적인 사랑에 의지하기를 제안한다. 그러나 기독교적인 사랑의 결과에만 의존할 뿐, 기초에는 의지하지 않으려 한다. 신의 사랑을 떠나 인류에 대한 사랑만을 제안하는 것이다.

그러나 과연 그러한 사랑이 존재할 수 있을까? 거기에는 아무런 동기가 없지 않은가? 기독교적인 사랑은 오직 기독교적인 인생관의 결과일 뿐이다. 그리고 기독교적인 생활의 목적은 신을 사랑하고 섬기는 것이다.

반면 사회적 인생관은, 자신에 대한 인간의 사랑이 가족, 부족, 민족, 국가로 자연스럽게 옮겨지다가 인류에 대한 사랑이 필요하다는 인식으로 나아간다고 설명한다. 이것은 정해진 한계 없이, 모든 살아 있는 것으로 확장되는 개념이다.

사람에게 그 어떤 종류의 감정도 일깨우지 않는 것—마치 인류처럼—에 대한 사랑의 필요성은 사회적 인생관으로 풀 수 없는 모순이다. 이 모순은 기독교 교리의 완전한 의미 안에서만 해결할 수 있고, 이를 통해 결과적으로 생활에 새로운 의미를 줄 수 있다. 기독교는 자신, 가족, 민족, 인류, 그리고 인류뿐만 아니라 살아 있는 모든 것, 존재하는 모든 것에 대한 사랑을 인식한다. 그것은 사랑의 범위에 대한 무한한 확장의 필요성을 인정한다.

그러나 이 사랑의 대상은, 각 개인이 사회 안에서 발견하는 자신의 외부나 외부 세상에서는 발견되지 않는다. 오직 자기 안에서, 본질이 사랑인 신적인(또는 영성적인) 자기 안에서 발견될 따름이다. 즉, 인간이 자신의 소멸되기 쉬운 동물적인 특성을 인식할 때 비로소 그 필요를 느끼게 되는 것이다. 따라서 기독교 교리와 기독교 이전의 것들과의 차이를 두고 사회적 인생관은 다음과 같이 말한다.

당신의 본성[이는 오로지 동물적 본능만을 알아듣는 본성만을 뜻한다]에 거역하여 살아라. 그 본성을 가족, 사회, 국가의 외형적인 법률에 복종하게 하라.

반면 기독교는 다음과 같이 말한다.

당신의 본성[이는 신적인(또는 영성적인) 본성을 뜻한다]에 따라 살아라. 그 본성을 당신(동물적 본성)에게든, 다른 사람들의 동물적 본성에게든, 그 어떤 것에게도 복종하게 하지 마라. 그러면 당신은 외면적 본성을 복종시키고자 노력하고 있는 바로 그 목적을 달성할 것이다.

기독교 교리는 사람에게 인간의 원시적 자의식에 대한 근본적인 깨달음을 준다. 자기가 비록 동물적인 껍질 속에 갇혀 있긴 하지만, 단지 동물적 자기인 것이 아니라 신적인(또는 영성적인) 자기, 영성적 불꽃인 자기, 신의 아들로서의 자기, 신인 아버지와 동일한 신적인(또는 영성적인) 자기라는 깨달음 말이다. 신의 아들이라는 자의식은 사랑을 주된 특징으로 갖는 것으로서 사회적 인생관을 사는 사람에게 주어지는 사랑의 범위에 대한 확장의 필요성을 만족시켜준다.

사회적 인생관을 가진 사람에게 개인의 행복은 끝없이 넓어지는 사랑의 범위를 요구했고, 사랑은 곧 필요였으며, 자신, 가족, 사회와 같은 특정한 대상에 갇혀 있었다. 그러나 기독교적인 인생관에서는 사랑이 필요가 아니다. 아무런 대상에 갇혀 있지 않는, 인간 영혼의 본질적인 특징이다. 사람이 이것 또는 저것을 사랑하는 것은 이익 때문이 아니라 사랑이 그의 영혼의 본질이기 때문이다. 곧 사랑할 수밖에 없는 존재이므로 사랑하는 것이다.

기독교의 교리는 사람에게 자기 영혼의 본질이 사랑임을 가장 잘 보여준다. 즉 그의 행복은 이런 또는 저런 대상을 사랑함에 있는 것이 아니라, 그가 자기 자신 안에 사랑으로 인식하는 신을 사랑하는 데 있다. 모든 사물과 모든 인민을 사랑한다는 전체 원리에 있는 것이다. 바로 이 점에서 기독교 교리는 실증주의 교리 및 비기독교적인 원리에 입각한 사해동포주의의 모든 이론과 차이가 난다.

앞에서 말한 기독교에 관한 두 가지 오해로부터 기독교라는 종교에 대한 더욱 많은 거짓된 추론이 나오는데, 이는 다음과 같은 것들이다.

첫째, 그리스도의 가르침은 모든 이전의 종교처럼 인간이 반드시 따라야 하는 계율을 내리고 있지만, 이들 계율은 실천될 수 없는 오해이다.

둘째, 기독교의 전체 목표는 인간에게 한 가족으로서, 서로 이롭게 살도록 가르치는 것이며, 이를 달성하기 위해 우리는 신에 대한 사랑이라는 사상을 완전히 버리고, 오직 인류에 대한 사랑의 계율만 따르면 된다는 오해이다.

기독교의 본질은 초자연적인 것에 있으며 그 도덕적 가르침은 실행할 수 없다는 과학자의 잘못된 관념은 이 시대의 인간들이 기독교를 깨닫지 못하게 만드는 또 하나의 이유를 제공한다.

## 05

**생활을 바꾸어야 기독교를 받아들일 수 있다**

그리스도의 가르침이 이해되지 않는 이유는 여러 가지다. 그중 하나는, 성직자들이 대개 그렇게 하듯이, 그리스도의 가르침이 초자연적인 방법으로 자신에게 전해진다고 결론지었을 때, 또는 과학자들이 그렇게 하듯이, 겉으로 표출되는 외적인 현상의 일부를 연구할 때 그리스도의 가르침을 깨달을 수 있다고 가정하는 것이다. 또 하나의 이유는, 그리스도의 가르침은 실행 불가능하다든가, 인류에 대한 사랑의 교리로 바꾸어야 한다는 잘못된 생각이다. 이 모든 그릇된 사상의 근원이 되는 주된 이유는, 그리스도의 가르침이 자신의 생활에 대한 어떤 변화가 없어도 받아들여지거나 거부될 수 있는 가르침이라는 생각이다.

현행의 기존 제도에 익숙해져 이를 사랑하며 그 변화를 두려워하는 사람들은, 그리스도의 가르침을 자신의 생활을 수정하지 않고도 받아들일 수 있는 계시와 계율의 집합으로 이해하고자 한다. 그러나 그리스도의 가르침은 인간이 반드시 따라야 하는 규칙의 가르침이 아니라, 이전의 모든 것과 매우 다른, 인간이 들어가고자 하는 시대에 적합한 모든 인간 활동을 규정하는 생활의 새로운 의미를 해명하는 것이다.

개인의 생활과 마찬가지로, 인류의 생활 역시 단계적으로 변화하며 나아가고, 각각의 단계는 그것에 적합한 인생관을 갖는다. 그 인생관은 반드시 사람들에 의해서 파악된다. 연령에 따라 인생관을 의식적으로 파악하지 않는 사람들도 무의식적으로 그것을 흡수할 수 있다. 민족의 생활이나 국가의 생활에 대한 믿음의 변화도 개인의 생활에 대한 믿음의 변화와 똑같다. 만일 한 가족의 아버지가 어린애의 인생관에 따라 가정을 이끌어간다면 그에게 삶이 너무나도 고단해질 것이기에 언젠가 그는 무의식적으로 다른 인생관을 찾거나 자기 나이에 적합한 어떤 인생관을 쉽사리 흡수하게 될 것이다.

이것이 바로 이교도적 인생관에서 기독교적 인생관으로 변화하는 시대를 살아가는 현재 인류의 모습이다. 오늘날 사회인은 생활 그 자체의 경험에 의해 현 단계에 적합하지 않은 이교도적 인생관을 버리거나, 기독교의 교리에 복종할 필요성을 느끼게 된다. 그가 비록 기독교의 진리가 부패하고 왜곡되었다고 생각할지라도 기독교는 여전히 현대인이 아는 것이며, 그것만이 그를 둘러싸고 있는 여러 모순에 대한 해답을 줄 터이기 때문이다.

기독교 교리의 필요조건이 사회적 인생관을 가진 사람에게 이상하게 여겨지거나 위험한 것처럼 보이는 것도 낯선 일은 아니다. 사회적 인생관 역시 처음에는 야만 상태에 있던 인민에게 완전히 이해되지 않았을 뿐더러 그 결과를 예측할 수 없었을 테니 말이다. 현재의 인민이 기독교 교리를 제대로 이해하지 못하는 것처럼 옛날 사람들에게는 사회적 인생관이 이상하고 위험한 것으로 보였을 것이다. 그들은 이렇게 말한다.

가족, 민족, 또는 조국과 같이 이해할 수 없고 만질 수도 없으며 비현실적인 것을 수호하기 위해 내 마음의 평화나 나의 생명을 희생하는 것은 합리적이지 못하고, 무엇보다도 자신을 다른 사람의 권력의 처분에 맡기는 것은 위험하다.

야만 상태에 있던 옛날 사람들은 한편에서 막연하게나마 사회생활의 의의와 그 주된 추진력의 의의, 사회적 찬양이나 비난, 즉 명예의 가치를 느꼈을 것이다. 그러나 다른 한편에서는 개인적 생활의 어려움이 너무나 커진 나머지 자신의 삶에 과거의 인생관을 적용하는 것이 힘들어 더 이상 그 가치를 믿을 수 없다고 여겼을 것이다. 그들이 결과적으로 사회적이거나 국가적인 가르침을 받아들이며 이에 복종하게 된 이유이다.

마찬가지로 현재 사회적 인생관, 국가적 인생관을 가진 사람들도 그 비슷한 과정을 통과하는 중이다. 그들은 이제 다음과 같이 말한다.

자신, 가족, 향토, 조국에 대한 가장 자연스럽고 선량한 사랑의 감정을 포기하기를 요구하는 좀 더 높은 법칙을 실천하기 위하여 나 자신과 나의 가족과 내 나라의 행복을 희생하는 것은 합리적이지 못하고, 특히 국가기관이 제공하는 생활의 안전을 버리는 것은 위험하다.

그러나 한편으로 그의 마음속에 있는 더 높은 법칙인 신과 이웃 사랑에 대한 막연한 인식이, 그리고 다른 한편으로는 생활의 모순으로부터 초래되는 고통이 인간에게 사회적 인생관을 버리고, 그에게 제시된 새로운 인생관을 흡수하도록 강제하고 있다. 이런 인식은 모든 모순을 해결하며, 인간의 모든 고통을 제거해줄 것이다. 기독교적 인생관을 따르는 생활이 바로 그것이다. 바야흐로 그런 시대가 왔다.

수천 년 전, 개인적이고 동물적인 인생관에서 사회적 인생관으로의 이행을 경험한 우리 인간은 이 같은 이행을 필연적이며 자연적인 것으로 생각한다. 그러나 우리가 1,800년 동안 경험하고 있는 이 이행은 일정하지 않다. 오히려 부자연스럽고 두렵고 놀랍게 느껴진다.

인간이 경험한 첫 번째 변화는 매우 인상적인 것이다. 오랫동안 인류의 삶 안에 파고들어 완성되었기에 여기서 얻어진 습관들은 여전히 우리 안에 살아남아 무의식이 되었고 본능이 되었다. 반면 현재 우리가 경험하고 있는 변화는 아직 끝나지 않았다. 의식적으로 그것을 완성해야 한다고 상상할 뿐이다.

사회적 인생관이 인간의 의식에 스며드는 데에는 수백 년, 수천 년이 걸렸다. 여러 가지 형태를 거쳐 이제는 유전, 교육, 그리고 습관을 통해 무의식적인 영역에까지 들어왔다. 따라서 그것은 우리에게 매우 자연적인 것처럼 보인다. 그러나 5천 년 전에는, 오늘날 참된 의미의 기독교의 교리가 그러하듯이, 역시 인민에게 부자연스럽고 놀랍게 느껴졌다.

우리는 오늘날 기독교의 교리가 인류 동포애, 민족적 차별의 억제, 사유재산의 폐지, 권력의 악행에 대한 무저항 등등 이상한 것들을 금지하며, 불가능한 것들만 요구하고 있다고 생각한다. 그러나 부모가 자녀를 양육하며, 젊은 사람이 노인을 부양하고, 결혼생활이 순결해야 할 의무 같은 사회적 의무나 가족에 대한 의무들은 지금이나 5천 년 전이나 똑같았다.

이에 비해 더욱더 이상하고 심지어 불합리하게 느껴지는 것은 실제로 제정된 권력에 복종하고, 세금을 내며, 자기 나라를 지키기 위해 전장에 나가 싸워야 한다는 국가적 의무의 요구이다. 이런 모든 필요조건을 오늘날의 우리는 직관적으로 받아들이며 이해하고 자연스럽게 느낀다. 어느 누구도 이런 조건들을 신비스럽다고 생각하거나 놀랍게 여기지 않는다. 그러나 3천 년 전, 혹은 5천 년 전에는 이런 것들 역시 불가능해 보였다.

사회적 인생관이 처음 제시되었을 때 인간은 이를 종교의 토대로 받아들였다. 도저히 이해할 수 없었으며, 신비스럽고 초자연적인 것으로 보였기 때문이다. 그러나 우리는 지금 그 단계를 극복했고, 인간이 가족, 공동체, 국가와 연결되는 이성적인 근거를 이해한다. 이러한 유대가 포함된 각종 의무들을 초자연적인 것을 구실 삼아 제시했던 옛날과 비교하면 얼마나 놀라운 발전인가?

가부장제의 종교는 가족, 부족, 민족을 신격화했다. 국가적 종교는 황제와 국가를 신격화했다. 심지어 지금도 대부분의 무지한 인민은 차르를 땅위의 신이라 생각한다. 그들은 필요에 대한 이성적 인식이나 국가에 대한 어떤 의미 있는 개념을 가져서가 아니라 단지 종교적인 감정 때문에 국가의 법을 따른다.

이와 전적으로 똑같은 방법으로 오늘날 기독교 교리는 사회적 또는 이교도적 인생관을 가진 인간에게 초자연적인 종교로 생각되어진다. 그러나 실제로 거기에는 비밀스럽거나 신비스럽거나 초자연적인 것이 없다. 단지 물질적인 발전 정도, 즉 현재의 인류의 성장 단계에 적합한 생활의 가르침이 있을 뿐이다. 따라서 그것은 필연적으로 받아들여야 하는 가르침인 것이다.


**기독교적 인생관은 생활의 진행에 의해 필연적으로 선택된다**

때가 올 것이다. 아니 이미 오고 있다. 인류의 평등과 형제애, 재산의 공유, 권력의 악행에 대한 무저항이라는 기독교 원리가 우리에게 가족이나 사회적 생활의 원리가 정말 자연스럽고 단순하게 보이는 것처럼 여겨질 때가 올 것이다.

인류는 개인과 마찬가지로 발전하지 않고 후퇴할 수 없다. 인간에게 사회적, 가족적, 국가적 인생관은 이미 낡은 것이 되어버렸다. 인간은 더 나아가 그다음 단계에 있는, 더 높은 인생관을 흡수해야 한다. 이제 막 그것이 움트고 있다.

이런 변화는 두 가지 방향에서 나타난다. 정신적인 근거를 통해 의식적으로, 그리고 물질적인 원인을 통해 무의식적으로 생겨나는 것이다.

개인이 자기 이성의 명령만으로 생활을 바꾸지 않는 것처럼, 자신의 이성으로써 새로운 의미와 목적을 파악할 수 있음에도 불구하고 일반적으로 예전처럼 살아가듯이, 더 나아가 오로지 자신의 양심에 대치되어 더 이상 참기 어려운 상황에 이르러서야 생활의 방향을 바꾸듯이, 인류도 그들의 종교 지도자를 통해 자신들이 추구하는 생활의 새로운 의미와 목적을 배우고 오랜 시간이 지난 뒤에야 비로소, 그리고 이제 더 이상은 옛날처럼 살아가기가 불가능하다는 것을 알고 나서야 비로소 새로운 인생관을 받아들이게 된다.

종교 지도자들이 생활의 변화가 반드시 필요하다고 설교하고, 가장 현명하며 지적이라고 평가되는 인간들이 새로운 생활에 대한 인식과 깨달음을 강조해도, 지도자들이 견지하는 종교적인 태도, 즉 그들의 가르침에 대한 신앙에도 불구하고, 인간은 대개 현재의 복잡하게 변한 생활에서도 옛날 인생관을 적용하며 이에 계속 이끌리게 마련이다. 마치 한 가족의 아버지가 자신의 나이에 어떻게 처신해야 할지를 잘 알고 있음에도 여전히 오래된 습관과 경솔함으로 어린 시절처럼 실수를 범하며 어리석게 살아가는 것과 같다.

이것이 바로 인류가 하나의 단계에서 다음 단계로 변화하는 가운데 벌어지는 일들이다. 그리고 지금 우리는 이 단계로 이행하는 중이다. 사회적 단계는 이미 낡아버렸다. 인류는 이제 새로운 시기로 들어서고 있으며, 이 새로운 시대에 생활의 기초가 되어야 하는 가르침을 깨닫고 있다. 그러나 인간은 타성으로 지금까지의 생활 형태를 계속 유지하고 있다. 우리의 생활을 고통스럽게 만드는 총체적인 모순과 고통은 이처럼 새로운 인생관과 실제 생활 사이의 불일치로부터 파생된다. 이는 인류가 변화의 필요성을 절감하는 배경이기도 하다.

우리는 종종 실제 생활과 그 이론을 비교하다가 생활 상태와 양심 사이에서 발생하는 첨예한 반목에 실망한다.

우리 인간의 모든 삶은 우리가 인식하는 모든 것, 그리고 우리가 필요로 하며 옳다고 여기는 모든 것과 문자 그대로 완전히 모순된다. 이런 모순은 모든 것을 관통한다. 경제생활에서도, 정치생활에서도, 국제 문제에서도 그렇다.

비록 우리가 알던 것을 잊어버리고 잠시 우리가 믿는 원리를 저버렸지만(그것들은 우리 생활에 기초가 되는 유일한 토대이므로 여전히 그것을 믿지 않을 수 없지만), 일시적으로 우리는 양심과 상식이 요구하는 모든 것과 너무나 상반되게 행동한다.

우리는 경제적, 정치적, 국제적인 문제에서 3천 년 또는 5천 년 전의 인간에게나 적합한 원리를 적용한다. 그것이 지금 우리의 양심과 생활 상태에 정면으로 대치되는 것인데도 말이다.

고대인은 인류를 주인과 노예로 나누고, 그런 사회에서 사는 것을 매우 당연하게 여겼다. 그런 구분은 신이 명령한 것으로 그렇지 않을 리가 절대로 없으며, 따라서 태초부터 언제나 그렇게 존재한다고 믿었기 때문이다. 그러나 오늘날 그러한 믿음은 과연 가능한가?

고대 세계의 특정 인간들은 또한 다른 인간을 희생하여 세상의 좋은 것

함을 저주하는 노아(구스타프 도레 作)　　　　유럽 중세 초기의 노예 시장(세르게이 이바노프 作)

을 더 많이 즐길 수 있으며, 자신보다 못한 인간을 수 세대 동안 불행한 상태로 묶어둘 수 있는 권리를 가졌다고 믿었다. 이는 인간이 서로 다른 근원에서 나온다고 믿은 탓이다. 즉 흰 뼈와 검은 뼈가 각각 함[1]과 야벳[2]의 자손에서 나왔다고 믿은 것이다.

　세상에서 가장 훌륭한 현인이자 인류의 교사로 일컬어지는 플라톤과 아리스토텔레스는 노예의 존재를 정당화했고, 노예제도의 합법성을 주장했다. 심지어 3세기 전에 미래의 이상 사회인 유토피아를 묘사한 사람[3]은 노예 없이는 그것을 구상할 수가 없다고도 말했다.

　물론 고대만이 아니라 중세에도 인간은 평등하지 않았으며, 유일하게 참된 인간은 페르시아인, 그리스인, 로마인, 프랑스인이라 믿었다. 그러나 우

---

1　노아의 둘째 아들. 아프리카 흑인 함 족의 조상이 되었다고 한다.

2　노아의 셋째 아들의 이름. 한 인종의 조상이 되었다고 한다.

3　토머스 모어를 말한다.

리는 이제 그런 것을 더 이상 믿지 않는다. 지금은 귀족주의나 애국주의의 원리를 위해 자신을 희생했던 인민조차 더 이상 자신들의 주장을 믿지 않는다. 아니, 믿을 수가 없는 것이다.

비록 우리가 결코 그 사상이 명백하게 표현된 것을 듣지 못했을지라도, 그것을 읽어본 적이 없을지라도, 그것을 결코 말로 표현하지 못했을지라도, 우리가 기독교적인 의식을 무의식적으로 받아들인 이상 우리는 모두 한 아버지의 아들이라는 것, 따라서 우리가 어디에서 살아가든 어떤 언어를 사용하든 우리는 모두 형제이며 동포이고, 우리 모두의 공통된 아버지가 우리 마음속에 주입해준 사랑의 법칙만을 따라야 한다는 기독교의 근본 원리를 철저히 깨닫고 있으며, 또한 깨닫지 않으면 안 될 것이다.


## 빈부 갈등의 경제적 모순

오늘날에는 한 사람의 사상과 교육 정도가 어떻든지, 자유에 대한 그의 생각이 어떻든지, 철학이나 과학, 경제학에 대한 의견이 어떻든지, 그가 무식한 사람이든 종교적인(또는 영성적인) 사람이든지, 현 시대의 모든 사람은 좋은 것을 누릴 평등한 권리를 가진다. 어느 한 무리의 인민도 다른 인민보다 더 선하거나 악하지 않으며, 모든 사람이 평등하다는 것을 누구나 다 잘 알고 있다. 의심할 여지없이 모두가 알고 있다. 자신의 전 존재로서 아무런 의심 없이 이를 느낀다.

그러나 우리는 동시에 우리의 주위에서 인간이 두 계급으로 존재하는 것을 본다. 하나는 노동하며 학대받으며 억압받고 가난하며 고통받는 계급의 인간들이고, 다른 하나는 게으르고 무위도식하며 억압하며 사치스럽고 방탕한 계급의 인간들이다. 누구나 이 사실을 알고 있을 뿐만 아니라 자발적으로 혹은 비자발적으로, 이모저모로, 그의 양심이 비난하는 이러한 차별을 유지하는 데 참여하고 있다. 그러면서 이런 모순을 의식하고 여기에 자신이 어떤 식으로든 기여한다는 데서 고통을 느낀다.

주인이든 노예이든, 오늘날의 사람들은 자신의 양심과 실제 생활 사이에서 벌어지는 가슴 아픈 갈등과 그로부터 연유되는 불행을 끊임없이 절감한다.

인류의 대부분을 차지하는 노동 민중은 그들의 생활 자체를 삼켜버리는 끊임없고 무의미하며 절망적인 노동과 궁핍 아래 고통을 받는다. 나아가 현실과 당위—그들 스스로 신봉하여 자신들을 이 같은 상태로 데려온— 사이에서 벌어지는 첨예한 모순에 시달리며 예리한 고통을 겪고 있다.

그들은 자신이 노예 상태에 있으며, 궁핍과 어둠을 강요당하고, 자신들을 부리는 소수의 탐욕을 채워주고 있다는 사실도 잘 알고 있다. 그래서 이런 상황을 평범하게 받아들인다. 그러나 이런 인식이야말로 그들의 고통을 더욱 증가시키는 것이다.

고대의 노예는 태어나면서부터 자신이 노예라는 사실을 알고 있었다. 그러나 현대판 노예인 우리 노동자들은 비록 자신이 노예임을 자각하기는 해도 그렇게 되어서는 안 된다는 것, 즉 자신이 노예일 필요는 없다는 것도 잘 알고 있다. 따라서 자신에게도 가능하며 당연히 있어야 하는 상태를 영원히 갈망하지만 결코 얻지 못하는 탄탈로스[4]의 고통을 맛보게 된다. 노동자 계급의 고통은, 현재의 모습과 당연히 누려야 할 모습과의 갈등으로부터 분출되어 그들이 그것을 인식함으로써 생성되는 질시와 증오심 때문

---

4  그리스 신화에 나오는 왕. 제우스의 아들이자 펠롭스의 아버지이다. 거부(巨富)였으나 너무 오만하여 지옥으로 떨어져 영원히 기갈(飢渴)의 고통을 받게 되었다고 한다.

에 열 배나 증폭된다.

현대의 노동자는 비록 고대의 노예보다 고통이 훨씬 가벼워졌다고 해도, 하루에 8시간 일하고 3달러의 임금을 확보한다고 해도, 결코 고통을 멈추지 못한다. 왜냐하면 스스로 이용하지도 않는 것을 만들며, 자신에게 즐거움을 주지 않는 제조공장에서 일하면서, 자신의 이득과는 상관없이 오로지 필요 때문에, 일반적

**고통받는 탄탈로스**(지오아치노 아세레토 作)

으로 사치스럽고 게으른 자들의 욕망을 만족시켜주기 위해, 단 한 명의 부자, 특히 공장이나 작업장의 소유자를 만족시켜주기 위해 일하기 때문이다.

그는 이 모든 것이, 노동만이 부를 만들어내며, 타인의 노동을 착취하는 것은 비도덕적이며 부정직하고, 무엇보다 법으로 처벌받는 불법이라고 받아들인 학문적 원리가 인정되고 있는 세상에서, 버젓이 자행되고 있음도 안다. 우리는 모두 형제이며 동포이고, 인간의 진정한 가치와 존엄은 이웃을 사랑함에 있지 착취함에 있지 않다는 그리스도의 가르침을 믿는다고 고백하는 이 세상에서 말이다.

그는 이 모든 것을 알기에 현재의 상황과 원래 그래야만 하는 상황과의 첨예한 모순과 대립으로부터 엄청난 고통을 받을 수밖에 없다. 노동자는 스스로에게 말한다.

모든 자료에 의하면, 내가 아는 모든 것에 의하면, 그리고 모든 인민이 믿는 바에 따르면, 나는 자유로워야 하고, 다른 어떤 사람들과도 평등해야 하며,

사랑받아야 한다. 그러나 나는 노예다. 굴욕을 당하고, 미움받는 노예이다.

나아가 노동자들은 증오에 가득 차서 자신의 처지로부터 도피할 방법을 찾으려 노력하고, 그를 깔아뭉개려는 원수를 털어내려 하며, 거꾸로 자신이 그를 억압해보려고 호시탐탐 기회를 엿본다. 이를 두고 사람들은 말한다.

노동자가 자본가가 되려고 시도하는 것, 즉 가난한 자들이 부자의 위치에 들어서고자 하는 것은 참으로 잘못된 것이다.

그러나 이러한 말이야말로 전적으로 잘못된 것이다. 만일 신이 노예와 주인을 서로 다른 종족으로 창조한 세상에서 위와 같은 시도를 한다면, 노동하는 인민이나 가난한 자들의 생각이 틀렸다고 할 수 있다. 그러나 그들은, 모든 인민은 똑같이 신의 아들이며 형제이고, 평등하다는 복음서의 최초 명제를 믿는 세상에 살고 있지 않은가? 그리고 다른 인민들이 아무리 숨기려 해도 기독교인의 첫 번째 조건의 하나가 "말로써가 아니라 행동으로써 사랑하라"인 점에는 변함이 없지 않은가?

소위 교육 좀 받았다 하는 계급의 사람들은 이보다 심각한 모순과 고통 속에 살고 있다. 그러한 교양 있는 사람은, 그가 무엇인가를 믿는다면 모든 인민이 형제임을 믿거나, 적어도 인류애 내지 정의감을 가지고 있거나, 정의가 아니라면 과학을 믿는다. 그러나 그들은 자신의 모든 생활이 이 모든 것, 즉 기독교와 인류애, 정의, 과학의 원리에 직접적으로 대치되는 원리 위에서만 가능하다는 것도 잘 알고 있다.

또한 자신이 그 속에서 양육되었으며, 고통 없이 포기하지 못하는 모든 습관이 실은 억압받는 노동자들의 피를 말리고, 그들의 파멸적인 노동력에 의존해서 얻은 것임도 잘 알고 있다.

그들은 또한 자신이 신봉하는 기독교, 인간성, 정의, 그리고 심지어는 과학(이는 경제학의 요구라는 의미이다)의 원리마저 가장 명백하고 잔인하게 범함으로써 자신의 현재 생활이 가능하다는 것도 잘 알고 있다. 또 그들은 동포주의, 인간성, 정의, 과학 등의 원칙을 신봉하고, 나아가 스스로 부정하는 노동자의 압박이 필요하게 되는 생활을 하고 있을 뿐 아니라, 그 억압을 이용하면서 생활하고 있다. 나아가 노동 계급의 억압에 의존하고, 그들을 억압해서 얻는 이익에 근거를 두고 살고 있다는 것, 게다가 자신의 모든 믿음에 너무도 노골적으로 반대되는 현상을 지켜나가기 위해 그 자신 엄청난 노력을 쏟아 붓고 있다는 것도 인식하고 있다.

우리는 모두 형제다. 그러나 매일 아침, 나를 위해 형제나 자매가 침대 곁에 있는 나의 변기를 운반하여 오물을 치운다. 우리는 모두 형제다. 그러나 매일 아침 나는 담배, 사탕과자, 거울 같은 것을 그들에게 요구하고, 나의 형제자매들은 이것을 생산해내기 위해 그들 자신의 건강을 잃어가고 있다. 그런데도 나는 이것들을 즐기며 계속 요구한다. 우리는 모두 형제다. 그러나 나는 은행이나 백화점에서, 또는 나의 형제에게 너무나 소중한 상품을 만드는 가게나 상점에서 일하며 산다. 우리는 모두 형제다. 그러나 나는 나의 모든 생활신조를 다 바쳐 그들의 존재를 무너뜨리는 일, 가령 도둑이나 창녀를 적발하고 기소하고 재판하며 선고하는 일을 하면서 거기서 나오는 월급을 받아 살아가고 있다. 그들은 사실 나의 생활 습관에 의해 만들어지는 존재이고, 따라서 그들은 교화의 대상이지 결코 처벌되어서는 안 된다는 것을 잘 알면서도, 그렇게 하고 있다.

우리는 모두 형제다. 그러나 나는 부자들과 게으른 자들이 사치를 누리는 데 사용될 세금을 노동자로부터 징수하며, 그 일로 월급을 받으며 살아간다. 우리는 모두 형제다. 그러나 나는 나 자신은 믿지도 않고, 오로지 인간이 진정한 기독교를 깨닫는 것을 방해할 뿐인 거짓 기독교를 설교하여 월급을 받는다. 사제나 주교인 나는 그들에게 가장 중요한 문제를 속인 대가로 월급을 받아 살아간다.

우리는 모두 형제다. 그러나 나는 금전을 위한 경우를 제외하고는, 가난한 사람들에게 나의 교육, 의료, 또는 문학에 관련된 저작을 주지 않을 것이다. 우리는 모두 형제다. 그러나 나는 살인할 준비를 하고, 인간에게 살인을 가르치거나, 무기, 화약, 또는 요새를 만들게 함으로써 월급을 받는다.

이처럼 상류 계급의 생활은 이루 말할 수 없을 만큼 모순 덩어리다. 따라서 섬세한 양심을 가진 사람일수록 더욱더 고통을 받게 마련이다.

민감한 양심을 지닌 사람은 그러한 모순된 생활을 하면서 고통받을 수밖에 없다. 그가 고통에서 탈출할 수 있는 유일한 방법은 자신의 양심을 무디게 만드는 것밖에 없다. 그러나 어떤 인간도 자신의 양심을 둔하게 만들 수는 있어도 자신의 두려움마저 둔하게 만들 수는 없다.

높은 계층에 속하는 사람도 마찬가지로 고통을 받는다. 비록 그들의 양심이 민감하지 않다고 할지라도, 양심 때문에 고통받는 일은 없다 할지라도, 두려움과 증오는 남아 있기 때문이다. 따라서 그들 역시 고통을 받는다. 그들은 또한 노동 계급이 자신들을 얼마나 미워하는지, 그 모든 증오에 대해서도 알고 있다. 노동 계급의 사람들이 속임을 당하고 착취당한다는 것을 인식하고 있다는 것, 스스로 단결하고 조직하여 압제를 털어버리고, 자신들을 억압하는 높은 자들에게 복수를 시작하려 한다는 것을 잘 알고 있다.

이보다 더 높은 계급에서는 노동조합, 파업, 노동절 축제를 보면서 자신들을 위협하는 불행을 감지하며 재앙의 기운을 느낀다. 그리고 그들에 대한 공포는 그들의 생활을 위협하며 곧 자기 방어와 증오의 본능으로 변해 간다. 그들은 억압받는 노예와 투쟁하여 지게 되는 경우, 자신들은 곧바로 멸망하게 될 것임을 안다. 노예들은 분노하고 있으며, 그들의 분노는 나날의 억압 때문에 더욱더 강력해지고 있기 때문이다.

압제자의 입장도 다르지 않다. 비록 스스로는 원한다 할지라도 압제자들은 압제를 끝낼 수 없다. 그들이 압제의 강도를 늦추는 그 순간에 바로 그들 스스로가 멸망하리라는 것을 그들은 잘 알고 있다. 그들은, 노동 계급의 복지, 8시간 노동제, 연소자와 여성의 노동, 저축은행과 연금에 대해 배려해주는 척하면서 한편으로 압제를 늦추지 않는다. 이 모든 기만은 그저 사탕발림이거나, 노예들이 그들의 일을 무리 없이 해낼 수 있도록 제자리에 잘 묶어두려는 제스처일 뿐이다. 그러나 노예는 여전히 노예이고, 노예 없이 살 수 없는 주인은 이전보다 더욱 단단하게 그를 얽매고자 한다. 노예를 자유롭게 풀어줄 마음을 가진 주인은 없기 때문이다.

이처럼 노동자에 대한 지배 계급의 태도는 적을 땅에 넘어뜨린 뒤 꽉 붙잡고 있는 사람의 태도와 같다. 그러나 이는 그에게 적을 붙잡고 싶은 마음이 있어서가 아니다. 단 1초라도 적에게 자유를 허용할 경우, 손에 칼을 든 채 성이 잔뜩 난 적이 자신을 찔러 죽일 것임을 알고 있기 때문이다.

그러므로 그들의 양심이 부드럽든 그 반대이든, 현대의 부유 계급은 고대인이 당연한 권리로 여겼던 것처럼, 가난한 자로부터 훔친 재물을 충분히 즐길 수가 없다. 그들의 생활이나 향락이 양심이 찔리거나 공포의 엄습으로 인해 괴로움을 당하기 때문이다. 경제적 모순에 관해서는 이쯤 해두겠다.

## 정치적 모순은 더욱 심각하다

정치적 모순은 훨씬 더 두드러진다. 무엇보다 모든 인간은 국가의 법률에 복종하도록 키워졌다. 현대인의 모든 생활은 법률에 의해 정해진다. 법률에 따라 결혼하고 이혼하며, 자녀를 교육시키고, 심지어 많은 국가에서는 종교적 신앙을 갖기도 한다.

그렇다면 우리의 전체 생활을 정하는 이 법률은 무엇인가? 인간은 그것을 믿고 있는가? 그것을 참되다고 여기는 것일까? 전혀 그렇지 않다. 현대를 살아가는 인민들은 대개 법이 옳다고 믿지 않으며 도리어 그것을 경멸한다. 그러나 여전히 법에 복종하고 있다.

반면 고대의 인간에게는 법률을 따르는 것이 너무나 당연한 일이었다. 그들은 법률—일반적으로 종교적인 성격을 띠고 있었다—을 유일하게 정당한 법으로, 모두가 지켜야 하는 것으로 믿었다.

그러나 우리도 그러한가? 우리는 우리나라의 법률이 영원한 법이 아님을 알고 있다. 아니, 알지 않을 수가 없다. 그것은 다양한 국가의 수많은 법률 중 하나일 뿐이다. 우리가 알고 있는 법률이란 어느 것이나 똑같이 불완전하고, 명백히 잘못되고 부당한 점도 많다. 다양한 관점에서 언론이 법을 비난하는 이유다.

고대 유대인들은 신이 직접 법률을 기록하였다고 믿으므로 그것을 잘 지킨다. 고대 로마인들도 요정 에게리아[5]가 써주었다고 생각하는 법률을 잘 지켰다. 법률을 만든 황제(차르)가 신이 기름 부은 자라는 것을 믿는 사람이나 의회는 법률을 가능한 한 선하게 만들 수 있고 또 그렇게 하기 위

---

5　에게리아(Egeria)는 로마 신화에 나오는 물의 님프로, 로마의 전설적인 제2대 왕 누마 폼필리우스와 관련이 있다. 에게리아는 밤마다 로마의 포르타 카페나의 숲에서 누마 폼필리우스를 만나 법률과 종교 등 통치 행위에 관한 조언을 해주었다고 전해진다.

해 노력한다는 사실을 믿는 사람도 법률을
잘 지켰다.

그러나 우리는 모두 법률이 어떻게 만들
어지는지 알고 있다. 우리는 모두 무대의 장
막 뒤편에 있을 뿐이며, 법률은
탐욕과 속임수, 그리고 당쟁
과 파벌의 소산이라는 것도
잘 알고 있다. 법률에는 그
어떤 진정한 정의가 존재하
지 않고 그런 것이 있을 수도
없다는 것도 누구나 잘 알고 있

모세가 십계명이 적힌 돌을 깨뜨리려 하
고 있다(하르먼스 판 레인 렘브란트 作).(좌)

폼필리우스 왕이 에게리아가 불러주는 로
마의 법률을 받아 적고 있다(울피아노 체카
作).(우)

다. 현대인은 그러므로 사법이나 공법에 복
종하는 것이 본래의 이성이나 인간의 합리
적 본성의 요구를 만족시킬 수 있다는 주장을 믿지 않는다.

인간은 오래전부터 정의 구현이 불가능한 법률에 복종하는 것이 비이성
적임을 알고 있었다. 따라서 법의 판단이 제대로 된 것이라 믿거나 구속력
이 있다고 받아들일 수도 없었기에 법률에 복종하는 것을 기껍게 여기지
않았다. 그리고 법률에 의하여 인간의 모든 생활이 이미 정의되는 데 불만
을 느꼈다. 법률의 지혜나 정의를 믿지 않으며 보통 명백하게 그것들의 부
당함, 잔인함 그리고 인위성을 깨닫고 있음에도 처벌이라는 위협 때문에
복종하는 것이 인간에게 너무도 고통스러웠던 탓이다.

우리는 관세나 수출입세의 불필요성을 알면서도 그것을 지불해야만 한
다. 궁정과 기타 국가기관을 유지하기 위해 세금이 지출되는 게 얼마나 무
익한 것인지도 안다. 나랏돈을 쓰는 교회의 가르침도 삶에 이롭다고 여기

지 않는다. 그러나 우리 모두는 이러한 국가기관의 지출에 몫을 져야 할 의무를 진다. 어디 그 뿐인가? 법률에 의한 처벌이 잔인하며 파렴치하다고 여기면서도 이를 유지하는 데 협력해야만 한다. 토지소유를 분배하는 것이 부당하고 나쁜 일이라는 것도 알지만, 역시 복종해야 한다. 전쟁과 군대에 대한 필요성을 조금도 느끼지 못하면서 군대를 유지하고 전쟁의 수행을 위하여 그 비용을 대는 데 무거운 짐을 져야 한다.

그러나 이러한 모순도 우리가 국제적인 문제로 눈을 돌릴 때 발견할 수 있는 여러 모순에 비하면 아무것도 아니다. 이러한 문제들은 인간의 이성과 생명의 파괴라는 고통 아래 해답을 요구하기 때문이다. 바로 기독교적인 양심과 전쟁 사이의 모순이다.

우리는 모두 똑같은 영성적인 정신생활을 하는 기독교 민족이다. 따라서 세상의 한쪽 끝에서 생겨난 고귀하며 상상력이 풍부한 유익한 사상이 많은 인간에게 전파되고, 국적의 구별 없이 어디에서나 똑같은 자부심과 즐거움의 감정을 불러일으킨다는 데 만족한다. 많은 사상가, 박애주의자, 시인, 학자를 사랑하며, 신부 다미앵[6]이 마치 우리 자신인 것처럼 그의 공적을 자랑스러워한다. 프랑스인, 독일인, 미국인, 영국인 등등 국적이 다른 인간들을 솔직하게 사랑하며, 그들의 품성을 존중하고, 그들을 기꺼이 맞아들여 따뜻하게 환영한다. 그래서 우리는 그들과의 전쟁을 결코 영웅적인 것으로 여기지 않는다.

우리는 상호간, 즉 뭇 인민들과 우리들에게 죽음을 불러올 수도 있는 불화의 가능성을 공포 없이 상상할 수 없다. 그러나 우리는 모두, 비록 오늘

---

6  다미앵(Pater Damien, 1840~1889)은 벨기에 출신의 신부. 다미앵은 한센인들의 비참한 삶에 마음이 아파 하와이 몰로카이 섬에서 사회선교를 실천하였다.

다미앵 신부와 성가대 소녀들(하와이 마우이의 칼라와오, 1870년대)

은 아닐지라도 내일이 되면 이 같은 살육에 손을 대어야만 한다.

유대인, 그리스인, 그리고 로마인은 살인으로 자기 민족의 독립을 수호했다. 그들 입장에서는 매우 잘한 일이다. 그들은 자신들만이 신에게 소중하고 유일하게 참되며 훌륭하고 선한 민족이며, 페르시아인들을 위시한 나머지 모든 인민은 속물이고 야만인이라는 생각을 충실히 믿고 따랐기 때문이다.

중세 동안, 심지어 18세기의 마지막과 19세기의 시작까지도, 인간은 이러한 믿음을 견지해왔다. 도저히 받아들일 수 없으며, 아무리 노력해도 믿을 수 없는 생각이 아닌가? 두려움과 공포로 가득 찬 이 모순을 해결하지 않는 한, 현대 인간의 참다운 삶은 더 이상 가능하지 않을 것이다.


**국제적 모순과 동시대인에 의한 인식_코마로프스키, 페리, 부스**

국제법 교수인 코마로프스키 백작은 그의 박식한 논문에서 다음과 같이 쓰고 있다.

우리는 모순투성이 시대에 살고 있다. 모든 국가의 언론은 지속적으로 평화에 대해, 그리고 모든 국가를 위한 평화가 필요하다는 일반적 의미에 대한 희망을 지속적으로 표현하고 있다.

국가의 대표자, 사적인 인간, 그리고 공식적인 기관마저 똑같은 내용을 말하고, 이는 국회의 토론, 외교 담판, 심지어 국가 간의 조약에서도 언급되고 있다. 동시에 국가들은 해마다 그들의 군사력을 증강하면서 새로운 세금을 부과하고 공채를 모집하며, 현재의 어리석은 정치의 실책을 미래 세대에게 유산으로 물려주고 있다.

그러나 말과 행동에서 얼마나 현저한 차이가 나는가! 물론 국가들은 그들의 모든 지출과 준비가 전적으로 국방을 위한 것이라 하며, 이 조처의 정당성에 대해 항변할 것이다. 그러나 사심이 없는 모든 보통 인간에게는, 모든 강대국이 그들의 정책에서 한마음으로 오로지 자기 방어만을 추구할 뿐이라면, 과연 어디에서 침략이 발생한다고 예상할 수 있을지 의혹으로 남는다. 현실적으로 모든 강국은 매 순간마다 다른 나라의 침략을 기대하고 있는 것처럼 보인다.

이런 모습은 각각의 국가 당사자에게 전반적인 불안감을 조성하고, 다른 강대국을 능가하는 군사력을 갖고자 초인간적으로 노력하게 만든다. 그러한 경쟁 자체가 전쟁의 위험을 증가시키는 것이다. 어느 국가의 국민이든 끊임없는 군사력의 증강을 오랫동안 버텨낼 수 없기에 조만간 그들은 현재 상황의 모든 불리함보다 차라리 전쟁을 선택할 것이기 때문이다. 그렇게 되면 가장 사소한 구실 하나가 전체 유럽을 세계대전의 화염 속으로 던져버리기에 충분할 것이다.

그러한 위기가 우리를 깔아뭉개고 있는 정치적·경제적 고통에서 구원해주리라 생각하는 것은 잘못이다. 최초의 전쟁에 대한 경험은, 모든 전쟁이 오로지 국가 사이의 증오를 증가시켰으며, 군사적 부담을 더욱 강화하여 더 이상 유지할 수 없게 만들었고, 유럽의 정치적·경제적 입지를 더욱 어렵게 하여 해결 자체가 불가능하게 만들었음을 우리에게 가르쳐준다.

한편 엔리코 페리[7]는 다음과 같이 쓰고 있다.

현대 유럽은 900만 명의 현역병이 있는 군대에다가 1,500만 명의 예비군을 보유하고 있으며, 이에 대한 연간 지출은 연간 40억 프랑이나 된다. 군사력의 지속적인 증가에 따라 사회적 및 개인적인 번영의 근원이 마비되고 있는 현대 유럽 세계의 상태는, 무기를 준비하기 위해 영양을 희생하여 빈혈증에 걸리고, 그로 인해 자신이 준비한 무기를 사용할 힘을 잃고, 그 무기가 너무나 무거워서 마침내 주저앉게 되는 사람의 상태와 비교할 수 있을 것이다.

마찬가지로 찰스 부스[8]도 1887년 7월 26일, 런던에서 열린 '국제법 개혁 및 성문화 협회'에서 발표한 그의 논문을 통해 이와 똑같은 내용을 말하고 있다. 똑같은 숫자인 900만 명의 현역 군인과 1,700만 명의 예비군, 그리고 이 모든 군사력을 지원하고 무장하기 위한 국가의 엄청난 지출을 언급한 뒤 그는 다음과 같이 말한다.

---

7   엔리코 페리(Enrico Ferri, 1856~1929)는 형법에서의 실증주의학파를 창설한 이탈리아의 형법학자·범죄사회학자. 1919년 그가 작성한 형법개정안의 초안은 『이탈리아 형법 초안』으로서 공간(公刊)되어 중남미 제국 및 초기의 소련 형법에 큰 영향을 끼쳤다.

8   찰스 부스(Charles Booth, 1840~1916)는 영국의 유명한 사회문제 연구가. 기선회사의 회장, 왕립학회회원, 추밀고문관 등을 역임하였다. 1908년에 양로연금법의 성립에 커다란 역할을 하였다. 사회문제를 연구하여 『런던 시민의 생활과 노동』을 저술했다.

이 숫자는 오로지 실제 경비의 작은 부분만을 나타낼 뿐이다. 왜냐하면 여러 국가가 인정하고 있는 전쟁 예산뿐만 아니라, 그렇게 엄청난 숫자의 가장 왕성한 인간들(그들은 산업 현장에서 그리고 갖은 노동을 명목으로 붙잡혀 갔다)을 사회로부터 빼나가 사회에 끼친 엄청난 손실과, 반환될 수 없는 군사적 비축에 사용된 자금에 대한 이자까지도 당연히 고려해야 할 것이다. 이런 전쟁 및 전쟁 준비에 대한 지출의 피할 수 없는 결과는 계속 불어나는 국가의 부채이다. 유럽의 국가들에 의하여 도입된 많은 수의 차관은 전쟁을 목적으로 하는 것이다. 그것들의 총액은 40억 스털링[9], 즉 400억 루블에 달하며, 이들 부채는 매년 증가하고 있다.

**코마로프스키 교수는 다른 곳에서 이렇게 말했다.**

우리는 고통과 혼란의 시대에 살고 있다. 어디에서나 우리는 교역과 제조의 침체에 대한 불만, 일반적인 경제적 불황의 비참함, 노동 계급의 불행한 생존 상태, 그리고 민중의 보편적인 가난에 대해 듣는다. 그러나 이러함에도 불구하고 여러 국가들은 그들의 독립을 유지하기 위한 노력으로 이성을 잃은 최극단으로 달려가고 있다. 어디에서나 새로운 세금과 의무가 고안되고, 여러 국가들의 재정적 억압은 그 한계를 모른다. 만일 우리가 지난 100년 동안 유럽 국가들의 재정을 일별한다면, 그것들이 빠르게 그리고 지속적으로 증가하고 있다는 사실에 놀라게 될 것이다.

어떻게 우리가 이런 범상치 않은 현상을 설명할 수 있을까? 그것은 조만간에 피할 수 없는 파산으로서 우리 모두를 위협할 것이 아닌가?

---

9 스털링(sterling)은 영국의 화폐이다. stg.로 줄여 쓴다.

그것은 의심할 여지없이 유럽 국가 예산의 3분의 1 또는 심지어 2분의 1을 집어 삼키는 군사력 유지를 위한 지출 때문에 발생한다. 그리고 가장 비참한 것은 이런 예산의 증가와 대중의 빈곤이 그 끝을 예측할 수 없다는 점이다. 우리 세계의 너무나 많은 인구가 처해 있는 이러한 비정상적인 상황에 대한 저항이 바로 사회주의가 아니던가?

## 국제적 모순과 동시대인에 의한 그 인식
**_파시, 로슨, 윌슨, 바틀렛, 디푸르니, 모네타**

1890년 런던에서 열린 마지막 만국평화회의에서 프레더릭 파시[10]는 다음과 같이 말했다.

> 우리는 스스로를 파멸시키고 있다. 우리는 미래의 제정신이 아닌 미친 전쟁에 참가할 수 있도록 하기 위하여, 과거에 제정신이 아닌 범죄적 살육 전쟁으로 우리가 야기한 부채에 대한 이자를 갚느라 우리 스스로를 망하게 하고 있다. 우리는 서로를 죽이기 위한 수단을 확보하기 위해 굶어 죽어가고 있다.

그 뒤 프랑스에서 이 주제를 다루는 경향에 대해 연설하면서 그는 이렇게 말한다.

> 우리는 '인간과 시민의 권리 선언'이 공포된 후 100년 뒤, 민족의 권리를 인정하며, 사기와 강압에 의해 부과된 그 모든 일을 당장 그리고 영원히 중지할

---

10    프레더릭 파시(Frederick Passy, 1822~1912)는 프랑스의 정치인이자 경제학자이다.

때가 왔고, 그것들은 정복이라는 미명하에 벌어진, 인간성에 대한 확실한 범죄이며, 군주의 허영과 민족의 자존심이 그것들을 어떻게 생각하든 간에, 오로지 그것들에 대한 승리에 도취해 있는 자마저도 약하게 할 뿐이라는 것을 믿는다.

윌프리드 로슨 경[11]도 같은 회의에서 다음과 같이 말했다.

나는 이 나라에서 종교 교육이 실행되는 관행에 놀랐다. 당신들은 아이를 주일학교에 보내며 말한다. "착한 아이야, 너는 원수를 사랑해야 한다. 다른 아이가 너를 때린다면, 너도 돌아서서 그를 때리지 말고, 그를 사랑으로 착하게 만들도록 해라."
좋다. 그 아이는 열네 살이나 열다섯 살까지 주일학교에 다니고, 그의 친구들은 그를 군대에 보낸다. 그는 군대에서 무엇을 해야 하는가? 틀림없이 원수를 사랑하지는 않을 것이다. 도리어 정반대일 것이다.
만일 그가 적에게 다가갈 수만 있다면, 그는 총검으로 돌격할 것이다. 그것이 이 나라의 모든 종교적 가르침의 본질이다. 나는 그것이 종교의 가르침을 실천하는 매우 좋은 방법이라고 생각하지 않는다. 만일 아이가 그의 원수를 사랑하는 것이 좋은 일이라면, 다 자란 성인에게도 좋다고 생각한다.

F. 조웨트 윌슨은 말한다.

유럽에는 무장을 하고 있는 2,800만 명의 인간이 있다. 그들은 토론을 통해서

---

11    윌프리드 로슨(Sir Wilfrid Lawson, 2nd Baronet, 1829~1906)은 영국의 정치인이다.

가 아니라 서로 살인하여 분쟁을 해결하려 한다. 그것이 기독교 국가 사이에서 분쟁을 해결하기 위해 용인되는 방법이다. 이 방법은 동시에 매우 비싸다. 왜냐하면 내가 읽은 통계에 따르면, 유럽의 국가들은 1872년 이후에 상호 살인의 방법으로 분쟁을 해결하기 위한 준비로 150억 루블이라는 거액을 지출했기 때문이다.

그러므로 그러한 상태에서는 두 가지 중의 한 가지 대안이 반드시 인정되어야 하는 것으로 보인다. 즉 기독교는 실패하고 있는가, 아니면 그것을 설명할 의무가 있는 자들이 그렇게 함에 실패하였는가, 하는 것이다. 우리의 전사가 무장을 해제하고 우리의 군대가 해체되기 전에는, 우리는 우리 자신을 기독교 국가라 부를 권리가 없다.

기독교 성직자들이 모여 전쟁을 반대하는 설교를 해야 한다고 주장한 회의에서, G. D. 버틀렛은 다음과 같이 말한다.

내가 성서를 조금이라도 이해하는 사람이라고 한다면, 인간이 전쟁 문제를 무시하는 한, 즉 그것에 대해 침묵한다면 그들은 오로지 기독교를 가지고 놀고 있을 뿐이라고 감히 말할 수 있다. 나는 긴 생을 살아왔으나 우리 성직자들이 전 세계 평화에 관하여 설교하는 것을 거의 대여섯 번밖에 듣지 못했다. 20년 전 나는 40명이 참석한 자리에서 전쟁이 기독교와 양립할 수 없다는 명제를 의제로 내세웠는데, 당연히 어처구니없는 미치광이로 취급당했다. 사람들은 인간이 전쟁 없이 살아갈 수 있다는 사상을 순전한 겁쟁이나 바보의 생각이라 여겼다.

가톨릭 사제인 디푸르니도 똑같은 정신으로 다음과 같이 말했다.

모든 인간의 양심에 기록되어 있는 영원한 율법의 첫 번째 명령 중 한 가지는, 충분한 이유 없이, 그의 필요성에 대한 강압 없이, 같은 피조물의 목숨을 빼앗거나 피를 흘리는 것을 금지한다는 것이다. 이것은 인간의 가슴에 가장 깊이 각인된 계율 중 하나이다. 그러나 그것이 전쟁의 문제가 되자마자 즉, 인간의 피를 격류처럼 대량으로 흘리는 문제가 되자 현대인은 이유 따위에 개의치 않았다.

전쟁에 참여하는 자들은 심지어 이러한 무수한 살인 행위에 대하여 그것이 정당화되든 정당화되지 않든, 합법적이든 불법적이든, 결백하든 범죄이든, 스스로에게 묻지 않는다. 또 그들이 합리적인 이유 없이 살인하는 것을 금하는 기본적인 계율을 위반하는지 자문하지도 않는다. 그들의 양심은 벙어리가 되어 침묵하고 있다.

전쟁은 도덕적인 고려에 의존하는 어떤 것이기를 이미 멈추어버렸다. 전쟁 중의 인간은 모든 고역과 위험 안에서 정복자가 되는 즐거움, 피정복자가 되는 슬픔 외에는 누릴 것이 없다. 그들은 그들의 국가에 봉사한다고 이야기할 필요가 없다. 한 위대한 천재가 오래전에 속담이 되어버린 말로써 이에 대답했다. "정의가 없다면, 국가는 오로지 커다란 강도의 무리가 아닌가? 강도 집단에게도 그들의 법이 있고, 그들 역시 약탈하기 위해, 그리고 심지어 명예를 얻기 위해 전쟁을 한다."

상정된 기구(국제사법재판소)는 유럽 국가들이 강도들의 국가이고, 그들의 군대는 강도의 무리이기를 중단하게 할 것이다. 그리고 우리는 강도만이 아니라 도둑도 포함해야 한다. 왜냐하면 우리의 군대들은, 잘 알다시피, 아무런 실제적인 책임도 지지 않으면서 병사들에게 횡포를 일삼는 한두 명의 장군이나 장관의 처분에 달려 있는 단순한 노예에 불과하기 때문이다.

노예의 특징은 그가 그 주인의 손에 달려 있는 한 단순한 도구일 뿐이며, 물건이지 사람이 아니라는 것이다. 그것은 바로 병사, 장교, 장군 등이 통치자나 통치자들의 의지에 따라 살인하거나 살해되는 것이다. 군사적 노예는 실제로 존재하는 사실이고, 그것은 노예제도 가운데 최악의 형태의 노예이다. 특히 통치자들은 지금 강압적 복무를 통해 각국의 튼튼하고 능력 있는 모든 인간의 목에 쇠목걸이를 채우고, 그들을 살인 도구, 사형 집행인, 인간 육신의 도살자로 만든다. 왜냐하면 그것이 그들이 붙들려가서 행하도록 훈련받은 모든 것이기 때문이다.

통치자 서넛이 비밀리에 회동하고, 비밀리에 서기들도 없이, 공공에 알리지도 않고, 투표도 없이 결국 책임을 지지 않으면서 비밀리에 인간이 살해되도록 보낸다.

## 시그너 E. G. 모네타는 말한다.

인민에게 무거운 짐이 되는 군사력 군비에 대한 저항은 우리 시대에 유래한 것이 아니다. 몽테스키외가 그의 시절에 기록한 것을 들어보라.

"프랑스(어떤 이는 유럽이라고 하겠지만)는 군인들 때문에 망할 것이다. 새로운 전염병이 전 유럽에 번지고 있다. 그것은 군주들을 공격하여 그들이 믿기 어려운 정도의 무장 병력을 유지하라고 부추긴다. 이 전염병은 전염성이 강하여 급속히 번져나간다. 곧바로 한 국가가 그의 군사력을 증강하고 모든 다른 국가들도 똑같이 행하기 때문이다. 결국 그 전염병에 의해서 아무것도 얻지 못하고 전체적인 멸망만이 올 뿐이다.

모든 국가들은 만일 그의 인민이 멸종의 위협을 받는다면 유지할 수 있는 가능한 한 많은 군대를 유지하고, 인민은 모두가 모두에 대적하는 이러한 긴장 상태를 평화라고 부른다. 그러므로 유럽은 전적으로 파산과 멸망 상태에 있으므로, 만일 우리 대륙의 국가들의 위치에 민간인이 있었다면, 그들 중에 가장 부자라고 하더라도 살아갈 만큼 충분히 가지지 못할 것이다. 그러나 우리는 전 세계의 부와 통상의 결과를 가지더라도 가난하다."

몽테스키외는 이 내용을 약 150년 전에 썼지만, 그 배경은 마치 오늘날의 세상으로부터 가져온 것처럼 보인다. 오직 한 가지만 바뀌었다. 즉, 국가의 형태다. 몽테스키외의 시대에는 엄청난 군사력 유지의 원인이 국왕의 전제적인 폭력이며, 그들이 정복을 통해 개인적인 수입을 증가시키며, 명예를 얻기를 희망하여 전쟁을 일으키는 것이라 했다. 그 당시 인민들은 보통 다음과 같이 말했다.

"아, 만일 오직 인민이 국가에 대해 병사들과 돈을 거절할 권리를 가지는 자들을 선출할 수 있다면, 군사 정치가 끝날 텐데!"

지금 거의 유럽 전체에 대의제 국가들이 존재하지만, 그럼에도 불구하고 전쟁을 위한 지출과 준비는 놀라울 정도로 증가했다. 군주들의 정신 이상을 지배 계급도 소유하게 되었다는 점은 분명하다. 이제 전쟁은 루이 14세의 경우처럼, 한 국왕이 다른 국왕의 왕비에게 공손하지 않았다고 해서 일어나는 게 아니다. 국가의 명예와 애국심이라는 자연적이며 귀중한 감정이 너무나 과장되어서, 그리고 한 국가의 여론이 상대 국가에 대해 너무나 흥분되어서, 한 국가의 대사가 다른 국가의 중요 인물에게 충분히 대접받지 못했다는 진술서—비록 그것이 거짓된 보고서일지라도—가 만들어져서, 이제까지 경험했던 그 어떤 것보다 무섭고 파괴적인 전쟁이 발발하는 것이다.

오늘날 유럽은 위대한 나폴레옹 전쟁의 시대보다 더욱 많은 병사로 무장하고 있다. 몇몇 예를 제외한 모든 시민은 몇 년간 병영에서 보내야 한다. 요새, 무기고, 군함이 건조되며, 새로운 무기가 끊임없이 발명되어 얼마 지나지 않아 새로운 것으로 교체되고 있다. 입에 담기조차 슬픈 일이지만, 언제나 인류의 행복을 추구해야 할 과학이 파멸의 작업에 협력하고, 가장 짧은 시간에 가장 많은 사람을 살상하는 데 사용할 새로운 수단을 끊임없이 발명하고 있다. 게다가 수많은 병사를 유지하고 엄청난 살인을 준비하기 위해 매년 수억씩 지출하고 있다. 사실 거기에 지출되는 돈은 인민의 교육과 방대한 공익사업에 적절히 쓰일 수 있으며 그것으로 사회 문제에 대한 평화적 해결을 찾을 수 있는데도 말이다.

이런 점에서 유럽은, 모든 과학적 성과에도 불구하고, 중세의 가장 어둡고 야만적인 시대와 같은 상황에 있는 것이다. 모든 인간이 평화도 아니며 전쟁도 아닌 이러한 상태를 애통해하고, 모두 그로부터 기꺼이 탈출하고 싶어 한다. 모든 국가의 수뇌들이 평화를 기원하고, 평화적 의도를 가장 엄숙히 주장하는 데 있어 서로 경쟁하자고 선언한다. 그러나 어느 날 또는 그다음 날, 그들은 의회에 군사력 증강에 대한 계획을 내놓으면서 이것이 평화를 확보하기 위한 목적 자체로만 취하는 예방적 대책이라 주장한다.

그러나 이런 상태는 우리가 진정으로 원하는 종류의 평화가 아니다. 국민도 더 이상 이에 속지 않는다. 진정한 평화는 상호 신뢰에 기초하고 있는 반면, 이런 방대한 군사력은 적대감을 숨기지 않았다고 하더라도 국가 간의 공공연하며 터무니없는 신뢰의 부족을 나타내는 탓이다. 자신의 이웃에게 다정한 마음을 전하고 싶어 하는 사람이 그를 초청하여 장전한 리볼버를 손에 든 채 이야기를 나누자고 한다면 우리는 그를 어떻게 평가해야 할까? 이는 모든 선량한 시민이 아무리 많은 비용이 들더라도 끝내고 싶어 하는 국가의 평화적 선언과 호전적인 정책 사이의 명약관화한 모순이다.

사람들은 매년 유럽에서 6만 건의 자살이 벌어진다는 데 놀라지만, 이는 오로지 기록된 경우에 불과하다. 게다가 러시아와 터키의 자료는 제외되어 있다. 물론 이 역시 너무나 적은 숫자이다. 사실 현대인들은 모두 엄청난 절망 상태에 빠져 있다. 마음 깊숙한 곳에서 일어나는 양심과 생활 사이의 갈등 때문에 괴로워하기 때문이다.

현대인의 생활과 양심 사이에서 발생하는 모순은 수없이 많다. 그러나 우리는 기독교를 믿으면서 영구적으로 무장하고 있는 유럽을 보는 것만으로도 모든 사람을 절망으로 몰아갈 수 있고, 인류가 제정신인지 의심할 수 있으며, 잔인한 세상에서 하루빨리 존재를 끝내고 싶다고 생각하기에 충분하다. 다른 모든 모순의 정수라 할 수 있는 이 군사적 모순이야말로 가장 무서운 것이다. 따라서 우리는, 이런 세상에서 아무 일 없다는 듯 살아가려면, 그 모순을 생각하지 않거나 아예 잊어버려야 할 것이다.

도대체 어떻게 된 일인가! 우리는 모두 기독교인이고, 서로 사랑해야 한다고 믿을 뿐만 아니라 실제로 하나의 공동체적인 삶을 살고 있지 않은가! 우리의 사회적 존재는 공통의 심장 박동을 느끼며, 서로를 돕고, 서로에게서 배우며, 상호 행복을 위하여 서로에게 점점 더 가까워지고, 이러한 친밀감을 통해 삶의 의미를 발견하지 않는가?

그런데도 우리는 여전히 모순된 삶을 살고 있다. 어떤 미친 통치자가 나타나 어리석은 말을 하면 다른 누군가가 똑같은 취지로 대답하는 사회, 이로써 자신도 역시 살해당할 위험에 처하는 사회, 나에게 아무런 해를 가하지 않은 자와 내가 사랑하는 사람까지도 살해해야 하는 사회에 살고 있다. 문제는 이것이 먼 미래의 우연한 일이 아니라, 우리 모두가 목표로 삼아 준비하고 있는 가까운 미래라는 점이다. 게다가 피할 수 없이 확실한 미래라는 것이다.

이 상황을 명백히 인식하는 것만으로도 우리는 누군가를 제 정신이 아니게 미치게 만들거나 자신에게 방아쇠를 당기게 할 수 있다. 특히 군인들이 그렇다. 사람은 오로지 순간적으로만 제정신으로 돌아올 수 있으므로 누구나 그러한 종말로 몰릴 수 있는 것이다. 현대인이 느끼는 긴장감은 모두 여기서 비롯된다. 이 긴장감으로 인해 현대인들은 술, 담배, 마약, 도박, 신문, 여행 등을 비롯한 여러 종류의 구경거리와 오락에 의존하여 자신을 마비시키려 애쓰는 것이다.

이 같은 탐닉에는 중요하며 심각한 문제가 따른다. 이는 진정으로 중대한 문제다. 만일 그들의 감각을 둔하게 할 만한 저런 외적인 수단들이 없었다면, 인류의 절반 이상이 자신에게 방아쇠를 당겼을 것이다. 자신의 이성에 반하여 산다는 것이야말로 가장 참을 수 없는 상황이기 때문이다.

이것이 바로 현대의 모든 인간이 처한 상황이다. 현대 세계의 모든 인간은 그들의 양심과 그들의 생활 사이에서 벌어지는 첨예한 반목을 느끼며 모순 속에서 살고 있다. 이 모순과 반목은 특히 경제적·정치적인 생활에서 두드러지게 나타난다. 그러나 그중 가장 현저한 것은 양심에 존재하는 인민의 형제애에 대한 기독교적인 율법과 모든 인민이 증오나 살인을 준비해야 하는 강압적인 병역의무에 처할 때 찾아오는 갈등이다. 기독교인인 동시에 검투사가 되어야 하는 탓이다.

## 생활과 양심의 모순

생활과 양심의 모순을 해결할 수 있는 방법은 다음 두 가지이다. 즉 생활을 변하게 하거나, 양심을 변하게 하는 것이다. 많은 사람들이 그중 한 가지를 선택한다는 것은 너무나도 분명하다.

인간은 스스로 악행이라고 생각하는 어떤 행동을 그만둘 수는 있어도 악행을 악행이라고 생각하는 것 자체를 그만둘 수는 없다.

인류도 마찬가지다. 악행이라고 생각하는 어떤 행동을 그만둘 수는 있지만, 그 생각을 바꿀 수 있는 것은 고사하고, 악행이라는 것, 따라서 해서는 안 된다는 의식, 즉 모든 것을 분명하게 하고 보급해가는 의식의 끊임없는 성장을 잠시만이라도 늦출 수조차 없다.

따라서 현대의 기독교인은 필시 그들이 비난하는 이교도적 형태의 생활을 포기하고, 그들이 인정하는 기독교적 기초 위에 그들의 생활을 구축하는 것 이외에 다른 것은 없다.

그러나 정신이 없는 사물의 경우와 같이, 사람들이나 국민의 생활에도 '불변의 타성의 법칙'이라는 게 없었다면, 이는 분명 그대로 이루어졌을 것이다. 인간에게 그것은 심리적 법칙의 형태를 취하는데, 복음서의 말에 이 것이 너무도 올바르게 표현되어 있다. 즉 "그들의 행위가 악하므로 그들은 빛보다는 어둠을 사랑하였다"고 말이다. 이 법칙이란, 대부분의 인간이 사 색하는 것은 진리를 인식하려고 애쓰기 위해서가 아니라, 자신들은 진리 속에 있다는 것을 스스로 믿게 하기 위한 것이고, 또 자신이 보내고 있는 쾌적하고 습관이 된 생활이야말로 진리와 일치하는 것이라고 스스로에게 납득시키기 위해서라는 것이다.

노예제도는 플라톤과 아리스토텔레스가 옹호하는 모든 도덕적 원리에 반하는 것이었지만, 그들 중 누구도 그러한 점을 인식하지 못했다. 왜냐하 면 노예제도를 부정한다는 것은 곧 그들이 영위하는 생활을 철저히 파괴 하는 것을 의미했기 때문이다.

지금 우리는 현대 세계에서 똑같은 현상을 보고 있다. 인민을 두 가지

광산에서 일하는 노예들(고대 그리스)

계급으로 나누는 것은 국가와 전쟁이 폭력을 사용하는 것과 마찬가지로 우리의 현대 사회를 유지하는 근본이 되는 모든 도덕적 원리에 반한다. 그러나 교양 있고 진보적이라고 자처하는 이 시대의 인간들 역시 이를 깨닫지 못하고 있다.

전부는 아닐지라도, 우리 시대의 대부분의 교양 있는 사람은 무의식적으로 그들의 지위를 보장해주는 옛날의 사회적 인생관을 유지하려 애쓰고, 자신과 다른 인민에게 근거가 불충분하다는 이유로 기독교적 인생관을 채택해야 할 필요성을 타인으로부터 숨기려 든다. 기독교적 인생관이란 기존의 사회질서를 파괴하는 것을 의미하기 때문이다. 따라서 사회적 인생관에 기초한 질서를 유지하려고 애쓰지만, 그것은 과거의 것으로 더 이상 믿을 수 없는 것이기에 그들 스스로 믿지 않고 있다.

현대의 모든 철학적이고 정치적이며 예술적인 문헌과 작품들은 이 점에서 두드러진다. 사상, 형식, 색깔의 풍부함, 엄청난 박식함, 화려함, 예술성을 가지면서도 진실함이 결여되고, 사상 또는 표현의 명확성에 대한 일종의 공포가 있는 것이다! 우회, 비유, 해학적 상상, 가장 넓은 보편성을 가지지만, 단순하고 명료한 핵심적인 것은 아무것도 없으며 생활의 문제를 직접 솔직하게 언급하는 것도 전혀 없다.

그러나 이것이 전부가 아니다. 이러한 우아하지만 하찮은 것뿐만 아니라, 우리의 문헌은 단순한 음담패설과 추악함, 그리고 잔인함으로 가득 차 있다. 그러한 논의는 결국 가장 세련된 방법으로 인간을 다시 원시적인 야만주의로, 이교도적 원리로만이 아니라 심지어 동물적 생활의 원리로 이끌어 갈 터인데, 그러한 생활은 우리가 이미 5천 년 전에 경험한 것들로 우리 뒤에 남기고 온 것이다.

그러나 원시적인 야만주의나 이교도적 원리, 혹은 동물적 생활의 원리로 되돌아가는 것 외에 다른 방법은 없어 보인다. 어떤 이들에게는 그것이 오로지 습관에 불과하지만, 다른 이들은 흥미로 붙잡고자 할 뿐, 사회적 질서를 파괴할 것처럼 보이는 기독교적 인생관은 사람들에게 두려움을 주기 때문에 다시금 이교적 인생관과 그것을 기초로 한 원리로 되돌아가지 않을 수 없는 것이다. 따라서 오늘날 우리는 2천 년 전에 옹호되었던 애국주의와 귀족주의의 원리뿐만 아니라 심지어 가장 저속하다고 여겨온 쾌락주의와 동물주의가 옹호되는 것을 보고 있다. 그것들의 차이는 다음과 같다.

즉, 당시에는 그러한 설교를 한 인간은 자신이 말한 것을 믿은 반면, 오늘날은 그러한 설교를 하는 인간조차도 자신이 말한 것을 믿지 않고, 믿을 수도 없다는 차이이다. 왜냐하면 현대에는 아무런 의미도 갖지 않는 것을 설교하기 때문이다. 자신의 발밑에서 땅이 흔들릴 때 조용히 서 있을 수 있는 사람은 아무도 없다.

만일 우리가 앞으로 가지 않는다면 뒤로 가야 할 것이다. 이렇게 말하는 것이 이상하고 한편으로 무섭기도 하지만, 우리 시대의 교양 있는 인간인 사상의 진보적 지도자들은, 사실상 그들의 교묘한 추론에 의지하여, 사회를 이교주의로 뿐만 아니라 원시적인 야만주의 상태로 후퇴시키고 있다.

오늘날 지도적인 사상가들의 이러한 활동 경향은 현재의 사회적 인생관의 근거가 불충분하다는 점이 가장 집약된 형태로 제시되는 현상에 대한 태도에서 더욱 현저하게 나타난다. 즉, 전쟁, 국가들의 보편적인 무장, 그리고 세계적으로 만연한 강압적 병역의무 등에 대한 태도에서 그러하다.

양심이 없이 부정직하다고까지는 말하지 않는다고 하더라도 이런 현상에 대한 현대 사상가들의 애매한 태도는 놀라울 정도다. 교양 운운하는 사회에서 이는 대개 세 가지 계층의 관점으로 나타난다.

첫째 계층은 그것을 유럽이라는 특수한 정치적 상황에서 발생하는 우연한 현상으로 본다. 그러면서 이러한 상태가 각 국가 내부에서 발생하는 사회질서에 대한 혁명 없이 국제 외교라는 외부적 방법에 의해 개혁될 수 있다고 생각한다.

두 번째 계층은 그것을 잔인하고 무서운 것으로 봄과 동시에, 질병이나 죽음처럼 피할 수 없는 숙명으로 간주한다.

세 번째 계층은 전쟁을 피할 수 없는 현상으로 파악하면서 그 효과로 각국이 바라는 이익을 얻을 수 있으므로 바람직하다고 냉정하게 생각한다.

인간은 제가끔 다른 관점에서 전쟁이라는 주제를 바라보지만, 위의 세가지 계층의 사람들에게는 한 가지 공통점이 있다. 즉, 전쟁이 그것에 참가하는 인민의 의지와 절대적으로 독립되어 있는 것처럼 말한다는 점이다. 그래서 모든 평범하고 단순한 사람에게 떠오르는 당연한 의문마저 시인하려 들지 않는다. 곧 "나는 어떤가? 나도 전쟁에 참여해야 되는가?"라는 의문이다. 그들의 시각에는 이와 같은 종류의 단순한 의문마저 존재하지 않는다. 그러나 우리 각자는, 개인적인 관점에서 전쟁을 어떻게 바라볼지 알수 없지만, 당국이 요구하는 순간 모두 노예처럼 복종해야만 한다.

## 평화회의

국제 외교적 대책에 의존해 전쟁에서 벗어나는 방법을 찾는 첫 번째 계층의 사상가들의 태도는, 최근의 '런던평화회의' 보고서, 그리고 1891년 《리뷰 드 리뷰*Revue des Revues*》[1] 8호에 나타난 전쟁에 관한 학자들의 논문과 서한에 잘 나타난다.

---

1   19세기 말 프랑스에서 간행된 잡지이다.

박식한 자들로 구성된 다양한 진영으로부터 나온 구두 및 서면 의견을 모은 그 회의는 교회의 공식적인 예배로 시작하여 꼬박 5일 동안 연설을 듣고 나서, 공식 만찬과 연설로 결론을 내렸다. 그리고 그들은 다음과 같은 결의 안을 채택하였다.

1. 이 회의는 인류의 우애에 입각한 사해동포주의가 그 필연적인 직접의 결과로 국가 간 우애를 포함해야 하고, 그것은 각 국민의 이해관계는 동등한 것임을 인정하는 것이라는 자신의 의견을 표명했다.

2. 이 회의는 기독교가 인류의 도덕적 및 정치적 진보에 행사하는 중요한 영향력을 인정하고, 따라서 복음을 다루는 성직자들과 다른 종교 교육 종사자들에게 인민 상호간을 위한 평화와 우호의 원리를 보급할 의무를 상기시켰다. 이 목적을 위해 회의는 매년 12월 세 번째 일요일을 기념일로 정했다. 그 날에는 평화원칙의 특별한 선전이 행해져야 한다.

3. 이 회의는 모든 역사 교사들이 청소년들에게 전쟁에 의해 모든 세대의 인류에게 가해진 중대한 악행과, 그러한 전쟁은 대부분 가장 적절하지 않은 이유로 행해졌다는 사실을 주지시켜야 한다는 의견을 표명했다.

4. 이 회의는 학교에서 육체적 단련에 의한 군사훈련을 이용하는 것에 반대하며, 현행의 군사적인 것에 가까운 성격보다는 생명을 구하기 위한 원호부대의 구성을 제안했다. 나아가 시험문제를 공식적으로 제출하는 의무를 갖는 '시험위원회'에 평화의 원리에 따라 아동의 머리와 마음을 움직일 필요를 고취함이 바람직하다는 것을 요구했다.

5. 이 회의는 인권에 대한 가르침은 원주민과 소수 민족, 그들의 재산과 자유가 불의와 기만으로부터 보호되어야 하며, 이들 여러 민족은 소위 진보된 인류 사이에 팽배해 있는 악의에 맞서서 보호되어야 한다는 확신을 표명

했다. 이 회의는 더 나아가 이 목적의 달성을 위해 국가 간의 단합된 행동이 있어야 한다는 확신을 표현했다. 이 회의는 아프리카 원주민의 상태를 개선하기 위해서 최근 브뤼셀에서 열린 '노예 반대회의'의 결정에 대해 진정으로 감사를 표명했다.

6. 이 회의는 여러 국가에서 아직도 조장되고 있는 호전적인 편견과 관습, 입법기구나 언론의 여론 지도자에 의한 오해가 보통 전쟁의 간접적 원인이 되며, 이러한 해악은 국가 간의 오해를 제거함에 도움이 되는 정확한 정보의 공개를 통해 대응되어야 함을 믿고, 그러한 목적을 위한 국제적 신문을 발행하는 문제를 고려하는 중요성을 권고했다.

7. 이 회의는 '국제의원회의'에 도량형, 화폐, 관세, 우편 및 전신 요금 등의 통일에 관한 모든 계획에 최대의 지원을 하여야 하며, 그로 인해 여러 민족 사이의 상업적, 공업적 및 과학적인 통일을 도울 수 있도록 할 것을 제안했다.

8. 이 회의는, 여성의 광범위한 사회적 및 도덕적 영향력을 고려하여, 군사주의 체제의 지속에 지대한 책임을 초래하지 않기 위해, 모든 여성이 평화를 구축하는 것을 지원하도록 촉구했다.

9. 이 회의는 '재정개혁협회'를 비롯한 유럽과 아메리카의 여러 단체가, 관세를 감면하여 국가 간의 공정한 상업적 관계를 확립하기 위한 방법을 고려하기 위해 반드시 연합하여야 된다는 희망을 표현했다. 이 회의는 전체 유럽을 비롯한 모든 문명국은 평화를 바라며, 군사력 감축을 시급하게 기다리고 있다는 생각을 표명했다. 군사력은 방어라는 구실 하에 상호 불신을 존속하게 하므로 위험이 되며, 동시에 노동과 빈곤의 문제를 만족스럽게 해결하는 데 방해가 되는 전반적인 경제적 불안의 원인이 되며, 노동과 빈곤의 문제들은 다른 어떤 것보다 우선해야 된다고 주장했다.

10. 이 회의는, 전반적 군비 축소가 평화에 대한 가장 좋은 보장이며, 현재 대

체로 국가들을 분열시키는 문제에 대한 해결에 도달할 수 있음을 인식하면서, 모든 국가의 대표가 참석하는 회의가 점진적이며 전반적인 군비 축소를 실행하기 위한 수단을 논의하기 위해 가능한 한 빨리 소집되어야 한다는 희망을 표현했다.

11. 이 회의는, 단 하나의 국가라도 소극적이 되면 위에 언급한 회의의 소집이 지연될 것이라는 사실을 고려하여, 먼저 상당한 숫자의 병력을 해제하는 국가는, 공공여론에 의해 다른 국가를 그 예로 따르게 하기 때문에 유럽과 인류에게 최대의 공헌을 하게 된다는 의견을 표명했다. 그리고 이렇게 확립된 사실의 도덕적인 힘에 의해 그 국가의 국가적 방어의 자연적 조건을 약화하기보다 강화하게 된다는 의견을 표명했다.

12. 이 회의는, 군비 축소의 문제를 논의하면서 일반적인 평화 문제와 마찬가지로 공공여론에 의존하는 바가 크다는 점을 고려하여, 평화 단체뿐만 아니라 모든 평화의 신봉자들이 그 선전에서, 특히 의원 선거에서 유권자들이 평화 확립, 군비 축소, 중재를 공약하는 후보자에게 투표하게 하기 위해 적극적으로 행동할 것을 권고했다.

13. 이 회의는, 지난 4월 워싱턴에서 열린 '국제아메리카회의'에서 채택된 결의에 대해 그 평화의 벗들에게 축하의 뜻을 보냈다. 그 결의는 모든 분쟁에서 그 발생의 원인이 무엇이든 중재는 의무적이며, 다만 관련국 중 하나의 독립을 위태롭게 하는 것을 제외하기로 한 것이었다.

14. 이 회의는 이 결의를 유럽과 아메리카의 모든 정치가들이 주목할 것을 권고하고, 유사한 조약이 조속히 세계의 다른 국가 사이에서 체결되기를 강렬한 희망으로 표현했다.

15. 이 회의는, 영향을 받는 국가들의 독립이나 자치 국가들에 관련된 경우를 제외한 모든 분쟁의 해결에 대한 중재에 관한 일반 또는 특별 조약을 국

가가 협상할 수 있도록 권한을 주는 입법 계획을, 지난 7월 16일 스페인 국회에서 채택한 데 만족의 뜻을 표했다. 노르웨이 국회와 이탈리아 의회의 유사한 결과에 대한 결의안의 채택에 대해서도 또한 만족의 뜻을 표했다.

16. 이 회의는, 중요한 정치적, 종교적, 상업적 단체와 노동조합을 향하여, 그러한 단체들이 전쟁의 예방을 위해 국제적인 문제에 대한 심판을 위한 적절한 특별 위원회의 설립을 위한 대책을 세우도록 기원하면서, 그들이 국가 당국에 탄원하게 요청할 수 있도록 의결했다.

17. (1)모든 평화 단체가 추구하는 목적은 국가 사이의 법적 질서의 확립이고, (2)국제 조약에 의한 중립화는 이러한 법적 질서의 상태를 향한 한 걸음이 되고, 전쟁이 발생할 수 있는 지역의 숫자를 줄이게 될 것을 지향하면서, 이 회의는 중립화 규정의 좀 더 넓은 확장을 권고하며, 다음과 같은 희망을 피력했다.

a)현재 특정한 국가에게 중립의 이익을 확신시켜주는 모든 조약이 효력을 발휘하거나, 만일 필요하다면 중립을 국가의 전체 지역으로 확장하거나, 중립을 보장하기보다는 위협이 되는 요새를 파괴하도록 명령하여 중립이 더욱 실효성을 띠도록 하는 방향으로 개정되도록 한다.

b)관계되는 인민의 소원과 화합하는 새로운 조약이 다른 국가의 중립화를 확립하는 데 포함되어야 한다.

18. 분과 위원회는 다음을 제안했다.

(1)연례 '평화회의'는 연례 '분과위원회'의 모임 직전에, 또는 그 직후에 같은 도시에서 열려야 한다.

(2)국제 평화 헌장 문제는 무기한으로 연기한다.

(3)다음과 같은 결의안이 채택된다.

a)전쟁 대신 국제적 중재를 조장하는 총회로 연합하도록 하자는, 기독

교국 각 교회 기구의 최상위 대표자에게 보내는 미국 장로교회의 공
식적인 건의에 만족을 표명한다.

b)이 회의의 이름으로, 이탈리아의 위대한 법학자이며, '평화와 자유를
위한 국제연맹' 위원회 회원인 아우렐리오 사피[2]를 기념하여 깊은
경의를 표명한다.

(4)문명 국가의 수반들에게 보내어지는, 이 회의가 채택하고 의장이 서명
한 건의서는, 가능한 한, 영향력 있는 대표자들에 의해 각국에 제출되
어야 한다.

(5)다음과 같은 결의안이 채택되도록 한다.

a)회의의 다양한 분야의 의장에 대한 감사의 결의.

b)회의 사무국의 의장, 서기, 그리고 임원에 대한 감사의 결의.

c)분과별 위원회의 위원장과 위원들에 대한 감사의 결의.

d)캐논 스콧 홀랜드 목사, 레벤 토마스 박사, J. 모건 기본 목사의 회의
전의 설교 연설에 대하여, 그리고 성 바오로 성당, 시티 템플, 스텐포
드 힐 조합교회 당국의 대중 집회를 위해 그들의 건물을 사용토록
함에 대한 감사의 결의.

e)윈저 성 방문을 허락해준 영국 황후에 대한 감사의 편지.

f)시장과 시장 부인, 파스모어 에드워드 씨, 회의 회원들에 대한 그들의
호의를 두루 보여준 다른 친구들에 대한 감사의 결의.

19. 이 회의는 집회의 모임을 두드러지게 한 놀라운 조화와 일치에 대하여, 거
기에 다양한 국적, 신조, 언어, 인종의 너무나 많은 남자와 여자들이 긴밀
히 협조하며 함께 모였으며, 회의의 노력의 결과에 대하여 전능하신 신에

---

2    아우렐리오 사피(Aurelio Saffi, 1819~1890)는 이탈리아의 정치가이다.

대한 가슴 깊이 우러나는 감사의 표현을 기록한다. 그리고 이들 모임에서 주장된 평화의 원인과 원리의 승리에 대한 확고하며 흔들리지 않는 믿음을 표명했다.

이 회의의 근본 사상은 첫째, 모든 인민 사이에 모든 수단을 동원하여 전쟁의 불합리한 점과 평화의 커다란 축복에 대한 확신을 전파하는 일에 대한 필요성을 강조하고, 둘째, 국가들로 하여금 전쟁에 대한 국제적 중재의 우선순위를 자각하게 하며 군비를 축소할 필요성을 일깨우는 데 있다.

첫 번째 목적을 달성하기 위해서 이 회의는 역사 교사, 여성, 그리고 성직자에게 매년 12월 셋째 일요일에 전쟁의 해악과 평화의 축복을 설교해 줄 것을 권고했다. 그리고 두 번째 목적을 달성하기 위해 이 회의는 국가들이 자신들의 군대를 해체할 것과 전쟁 대신 중재를 활용하는 방법을 쓰자고 호소했다.

이처럼 이 회의는 사람들에게 전쟁의 해악을 알리고, 평화가 축복이라는 사실을 설교하라고 권고했다. 그러나 평화의 축복은 실제로 모든 사람에게 너무도 잘 알려진 것이 아닌가? 예배에서나 일상에서나 곁에 있는 사람에게 할 수 있는 가장 좋은 인사는 "당신에게 평화가 깃들기를!"과 같은 인사말을 건네는 것이 아닌가? 그런데 왜 군이 이를 설교해야 하는가?

기독교인뿐 아니라 이교도 역시 수천 년 전부터 전쟁의 해악과 평화의 축복에 대해 잘 알고 있었다. 그런 마당에 복음을 전하는 성직자들이 매년 12월 셋째 일요일에 전쟁의 해악과 평화의 축복을 설교해야 한다니! 이런 권고는 실로 매우 무익한 게 아닐까?

기독교도는 이 같은 주제에 대해 평생 언제나 설교하지 않을 수 없다. 만일 기독교인이나 기독교 설교자들이 그렇게 하고 있지 않다면 여기엔 분명 이유가 있을 터이며, 이 이유가 모두 제거되지 않으면 어떤 권고도 주효하지 않을 것이다.

국가더러 군대를 해산하고 국제 재판이나 국제적 중재위원회의 힘에 의존하라고 권고하는 것도 효력이 없을 것이다. 각국 역시 군대를 만들고 유지하는 일이 얼마나 어렵고 부담스러운지 잘 알고 있다. 만일 이 같은 어려움을 잘 알고 있음에도, 즉 무서운 긴장감과 노력을 지불해서라도, 군대를 만들고 유지해야 한다면 그들은 결코 다른 식으로는 행동할 수 없을 것이기 때문이다. 평화회의의 권고조차 그들을 절대로 변화시킬 수 없을 것이다. 그러나 학식 있는 귀족들은 이 사실을 깨닫고자 하지 않는다. 그저 계속하여 정치적 협력자를 찾고자 희망할 뿐이다. 그래 봤자 각국은 자신들의 권력을 스스로 제한하게 될 터인데도 말이다.

## 맥심 드 캄프의 주장
어떤 지식인 저자가 《리뷰 드 리뷰》에서 다음과 같이 물었다.

우리는 과연 전쟁을 없앨 수 있을까? 만일 전쟁이 유럽에서 터진다면, 그 결과는 마치 엄청난 수의 야만인이 침략한 것과 같을 것임에 모두 동의하고 있다. 모든 국가의 존재가 위험에 빠질 것이다. 그러므로 전쟁은 필사적이며, 유혈적이고, 절망적이며 잔인하게 될 것이다.

이러한 배려야말로, 현대의 최신 과학에 의해 발명된 무서운 파괴 병기와 함께, 전쟁을 선포하는 시간을 지연시키고, 현재의 일시적 질서를 유지하게 하는 것이다. 그러나 이 질서는 만일 유럽 국가들을 압박하고 있으며, 전쟁 그 자체보다 거의 나을 것이 없는 불행한 상태로 민족들을 몰아넣으려고 위협하는 군사력을 유지하기 위해 드는 무서운 비용이 없었다고 한다면, 무한히 계속될 수 있는 것일지 모른다.

이러한 생각에 놀란 여러 국가의 인간이, 그들이 위협받고 있는 무서운 살육의 결과를 예방하거나 적어도 완화시키려는 방법을 찾으려고 노력하였다.

바로 그런 것들이 로마에서 곧 열리게 될 평화회의에서, 「군비 축소에 대하여」라는 제목의 팸플릿으로 제출될 문제이다.

유감스럽게도 대부분의 유럽 국가들의 현재 제도는 서로 격리되어 있고, 특정한 이익에 의해서 이끌리고 있어서, 그런 현행 제도하에서 전쟁의 절대적 억제는 우리 자신을 위험스럽게 속이려 하는 환상이라는 데엔 불행하게도 의심의 여지가 없다. 그러나 국가 사이의 이러한 결투에 부과된 합리적인 법규와 결의는 적어도 그 공포를 제한할 수 있을지 모른다.

우리의 모든 독자의 마음에 현존하는 국민성이라는 것을 고려한다면, 먼저 불가능에 가까운 군비 축소라는 계획을 믿는다는 것은 오로지 황당무계할 뿐이다[이것은 아마도 프랑스가 그들의 복수를 하기 전에는 그 군대를 해체할 수 없다는 것을 의미한다[3]]. 여론은 그것을 받아들일 준비가 되어 있지 않고, 게다가 상이한 인민 사이의 국제적 관계는 그것들을 수용할 수 있도록 허용하지 않는다.

자국의 안보를 위협하는 상황에서 다른 국가에 의하여 어느 국가에 부과된 군비 축소는 전쟁 선언과도 맞먹을 것이다.

그러나 관련 당사국 간에 생각을 교환하는 것은, 어느 정도까지는 어떤 협상에 없어서는 안 될 좋은 이해의 일치를 만드는 데 도움을 줄 수 있고, 유럽 국가들을 내리누르며 사회적 문제의 해결을 심각하게 가로막는 군비 지출을

---

3 이는 톨스토이 자신의 비판이다.

상당히 감축할 수 있게 할 것이며, 그 사회적 문제는 그것을 외부적으로 회
피함에 대한 대가로 내부적인 전쟁을 겪는 아픔으로 반드시 각자가 개인적
으로 풀어야 한다는 것을 인정할 것이다.

우리는 선전포고일로부터 24시간 이내에 침략할 수 있고, 1주일 이내에 결정
적 전투를 행할 무력을 목적으로 현재 조직된 엄청난 전쟁 지출 비용의 감축
을 요구할 것이다. 우리는 국가들이 갑자기 공격하여 24시간 이내에 서로의
국경을 침략할 수 없도록 회의를 운영해야만 한다.

이런 실용적인 생각은 맥심 드 캄프[4]에 의해 제출된 것으로 그의 논문
이 요구하는 결론이기도 하다. 그의 주장은 다음과 같다.

1. 매년 외교회의를 열어야 한다.
2. 전쟁을 야기하는 사건 뒤 두 달 동안 전쟁 선포를 금지한다(여기서 어려움
   은 정확히 어떤 사건이 전쟁을 유발시켰는가를 판정하는 것이다. 왜냐하면 전쟁
   이 선포될 때마다 너무나 많은 사건들이 있었으며, 무엇으로부터 두 달이라는 간
   격을 계산할 것인가도 결정해야 하기 때문이다).[5]
3. 전쟁 참가를 준비해야 하는 인민의 투표에 회부하기 전에는 어떤 전쟁도
   선포될 수 없다.
4. 공식적인 선전포고가 있은 뒤 한 달 이내에 어떤 적대 행위도 시작되어서
   는 안 된다.

---

4   맥심 드 캄프(Maxime Du Camp, 1822~1894)는 프랑스의 작가이자 사진가이다.
5   이 부분도 톨스토이의 비판이다.

위의 저자는 이처럼 "어떤 전쟁도 개시될 수 없다. 어떤 적대 행위도 시작될 수 없다" 등등을 주장하지만, 도대체 누가 어떤 전쟁도 시작될 수 없다는 것을 결정한다는 말인가? 누가 인민에게 이것을 하라, 저것을 하지 말라고 명령할 수 있는가? 누가 강력한 국가로 하여금 그들의 작전을 정해진 기간 동안 지연하도록 강제할 수 있는가?

이에 대해 사람들은 '다른 모든 국가'라고 답할 것이다. 그러나 이런 다른 모든 국가 또한 제지되어야 하며, 제한 속에 묶어두어야 하며, 강제해야 하지 않는가? 그렇다면 누가 그들을 강제하는가? 그리고 어떻게 강제할 것인가?

이에 대해서는 또 '여론'이라 답할 것이다. 그러나 만일 국가들로 하여금 그들의 행동을 일정한 기간 동안 연기하도록 강제할 수 있는 여론이 있다면, 똑같은 여론이 국가로 하여금 전쟁을 전혀 선포되지 못하도록 강제할 수 있을 것이지 않는가?

일부에서는 힘의 균형(pondération des forces)이 존재하므로 국가들이 자진하여 자제할 것이라고 답할 것이다. 좋다. 그런 것은 과거에도 시도되었고 심지어 지금까지 시도되고 있다. 신성동맹[6]도 그런 것이었고, 평화연맹도 똑같은 것에 대한 또 하나의 시도이며, 그렇고 그런 것이다.

그러나 이는 모든 강대국이 동의하였다고 가정할 때 비로소 가능한 일이다. 만일 모든 강대국이 이 의견에 찬성한다면 확실히 더 이상 전쟁은 없을 것이고 중재할 필요도 없을 테니까 말이다.

---

6  1815년 9월, 러시아, 오스트리아, 프로이센이 파리에서 국제평화와 질서유지를 목적으로 체결한 동맹.

## 중재 법정의 가치와 군대의 감축

중재 법정! 중재가 전쟁을 대체할 수 있다고 사람들이 말한다. 어떤 문제이든 중재 법정에 의하여 결정될 것이라고 한다. 앨라배마 문제는 중재 법정에 의하여 결정되었고, 캐롤라인 섬 문제도 교황의 결정에 회부되었다는 것이다. 스위스, 벨기에, 덴마크, 네덜란드도 모두 전쟁보다 중재를 선호한다고 선언해왔다.

나는 모나코도 똑같은 결정을 표명했다고 감히 말한다. 유일하게 불행한 일은 독일, 러시아, 오스트리아, 프랑스가 이제까지 똑같은 성명을 하지 않았다는 점이다.

인간은 자신이 자신을 속일 필요가 있다고 여길 때, 어떻게든 스스로를 속인다. 정말이지 놀라울 뿐이다!

국가들은 그들의 분쟁을 중재에 의해 해결하고 그들의 군대를 해체하기

남북 전쟁 중 앨라배마 주 헌츠빌의 법원 광장을 점령한 북군(1864년)

로 동의한다니! 러시아와 폴란드, 영국과 아일랜드, 오스트리아와 체코(보헤미아), 터키와 슬라브 국가들, 프랑스와 독일의 분쟁이 화기애애한 타협으로 완화될 수가 있기를 바라고 있다고 하지 않는가!

이는 마치 상인과 은행가에게 "정해진 것보다 더 높은 가격에 팔지 말라, 아무런 이익 없이 부의 분배를 감행하라, 그리고 그 결과 불필요하게 된 화폐를 폐지하라"고 권유하는 것과 같다.

그러나 상업 및 은행 활동은 오로지 비용 가치 이상으로 판매하는 데 있으므로, 이는 돈을 버리고 자멸하라고 권유하는 것과 같을 것이다. 국가에 관해서도 마찬가지다. 폭력에 의거하지 말고 공평을 기하여 그들의 오해를 해결해야 한다고 국가에 제안하는 것은 그들에게 스스로 통치자임을 포기하라고 권유하는 것이며, 어떤 국가라도 결코 이에 응할 수 없을 것이다.

학식 있는 자들은 단체(그러한 단체는 수백 개가 넘는다)를 형성하고, 회의에 참가(가령 런던과 파리에서 최근에 열렸고 곧 로마에서 열릴 것)하며, 강연하고, 공공 만찬에서 식사하고 연설하며, 그 목적을 위해 잡지도 발행한다. 그리고 가능한 한 모든 수단에 의해 수백만 명의 군대를 지원하도록 강요받는 인민은 인내심의 최대치를 경험한다. 이렇게 엄청난 군대를 유지하는 것은 인민의 모든 목적, 특성, 희망에 반하는 것인데도 말이다. 게다가 저 유식한 자들은 무수한 논문을 통해 수많은 말을 쏟아냄으로써 모든 인간이 의견 일치를 보게 하고, 이들을 조정하여 서로 이해하여 반목하지 않게 만들어서 더 이상 전쟁이 일어나지 않도록 할 수 있다고 주장한다. 이런 일이 가능하다는 것을 증명하고자 노력한다는 것이다.

나는 어릴 때 종종 이런 이야기를 들었다. "새를 잡고 싶으면 새 꼬리에 소금을 묻혀야 된다"는 것이다. 그래서 손에 소금을 들고 새들을 열심히 쫓아다녔다. 그러나 나는 곧 깨달았다. 새의 꼬리에 소금을 묻힐 수 있다

220

면 그것은 곧 내가 새를 잡을 수 있다는 뜻임을 말이다.

마찬가지로 인민도 중재와 군비 축소에 대한 책과 논문을 읽을 때 똑같은 사실을 깨달아야만 한다.

만일 누군가 새의 꼬리에 소금을 묻힐 수 있는 정도가 된다면, 그것은 곧 그 새가 더 이상 날 수 없으며 따라서 새를 잡는 데에도 어려움이 전혀 없음을 뜻하는 것이리라. 반면 날개가 붙어 있고 잡히기를 원하지 않는 새들은 사람들이 자신의 꼬리에 소금을 묻히도록 두고 보지 않을 것이다. 새가 가장 잘할 수 있는 본능적 전공은 나는 것이기 때문이다.

정확하게 똑같은 식으로 접근해보자. 마찬가지로 국가의 본능적 전공은 복종하는 게 아니라 복종을 강요하는 것이다. 국가는 누군가를 복종하게 만들 때만 국가이다. 그러므로 국가는 언제든 그러한 일을 위해 애를 쓸 것이며, 결코 자발적으로 그 권력을 포기하지 않을 것이다. 그리고 국가의 권력이 의존하는 것이 군대인 한, 국가는 절대로 군대를 포기하지 않을 것이며, 전쟁에서 군대를 활용하는 것도 절대 포기하지 않을 것이다.

박식한 법학자들은 국가를 그것이 사실상 있는 그대로의 것, 즉 한 무리의 인간이 다른 무리의 인간을 억압하려고 뭉친 것이 아니라 과학이 보여주듯 시민의 집합체 대표라고 주장함으로써 자신은 물론 다른 사람마저 기만해왔다. 그들은 오랫동안 다른 인민들을 이렇게 설득했으므로 결국 스스로도 이를 확신하기에 이르렀다. 그 결과 "국가는 정의의 사상에 구속되는 것"이라고 상상한다.

그러나 역사가 보여준 바는 전혀 다르다. 카이사르부터 나폴레옹까지, 나폴레옹부터 비스마르크까지, 국가의 본질은 언제나 정의를 유린하는 폭력이었지 그 밖의 다른 어떤 것도 아니었다. 인간은 기만당하고 폭력적 행동에 적응하도록 훈련받은 병사가 되고, 정의는 그들을 이용해 타인을 지배하는 통치자나 통치자들에 대해 아무런 의무적인 힘을 가질 수 없다. 따라서 국가는 이처럼 훈련된 노예의 숫자를 감소시키는 데 절대 동의하지 못한다. 그들 노예야말로 국가 권력을 유지해주는 가장 중요한 요소이기 때문이다.

이것이 바로 우리 사회를 무너뜨리는 모순에 대한 일부 유식한 학자들이 취하는 태도이자 문제를 해결하는 그들만의 방법이다. 만일 당신들 인민이 "모든 문제가 오늘날 주어진 도덕적 및 종교적 질문, 즉 자기들 몫의 병역의무를 이행하는 것이 합법적인지 불법적인지에 대한 질문에 대한 각각의 개인적 태도에 달려 있는 것인가?"라고 묻는다면 이 박식한 귀족들은 어깨를 움츠리며 거만하게도 당신의 말을 듣지 않거나 답변하려 들지 않을 것이다.

그들에게 이 질문에 대한 해답은, 강연을 듣고 책을 저술하며, 대통령이나 부대통령 및 서기를 선출하고, 처음엔 이 도시에서 다음엔 다른 도시에서 모임을 가지며 연설하는 것일 뿐이다. 그들의 의견에 따르면, 국가는 이 모든 연설과 저술로부터 영향을 받아 병사 징집을 멈출 것—그들에게 국가의 모든 권력이 의존하고 있음에도—이고, 자신들의 강연을 듣고 군대를 해제할 거라고 한다. 이웃에 대해서, 그리고 인민에게 어떤 방어조차 취하지 않을 거라고 한다. 이는 마치 한 무리의 강도가 무장하지 않은 여행자를 묶고 약탈할 준비가 되었는데도, 그들이 묶여 있는 오랏줄이 가하는 고통에 대한 불평에 너무나 감동한 나머지 그들을 다시 놓아주는 형국이다.

아직도 이렇게 믿으면서 평화회의 문제로 분주히 돌아다니고, 강연을 듣거나 책을 저술하는 자들도 많다. 그리고 국가는 이에 동정심을 표현하며 그들을 격려하는 체한다. 국가의 이런 태도는 속이 훤히 들여다보이는 뻔한 수법이다. 그들은 똑같은 방법으로 금주 단체를 지원하는 척하면서 기본적으로 인민이 술에 취한 상태를 이용하며 권력을 유지한다. 또한 자신들의 권력이 인민의 무지에 기초한다는 것을 인지하면서도 교육을 장려하는 척하고, 자신들의 전체 권력이 자유의 결여에 의지한다는 것을 잘 알면서도 헌법적 자유를 보장하는 척한다. 나아가 노동 계급의 상태 개선을 염려하는 척하면서 정작 그들의 존재 자체를 억압하고, 기독교가 국가의 존립에 위협적이라 여기면서도 기독교를 지원하는 척한다.

이런 모든 일을 가능하게 하기 위해 국가는 교묘한 전략을 구사한다. 오래전에 금주를 장려했던 방법으로는 음주를 억제할 수 없고, 교육을 지원했던 방법으로는 무지함을 막을 수 없으며, 자유와 입헌주의를 지키기 위해 썼던 방법으로 폭정을 막을 수 없고, 노동자 계급을 보호하는 척했던 방법으로는 그들을 노예 상태에서 벗어나게 할 수 없다는 것을 잘 알면서 여전히 그런 방법을 써먹는다. 그리고 기독교 역시 국가의 계책에 따라 국가를 파괴하기커녕 지원한다.

이제 국가로서 장려해야 할 것이 분명해졌다. 평화가 바로 그것이다. 그러나 오늘날 군주는 각료들에게서 조언을 듣는 가운데, 오로지 그들에게 의지하여, 수백만 명을 도살할 작전을 올해 안에 시작해야 하는지, 시간을 두고 시작해야 하는지 결정한다.

물론 국가는 평화에 대한 담론들이 자신에 유리하다고 느껴질 때, 수백만 명의 인민을 도살장으로 보내는 것을 막지 못한다는 것을 너무나 잘 알고 있다. 그래서 이 같은 담론을 경청하고 장려한다. 평화 담론의 가장 큰 문제는, 가장 중요하며 당면한 주요 사안들로부터 국가가 인민의 관심을 돌림으로써 정작 국가에 도움을 주고 있다는 사실이다. 그러므로 우리는 또 자신에게 물어야 한다. 인민 각자는 군대에 복무하기 위해 병역의무에 응해야 하는가, 말아야 하는가? 이에 대한 국가의 주장은 다음과 같다.

평화는 동맹과 회의, 책과 팸플릿 덕택에 곧 정착될 것이다. 그동안 너희들은 나가서 너희들의 제복을 입고, 우리의 이익을 위해 고통을 인내할 준비를 하라.

각종 회의를 개최하고 수많은 논문을 쓰는 학식 있는 귀족들 또한 국가의 주장에 완벽하게 동의하는 것 같다.

그들 역시 이런 태도가 국가에 가장 이롭다고 보고, 모든 지혜로운 국가는 이를 장려해야 한다고 여기기 때문이다.

## 모파상의 전쟁관

전쟁에 대한 태도 가운데엔 비극적인 요소를 내포한 것도 있다. 평화에 대한 동경과 전쟁의 불가피함은 소름 끼치는 모순을 만드는데, 이는 어쩔 수 없는 인간의 운명이라고 주장하는 비극적인 태도이다. 이런 주장을 펼치는 이들은 대개 가장 유능하고 예민한 자들로서 전쟁의 공포와 어리석음 및 잔인함을 목격하고 여러 가지를 깨닫지만, 마음의 왜곡으로 인해 이러한 입장에서 벗어날 방법을 찾지도 구하지도 않는다. 그저 인류의 절망적인 입장을 사색하면서 상처를 건드리는 데서 쾌락을 느낄 뿐이다.

이러한 태도를 보여주는 극명한 예로 유명한 프랑스 소설가인 기 드 모파상[7]의 경우를 들 수 있다. 요트에 올라 프랑스 병사들의 훈련과 사격 연

---

7  기 드 모파상(Guy de Maupassant, 1850~1893)은 프랑스 자연주의의 대표 작가로 플로베르와 졸라에게 배우고 단편 「비곗덩어리」를 발표하여 명성을 얻었다. 「여자의 일생」, 「벨 아미」 등이 유명하다.

습을 멀리서 바라보면서 그는 다음과 같이 생각했다.

전쟁!! 오직 이 전쟁이라는 단어를 생각하는 것만으로도 나는 일종의 공포에 사로잡힌다. 마치 내가 어떤 마법이나 종교 재판의 이야기라도 듣고 있는 것처럼 일종의 공포감과 허탈감이 생긴다. 이미 끝난 과거의 괴물 같고 자연스럽지 못한 것에 대한 이야기에 귀를 기울이는 것만 같다.

식인종의 만행 이야기를 들을 때, 우리는 그런 야만인보다도 우리가 우수하다는 자부심으로 미소 짓는다. 그러나 과연 어느 쪽이 더 야만적인가? 누가 진짜 야만인인가? 정복당한 자를 먹기 위해서 살인을 범하는 자들인가, 아니면 죽이기 위해서, 오로지 죽이기 위해서 살인을 저지르는 자들인가?

지금 젊은 보충병들은 호령에 따라 초원의 저쪽 전선에서 움직이고 있지만, 그들은 백정에 의해 길을 따라 몰려가는 양 떼와 같이 죽을 운명일 뿐이다. 그들은 군도로 머리가 잘리거나 가슴에 총알이 관통하여 평원에 넘어질 것이다. 이들은 모두 일을 하면 너무나 생산적이며 유익한 젊은이들인데도 말이다.

그들의 아버지들은 나이가 들고 가난하다. 그들의 어머니들도 그들을 20년 동안 사랑했다. 그들은 오로지 어머니들만이 할 수 있는 숭배를 받았다. 6개월 안에, 아니 어쩌면 1년 안에 그들의 아들, 그들의 아이, 그렇게 많은 애를 써서 양육한 큰 아이가 그렇게 귀중하고, 그렇게 사랑했건만, 죽은 개처럼 구덩이에 던져져, 총에 맞아 창자가 튀어나오고, 밟히고, 부서져서, 기병대의 공격으로 반죽 덩어리가 될 것임을 알게 될 것이다. 그들은 왜 그녀의 아들을, 그녀의 멋진 아이를, 그녀의 유일한 희망을, 그녀의 자랑을, 그녀의 생명을 죽였는가? 그녀는 모른다. 오, 정말 왜 그런가?

전쟁!! 서로 싸우는 것! 도살! 인간 살육! 그렇다. 이제 우리의 세기에, 우리의 문명으로, 과학의 확산과 사람의 천재성이 달성하게 되어 있는 철학의 정도로, 죽이기 위해, 멀리까지, 완전하게, 한꺼번에 대량으로 살상하기 위해, 어떤 재판도 거치지 않고 가족을 가진 무고한 인간으로 가련한 자들을 죽이는 교육을 하는 학교를 우리는 지금 가지고 있다.

그리고 가장 당혹스러운 것은, 인민이 그들의 국가를 반대하여 일어나지 않는다는 점이다. 군주국가와 공화국 사이에 어떤 차이점이 있는가! 가장 당혹스러운 것은 전체 사회가 전쟁이라는 말에 반대하여 일어나지 않는다는 점이다. 그렇다. 아! 우리는 언제나 오래된 혐오스런 관습, 범죄적인 편견, 우리의 야만적인 선조의 난폭한 사상 같은 짐 아래서 살고 있다. 왜냐하면 우리는 본능에 의해 지배되며, 어느 것에 의해서도 변화되지 않는 짐승이며, 언제나 짐승으로 머물러 있을 것이기 때문이다. 다른 사람이 아닌 빅토르 위고조차도 해방과 진리의 거대한 외침으로 추방되지 않았던가?

오늘날 힘은 폭력으로 불리며 심판을 받고 있다고 빅토르 위고는 말했다. 전쟁은 심판대에 올려졌다. 인류의 탄원으로 문명은 전쟁의 죄를 묻고, 정복자와 장군을 고발하는 범죄에 대한 방대한 목록을 작성한다.

인민은 범죄의 규모가 정상 참작이 될 수 없음을 깨닫기 시작하고 있다. 만일 살인이 범죄라면, 많은 사람을 죽이는 것은 결코 정상 참작이 될 수 없다. 만일 강도질이 수치스럽다면, 침략은 명예로울 수가 없다.

아! 이런 절대적 진리를 선언하자. 전쟁을 불명예로 여기자!

그러나 이는 공허한 분노다. 일개 시인의 분노일 뿐이다. 전쟁은 예전보다 더욱 존중되고 숭배되어진다.

그 방면에 숙달된 명우, 천재적인 도살자인 폰 몰트케[8]는, 평화 사절단에게

---

8    폰 몰트케(Helmuth Karl Bernhard Graf von Moltke, 1800~1891)는 독일의 군인이었다.

답하여 다음과 같이 이상한 말을 내뱉은 적이 있다.

"전쟁은 성스럽다. 전쟁은 신이 명하신 것이다. 그것은 세상에서 가장 성스러운 법칙 중의 하나다. 그것은 인간 사이에서 모든 위대하며 고귀한 감정을 유지시켜준다. 즉 명예, 헌신, 미덕, 용기다. 그리고 간단히 말해서 그들이 가장 추악한 물질주의에 빠져드는 것으로부터 구해준다."

그렇다면 수백만 명의 인민을 함께 떼를 지어 쉬지도 않고 밤과 낮으로 행군하게 하며, 아무것도 생각하지 않고, 아무것도 공부하지 않고, 아무것도 배우지 않고, 아무것도 읽지 않고, 누구에게도 소용이 없으며, 오물 속을 뒹굴며, 진흙탕에서 잠자고, 끊임없이 마비 상태로 짐승같이 살며, 도시를 약탈하고, 마을을 불태우며, 전체 백성을 멸망하게 한다.

그 뒤 다른 인간 무리의 살덩어리를 만나면, 그들 위에 넘어지고, 피의 웅덩이와 밟혀진 진흙에 섞인 살점과 시체 더미로 붉게 물든 평원을 만들며, 당신의 팔이나 다리들이 날아가고, 당신의 머리가 아무에게도 이익이 되지 못하면서 날아가고, 들판의 한구석에서 죽어가고 있을 때, 당신의 노부모, 당신의 아내와 자녀는 배고픔으로 죽어가고 있다.

그런데 그것이 바로 가장 추한 물질주의로 빠져들지 않음을 의미하는 것이다!

군인들은 세상의 골칫거리다. 우리는 우리의 불쌍한 생활이 덜 힘들도록 만들기 위하여 자연과 무지와 모든 종류의 장애에 맞서서 투쟁한다. 학자들은 모든 동포들의 후원자로서, 무엇을 도와줄 수 있는지, 무엇이 유익한지, 그들 동료의 운명을 덜어줄 수 있는 것을 찾으면서, 그들의 삶을 일하면서 보낸다.

발견에 발견을 계속하면서, 인간 지능의 영역을 넓히면서, 과학의 한계를 넓히면서, 지식의 더미 위에 약간씩 새로운 것을 나날이 더해가면서, 그들의 국가를 위해 나날이 번영, 안락, 힘을 더해가면서, 그들은 유익함을 위한 그들의 작업에 몸을 아끼지 않고 스스로를 헌신한다.

그러나 그곳에 전쟁은 터진다. 겨우 6개월 안에 장군들은 20년 동안의 노력, 인내 그리고 천재성의 작업을 파괴해버린다.

그런데 그것이 바로 가장 추한 물질주의에 빠지지 않는 것을 의미한다는 것이다.

우리는 그것, 바로 전쟁을 겪었다. 우리는 인민이 짐승으로 변하고 미쳐버려, 재미 삼아, 두려워서, 혈기로서, 허풍으로 살인하는 것을 보았다. 그럴 때 더 이상 옳은 것은 없고, 법은 죽은 것이 되었으며, 모든 정의의 신조는 사라져버렸다. 우리는 길 위에서 발견한 무고한 사람들을, 그들이 두려워하기 때문에 의심하여 쏘아 죽이는 것을 보았다.

우리는 그들이 자신들의 새로운 권총을 시험하려고 주인의 문에 묶인 개들을 죽이는 것을 보았다. 우리는 그들이 들판에 누워 있는 소들에게 정말 아무 이유도 없이, 막연히 쏘는 것 자체를 위하여 재미로 총질하는 것을 보았다.

그런데 그것이 바로 가장 추한 물질주의에 빠지지 않는 것을 의미한다는 것이다.

적국에 침입해서는, 블라우스를 입고 머리에 군모를 쓰지 않았다고 집을 지키는 사람의 목을 베고, 먹을 것도 없는 불쌍한 주민의 거처를 불태우며, 가구를 부수고, 남의 물건을 훔치며, 남의 지하실에서 발견한 포도주를 훔쳐 마시고, 거리에서 여자를 겁탈하며, 수천 프랑의 값이 나가는 화약을 불태우고, 그리고 그들이 가는 곳에 불행과 콜레라를 남긴다.

그런데 그것이 바로 가장 추한 물질주의에 빠지지 않는 것을 의미한다는 것이다.

결국 보잘 것 없는 지성을 증명하기 위해 그들 병사들은 무엇을 했는가? 아무것도 없다. 그들이 무엇을 발명하였는가? 대포와 소총이 전부다. 반면 그리스로부터 우리에게 남아 있는 것은 무엇인가? 서적과 조각이다.

그리스는 우리에게 무엇을 남겼는가? 책과 대리석이다. 그리스는 정복으로 위대한가, 아니면 창조로 위대한가? 그리스가 가장 추한 물질주의로 빠지는 것으로부터 구한 것이 페르시아인의 침략이 아니다. 로마를 구하고 재건한 것은 야만인의 침략이 아니지 않는가? 지난 세기 말엽의 철학자들에 의해 시작된 위대한 지적인 움직임을 계속 추진한 것이 나폴레옹 1세였는가?

아니다. 정말 아니다. 이렇게 국가가 인민을 전멸시킬 수 있는 권리를 주장하므로, 인민이 국가를 전멸시킬 권리를 주장한다는 사실이 전혀 놀랍지 않다.

그들은 자기 자신들을 방어한다. 그리고 그것은 옳다. 아무도 다른 인민을 다스릴 절대적인 권리를 갖지 않는다.

타인을 지배할 수 있는 것은 오직 통치받는 자들의 권익을 위하여 행해져야 한다. 그리고 선박 선장의 의무가 배의 난파를 피하게 하는 것이듯, 전쟁을 피하는 것이 통치자의 의무다.

선장이 그의 배가 파손되도록 내버려둘 때, 만일 그가 직무태만이나 심지어 무능함으로 유죄라면, 그는 심판받고 기소된다.

그렇다면 왜 국가는, 각기 전쟁 선언이 끝난 뒤에, 심판대에 세우면 안 되는가? 만일 인민이 그것을 깨달았다면, 만일 그들이 살인적인 국가에게 스스로 심판을 내렸다면, 만일 그들이 쓸모없이 죽임을 당하는 것을 거절했다면, 만일 그들이 단지 그들에게 대학살을 위해 무기를 준 인민에게 그것을 돌렸다면, 바로 그날 전쟁은 더 이상 일어나지 않을 것이다.

그러나 그날은 결코 오지 않을 것이다.[9]


위 글의 저자는 전쟁의 모든 공포를 잘 알고 있다. 그는 국가가 인민을 속

---

9 러시아어 판에는 이에 대해 "「물 위에서*Sur L'eau*」, 71~80쪽"이라는 주가 붙어 있다.

1870년 8월 16일, 프로이센 중장기병 7기가 마르-라-투르 전투에서 프랑스 대포를 부수고 있다.

임수로 강요하여 자신에게 아무런 이득이 없음에도 살육하고 살해되도록 종용함으로써 전쟁이 비롯된다는 것을 알고 있다. 그는 또한 군대를 구성하는 인간들이 그들의 무기를 국가에 맞서 거꾸로 돌릴 수 있고, 그들에게 설명을 요구할 수도 있음을 잘 알고 있다. 그러나 그는 이런 일이 결코 벌어지지 않을 거라 생각한다. 따라서 현재의 상황에서도 벗어날 수 없다고 생각한다.

> 나는 전쟁이 무섭지만, 그것은 회피할 수 없다고 생각한다. 강압적인 병역의 무는 죽음처럼 피할 수가 없고, 국가가 언제나 그것을 바라고 있으므로 전쟁은 언제나 존재할 것이다.

이 재능 있고 성실하며 진지한 저자는 그렇게 쓰고 있다. 그는 시적 능력의 정수인 그 주제의 가장 깊은 핵심에 침투할 수 있는 힘을 부여받은 작가다. 그는 우리들 앞에 인간의 도덕적 자각과 행동 사이의 모순과 불일

230

치에서 나오는 모든 잔인함을 나열하여 보여주었다. 그러나 이것을 해결하려 노력하는 대신 이 같은 불일치는 반드시 존재하는 것이며, 그것이 인간 생활의 시적인 비극성이라고 인정할 따름이다.

## 로드의 전쟁관

모파상보다 결코 덜하지 않은 재능을 가진 또 한 사람의 작가 에두아르 로드[10]는 훨씬 더 생생하게 현재 상황의 잔인함과 광기를 다음과 같이 더욱 상세하게 그렸다. 그러나 그 역시 오로지 비극적인 특징만을 나타내려 노력했으며, 그 상태를 전복시키고 거기에서 탈출할 수 있는 어떤 대안을 제시하거나 예견하지는 않았다.

에두아르 로드

> 그렇다면 무엇인가를 행하고 시도하는 것이 무슨 소용인가? 어떤 사업을 책임지는 것이 무슨 소용인가? 도대체 무엇을 위한 것인가? 미래의 새로운 날마다 위험의 협박을 받는 이 혼란스러운 시대에 우리가 어떻게 인간을 사랑할 수 있는가? …우리가 시작한 모든 것, 우리가 성숙시키고 있는 모든 사상, 우리가 예상하는 모든 사업 계획, 우리가 행할 수 있었던 조그만 선행 모두, 지금은 대기하고 있지만 곧 닥칠 폭풍우에 의해 완전히 쓸려 가버리지 않겠는가? …
> 도처에서 지구는 우리 발아래 흔들리고 있으며, 우리에게 아무런 연민도 가지지 않는 우리의 수평선에 폭풍우 구름이 모여들고 있다.
> 아! 그러나 만일 우리가 두려워해야 하는 모든 것들이, 우리를 무섭게 할 혁

---

10  에두아르 로드(Édouard Rod, 1857~1910). 프랑스의 소설가이다.

명뿐이라면! 나는 우리의 현대 사회보다 더 역겨운 것은 상상할 수 없기 때문에, 현대 제도를 대체할 새로운 제도에 대해 두려워하기보다 더욱 회의를 느낀다. 내가 변화로부터 더욱더 고통을 받아야 했다면, 오늘의 사형집행자들은 과거의 희생자들이라는 것으로 체념하며, 좀 더 나은 어떤 것에 대한 기대에서 우리에게 최악을 참도록 도와주리라는 생각에 위안을 받을 수 있을 것이다.

그러나 나를 놀라게 하는 것은 그런 먼 장래의 위험이 아니다. 나는 가까운 현재에 있으며 훨씬 더 잔인한 다른 위험을 본다. 그것은 더욱 잔인하다. 왜냐하면 그것에 대해서는 변명의 여지가 없으며, 부조리하며, 아무런 선행도 할 수 없기 때문이다. 사람들은 날마다 내일의 전쟁의 우연적인 가능성을 분석한다. 그리고 날마다 그 우연성은 더욱더 회피할 수 없는 것이 되어간다.

우리 시대 모든 진보의 결과로서 우리 세기의 말엽에 다가올 것으로 예상되는 대파국을 사상은 믿으려고 하지 않는다. 그러나 우리는 반드시 그것을 믿고 직면하는 데 익숙해져야 한다.

과거 20년 동안 학문의 모든 자원이 파괴 도구를 발명하는 일에 소모되었고, 그 결과 조만간 대포 몇 방이면 전체 군대를 전멸시키기에 충분하게 되었다. 더 이상 과거처럼 수천 명의 불쌍한 인간들이 그 피에 대한 대가를 받으며 무장하지 않고, 이제는 전체 인민이 상대방의 목을 자르기 위해서 무장하고 있다.

그들은 이제 그들의 시간을 더욱 확실하게 강탈당하고 (강압적인 병역의무로 인하여)[11] 뒤에는 그들의 목숨마저 더욱 확실하게 강탈당할 것이다. 엄청난 대살육 작업에 그들을 준비시키기 위하여, 그들이 증오받기 때문이라고 설득하여 그들의 증오에 불을 붙인다. 선량하고 평화스러운 인민이 어리석은 명령에

---

11  이는 톨스토이에 의한 보충이다.

복종하여 그렇게 농락을 당하고, 서로에게 난폭한 짐승처럼 포악하게 달려든다. 그리고 그 모든 원인, 즉 평화스런 시민이 성난 무리가 되어 무기를 드는 원인이라는 것은 전방의 약간 웃기는 사소한 문제나 식민지 교역의 이익에 불과할 뿐인데도, 이를 빌미로 내리는 그 공허한 명령 한마디에 사람들은 무기를 든다. 하늘만이 오로지 그것이 무엇인지 알고 있다….

그리고 그들은 도살되는 양처럼 끌려갈 것이다. 그들은 그 모든 것에도 불구하고 그들이 어디로 가는지도 모르고 있고, 그들이 자신의 아내를 떠나고 있는 것만을 알고 있고, 그들의 자녀들이 먹을 것이 없어질 것이라는 것만을 알고 있다. 그들은 걱정이 가득 차 있지만, 그들의 귀에 멍하게 울리는 그럴듯한 거짓말에 취해 있을 뿐이다.

그들은 전혀 반항하지 않고, 순순히, 얌전하게 행군할 것이다. 자신들이 힘이라는 것도, 그들이 서로 협력하는 방법을 배운다면, 그리고 외교라고 하는 야만적인 속임수 대신에 건전하고 좋은 감정과 동포애를 확립하게 된다면 권력을 스스로 장악할 수 있는 것도 모르고.

그러나 그들은 그렇게 현혹되고 속아서 전투지로 행군한다. 결국 그들은 살해, 살육을 그들의 의무로 믿고, 그들의 피에 대한 욕망에 대해 신에게 은총을 내려달라고 기도한다.

그리고 그들은 자신들이 심어놓은 곡식의 밭을 밟으며, 자신의 손으로 세운 도시를 불태우면서 승리의 노래와 축배의 음악, 즐거움의 환성을 지르면서 전투에 나아간다. 그리고 그들의 자식들은 자신의 아버지들을 누구보다도 멋지게 살육한 자들을 위해 기념비를 세울 것이다.

전체 세대의 운명은, 상당히 음울한 정치가가 뒤이어 그들에게 서로 날아가게 하는 신호를 보내는 시간에 달려 있다.

우리는 우리의 가장 좋은 사람들이 잘려버릴 것이고, 우리의 업적은 초기에 파괴될 것임을 잘 안다.

우리는 그것을 알고서 분노로 떨지만, 우리는 아무것도 할 수가 없다. 우리는 관료들과 관료주의, 그리고 색인이 붙은 서류망의 고통에 꽉 매여 있어서 우리를 자유롭게 하려면 너무나 큰 충격이 필요할 것이다.

우리는 우리를 보호하려고 우리 스스로 세운 법에 의해 노예가 되었고, 그것은 우리를 억압하고 있다.

우리는 인간임을 포기한 독재적 관념의 물건일 뿐이다. 우리가 국가라고 부르는 허구적인 것의 소유물이 되었을 뿐이다. 국가는 각 개인을 모든 인민의 의지의 이름으로 노예화하고, 그 모든 인민인 우리는 모두 정확히, 개별적으로 본다면, 우리가 행하도록 명령받은 것의 정반대를 원하고 있다.

그리고 만일 그것이 한 세대만이라면, 그나마 다행이라고 할 수 있다! 그러나 그곳엔 더욱 중대한 문제가 걸려 있다.

민중의 나쁜 정열을 악용하고 돈을 받는 정상배, 야망에 눈이 먼 정치가, 그리고 그럴듯한 궤변에 속는 바보들이, 너무나 국가 간의 반목을 심화시켜서 전체 인류의 운명이 내일의 전쟁 위기에 의해 결정되기에 이르렀다. 정복당한 패자는 당연히 소멸되어야 하고, 새로운 유럽은 더 이상 나쁘게, 더 이상 난폭하게, 더 이상 야만적으로, 더 이상 폭력적으로 될 수 없을 정도로, 조잡하고 피에 굶주리며, 그러한 범죄에 의해 더럽혀진 기초 위에 형성되고 있다.

그렇게 하여 우리는 엄청난 절망의 무게 아래에서 무너지는 것을 느낀다. 우리는 지붕 위에서 소총이 우리를 노리고 있는 막다른 골목에서 싸우고 있다. 우리의 노력은 마치 배가 가라앉기 시작할 때 선원이 그들의 마지막 임무를 수행하는 것과 같다. 우리의 쾌락은 선고받은 희생자의 것과 같아서, 그가 처형당하기 15분 전에 자신이 좋아하는 맛있는 음식을 제공받는 것과 같다.

고통으로 생각이 마비되고, 생각이 감당할 수 있는 최대한의 것을 계산해보는 것이다. 장관의 모호한 궤변을 해석해보고, 통치자인 황제가 하는 연설의 의미를 한 자씩 적어보며, 그리고 신문에 확실하지 않은 출처로 보고되는 외교관의 발언에 대해 되새김질 해보면서 우리가 살해되는 것이 내일이 될지 모레가 될지, 올해가 될지 내년이 될지를 계산해보는 것이다. 그래서 어떤 이는 부질없이 역사상에서 고통의 압박 아래 있던 더욱더 불안전하고 억압받았던 시대를 찾아볼 것이다.[12]

여기서 힘은 그들 자신의 파멸을 만들어가는 인민의 손안에, 대중을 구성하는 개개 인간의 손안에 있음이 드러났다. 악의 근원이 국가임도 드러났다. 생활과 양심의 갈등은 그것이 갈 수 있는 한계에 도달하였음이 분명하고, 이 한계에 도달한 뒤에는 어떤 해답이든 반드시 찾아내야 할 정도의 한계에 이르렀음도 분명하다고 생각된다.

그러나 위 저자는 그렇게 생각하지 않는다. 그는 여기서 인간 생활의 비극성을 보고 있고, 그 사태의 모든 공포를 묘사한 뒤, 인간의 생활은 이러한 공포 가운데서 발생해야 한다고 결론을 내린다.

이상이 전쟁을 어떤 비극적이며 숙명적으로 정해진 것으로 여기는 인민의 두 번째 태도다.

세 번째 태도는 모든 양심을 잃어버리고, 결국 인류에 대한 모든 일반적 감정과 느낌을 잃어버린 자들의 태도다.

이 범주에 몰트케가 포함되며, 그의 의견은 모파상이 위에서 인용한 것이다. 대부분의 군인들은 이러한 잔인한 미신으로 교육을 받고, 그것으로 살고 있으며, 결국 보통 너무나 단순하게, 전쟁은 피할 수 없을 뿐만 아니라 필요

---

12    러시아 판에는 여기까지가 E. 로드의 『생활의 의의Le sens de la vie』에서 인용한 것이라 밝히고 있다.

하며 이로운 것이라고 소박하게 믿고 납득하고 있다. 이것은 또한 군인이 아니라 소위 교육을 받아 교양 있다고 자처하는 일부 인민의 시각이기도 하다.

## 두스의 전쟁관

다음은 저명한 학술회 회원인 카미유 두스[13]가 《리뷰 드 리뷰》의 편집자에게 답하여 쓴 편지로, 전쟁에 관한 몇 가지 편지와 함께 편지 특집호의 하나로 출판되었다.

카미유 두스

삼가 아룁니다. 귀하께서 학술회 회원 중에서 가장 평화를 사랑하며 비호전적인 사람에게 그가 전쟁을 지지하는지 물을 때, 그의 대답은 이미 정해져 있습니다. 유감스럽게도 당신 자신은 자신의 너그러운 동포들에게 꿈처럼 감명을 주는 평화의 이상을 말하고 있습니다.

평생을 통하여 나는 국제적 학살의 놀라운 관행에 대하여 아주 많은 인민이 항의하며, 그것에 대해 모두가 인정하며 비통해하는 것을 들었습니다만, 그러나 도대체 어떤 구제책이 있습니까?

가끔은 결투를 억제하려는 시도가 있었습니다. 사람들은 그것이 쉬운 일인 것처럼 상상할 테지만, 전혀 그렇지 않습니다! 그러한 고상한 목적에 대해 여태까지 행해진 모든 것은 결코 소용이 없었으며, 앞으로도 결코 소용이 없을 것입니다.

모든 평화회의 석상에서 전쟁은 물론 결투에 대해서도 반대투표를 할 것이지만, 모든 중재, 모든 조약, 모든 입법에 앞서 언제나 각자에게는 인간적인

---

13    카미유 두스(Camille Doucet, 1812~1895)는 프랑스의 시인이자 극작가이다.

명예심이라는 것이 있을 것이며, 그것은 언제나 결투를 요구해왔고, 국민의 이익도 있으니 그것들은 언제나 전쟁을 요구합니다.

나는 그럼에도 불구하고 나의 가슴 깊은 곳에서 만국평화회의가 마침내 매우 명예롭고 어려운 사업에서 성공하기를 기원합니다.

카미유 두스

이 편지의 요지는 인민을 싸우게 하는 것은 개인적인 명예심이고, 국가의 이익이 그들로 하여금 서로를 망하게 하고 전멸시키려 한다는 것이다. 따라서 전쟁을 폐지하려는 노력에 대해 그들은 오로지 미소만 지어 보일 뿐이다.

## 클라레티의 전쟁관

다른 저명한 학술회원인 쥘 클라레티[14]의 의견도 똑같은 것이다.

쥘 클라레티

삼가 아룁니다. 이성을 지닌 사람에게는 평화와 전쟁의 주제에 관해 오로지 한 가지 의견만이 있을 수 있습니다.

인류는 평화스런 노동으로 살아가며, 자유롭게 살며, 자신들의 운명을 완성하고 개선하는 자유를 가지고 살도록 창조되었습니다.

만국평화회의에서 호소되는 보편적인 화합은 아마도 하나의 꿈에 불과한 것이겠지만, 적어도 모든 꿈 중에서 가장 아름다운 것입니다. 사람은 언제나 약

---

14    쥘 클라레티(Jules Clarétie, 1840~1913)는 프랑스의 평론가이다.

속된 미래의 땅을 찾고 있고, 그곳에서는 곡식이 포탄에 의해서 찢겨지거나 대포 바퀴에 의해서 뭉개질 두려움이 없이 익어가게 되어 있습니다…

아! 그러나 철학자들과 박애주의자들이 권력을 확보하지 않고, 우리의 병사들이 우리의 국경과 가정을 지키는 것은 당연하고, 능숙하게 사용된 그들의 무기는 아마도 우리가 사랑하는 평화의 가장 확실한 보장이 될 것입니다. 평화는 오로지 강하고 굳센 자들에게 인정된 선물입니다.

쥘 클라레티

이 편지의 요지는 아무도 의도하지 않으며 절대적 의무로서 여기지 않는 것을 토론하는 것은 아무런 해가 되지 않지만, 실제에 부딪히면 우리는 싸워야 한다는 것이다.

에밀 졸라

## 졸라의 전쟁관

다음은 유럽에서 가장 인기 있고 유명한 소설가인 에밀 졸라가 최근에 전쟁의 의의에 대해 표명한 견해다.

나는 전쟁이라는 것을 인간에게 불가피한 숙명적인 필요라고 여긴다. 그것은 인간의 본성 및 세계의 전체적 구성의 긴밀한 관계로부터 우리에게 필연적인 것처럼 보이기 때문이다. 나는 전쟁이 가능한 한 오랫동안 지연될 수 있기를 희망한다. 그럼에도 때가 오면 우리는 전쟁에 나가야만 하는 것이다.

나는 이 순간 그것을 보편적 인류의 관점으로부터 고려하고 있으며, 독일과 관련한 우리의 오해, 즉 인류의 역사상 가장 사소한 사건을 언급하는 것이 절대로 아니다. 나는 전쟁이 필요하며 유익하다고 말한다. 왜냐하면 그것은 인류를 위한 존재의 조건 중 하나라고 느껴지기 때문이다.

전쟁은 어디에서나 우리와 대면하고 있다. 인종과 민족 간의 전쟁뿐만 아니라, 사적이며 가족적인 생활에도 역시 전쟁이 있다. 전쟁은 진보의 가장 중요한 요소 중의 하나이다. 그리고 인류가 지금까지 밟아온 모든 진보를 향한 걸음마다 유혈이 동반되어왔다.

사람들은 군비 축소에 대해서 논의해왔으며, 아직도 논의하고 있지만, 군비 축소는 불가능한 어떤 것이다. 비록 그것이 가능하다고 할지라도 우리는 그것에 동의해서는 안 되고 반드시 거부해야 한다. 무장한 국민만이 강력하고 위대하기 때문이다. 나는 전 세계적인 보편적 군축은 도덕적인 타락과 같은 것을 초래하며, 그 자체가 보편적 나약함과 무기력을 나타내며, 인류의 진보적 전진을 방해한다고 확신한다.

호전적인 국가는 언제나 강성하였으며 번영하였다. 전쟁의 기술은 다른 모든 기술의 발전으로 이어졌다. 역사가 그것을 증명하고 있다. 그러므로 아테네와 로마에서 상업, 공업 및 문학은, 그들 도시가 무기의 힘에 의한 전체 세상의 주인이 되었을 때보다 결코 높은 위치까지 도달하지 못했다.

우리 자신의 시대에 근접한 시대를 예로 든다면, 우리는 루이 14세의 시대를 상기할 수 있을 것이다. 그 위대한 대왕의 전쟁은 예술과 과학의 진보에 아무런 장애가 되지 않았을 뿐만 아니라, 심지어 반대로 그들의 발전을 진흥하고 애호하였던 것처럼 보인다. 그러므로 전쟁은 유익한 것이다!

**졸라는 전쟁이 정말로 유익한 것이라고 주장하고 있는 것이다!**

## 드 보그의 전쟁관

이러한 의미에서 가장 탁월한 표현은 이러한 부류의
저술가 중에서 가장 유능한 학술원 회원인 드 보그[15]
의 의견이다. 그는 1889년 만국박람회에 대한 논문 속
에서 군사부를 방문한 때에 본 것을 다음과 같이 썼다.

드 보그

> 폐병(廢兵) 운동장의 이국적이며 식민지풍의 건물 중에, 단 하나의 엄격한 스
> 타일의 건물이 그림 같은 진열장 속에서 위압적으로 나타난다. 전체 지구 주
> 민들의 이 모든 대표자들은 '전쟁 궁전' 주위에 모여 들었다. 인도적 수사에
> 있어서는 대구(對句)의 멋진 실마리이다. 그 수사는 그러한 접근을 개탄한다.
> 이는 여러 국민의 결합이 과학과 노동을 통하여 호전적인 본능이 옳다는 것
> 을 없애는 것(ceci tuera cela)[16]이라고 주장하는 기회를 놓치지 않는다. 우리는
> 설령 실현되었다고 해도 그들이 황금시대의 망상을 희망을 가지고 애무하는
> 것을 방해하지는 말자. 만일 그것을 깨닫게 된다면 곧 진흙의 시대가 될 것
> 이기 때문이다.
>
> 모든 역사가 우리에게 가르치는 바에 의하면 그 결과는 여러 국민의 결합을
> 촉진하고 강화하는 데에는 피가 필요하다는 것이다. 현대의 자연과학은 조
> 셉 드 메스트르[17]의 천재적 영감과 원시적 도그마의 고찰에 의해 그에게 계
> 시된 신비로운 법칙을 강화했다. 그는 세상이 그 유전적 타락을 희생을 통해
> 속죄하고 있음을 보았다.

---

15  드 보그(Eugène Melchior de Vogüé, 1848~1910). 프랑스의 외교관이자 여행작가, 문예비평가이다.

16  이는 빅토르 위고의 『파리의 노트르담』에서 건축을 죽이고자 하는 인쇄술에 대한 말이다.

17  조셉 드 메스트르(Joseph de Maistre, 1753~1821). 프랑스의 보수주의 철학자이다.

과학은 그것이 투쟁과 폭력적 도태를 통하여 완성으로 나아가고 있음을 보여준다. 그것은 상이한 표현으로 기초된 동일한 법령의 두 가지 면에서 확증된다. 이는 의심할 바 없이 마음에 들지 않는 불쾌한 것이지만, 세상의 법은 우리의 쾌락을 위해서 만들어지지 않았고, 우리의 완성을 위해서 만들어졌다. 이런 것을 피할 수는 없다. 그러므로 필수적인 전쟁의 궁전에 들어가야 하지 않는가? 그렇게 한다면 우리는 거기서 우리의 완강한 본능이 그 힘을 전혀 잃지 않고서 어떻게 역사적인 계기의 다양한 요구에 응하면서 변형되는지를 관찰할 기회를 갖게 될 것이다.

M. 드 보그는 그의 시각에 따라 위대한 두 저자인 조셉 드 메스트르와 다윈에 의해 잘 표현된, 전쟁에 대한 필요성을 찾았다. 그리고 그들의 선언을 너무나 좋아했기에 《리뷰 드 리뷰》의 편집자에게 보낸 편지에서 다음과 같이 그들을 다시 한 번 인용한다.

삼가 아룁니다. 당신은 만국평화회의의 성공 가능성에 대한 저의 의견을 물었습니다. 저는 폭력적 투쟁이 모든 다른 사물을 지배하는 자연의 법칙이라고 하는 다윈의 견해, 그리고 그것이 신의 법칙이라고 하는 조셉 드 메스트르의 견해와 같이합니다. 그것들은 하나의 똑같은 것을 묘사하는 두 가지 다른 방법입니다.

만일 어떤 불가능한 예상외의 기회에 인간 사회, 가령 모든 문명화된 유럽의 한 작은 부분이 이런 법칙의 작용을 지연시키는 데 성공하기라도 한다면, 더 강한 원시적 본능을 가진 어떤 민족이 우리를 반대하며 그것을 적용시키는 임무를 맡을 것입니다. 그러한 민족들은 자연의 논리가 인간의 논리에 비해서 옳음을 증명할 것이기 때문입니다. 그리고 그들의 행동은 성공할지 모룹니다. 왜냐하면 평화에 대한 확신(나는 '평화' 자체라고 말하지 않습니다. '평화에 대한 완전한 확신'이라고 말합니다)[18]은 가장 최악의 전쟁보다 더 인류에게 파괴적인 부패와 쇠퇴를 낳을지 모르기 때문입니다.

우리는 반드시 전쟁이라는 인류의 형법이 있어야 하며, 우리의 모든 형법처럼 그것들을 완화하고 그것들을 가능한 한 적게 적용하도록 노력해야 할 것이고, 그 적용이 불필요하도록 최선의 노력을 다해야 한다고 나는 믿습니다. 그러나 모든 역사의 경험은, 지상에 두 사람이 남았으며, 그들 사이에 빵과 돈, 그리고 한 여자가 있을 때처럼, 오랫동안 전적으로 그러한 법률을 폐지할 수 없다는 것을 가르쳐줍니다. 이와 반대로 평화회의가 내가 오류에 빠졌음을 증명해준다면 기쁠 것입니다. 그러나 그것이 과연 역사, 자연의 법칙과 신의 법칙을 전복할 수 있을지 의심스럽습니다.

E. M. 드 보그

이는 역사, 인간의 본성, 그리고 신이, 만일 두 사람과 그 사이에 빵, 돈, 그리고 여자만이 있다면 전쟁이 언제나 있을 것이라고 말하는 것이다. 즉 어떤 진보도 인민을 야만적 인생관에서 벗어나게 할 수 없다고 말하는 것이다. 왜냐하면 야만적인 생활은 싸움을 하지 않고는 빵, 돈(여기서 돈을 거론하는 것이 더욱 적절하다), 그리고 여자를 함께 나누는 것이 불가능하다고 여기기 때문이다.

그들은 평화회의에 모여, 그렇게 하는 것이 불가능하다는 것을 틀림없이 알고 있으면서도 새의 꼬리에 소금을 묻힘으로써 새를 잡는 방법을 보여주는 연설을 하는 기묘한 자들이다. 그들은 모파상, 로드, 그리고 다른 많

---

18  평화(peace)와 장소(place)가 유사하여 후자가 아니라 전자임을 강조한 것.

은 자들처럼 전쟁의 모든 공포, 인민이 자신에게 필요하며, 정당하고, 이익이 되는 것을 행하지 않는 것에서 생겨나는 모든 모순을 분명하게 알고 있다는 점에서 또한 놀랍다.

그들은 생활의 비극성에 대하여 슬퍼하고, 그 모든 비극성은 궁극적으로 바로 인민에게 있다는 것을 깨닫지 못한다. 이는 그들이 어떤 불필요한 생각에 신경 쓰기를 그만두고, 그들에게 증오스럽고 재앙이 되는 것을 거절하기를 그만두었기 때문이다.

그들은 진정으로 놀라운 자들이지만, 드 보그나 다른 사람들은 진화의 법칙을 주장하면서, 전쟁을 불가피하고 필수적인 것일 뿐만 아니라 이로운 것이며, 그러므로 바람직하다고 여긴다. 도덕적인 왜곡이라는 점에서 그들의 생각은 무섭고 소름끼친다. 다른 사람들은 적어도 자신이 악을 미워하고 선을 사랑한다고 말하지만, 그들은 선과 악은 존재하지 않는다고 공공연히 선언한다.

영원한 전쟁 대신에 평화를 다시 수립할 가능성에 대한 모든 논의는, 공리 공담가들의 유해한 감상적 행위에 불과한 것이 된다. 진화의 법칙이라는 것이 있으므로 우리는 반드시 악한 방법으로 살며 악하게 행동해야 된다는 것이니 말이다.

그렇다면 무엇이 행해져야 하는가? 나는 교육받은 사람이고, 진화의 법칙을 알고, 그러므로 나는 악한 방법으로 행동할 것이라고, "전쟁의 궁전에 들어가자(Entrons au palais de la guerre)"고 하는 것이다.

진화의 법칙이 존재하므로 선도 없으며 악도 없고, 오로지 자신의 개인적인 사생활을 위해 살아야 하며, 다른 것은 모두 진화의 법칙의 작용에 맡겨야 한다는 것이다. 이것이 세련된 교육과 문화의, 그리고 이와 함께 우리 시대의 교육받은 계급 위에 씌워져 있는 양심의 그림자의 최후의 선언이다. 그들이 선호하는 사상과 그것을 기초로 하는 생활의 질서를 뒷받침하기 위한, 교육받은 계급의 욕구는 가장 먼 극한적인 한계에 도달했다. 가장 정교한 형태의 기만으로, 단순히 양심을 혼탁하게 하고, 죽이기 위해 그들은 거짓말을 하며 자신과 서로를 속인다.

그들의 생활을 그들의 양심과 조화롭게 바꾸는 대신, 그들은 모든 수단을 동원하여 그 양심의 목소리를 억누른다. 그러나 빛이 빛나기 시작하는 것은 어두움 속에서이고, 이제 그 빛은 우리 시대 위에 찬란하게 떠오르고 있다.

## 07

## 병역의무는 사회적 인생관에 내재된 모순의 극치다

교육 수준이 높은 상류 계급의 소위 교양 있는 자들은 기존의 사회질서를 개혁하고자 하는 필요에 대한 자각을 끊임없이 억누르려 시도한다. 그러나 생활은 더욱 복잡해지고 종래와 같은 방향으로 발전해가고 있으며, 인간의 모순과 고통을 증가시켜서 그들이 더 이상 나아갈 수 없는 한계에 이르렀다. 이처럼 더 이상 나아갈 수 없다는 모순과 불일치의 극단적 한계가 바로 일반적 강제 병역의무, 즉 징병제이다.

이러한 일반적 병역의무, 그리고 이와 관련된 군비 확장은 끊임없는 세금 및 국가 부채의 증가와 함께 어떤 국민의 경우에도 유럽의 특수한 정치적 상황에 의해 유발되는 일시적인 우연의 현상이므로 굳이 생활의 내부적인 질서를 수정하지 않아도 마찬가지로 모종의 정치적 개조에 의해 제거될 수 있다는 게 일반적인 생각이다.

그러나 이는 절대적으로 틀린 말이다. 일반적 병역의무는 오로지 사회적 인생관에 내재된 내부적인 모순으로 그 극한에 이르렀으며, 특정한 물질적 발전의 단계에 도달할 때에 분명하게 나타나는 것에 불과하다.

앞에서 우리가 보았듯이 사회적 인생관은 생활의 목적을 개인에서 부족, 가족, 국가, 인종이라는 공동체와 그 유지로 이행하는 것에 두고 있다.

이처럼 사회적 인생관은 생활의 목적을 개인들의 공동체에서 찾는 것이므로, 개인은 공동체의 이익을 위해 자신의 이익을 자발적으로 희생해야 한다고 예상된다. 그래서 사실상 특정한 공동체에는, 그들이 가족, 부족, 친족, 심지어 가부장적인 국가에서 가장 원시적인 형태의 모임이라는 구별이 존재했고, 아직도 그런 것이 남아 있다. 교육에 의해 전수되고 종교적 훈계에 의해 유지되어온 전통을 통해, 각 개인들은 아무런 강제 없이 그들의 개인적 이익을 공동체의 이익에 병합하였으며 그들 자신의 이익을 전체 공동체의 행복을 위해 희생해왔다.

그러나 사회가 더욱 복잡해지고 커지면서, 특히 더욱더 잦아지는 침략 활동이 인민을 사회로 흡수하는 원인이 되고, 더욱 자주 개인이 공적인 자금으로 자신의 목적을 성취하려고 애쓰며, 더욱 자주 반항하는 개인을 권력, 즉 폭력에 의거하여 억압할 필요가 생기게 되었다.

따라서 사회적 인생관의 옹호자들은 주로 권력, 즉 폭력의 개념을 정신적 영향의 개념과 연결하려 하지만, 이런 연결은 거의 불가능하다.

사람에 대한 정신적 영향의 효과는, 그 결과로서 그의 욕구 자체를 변화시켜서 그가 요구하는 것과 일치하도록 인간에 대하여 작용한다. 정신적 영향에 의해 통제되는 사람은 자신의 욕구에 따라 행동하게 마련이다. 권력은, 평범하게 이해되는 의미에서 사람을 그의 욕구와 반대로 행동하게 만드는 수단이다. 따라서 권력에 복종하는 사람은 자신이 선택한 대로 행동하지 않고 권력이 명령하는 대로 행동하게 마련이다.

그러나 인간으로 하여금 그가 욕구하는 바가 아니라 욕구하지 않는 것을 할 수 있게 만드는 것은 신체적 폭력이나 신체의 위협, 즉 그러한 처벌

그리스 신화의 디르케처럼
황소에 사지가 묶인 채 순교한
기독교도 (헨릭 지미라즈키 作)

전투 중인 몽골과 중국의 전사들

의 위협인 자유의 박탈, 구타, 불구화, 투옥, 또는 쉽게 이루어지는 협박뿐이다. 이것이야말로 권력이 의미하는 것이며, 언제나 의미해왔던 것이다.

권력을 가진 자가 권력을 가졌다는 사실을 숨김에도 불구하고, 또한 권력에 다른 어떤 의미를 부여하려는 끊임없는 노력에도 불구하고, 권력은 언제나 사람에게 사람을 묶고 매는 오랏줄과 사슬, 또는 그를 매질하는 가죽 채찍, 또는 손과 눈과 코와 머리를 자르는 도끼, 또는 이런 것들에 대한 두려움을 의미했다. 그것은 네로[1]나 칭기즈 칸[2] 치하에서 그러했으며, 심지어 오늘날 미국이나 프랑스 같은 자유주의 공화국에서도 그러하다. 만일 인간이 권력에 복종한다면, 그것은 오로지 권력에 불복종할 경우 이러한 처벌에 처해질 수 있음을 알고 그것을 두려워하기 때문이다. 그러므로 모든 국가가 부과하는 의무들, 즉 세금 납부, 국가적 공공사업 참가 의무의 이행, 처벌에 대한 복종이나 추방, 벌금의 부과 등에 인민이 자발적으로 복종하는 것처럼 보일지라도 그 근본에는 언제나 신체적 폭력이나 그것의 위협에 기초하고 있음을 인식해야 한다.


## 권력의 기초는 신체적 폭력이다

권력의 기초는 신체적 폭력이다.

인민에게 가하는 신체적 폭력은 무엇보다 한 사람의 의지에 복종하여

---

1 네로(Nero, 37~68). 로마 제국의 제5대 황제(재위 54-68). 흔히 그를 정신 이상자나 폭군으로 보지만, 그의 재위 기간 동안 로마의 문화는 융성하였고, 네로 자신 스스로를 예술가로 생각하여 시, 노래, 건축 등 예술을 지원했다. 그가 폭군으로 낙인찍힌 것은 로마 대화재 당시 민심 수습책으로 당시 신흥 종교였던 기독교에 책임을 덮어씌우고 기독교도를 대학살한 탓이다.

2 칭기즈 칸(Činggis Qayan, 1155/62/67?~1227). 세계 역사상 가장 넓은 대륙을 점유한 몽골 제국의 창설자이다.

일사불란하게 행동하도록 훈련받은 무장한 자들의 단체에서 나타난다. 이들 무장한 자들의 단체는 단 한 사람의 의지에 복종하여 군대를 구성한다. 군대는 언제나 그리고 지금도 그렇듯 권력의 초석이다. 권력은 늘 군대를 통제하는 자들의 손아귀에 있고, 권력을 지닌 모든 자들—로마의 카이사르부터 러시아나 독일의 황제들까지—은 무엇보다 군대에 더 많은 관심을 가지며, 군대의 비위를 맞추려 애쓴다. 그리고 군대가 자기편임을 확신할 때 자신의 권력이 안전하다고 느낀다.

권력 유지에 불가결한 이러한 군대의 형성 및 증강이야말로 바로 사회적 인생관에 이를 파괴하는 원리를 도입시킨 것이다.

권력의 목적과 정당화는 사회의 이익에 해가 되는 개인적인 이해를 추구하는 자들을 억제하는 데 있다. 그러나 권력을 가진 자들도 다른 사람들과 거의 다르지 않다. 가령 그것이 군대의 새로운 편성에 의한 것이든, 세습이나 선거에 의한 것이든, 군대라는 수단으로 권력을 장악한 사람들은 더 이상 다른 사람들과 크게 다르지 않다. 따라서 그들 역시 자신의 이익을 사회의 이익에 종속시키려 하지 않는 경향이 있다. 오히려 그 반대로 무엇이든 마음대로 처리할 수 있는 권력을 잡은 뒤에 다른 자들보다 더욱더 강력하게 전체의 이익을 자신의 이익에 종속시키고자 애쓰는 경향이 있다.

이에 인민은, 권력을 가진 자들이 자신의 이익을 위해 전체의 이익을 유린하지 못하게 하려고, 또는 권력을 오로지 가장 결점이 없는 자들에게 맡기기 위해, 여러 수단을 강구해왔다. 그러나 그들은 그 어떤 목적도 달성하지 못했다.

권력을 임명하는 모든 방법, 즉 신의 축복, 선거, 세습, 그리고 투표, 집회, 의회, 국회 등이 모두 실효성 없는 것으로 증명되었다. 그 어떠한 방법도 통하지 않았다. 부패하지 않는 자에게 권력을 위탁하거나 권력이 남용되지 않도록 막으려 했던 노력들이 모두 허사로 판명된 것이다.

도리어 반대로 권력에 오른 자들은 누구나, 황제든 장관이든, 주지사든 경찰 공무원이든 간에 일단 권력을 소유하게 되면 권력을 지니지 않는 인간보다 더 부패하게 마련이다. 공공의 목적을 개인적 목적에 종속시키기 쉽기 때문이다.


## 권력은 폭력을 수행하기 위해 특별한 기구를 필요로 한다

사회적 인생관은 모든 인간이 자발적으로 개인의 이익을 전체 공공의 행복을 위해 희생할 각오가 되어 있을 때에 정당화된다. 그러나 어느 사회든 자신의 이익을 희생하려 드는 개인은 드물게 마련이어서 결국 권력(폭력)으로 그들을 억제해야 할 필요가 생기게 마련이다. 그 결과 한 공동체의 인민이 다른 인민에 의해 희생을 강요받게 되고 이로써 사회 분열을 초래하게 되는 것이다.

개인의 목적을 위해 공공의 이익을 유린하는 자들을 억제하려 노력했던 인민은 권력을 오로지 결함이 없는 자들의 손에 쥐어주어야 한다고 주장해왔다. 중국인들도 그렇게 생각했고, 서양의 중세에도 그렇게 생각되었다. 심지어 지금 기름부음에 의한 신성화를 믿는 인민도 그렇게 생각한다. 권력이 그러한 조건 아래 놓일 때에만 사회적 기구들이 정당화될 수 있다는 것이다.

그러나 우리 앞에는 정반대의 결과가 생겨났을 뿐이다. 권력을 지닌 인간은 언제나 성자가 되기커녕 자신이 권력을 소유한다는 사실 그 자체 때문에 권력에 근거한 사회제도는 정당성을 잃게 마련이다.

비록 인민의 도덕적 수준이 낮아 어느 정도 서로간의 폭력을 선호하는 일반적 경향이 있다 하더라도, 또 국가의 폭력이 개인의 폭력보다 덜하여 그것을 억제하는 권력의 존재가 유리하고 이익이었던 때가 있었다 하더라도, 사람들은 이제 그런 이익이 오래갈 수 없다는 것을 잘 알고 있다. 각 개인이 점점 더 폭력을 선호하지 않게 됨에 따라, 또 인민의 습관이 갈수록 문명화함에 따라, 그리고 국가 권력을 억제하지 못해 크나큰 부패가 만연해짐에 따라 이런 이익도 점차 사라졌기 때문이다.

과거 2천 년간의 인류 역사란 대중의 도덕적 발전과 국가의 부패 사이에 나타나는 관계의 점진적 변화에 다름 아니다.

간단히 말해 "그것이 어떻게 생겨났는가?"의 문제인 것이다. 인간은 가족, 부족, 민족으로 살아가면서 서로 폭력을 휘둘러 약탈하고 겁탈하고 죽이고 반목하면서 살아왔다. 또한 이러한 폭력적 적대 행위는 대규모나 소규모로 수행되었다. 사람이 사람을, 가족이 가족을, 부족이 부족을, 민족이 민족을, 인종이 인종을 대적하면서 서로 치열하게 싸웠다. 더욱 크고 강한 공동체들이 나타나 더욱 작고 약한 자들의 공동체를 정복하고 흡수하였으며, 그들이 크고 강해질수록 내부적인 반목은 사라지고 공동체의 연속성은 더 잘 보장되는 것처럼 보였다.

즉, 하나의 공동체로 연합한 가족이나 부족의 구성원들은 서로 덜 적대적이었고, 구성원 중 누군가가 죽는다 해도 존재의 연속성이 보장되었다. 그리고 유일한 권력에 종속되므로 개인들 간의 투쟁도 훨씬 적어 보였다. 심지어 생활 자체가 더 안전하게 보장되는 것처럼 보이기도 했다.

그들이 점점 더 큰 공동체로 연합한 것은, 바랴그인[3]의 이야기에서 전해지는 것처럼, 연합함으로써 얻는 이익을 의식적으로 인식해서가 아니다. 그

---

3  바랴그(Varyagi)는 8~9세기경 세계를 누빈 노르만인을 러시아인이 부른 명칭이다.

것은 한편으로는 인구의 자연적 증가에 의해, 다른 한편으로는 투쟁과 정복의 결과에 의해 이루어졌다.

정복을 달성한 황제는 권력에 의지해 내분에 종지부를 찍었고, 사회적 인생관은 그 자체로서 정당화되었다. 그러나 이런 정당화는 일시적인 것에 그쳤다. 내란과 같은 내부적인 분열은 오로지 권력이 개인에게 행사하는 억압의 정도에 비례하여 사라질 뿐이었다. 왜냐하면 권력에 의해 분쇄되는 내부적인 반목과 투쟁의 폭력은 권력 그 자체 안에서 다시 나타났고, 그것은 다른 것들과 마찬가지로 빈번히 또는 항상 개인의 이익을 위해 전체 공공의 행복을 희생할 준비가 된 자들의 손아귀에 떨어졌기 때문이다. 하지만 일반 백성은 국가에 저항할 수 없으며, 따라서 그들은 권력의 모든 부패한 영향력 아래 노출되어 있는 셈이었다.

더욱이 폭력의 악마성은 권력의 수중에 들어갔을 때 언제나 증대하는 법이어서 결국은 억압해야 한다고 여겨지는 악보다 더 커지는 반면, 사회 구성원들의 폭력에 대한 저항은 점점 더 약해지므로 권력이 행사하는 폭력의 수위도 점점 더 낮아져 결국은 필요 없게 되었다.

국가 권력은 비록 내부적인 폭력을 억누르지 않는다 하더라도, 언제나 인민의 생활에 새로운 형태의 폭력을 초래하며, 그것은 국가의 지속성과 힘에 비례하여 점점 더 커지는 경향이 있다.

그래서 비록 권력의 폭력성이 사회 구성원들이 서로에게 적대적이고 투쟁적일 때보다는 두드러지지 않아도 그것을 사회 구성원들 사이의 투쟁이 아닌 복종에서 찾는 탓에 여전히 존재하며 흔히 과거의 시대보다 그 정도가 더 심할 수도 있는 것이다.

한편 그것은 다른 방향으로 성립될 수도 없다. 왜냐하면 권력의 장악은 인간을 타락시키고 부패시키는 영향과는 별도로 권력을 지녀 폭력적인 자

콜럼버스의 배가 들어온 곳을 본 인디언 추장이 동족들에게 상황을 설명하고 있다.

들의 타산이나 심지어 무의식적인 경향조차, 언제나 피압박자인 그들의 백성을 나약함의 극치로 몰아넣기 때문이다. 즉, 피압박자가 약해지면 약해질수록 그들을 종속 상태로 유지하는 압박의 노력이 더 적게 드는 것이다.

그러므로 피압박자에게 가해지는 폭력은 언제나 계속 커지게 마련이고, 극한까지 자라나며, 그것을 넘기 위해서는 황금알을 가진 거위를 죽이지 않고는 나아갈 수 없는 법이다. 마치 미국의 인디언, 흑인, 그리고 피지 섬의 사람들처럼, 그 거위가 더 이상 알을 낳지 않는다고 판단되면 박애주의자들의 진지한 항의에도 불구하고 그들이 살해되는 결과가 초래된다.


## 노동자 대중에 대한 권력의 태도

우리 시대 노동 계급의 상태를 보면 이를 쉽게 납득할 수 있다.

사실상 이들은 그 옛날 정복에 의해 제압당한 노예들보다 결코 낫지 않다. 노동자들의 지위를 개선하려는 상류 계층의 모든 가식적 노력에도 불구하고 오늘날의 모든 노동 계급은 딱딱한 쇳덩어리 같은 불변의 법칙에 억압당하며 오로지 간신히 필요한 것만을 얻을 수 있다. 게다가 그들은 정복자인 고용주를 위하여 노동할 수 있는 힘을 유지하고 있는 동안 쉬지 않고 노동하도록 강요받는다. 고용주들은 실제로 정복자들이며, 그들은 노동자를 노예화했다.

언제나 이런 식이었다. 권력이 지속되는 기간과 증가하는 힘에 비례하여 권력에 복종하는 백성들을 위한 이익의 추구는 언제나 사라지고 오히려 불이익만이 증가한다. 과거에나 현재나 백성들이 몸담고 살아온 형식과는 전혀 무관하게 말이다. 유일한 차이가 있다면, 전제적 정치 형태를 갖는 국가의 경우 권력이 소수의 폭력적인 압제자들에게 집중되어 폭력의 형태가 더욱 거칠고 노골적인 색채를 띠는 반면, 프랑스나 미국처럼 입헌적인 군주제나 공화제 아래서는 권력이 더욱 많은 다수의 압제자들에 의해 나누어 분산된다는 점뿐이다. 후자의 경우, 권력이 폭력에 의해 장악되느냐 마느냐를 기준으로 볼 때 비교적 덜 거칠다고 볼 수 있지만, 권력의 불이익을 이익보다 크게 만들거나 피압박자를 최악의 상태로 약화시켜 그들 스스로 이익 감소를 수용하게 만드는 효과는 언제나 변함없이 똑같다.

모든 압박받는 인민의 상태는 이렇게 되어왔고, 아직도 여전히 그렇다. 그러나 이들은 그 사실을 지금까지 깨닫지 못하고 있다. 대다수 단순한 인민은 국가의 존재가 자신들의 이익을 위한 것이라 믿어왔다. 국가가 없다면 개인도 사라질 것으로 믿은 것이다.

또한 국가 없이 산다는 생각 그 자체를 신성모독으로 여겨 말로 표현할 엄두조차 내지 못했다. 인민은 이런 생각을, 몇 가지 이유에서 모든 종류의 공포 관념과 연결되는 공포인, 아나키즘의 교리라고 확신했다.

그들 자신, 이제껏 어떤 민족이든 국가라는 형태의 조직과 함께 발전해왔고 따라서 국가는 인류 발전에 영원히 필수적인 조건이라고 믿은 탓이다. 인민은 이 같은 믿음엔 어떤 증명도 필요하지 않다고, 따라서 이는 저절로 완벽하게 증명된 것이라고 생각해왔다.

이런 생각은 수백 년 동안, 그리고 수천 년 동안 지속되었다. 국가, 즉 권력자들은 인민이 이런 잘못된 믿음을 견지하도록 하기 위해 끊임없이 여러 방책을 시도하였고, 지금은 과거보다 더욱 정열적으로 백성들을 이러한 오류 안에 붙들어두고자 애쓰고 있다.

멀게는 로마 제국의 황제 시대에서 그러했고, 가까이 보면 지금 이 순간도 변함없이 그러하다. 국가 권력(폭력)은 무익하며 유해한 효과가 있을 뿐이라는 자각이 점점 더 인민의 의식을 파고들고 있음에도 불구하고 말이다. 국가가 권력을 유지하는 데 군대를 증강할 필요가 없었다는 사실을 인정한다 해도 사정은 마찬가지다.

사실 고대의 군대는 무엇보다도, 억압받으며 노예화된 백성들로부터 국가를 방어하기 위해 필요한 조직이었다. 하지만 지금은 일반적으로 이를 망각하고, 국가가 군사력을 증강하는 이유는 오로지 다른 국가로부터 자신들의 국가를 수호하기 위해서라고 믿는다.

국가의 입장에서 보면 이런 믿음만큼 권력 유지에 도움 되는 것은 없다. 따라서 국가는 교육을 통해 끊임없이 대중에게 이 믿음을 확산시켰다. 국적이 같거나 다른 인민이 통신 기술의 발달에 따라 서로 더 많이 소통하게 될수록, 공산주의나 사회주의 혹은 아나키즘이나 노동운동이 활발해질수록 국가는 이에 맞서기 위해 이 같은 믿음 전파의 필요성을 더 많이 느끼는 것이다. 국가마다 훈련된 군대의 힘을 강화하는 이유이다.

## 카프리비의 연설

얼마 전 독일 제국 의회에서 "하사관의 월급을 올리는 데 왜 부가금이 필요한가?"라는 어느 의원의 질문에 대해 독일 수상은 "믿을 만한 하사관이 필요한 이유는 사회주의에 대항하여 싸우기 위해서다"고 단적으로 답변했다. 별로 놀랄 일은 아니다. 독일 수상 카프리비[4]는 다만 모든 사람들이 알고 있으면서도 인민에게는 철저히 숨기려고 했던 사실을 공개적으로 말했을 뿐이니까. 그가 이렇게 표명한 이유는 근본적으로 프랑스 왕들과 교황들이 스위스와 스코틀랜드 수비대를 고용하는 이유와 똑같다. 또한 오늘날 러시아 정부 당국이 조심스럽게 신병을 배치하면서 전방 부대의 신병을 중앙 지구에 배치하고, 중앙의 신병을 전방에 배치하는 이유와도 일맥상통한다.

프랑스와 프로이센 사이에 벌어졌던 전쟁 중 사상자를 많이 낸 마르스-라-투르 전투 장면

레오 폰 카프리비

---

4   레오 폰 카프리비(Leo von Caprivi, 1831~1899)는 독일의 정치가로 1890년부터 1894년까지 수상을 지냈다.

카프리비 연설의 의미를 평범한 언어로 풀어보자면, "부가금이 필요한 것은 독일에 대항하려는 외국의 적들에 맞서기 위함이 아니라 노예가 되어 고역에 처해진 대중에 대응하기 위해서이며, 하사관을 매수하는 것은 그 준비의 일환이다"는 뜻이다.

카프리비는 모두가 완벽하게 알고 있거나 적어도 막연하게나마 느끼는 이야기를 조심성 없이 입 밖에 내었을 뿐이다. 즉, 기존의 생활 질서가 지금처럼 유지되는 것은, 그것이 당연하며 옳아서 인민이 그러하기를 바라기 때문이 아니라, 국가의 폭력이 그들이 매수한 하사관과 사관 및 장군 등을 가진 군대에 의해 지지되고 유지된다는 뜻이다.

만일 노동하는 농민들에게 땅이 없다면, 모든 사람이 자신과 가족을 위해 땅으로부터 먹을 것을 취할 수 있는 자연권을 이용할 수 없다면, 그것은 인민이 그렇게 되기를 바라서가 아니라 어떤 집단의 인간, 즉 지주들이 노동하는 농민들에게 땅에 대한 사용 허가를 내주거나 거절하는 권리를 독차지한 탓이다.

그런데 이러한 부자연스럽고 비정상적인 제도는 군대에 의해 유지된다. 만일 노동 계급의 노동으로 창출된 엄청난 부가 모두의 재산으로 여겨지지 않고 소수의 예외적 인간의 재산으로 여겨진다면, 노동에 대해 권력이 세금을 매기고 그 세금을 권력이 적합하다고 생각하는 소수만 사용하게 된다면, 노동자들의 파업이 진압되는 반면 자본가의 행동은 장려된다면, 특정인이 종교적 및 세속적인 자녀 교육과 훈육의 형태를 선택할 권리를 독점하여 모두가 복종해야 하는 법률을 만든다면, 그리고 그 법률에 따라 다른 인민의 목숨과 재산을 처분한다면, 이 모든 것은 인민이 원해서가 아니고, 그것이 자연적이며 옳은 것이기 때문도 아니다.

이 모든 것은 다만 국가와 지배 계급이 그 자신의 이익을 위해 그렇게 되기를 원하며, 심지어 신체적 폭력까지 동원하여 인민에게 강요하기 때문이다. 하지만 모든 사람은, 지금 당장은 아니더라도, 결국 진실을 깨닫게 될 것이며, 기존 질서에 대한 불복종과 혁명을 시도하게 될 것이다.

## 군대는 지배 계급의 이익을 위해 필요하다

군대가 인민의 필요 때문에 존재한다는 것은 말도 안되는 헛소리다. 군대는 다만 국가를 위해, 지배 계급을 위해, 무엇보다 현재 질서를 유지하기 위해 필요한 조직일 뿐이다. 인민의 필요에 응하기는커녕 오로지 국가와 지배 계급에 이로울 뿐이다. 국가는 백성을 억압 상태에 붙들어두고, 그들의 노동이 맺은 과실을 즐기기 위해 군대를 가지는 것이다.

『법의 정신』을 지어
삼권분립을 주장한
몽테스키외

그러나 세상에 오로지 하나의 국가만 있는 건 아니다. 똑같은 방법으로 백성을 착취하는 다른 국가들도 있고, 그들은 언제든지 다른 국가를 덮쳐 이미 노예가 된 백성들이 거둔 노동의 과실을 빼앗으려 노리고 있다. 그렇기 때문에 모든 국가는 이웃의 약탈자로부터 자신의 전리품을 보호하기 위해 군대를 두려고 하는 것이며, 결국 모든 국가가 부득불 자신의 군대를 증강하여 서로 겨루게 된다. 이러한 군사력 증강은 몽테스키외가 150년 전에 지적하였듯이 전염성이 강하다.

자기 백성을 외부 세력을 방어할 목적으로 삼는 한 국가의 군사력 증강은 이웃 국가에게 위험의 근원이 되어 비슷한 증강을 요구하게 한다. 하지만 군대가 현재와 같이 수백만 명의 숫자에 이른 것은 비단 이웃 국가의 위협뿐만이 아니라 자기 나라 백성들의 모든 반항을 억압하기 위한 필요를 자각한 탓이기도 하다.

이 두 가지 이유는 상호 의존적이면서 동시에 똑같은 결과에 기여한다. 군대는 내부적 세력에 맞서기 위해, 그리고 다른 국가들과 동등한 지위를 유지하기 위해 요구되는 것이다. 전자는 대개 후자의 결과이다. 국가의 독재는 언제나 군사력과 외부적 성공에 따라 증가하고, 국가의 침략성은 내부적 독재에 따라 증가하기 때문이다.

그 결과 끊임없이 서로 병력을 증강하는 유럽 국가들의 대결은 그들로 하여금 일반적인 병역의무 제도에 의존하도록 몰아갔다. 이런 수단을 통해 전시에 가장 적은 비용으로 가장 많은 숫자의 병사를 확보할 수 있기 때문이다. 이를 가장 먼저 시도한 나라는 독일이다. 그러자 다른 국가들도 똑같이 행하게 되었고, 결과적으로 모든 시민은 자신들에게 저질러지는 범죄 행위를 지원하기 위해 무기를 들어야 했으며 본인이 스스로의 압제자가 되어야 했다.

일반적 병역의무는 피할 수 없는 논리적 필요에 따른 것이었지만 결국 인민은 여기 묶이게 되었다. 또한 사회적 인생관에 내재된 모순의 최후의 표현이었고, 이를 유지하는 데 폭력이 요구되었다. 이와 같은 모순과 불일치는 일반적 병역의무에서 가장 명백하게 드러난다. 사실, 사회적 인생관의 온전한 의미는 개인 간 투쟁의 야만성과 개인적 생활 자체의 덧없음 그리고 개인적 생활의 목적을 개인들의 공동체에 양도하는 것에 대한 인간의 인식에 있다.

그러나 일반적 병역의무 때문에, 투쟁의 잔인함과 존재의 불안전함을 제거하기 위해 모든 희생을 다 치른 뒤, 정작 인민은 자신들이 피하고자 했던 모든 위험에 직면하도록 강요당했다. 그 뿐이 아니다. 개인적 이익을 포기함은 물론 이전 시대를 살았던 개인들이 직면했던 것과 똑같은 불안전한 위험과 영속성의 결여에 노출되어야 했다.

국가는 구성원인 인민에게 개인적 투쟁의 잔인함을 면하게 해주고, 국가의 존재와 질서에 영속성과 안정을 부여해야 한다. 그러나 국가는 이렇게 하는 대신 각 개인이 경험했던 이웃과의 투쟁을 다른 국가의 개인들과 투쟁하는 상황으로 대치시켰다. 개인의 입장에서 보자면 예전과 똑같은 투쟁의 필요에 노출된 것이다. 게다가 국가는 개인과 국가 쌍방의 파멸이라고 하는 위험도 과거와 똑같이 남겨두었다. 즉, 일반적 병역의무는 자신의 무너져가는 집을 받침대와 벽돌과 판자와 발판으로 둘러싸서 간신히 세우기는 했지만, 정작 그 안에 사람이 들어가서 살 수 없게끔 만든 어리석은 자의 헛된 노력에 비유할 수 있을 것이다.


## 병역의무는 국가가 보존해야 하는 사회생활의 이로움을 파괴한다

일반적 병역의무는 또한 사회질서를 지킴으로써 파생되는 모든 이익을 파괴한다. 사회적 조직의 이익은 재산과 노동의 보증인 동시에 각 존재의 개선을 위한 관련 활동에서 나온다. 그런데 일반적 병역의무는 이 모든 것을 파괴한다.

전쟁 준비를 위해 인민으로부터 거둔 세금은 사실 군대가 반드시 방어해줘야 하는 노동자들의 생산 결과 대부분을 흡수해버린다. 게다가 일상적 생활의 과정에서 모든 인간을 철수시켜 군대로 몰아넣는 행위는 노동 그 자체의 가능성마저 파괴한다. 전쟁의 위험은 언제나 도사리고 있게 마련이어서 이를 방어하려다 보면 사회적 생활의 모든 개혁과 완성이 결국은 헛되고 무익하게 된다.

과거에는 국가의 권력을 인정하지 않고 불복하는 사람은 흔히 국내외

적들에게 노출되어 혼자서 그들을 막아야 했고, 쉽게 살해되기도 했다. 따라서 이러한 불행과 재앙으로부터 자신을 안전하게 지키기 위해 약간의 고통을 감수하는 것이 이익이라 판단했다. 인민도 당연히 그렇게 생각했다. 불멸의 국가에서 안전하고 조용하게 살아갈 수만 있다면 자신이 국가에 바치는 희생은 지극히 개인적이며 작은 것이라 생각한 탓이다. 그러나 지금, 개인의 희생을 열 배 이상 요구하고, 국가가 약속한 이익이 사라지고 있는 시점에서, 인민은 권력에 대한 복종이 절대적으로 무익하다고 여기게 되었다. 이 또한 당연한 생각이다.

사회적 인생관에 내재된 모순의 표현인 일반적 병역의무가 지니는 치명적인 의미는 비단 그 점에서만 볼 수 있는 게 아니다. 이러한 모순이 더욱 크게 나타나는 것은, 그런 제도하에서 모든 시민이 병사가 되는 것이 결국 국가 조직의 받침이 되며, 비록 그가 합법성을 인정하지 않더라도 국가가 행하는 모든 일의 책임을 공유하는 참가자가 되어야 한다는 데 있다.

국가는 무엇보다도 외적에 대한 방어를 위해 군대가 필요하다고 주장한다. 그러나 이는 사실이 아니다. 군대는 기본적으로 국가 내부의 백성에 맞서기 위해서 필요하다. 따라서 일반적 병역의무를 진 모든 사람은 자신이 선택하지 않았음에도 시민에 대한 모든 국가 폭력 행위의 공범이 되는 것이다.

이를 스스로 납득하려면 모든 국가에서 질서와 공공복지의 이름으로 행해지는 것과 그 실행은 언제나 군대에 맡겨진다는 사실을 기억하면 될 것이다. 왕조나 다른 정당의 행동에 대한 시민적 폭발, 그러한 소동 뒤에 따르는 처형, 폭동 진압, 집회를 중지시키고 파업을 진압하기 위한 군사적 개입, 모든 강제적 세금 강탈, 모든 불법적 토지 분배, 그리고 노동에 대한 모든 제한 역시 군대에 의해 직접 집행되거나 군대를 등에 업은 경찰에 의해서 집행된다.

그러므로 군대에서 복무한 사람은 이 모든 것에 대한 책임을 함께 지게 되는 것이다. 비록 희미하게나마 개인적인 이점이 있는 경우라 할지라도 군 복무는 흔히 자신의 양심에 직접적으로 반하게 마련이다.

인민은 수세대 동안 그들이 개척하여 작물을 재배하던 땅에서 절대로 쫓겨나고자 하지 않는다. 국가가 명령한다고 해서 그 땅을 떠나 뿔뿔이 흩어질 수는 없다고 생각한다. 국가가 요구하는 세금을 내고 싶은 마음도 전혀 없다. 그들 자신이 그 제정에 참여하지 않은 법률 따위를 의무로 받아들일 생각도 전혀 없다. 더구나 국적을 빼앗겨서는 안 된다고 생각한다.

그런데 개인인 나는 병역의무를 완수하기 위해 군대에 가서 반드시 총을 들고 쏘아야 한다. 그러니 어찌 내 자신이 그 같은 처벌에 참여하면서 이 행위가 정당한 것인지, 이를 수행함에 있어 왜 내가 꼭 국가를 도와야만 하는지 스스로 묻지 않을 수 없는 것이다.

일반적 병역의무는 전체 국가 조직을 지지하기 위해 필요한 폭력의 극단적인 최후의 단계이지만, 백성의 측면에서 보자면 복종해야 하는 극단적인 최후의 단계이다. 이것만 무너지면 전체를 무너뜨릴 수 있는 전체 건물의 초석이다.


## 국가는 과연 필요한가?

국가의 권력 남용과 국가들 서로 간의 투쟁이 나날이 심각해지고, 백성에게 물질을 비롯해 도덕적 희생마저 엄청나게 요구하는 이때에 우리 모두는 현 상황을 숙고하면서 다음과 같이 자문해야 한다.

내가 과연 이런 희생을 할 수 있을까? 나는 무엇을 위해 그렇게 하여야 하는가? 국가를 위해 희생하느라 인간에게 귀중한 모든 것, 즉 평화, 가족, 안전, 그리고 인간의 존엄성마저 포기해야 하는데도? 내게 이런 것들을 요구하는 국가란 도대체 무엇인가? 나는 누구를 위해 이처럼 무서운 희생을 감당해야 하는가? 국가는 반드시 필요한 것인가?

그들은 우리에게 말한다.

> 국가는 꼭 필요하다. 절대로 없어서는 안 된다.
>
> 첫째, 국가가 없다면 우리는 악의를 가진 인간들의 폭력과 공격으로부터 보호받을 수 없다.
>
> 둘째, 국가가 없다면 우리는 틀림없이 야만인으로 살아갈 수밖에 없을 것이다. 종교, 문화, 교육, 상업, 통신 및 교통수단을 비롯한 다른 모든 공공 시설과 사회적 제도를 갖지 못할 것이다.
>
> 셋째, 국가가 우리를 방어하지 않는다면 우리는 이웃 민족에게 틀림없이 정복당해 꼼짝없이 노예가 될 것이다. 국가가 없다면 우리는 반드시 조국 안에서 악의적 인간들의 공격에 노출될 것이다.

그러나 우리 가운데 과연 누가 이토록 악한 마음을 가지고 있을까? 설령 그들이 공격한다고 해도 우리는 왜 하필 국가와 군대의 보호를 받아야 하는가? 3~4세기 전, 사람들이 스스로의 호전적 용기와 전술 및 군비를 자랑스러워했을 때, 그리고 다른 사람을 죽이는 것을 영웅적인 업적으로 여겼던 시절에는 그런 자들이 있었겠지만, 지금 우리 시대엔 결코 그런 사람이 없다. 그 옛날처럼 총을 지니고 다니지도 않고, 사용하지도 않는 것이다.

모든 사람은 인류애를 믿고 이웃에 대한 연민과 동정의 규칙을 신봉하며 우리 모두가 하는 것처럼 그냥 이대로 평화롭게 살고 싶어 한다. 그 밖에 다른 것은 아무것도 원하지 않는다. 다시 말하면, 자신의 존재가 방해받지 않으면서 즐기고 평화롭게 살아가기를 바랄 뿐이다. 오늘날에는 국가가 우리를 보호해야 할 만큼 특별한 악인이 없다. 만일 악한 마음을 가진 인간이 곧 범죄자로 처벌받아야 할 인간임을 의미한다 해도, 그들이 양들 속에 있는 난폭한 짐승처럼 완전히 다른 종류의 인간이 아니라는 것, 그저 우리와 똑같은 인간으로 범죄를 저지르지 않은 자들보다 결코 더 중한 범죄에 선천적으로 기울어진 게 아니라는 점을 우리는 잘 알고 있다.

지금 우리는 협박과 처벌로 범죄의 숫자를 줄일 수 없다는 것을 잘 알고 있다. 도리어 그것은 오로지 환경의 변화와 도덕적 감화로 이루어질 수 있다는 것도 잘 알고 있다. 그러므로 악한 마음을 가진 폭력적인 인간으로부터 우리를 보호하겠다는 구실로 국가 폭력을 정당화하는 것은 비록 3~4세기 전에는 약간의 근거를 가질 수 있었겠지만 지금은 전혀 그렇지 않다.

이와 반대로, 감옥, 노예선, 교수대, 그리고 단두대 같은 잔인한 처벌 방법을 가진 현대의 국가 행위는, 시대의 일반적인 도덕적 기준 뒤에서 인민을 교화시키기보다 잔인하게 만들기 쉬우며, 그 결과 악인의 숫자를 줄이기보다 늘리기 쉽다.

그들은 우리에게 말한다.

국가가 없다면 우리는 어떤 종교, 교육, 문화, 통신 및 교통 수단 등도 가질 수 없다. 국가가 없다면 인간은 모두에게 필요한 공공사업을 하기 위한 사회적 제도를 형성할 수 없을 것이다.

이러한 논리 역시 몇 세기 전이라면 정당하다고 볼 수 있을 것이다. 만일 인민이 전혀 단결하지 못하고 빈약한 접근 방법과 사상 전달의 수단만 가지고 있었다면, 또 그들이 서로 협력하지 못했다면, 그리고 국가 중심이 아니고서는 상업이나 경제 또는 교육을 발전시킬 수 없었다면, 이런 공통 행동이 필요했을 것이다.

그러나 현대는 사정이 다르다. 교통과 사상 교류의 폭넓은 자유는 인간이 사회단체나 집회, 조합, 기업, 회의, 학술, 경제, 그리고 정치적인 목적을 위한 시설을 형성하는 데 국가의 도움이 전혀 없어도 충분히 되게끔 만들어주었다. 사실 국가는 이런 목적을 달성하는 데 도움이 되기보다 도리어 종종 장애가 된다.

지난 세기 말엽부터 국가에 의해 저지되지 않았던 인류의 진보적 운동은 단 한 건도 없었다. 체형이나 고문에 의한 수사 문제, 노예제도의 폐지 문제, 출판의 자유 및 공공집회의 권리 확립 문제 등에서도 그러했다. 우리 시대의 국가는 인민이 스스로를 위해 새로운 형태의 생활을 만들어내려고 시도하는 모든 운동을 장려하지 않을 뿐만 아니라 도리어 직접적으로 방해하고 저지한다. 노동, 토지, 정치, 그리고 종교 문제의 해결을 위한 모든 시도는 국가에 의해 노골적으로 반대된다.

그럼에도 그들은 말한다.

국가가 없다면 인민은 이웃 인민에 의해서 노예가 될 것이다.

이 마지막 논리는 더 이상 논박할 필요도 없다. 반증은 그 자체 속에 있기 때문이다.

그들은 말한다. 군대를 가진 국가는 우리를 노예로 만들려고 하는 이웃 국가로부터 우리를 방어해준다고.

그러나 우리는 이것이 모든 국가들이 서로에 대해 말하는 것임을 잘 알고 있다. 게다가 우리는 모든 유럽의 인민이 똑같이 자유와 형제애의 원리를 믿으므로 서로에 대항하느라 자신을 보호할 필요가 없다는 것도 잘 알고 있다. 만일 야만족에 대항하는 방어가 주된 목적이라면 군대는 지금 무장하고 있는 수의 1천 분의 1만 되어도 충분할 것이다.

따라서 우리는 이 모든 것이 진실로 우리가 들은 바와 완전히 반대라는 것을 알고 있다. 즉, 국가 권력이 이웃 국가들의 공격이라는 위험에 대응하는 안전망이기는커녕 도리어 그 반대로 우리를 그러한 공격에 훨씬 더 위험하게 노출시킨다는 점을 잘 알고 있다는 말이다. 그래서 누구든, 강제 복무를 통해 자신의 평화, 안전, 생명을 희생하도록 예정된 사람이라면 누구나, 국가라는 것의 의의와 가치를 철저히 숙고해야 한다. 그리고 이 같은 희생을 정당화할 그 어떤 근거도 없다는 것을 분명히 인식해야 할 것이다.

## 국가에 대한 불복종과 복종의 비교

국가가 모든 사람에게 요구하는 희생에는 어떠한 정당성도 존재할 수 없다. 우리는 이를 반드시 인식해야 한다. 이론적인 관점에서 뿐만이 아니라 실제로도 마찬가지다. 국가가 개인에게 부과한 모든 가혹한 부담을 저울질해보는 순간 우리는 개인적으로 국가의 요구에 응해 군대에 복무하는 것이, 대부분의 경우, 그렇게 하기를 거부하는 것보다 더욱 불리하다는 것을 깨닫게 될 것이다.

만일 대부분의 사람이 이를 거부하지 않고 복종한다면, 그것은 이익과 불이익을 냉정하게 저울질한 결과가 아니라 그들에게 실행된 일종의 최면술에 이끌려 복종한 탓이다. 복종한다는 것은 자신의 생각이나 의지의 노력 없이 단순히 명령으로 주어진 사항을 인정하는 것이기 때문이다. 반면 무엇인가에 저항하려면 각 개인이 독립적으로 생각하고 노력해야 한다(물론 누구에게나 가능한 일은 아니다). 심지어 복종이나 불복종의 도덕적 의미를 떠나 물질적인 이익만을 고려한다 하더라도 우리에겐 불복종하는 편이 일반적으로 더욱 이로울 것이다.

내가 누구이든, 즉 압제자 같은 부유한 계급에 속하든 압박받는 노동자 계급에 속하든, 어떤 경우든 불복종할 때의 불이익이 보다 적으며, 이때의 이익은 복종할 때 얻어지는 그것보다 더욱 크다. 만일 내가 소수 압제자에 속하는 신분이라면 불복종할 때 파생되는 불이익이라 해봤자 국가에 대한 의무 수행 거부에 따른 심판에 불과할 것이다.

운이 좋다면, 방면되거나 러시아의 메노나이트파[5]처럼 병역의무 대신 국가를 위한 어떤 공익 업무를 수행하도록 배치받을 수도 있다. 반면 불운하다면, 2~3년간 추방되거나 투옥될 수도 있을 것이다(이는 러시아에서 일어난 사건들을 기준으로 판단한 것이다). 투옥 기간이 더욱 길어지거나 사형을 선고받을 수도 있지만 후자일 확률은 거의 없다. 불복종의 불이익에 대해서는 이 정도로 하겠다.

한편 복종의 불이익은 다음과 같을 것이다.

만일 운이 좋다면 나의 동포를 해치는 목적으로 파견되지 않을 것이고, 장애를 입거나 살해되는 무시무시한 위험에도 노출되지 않을 것이다. 다만 병역 노예로 등록되어 광대처럼 군복을 입고, 하사부터 육군 원수에 이르기까지 나보다 높은 계급의 모든 사람이 시키는 대로 행동해야 할 것이며,

---

5  메노나이트(Mennonites)는 기독교에서, 종교 개혁 시기에 등장한 개신교 종파로 재세례파에 속한다.

그들의 장난에 따라서 어떠한 신체적 고통의 명령을 받는다 해도 이를 견뎌내야 할 것이다. 그리고 1년 내지 5년 동안 붙잡혀 있다가 10년 정도 어느 순간에라도 그들이 부르면 달려가 이 모든 일을 다시 수행할 수 있도록 대기하고 있어야 할 것이다.

이와 반대로 만일 운이 나쁘다면, 이전과 마찬가지의 노예 상태에서 전쟁터로 보내져 그곳에서 나에게 아무런 해를 끼치지 않은 외국인들을 살해하라는 명령에 따르게 될 것이다. 그곳에서 나는 크게 다치거나 살해될 것이다. 혹은 모든 전쟁에서 세바스토폴[6] 수비대나 다른 경우처럼 특정한 파멸의 사지(死地)로 보내질 것이다. 혹은, 가장 두려운 일이지만, 나의 동포에 대항해야 하는 곳으로 보내질 것이다. 그리고 나와 아무런 관계가 없는 왕권이나 다른 국가적 이익을 위해 내 형제들을 죽여야 할 것이다.

복종과 불복종의 불이익 비교는 이쯤 해두겠다.

한편 복종과 불복종의 이익 비교는 다음과 같다.

거부하지 않고 복종하는 사람에게 이익은, 자신을 모든 수모에 노출시키고 그에게 요구되는 모든 야만 행위들을 수행한 다음, 운 좋게도 살아남는다면, 적색이나 금색의 금속 조각을 광대 옷 같은 제복에 달게 될 것이다. 만일 운이 매우 좋다면, 자신처럼 짐승이 되어버린 수만 명의 지휘를 맡게 될 것이며, 육군 원수로 불리면서 돈을 많이 벌게 될 것이다. 복종하기를 거부하는 사람의 이익은 인간으로서의 존엄성을 보존하고, 선량한 사람이라는 칭찬을 받을 것이며, 무엇보다도 자신이 신의 일을 하고 있으며 따라서 의심할 여지없이 그의 동포에게 선을 행하고 있다는 것을 아는 데 있다.

부유한 계급, 즉 압제자인 사람이 취할 두 가지 행동 양태(복종과 불복

---

6    세바스토폴(Sevastopol)은 크림 반도 남서부에 위치한 항구 도시이다.

종)의 이익과 불이익에 대해서는 이쯤 해두겠다.

가난한 노동자 계급의 사람에게도 이익과 불이익이 똑같을 테지만, 그 불이익에는 엄청난 덤이 붙을 것이다. 병역을 거부하지 않았던 노동 계급이 입는 불이익은, 그가 군대에 참여함으로써, 말하자면 그것에 동의함으로써, 그를 매어놓은 종속의 상태를 더욱 강화시킨다는 사실에 의해 가중될 것이다.

그러나 사람들을 소집하여 군대에 복무하게 함으로써 국가가 그들에게 얼마나 필요하고 이익이 되는지를 고려하는 것이든, 또는 국가 명령에 복종하거나 불복종하는 개인에 대한 이익·불이익을 고려하는 것이든, 그 어떠한 고려도 국가의 존속 내지 폐지 문제를 결정하지는 못한다. 결국 이 문제는, 원하든 원하지 않든 일반적 징병제를 통해 그 문제에 억지로 떠밀려진 각 사람 하나하나의 종교적 자각이나 양심의 호소를 초월하여 결정될 것이다.

## 08

**기독교는 새로운 인생관으로 소수에 의해 인정되었다**

흔히들 "기독교가 정말 진리라면 그것이 나타났을 때부터 모든 사람들이 받아들여야 하는 것이었고, 그때 인간의 생활을 변화시켜 더 좋게 했어야 했다"고 말한다. 그러나 이는 씨앗이 여물면 당장 줄기와 꽃과 열매를 내놓아야 한다고 주장하는 것과 전혀 다르지 않다.

기독교는 폭력에 의해 도입되어 바로 인민의 생활을 변화시킬 수 있는 입법이 아니다. 기독교는 종래의 가르침과는 다른, 새롭고 고차원적인 인생관이기 때문이다. 게다가 그 새로운 인생관은 법률처럼 제정될 수 있는 것이 아니라, 오로지 자유롭게, 다음 두 가지 방법에 의해 자유롭게 흡수될 수 있는 것이었다.

그 하나는 정신적이며 내면적인 것이고, 다른 하나는 경험적이며 외면적인 것이다.

소수의 인민은 일종의 예언적인 본능에 의해 이 가르침의 진리를 꿰뚫어보고, 스스로 그것에 헌신하고 실행한다. 반면 다수의 인민은 오로지 오랜 과정의 실수, 체험, 고통을 겪음으로써 교리의 진리와 그것을 채택할 필요를 인식하게 된다.

이런 경험적이며 외부적인 방법을 통해 대부분의 기독교인들은 이제 교리를 흡수할 필요에 한 발 더 다가섰다. 하지만 어떤 사람은 때때로 무엇이 현재 기독교의 참된 의미를 수용하는 데 가장 큰 장애가 되는 기독교의 부패를 강요했는지에 대해 놀라워한다.

만일 기독교가 부패하지 않은 참된 형태로 인간에게 제시되었다면, 그것은 오히려 다수에게 수용되지 못했을지도 모른다. 지금 아시아 민족들처럼 기독교에 의해 전혀 영향을 받지 않았을 것이다. 그러나 기독교를 부패한 형태로 수용한 인민들은 기독교의 더디지만 확실한 영향 아래 있었고, 오랜 실험과 시행착오 및 이에 따른 고난의 과정을 거쳐 지금은 필연적으로 기독교의 참된 의미 속에서 기독교를 흡수하게 된 것이다.

기독교의 부패 및 그 부패한 형태로 대다수의 인민이 기독교를 수용하는 것은, 씨앗이 싹을 틔우려면 어느 기간 동안 흙 속에 숨어 있어야 하듯이 반드시 필요한 일이었다.


## 무저항 수용의 필요성에 대한 예언

기독교는 진리의 교리인 동시에 예언이기도 하다.

18세기 전에 기독교는 인간에게 그들이 어떻게 살아야 하는가에 대한 진리를 보여주었고, 동시에 인간이 그것에 의해 살지 않으면 생활이 어떻게 될 것인지 예언하였다. 또 그들이 기독교 교리를 받아들여 이를 실제 생활 안에서 실천한다면 인류의 삶이 어떻게 변화할 것인지도 예언하였다.

산상수훈에서 그리스도는 인간의 생활을 인도할 원리를 제시하면서 이렇게 말했다.

그러므로 내 말을 듣고 실천하는 사람은 반석 위에 집을 지은 지혜로운 사람과 같다. 비가 내려 홍수가 나고 바람이 불어 그 집에 몰아쳐도 무너지지 않는 것은 그 집을 반석 위에 세웠기 때문이다. 그러나 내 말을 듣고 실천하지 않는 사람은 모래 위에 집을 지은 어리석은 사람과 같다. 비가 내려 홍수가 나고 바람이 불어 그 집에 몰아치면 크게 무너지고 말 것이다(마태복음 7장 24~27절).

그리고 18세기 뒤에 예언은 적중했다. 그리스도의 전반적인 가르침과 악에 대한 무저항을 사회적인 생활에서 적용하거나 따르지 않았기에 인간은 자신도 모르는 사이 그 가르침을 실천하지 않은 자에게 그리스도가 예언했던 파멸, 즉 피할 수 없는 파멸에 도달한 것이다.

인민은 흔히 권력의 악행에 대한 무저항의 문제를 이론적인 것으로 무시할 수 있다고 생각한다. 그러나 이 문제는 생활 그 자체에 의해 모든 인간에게 제시되며, 모든 생각하는 인간으로부터 어떠한 형태이든 대답을 요구한다.

기독교가 공개적으로 선언되고 포교된 이래 이 문제는 인간의 사회적 생활 안에서 마치 어떤 나그네에게 떠오른 다음 질문과 같다고 볼 수 있다. 즉, 여행 중인 나그네 앞에 길이 두 갈래로 나누어졌다. 어떤 길을 선택하든 그는 계속 앞으로 가야 한다. 이때 나그네는 "나누어진 길에 대해 생각하지 않을 것이다. 하지만 계속 갈 것이다"라고 말할 수 없다. 과거에는 길이 하나였지만 이제는 길이 두 개이며, 어떤 쪽이든 반드시 선택해야 하는 탓이다.

그리스도의 가르침도 마찬가지다. 이것이 알려진 이상 사람들은 다음과 같이 말할 수 없다.

나는 이전처럼 살아갈 것이다. 나는 권력의 악행에 대한 저항 또는 무저항의 문제를 결정하지 않을 것이다. 발생하는 매번의 새로운 투쟁에서, 필연적으로 결정해야만 한다. 내가 악이라고 여기는 것을 힘으로써 저항할 것인가 말 것인가를.


## 분쟁을 조정하는 두 가지 방법

악에 대한 폭력적 저항 또는 무저항의 문제는 인민 사이의 첫 번째 갈등이 발생했을 때 생겨났다. 왜냐하면 모든 갈등은 싸우는 각자가 악으로 여기는 것에 대해 폭력으로 저항하는 것이기 때문이다. 그러나 그리스도의 가르침이 주어지기 전의 인간은 각자가 악이라고 생각하는 것에 대해 힘으로 저항하는 것이—단순히 한쪽이 악이라고 생각하는 것을 다른 쪽은 선이라고 생각하기 때문에— 분쟁을 해결하는 유일한 방법 중 하나라고 생각했다. 다른 방법이 있다는 것, 즉 힘에 의지하지 않고서도 악에 저항할 수 있다는 것을 알지 못했다.

그리스도의 가르침 이전에는, 분쟁을 조정하는 유일한 수단이 폭력으로 악에 저항하는 것밖에 없다고 여겨졌다. 따라서 그렇게 행동했고, 싸우는 각자는 서로가 상대적으로 악이라고 여기는 것이 실제이며 절대적인 악이라는 사실을 자신과 타인에게 납득시키려 애썼다.

이를 행하기 위해 가장 오랜 시대부터 인간은 악에 대해 정의를 내렸고, 모두가 그것을 받아들이도록 시도했다. 이 같은 악의 정의는 때로 법률의 형태를 취하거나 초자연적 수단에 의해 주어진 것으로 가정되었으며, 때로는 무오류성이 부여된 통치자 또는 집단을 통해 내려진 명령의 형태를 취하기도 했다. 인간은 타인에게 대항할 때 폭력에 의존하였으며, 그들은 모든 인간에 의해 악으로 인식되는 것에 대항해 폭력을 행사할 뿐이라고 스스로를 위로하고 다른 인민을 납득시켰다.

이 수단은 사실 인류 역사의 가장 초창기인 고대부터 사용된 것으로 특히 권력의 소유를 획득한 자들에 의해 사용되었고, 오랫동안 그 비합리성이 묵인되었다.

그러나 인간의 생활이 오래 되면 될수록, 그들의 관계가 복잡해지면 질수록, 각자가 악이라고 여기는 것을 힘에 의하여 저항하는 것은 비합리적이며, 그렇게 해도 분쟁이나 투쟁이나 갈등은 결코 감소되거나 완화되지 않으며, 어떤 인간의 정의도 어떤 자가 악으로 여기는 것을 타인에 의해 그렇다고 받아들여지게 만들 수 없다는 점이 더욱 분명해졌다.

기독교가 발생할 무렵 이미 많은 인민에게, 그것이 발생한 장소인 로마 제국에서도, 네로나 칼리굴라[1]에게 악으로 여겨지던 것이 다른 인민에게는 악으로 여겨질 수 없다는 점이 분명해졌다. 심지어 그 당시에도 인간은, 인간의 법률이 비록 신의 신성한 율법으로 제시되었지만 인간에 의해 수정되었으며, 그들을 둘러싼 외부적인 위용이 어떠하든 결코 무결점이거나 무오류일 수 없다는 것을 깨닫기 시작했다. 그리고 죄를 지을 수 있는 인간이 함께 집회를 하여 스스로를 국회나 다른 이름으로 부른다 하더라도 완전무결하다고 할 수 없음도 깨닫기 시작했다.

## 예수의 가르침_권력의 악행에 대한 저항 금지

그리고 그때서야 비로소 그리스도가 자신의 교리를 설파했다. 그것은 권력의 악행에 대한 저항을 금지하는 내용뿐만 아니라, 새로운 인생관과 모

---

1  칼리굴라(Caligula, 12~41)는 로마 제국의 제3대 황제(재위 37~41)로 네로, 콤모두스 등과 함께 로마 제국의 폭군 중 한 사람으로 기록된다.

든 인간 사이의 갈등을 끝낼 수 있는 방법으로 구성된 것이었다. 또한 특정 당국에 의해 규정된 한 부류의 인류에게만 갈등하지 말고 복종할 것을 명령한 게 아니라 어떤 상황에서나 누구나 힘, 즉 폭력에 의존하지 말아야 한다는 것을 모든 인간, 즉 권력에 있는 자들에게도 의무화한 것이었다.

이 가르침은 그 당시 오로지 아주 적은 숫자의 제자들에 의해서만 받아들여진 것에 불과했다. 대부분의 인간들, 특히 권력을 휘둘렀던 자들은 심지어 기독교를 명목상 수용한 뒤에도 그들이 악이라 여기는 것에 대해 폭력으로 저항하는 원리를 자신들을 위해 견지했다. 이는 고대 로마 제국과 비잔틴 제국의 황제들 통치하에서 그러하였으며 그 이후에도 계속되었다.

악에 대한 권위 있는 정의 및 그것에 대항하는 폭력에 의한 저항의 원리에 내재된 불충분함은 이미 초기 기독교 시대부터 명백했지만, 로마 제국이 동등한 권력을 가진 많은 국가로 분할되면서 그들 상호의 적대 행위 및 그들 안에서 발생한 내부적인 갈등을 통해 훨씬 더 분명해졌다.

그러나 사람들은 그리스도가 주는 해답을 받아들일 준비가 되어 있지 않았다. 또한 악에 대한 옛 정의를 거부해야 했는데도 모두에게 의무로 구속력을 가지며 강압적인 수단으로 집행되는 법을 만들어 계속 제시했다. 무엇이 악으로 간주되어야 하는지, 힘으로 악에 저항해야 하는지 말아야 하는지를 결정하는 권력도 교황이나 황제나 왕, 선출된 의회나 전체 인민에게 있었다. 하지만 국내외를 막론하고, 언제나 신의 뜻으로 발표되거나 신성한 인격을 갖춘 인간들 혹은 인민의 뜻을 대표한다고 여겨지는 기구에 의해 만들어진 법률이 그들에게는 의무적이지 않다고 여기는 인민도 있었다. 기존의 당국이 악하다고 여기는 것을 선하다 생각하고, 그들에게 사용된 것과 똑같은 폭력으로 당국에 맞서서 투쟁한 인민이 있었던 것이다.

종교적 권력을 갖춘 인간은 세속적 권력을 가진 인간이나 그런 기관들이 선하게 여기는 것을 악하다고 여겼고, 그 반대도 마찬가지였다. 투쟁은 점점 더 심해졌다. 인간은 분쟁을 조정하는 수단으로 폭력을 오래 사용하면 할수록 그것이 부적합한 방법임을 더욱 분명하게 알 수 있게 되었다. 모든 인간에게 인정되는 악을 정의할 수 있는 외면적인 권력이란 있을 수 없기 때문이다.

18세기까지 상황은 이렇게 진행되었다. 그리고 마침내 현재의 상황, 즉 모두에게 구속력을 갖는 악에 대한 외적인 정의는 존재하지도 않고 있을 수도 없다는 게 절대적으로 명백하게 드러났다. 또한 인간은 그러한 보편적이고 일반적인 정의를 찾거나 확립할 가능성 혹은 바람직함에 대해 믿는 것조차 중단하기에 이르렀다.

권력을 가진 인간들도 자신이 악이라 여기는 것이 악임을 증명하려는 시도를 중지하게 되었으며, 다만 그들이 좋아하지 않는 것을 악이라고 여긴다고 선언하게 되었다. 반면 권력을 갖지 않은 백성들은 권력자들이 제시한 악에 대한 정의를 옳다고 생각해 받아들이고 믿기 때문에 복종하는 것이 아니라 오로지 복종하지 않을 수 없기 때문에 권력에 복종하는 것뿐이었다. 그것이 인간에게 좋다거나 이익이 된다거나 반대 과정이 악이기 때문이 아니라 단순히 권력을 가진 자들의 뜻이었기 때문이다.

그래서 니스가 프랑스에, 로트링겐이 독일에, 보헤미아가 오스트리아에 합병되었고, 폴란드는 분할되었으며, 아일랜드와 인도는 영국에 의해서 통치되었고, 중국은 공격을 받았으며, 아프리카인은 도살되었고, 미국인은 중국인들을 미국으로 이주하지 못하게 하였으며, 유태인은 러시아인에게 학대를 받은 것이다.

또한 지주들은 자기 손으로 경작하지 않는 토지를 차지하였고, 자본가는 타인의 노동으로 얻은 과실을 향유하였다. 그리고 이 모든 것이 현재의 상태까지 이르렀다. 즉 어떤 공동체의 인간은 더 이상 악에 대한 저항을 구실로 폭력 행위를 저지르지 않는다. 이는 그저 자신들이 그렇게 할 때 이익을 얻을 수 있다고 판단했거나 마음이 변덕스러운 탓이다. 한편 다른 어느 공동체의 인민은 폭력에 굴복한다. 이들은, 과거에 상상하던 것처럼, 폭력은 피할 수 없는 것이고 자신들을 악으로부터 보호해주는 것이라 생각하기 때문이다.

고대 로마인이나 중세인, 또는 내가 기억하는 것처럼, 50년 전의 평범한 러시아인마저도 현행 권력의 폭력이 악으로부터 인류를 구하기 위해 없어서는 안 되는 것이라 확신했다 하더라도, 또한 세금, 징발, 농노제, 감옥, 채찍형, 도형(徒刑), 사형, 군대와 전쟁이 반드시 있어야 하는 것이라고 한 점의 의혹도 없이 확신하였더라도, 이제는 그 누구도 더 이상 폭력적 수단이 사람을 악으로부터 보호해준다고 믿지 않는다. 그런데도 인간은 자신들이 어느 정도 노출되어 있으며, 어느 정도 함께하고 있는 이런 폭력 행위 대부분이 그 자체로 커다란, 그리고 무익한 악임을 명백히 깨닫지 못하고 있다.

오늘날 애써 일하는 노동 대중으로부터 세금을 거둬 그것을 게으른 관리들을 살찌우는 데 쓰는 건 무익하고 부당하다는 것, 나약한 자나 부패한 자에게 한 자리에서 다른 자리로 이동하는 형태로 형벌을 가하거나 이들을 요새에 투옥하여 은밀하고 게으르게 살게 함으로써 더 나약하고 부패하게 만드는 일이 어리석다는 것, 또는 전쟁은 악한 것이며 정신이상자들이나 하는 짓이고 야만적이고 황폐함과 동시에 인류를 파멸을 이르게 할 뿐이라는 사실을 깨닫지 못하는 사람은 아무도 없다. 그러나 이런 형태의 폭력은 여전히 계속된다. 그리고 그 무익함과 부당함과 잔인함을 인식하며, 그것으로부터 고통당하는 바로 그 인민에 의해서 지지된다.

50년 전에는 게으른 부자와 문맹인 노동자가 똑같이, 한편에겐 그들의 영원한 휴일이, 다른 한편에겐 영원한 노동의 고역이 신에 의해 운명이 정해진 것이라 확신하였기에 이 같은 형태의 폭력을 감수했다고 해도 인구의 증가와 서적의 확산 및 교육에 힘입은 오늘날에는 많은 사람들이, 유럽이나 심지어 러시아에서도, 또한 부자와 가난한 자 사이에서, 이런 모습이나 저런 모습에서나 이런 상태의 정의에 대해 의혹을 품게 마련이다.

부자들은 그들이 부자라는 사실만으로도 유죄임을 알고 있어서 예술이나 과학에 대한 기여로 자신의 죄의식을 속죄하려고 노력한다. 이는 과거에 인민이 교회에 대한 희생으로써 그들의 죄를 속죄하고자 했던 것과 같다. 심지어 노동하는 인민의 절반 이상이 지금 공개적으로 기존 질서는 불법적이며 파괴되어야 하거나 개혁되어야 한다고 솔직하게 선언하고 있다.

러시아에 수백만 명이 있는 소위 분리파 신도라고 하는 어느 공동체의 종교인들은 기존의 사회질서가 부당하며 복음서의 가르침을 참된 의미로 받아들여 이를 파괴해야 한다고 생각한다. 또 한편의 다른 사람들은 사회주의적이거나 공산주의적인, 또는 아나키즘적인 이론을 근거 삼아 기존 질서를 파괴해야 한다고 여긴다. 이런 생각은 주로 낮은 계층의 노동 인민에게 침투하고 있지만 역시 이를 잘못된 것이라고 보는 사람들이 있다.

그러나 이제는 더 이상 폭력을 유익하다고 믿지 않는다. 폭력은 매우 오랫동안 인간의 역사에 존재해왔고, 그것으로 이익을 보는 지배 계급에 의해 조직되었다는 사실, 그리고 그 아래 있는 인민은 어떤 방법으로든 거기서 자신들은 해방시킬 수 없다는 것도 잘 알고 있다.

우리 시대의 국가들은 전제주의적이든 자유주의적이든 간에 모두, 게르첸[2]이 아주 잘 지적했듯이 "전보[3]를 들고 있는 칭기즈 칸"이 되었다. 다시 말해, 어떤 원칙도 없는 엄청난 폭정을 기반으로 하는 폭력 단체들이 되었다는 뜻이다. 그리고 이들은 자유롭고 평등한 인간들의 평화롭고 집단적 사회 활

동을 위하여 과학에 의해 발명된 모든 수단을 활용하는
동시에, 이를 그들의 동포들을 노예화하고 억압하는 데
사용하고 있다.

## 폭력을 사용하는 네 가지 방법
### _협박, 매수, 최면, 군사적 강압

국가와 지배 계급은 더 이상 옳은 것도 정의와 유사한 것도 옹호하지 않
는다. 이들은 과학의 도움으로 거의 완벽한 지경에 이른 교묘한 조직이어
서 누구를 막론하고 이들이 쳐놓은 폭력의 울타리 안에 갇히게 되며, 한
번 붙잡힌 뒤에는 절대로 탈출할 기회를 얻지 못한다. 이 울타리는 폭력을
사용하는 네 가지 방법으로 구성되어 있는데, 각각을 연결하는 고리는 매
우 단단하게 봉합되어 있다.

첫 번째이자 가장 오래된 방법은 협박이다. 이것은 기존의 국가 조직을
신성한 불변의 어떤 것으로 보여준다. 그것이 무엇이든지, 즉 자유로운 공
화국이든 가장 야만적인 독재국이든 마찬가지이다. 그러므로 만일 누군가
국가 조직을 변화시키려 한다면 가장 잔인한 처벌을 받게 될 것이다.

이 방법은 옛날부터 그래왔듯 국가가 있는 곳이면 어디든 지금까지도
사용되고 있다. 러시아에서는 소위 허무주의자들에 대하여, 미국에서는

---

2  알렉산드르 이바노비치 게르첸(러시아어: Алекса́ндр Ива́нович Ге́рцен, 1812~1870)은 러시아의 사상
가·소설가. 처음에는 서구 문화를 도입하여, 러시아의 개혁을 꾀하는 서구주의자(西歐主義者)로 활약하
고 사회주의 이론의 발달에도 공헌하였다. 그 후 서구주의를 버리고, 러시아의 농촌 공동체를 기초로 하여
자본주의를 거치지 않고 사회주의에 도달할 수 있다고 주장하여 사회주의적 색채를 띠었다.

3  자신의 의중을 암시하는 통신문.

아나키스트들에 대해, 프랑스에서는 제국주의자들과 군주주의자들, 그리고 코뮌주의자들과 아나키스트들에 대해 사용된다.

철도, 전신, 전화, 사진 기술의 발달과 더불어 수년 동안 인간을 제거하기 위한 각종 수단들이 완벽해졌고, 이제는 인간을 독방에 감금함으로써 죽이지 않고서도 세상으로부터 격리하고 잊히게 하는 것이 더욱 수월해졌다. 또한 국가가 사용하는 다른 많은 현대적 발명품 역시 힘을 소유하게 되어 권력이 일단 누군가의 손에 들어가면, 그들이 공식경찰이나 비밀경찰이든, 행정기관과 소추기관 혹은 간수와 모든 종류의 처형자이든, 맡은 바를 너무도 열심히 수행하기 때문에 아무리 그것이 잔인하고 어리석다 해도 국가를 전복할 기회를 잃어버린다.

폭력의 두 번째 방법은 매수이다. 이는 열심히 일하는 노동 인민으로부터 세금 명목으로 거두어들인 재산, 즉 거의 약탈한 것이나 다름없는 재산을 관리들의 탐욕을 만족시켜주는 데 쓰이게 하는 것을 말한다. 그리고 관리들은 매수된 대가로 인민을 억압하는 데 힘을 보탠다.

매수된 관리들은, 급이 가장 높은 장관에서부터 가장 낮은 가난한 하급 서기에 이르기까지, 똑같은 이익, 즉 인민의 노력으로 살아간다는 이익에 의해 함께 묶인 끊어지지 않는 인간 네트워크를 형성한다. 그들은 국가의 의지를 충실하게 실행하면 할수록 더욱더 많은 부를 갖게 되므로 언제 어디에서나 어떤 수단도 주저하지 않고 그 모든 활동 분야에서 자기 행복의 기초가 되는 국가의 폭력을 말과 행동 모든 것으로 지지하고 옹호한다.

세 번째 방법은 인민을 최면에 빠지게 하는 것이다. 이는 인민의 정신적 발달을 저지하는 것이며, 각양각색의 암시들로 인민을 인류에게 이미 경험이 끝난 것으로 국가 권력의 기초가 되고 있는 낡은 인생관에 머물러 있게 하는 것이다. 이 같은 최면 과정은 현대에 이르러 가장 복잡한 방법으로 조직화했고, 인민이 어린 유년기부터 시작해 죽는 날에 이르기까지 계속 행해진다.

즉, 의무교육 첫해부터 최면이 시작되어 어린이들은 선조의 생활 사상을 주입받는다. 그러나 안타깝게도 이런 사상들은 현대 세계의 양심에 반하는 것들이다. 국교가 있는 나라에서는 어린이들에게 윗사람이나 관료 등의 권력에 대한 복종과 함께 교회의 교리 문답 같은 어리석은 신성모독적인 내용을 가르친다.

한편 공화국에서는 어린이들에게 애국심과 같은 야만적인 미신과 지배 권력에 의례적으로 복종할 것을 국민의 의무로 가르친다. 이 과정은 종교적 및 애국적 미신을 장려하는 것으로서 이후에도 계속된다.

종교적 미신은, 인민에게 받은 돈으로 사원을 짓고, 행렬을 지어가며 기도하고, 기념비를 세우고 추모회를 열거나 축제를 개최하며, 그림이나 건축물, 음악과 분향 등으로 인민을 마취시키고, 또한 그 무엇보다 성직자를 부양하는 것으로 장려된다. 성직자들의 임무는 인민을 비인간적으로 만들고, 자신들의 가르침과 예배의 엄숙함과 설교의 중요성을 강조하며, 인민의 사생활(출생, 임종, 결혼)에 개입하여 그들을 영구적인 마취 상태로 몰아넣는 데 있다.

애국적 미신은, 인민으로부터 거두어들인 돈으로 국경일 행사라든지 구경거리, 기념물 제작이나 축제 등 행사들을 벌여 인민이 자신의 국가와 통치자들의 권위를 느끼고 이에 중요성을 부여하도록, 그리고 자기 국가를 절대적으로 우월하다고, 자국과 그 통치자들이 위대하다고 인식시키며, 다른 국가에 대해 반목하고 증오심을 느끼도록 유도하고 장려하는 제반 행동에 있다.

이런 목적을 가진 독재 국가에서는 인민을 계몽하는 책을 인쇄하거나 배포하거나 연설하는 것을 금지하게 마련이다. 인민을 무감각으로부터 깨우려는 사람은 누구든 추방되거나 투옥된다. 어디 그 뿐인가? 모든 국가에서 예외 없이 인민을 해방하여 자유롭게 만들고자 하는 것은 무엇이든지 억제되고, 인민을 부패하게 만드는 것은 도리어 장려된다. 가령 종교적 및 애국적 미신 같은 야만주의에 그들을 묶어두는 것은 문학 작품, 모든 종류의 감각적 오락, 구경거리, 서커스, 극장, 그리고 심지어 중독을 초래하는 담배나 술 같은 육체적 수단 같은 것인데, 이것들은 대개 국가의 주된 수입원이다. 심지어 매춘도 인정되고 장려될 뿐만 아니라 대부분의 국가가 앞장서 조직하기도 한다.[4]

네 번째 방법은 인민을 군사적 도구로 만드는 것이다. 앞에 나온 세 가지 방법으로 마비되고 노예화된 모든 인간 중에서 일정한 숫자를 선발하고, 그들을 바보와 야수로 만드는 특별히 강력한 수단을 사용하여, 그들을 국가에 필요한 모든 잔인한 일과 무자비한 일을 수행하는 어리석은 수동적 도구로 만드는 것이다.

이런 바보화와 야수화는 모두 인간이 아직도 명확하게 정해진 도덕적인 관념을 강력하게 형성하지 못한 나이에 모든 자연적이며 인간적인 생활의 조건, 즉 가정, 가족, 고향, 합리적인 노동 등으로부터 분리시키고 함께 병영에 가두어, 특수한 복장을 입혀서, 호령, 큰북, 음악, 찬란한 빛이 나는 총검류 등의 작용 아래 이러한 목적을 위해 고안된 일정한 행동을 매일 몸에 익히게 함으로써 더 이상 인간이 되기를 포기하는 최면 상태에 이르게 하고, 감각이 없는 기계로 변하여 최면술사에게 복종하게 만든다. 이들 신체적으로 왕성한 젊은이들(최근의 일반적 징병제 시대에 도구가 되는 이들은 모

---

4  톨스토이의 예술론은 이러한 아나키즘의 관점에서 읽혀야 한다.

두 젊은이다)은 최면당하고 살인 무기로 무장한 채 언제나 통치 권력에 복종해야 하고, 국가에서 어떤 폭력적인 명령을 내리든지 만반의 준비를 갖추고서 인민을 노예화시키는 네 번째이자 가장 중심이 되는 방법의 구성 요원이 되는 것이다.

이와 같은 네 가지 방법에 의해 폭력의 고리는 완성된다. 협박, 매수, 최면은 인민을 병사들이 되고 싶어 하는 상태로 만든다. 즉, 병사들은 인민을 처형하고, 약탈하며, 그리고 전리품으로 관리를 매수하여 그들을 최면 상태에 빠트리고, 자기들과 똑같이 군대에 등록시키는 권력이나 가능성을 부여하지만, 그 징집된 군대가 다시 이 모든 것을 형성할 수 있도록 권력을 부여하는 것이다. 이 고리가 완성되면 힘으로 그 고리에서 벗어나기란 도저히 불가능해진다.


## 국가 폭력은 폭력적 국가 전복으로 억제될 수 없다

어떤 사람은 폭력으로부터 자유로운 것, 또는 적어도 폭력을 약화시키는 것은 피압박자들이 힘을 이용해 억압하는 국가를 전복하고, 그러한 폭력과 억압이 필요하지 않은 새로운 국가로 갈아치움으로써 가능하다고 주장한다.

그러나 그들은 자신들과 다른 인민을 속일 뿐이다. 그들의 노력이 압박받는 자들의 지위를 향상시켜주기는커녕 도리어 악화시킬 따름이기 때문이다. 그들의 행위는 오로지 국가의 독재를 견고히 하는 데 도움이 될 뿐이다. 그들의 노력은 오로지 국가가 권력을 강화하는 데 그럴듯한 구실만 줄 뿐이다.

심지어 우리가, 국가에 특별히 좋지 못한 상황이 겹쳐서, 1870년의 프랑스처럼 어떤 국가가 폭력으로 전복되어 다른 자들의 손에 넘어갈 수 있음을 인정하더라도, 새로운 권력은 이전의 권력보다 덜 억압적일 수 없다. 반대로, 권력 상실로 분노하는 적에 대해 언제나 방어해야 하므로, 모든 혁명 통치가 언제나 그랬던 것처럼, 그것은 더욱 독재적이며 잔인해질 것이다.

사회주의자와 공산주의자가 개인주의적이며 자본주의적인 사회 조직을 악으로 여기고, 아나키스트가 모든 국가를 그 형태가 어떠하든지 악으로 여기는 반면, 사회주의적이거나 공산주의적인 조직 또는 아나키 상태를 악으로 여기는 군주주의자들, 보수주의자들, 자본주의자들이 있으며, 이 모든 당파는 그들이 인민을 합의에 이르게 하는 데 있어 오로지 폭력만을 필요로 한다. 만에 하나 이들 당파 중에서 어떤 것이 그들의 계획을 성공적으로 통과시키더라도, 그들은 자신의 권력을 뒷받침하기 위해 모든 기존의 폭력적 방법에 반드시 의존해야 하며, 심지어는 새로운 것들을 만들어 내야 한다.

그 결과 다른 사람들이 노예로 될 것이며, 다른 것을 강제하게 될 것이다. 그러나 폭력과 노예화는 영원히 변하지 않을 것이며, 도리어 더욱더 잔인해질 것이다. 왜냐하면 투쟁에 의해서 서로의 증오가 더욱 심화될 것이기 때문이다. 그 결과 새로운 형태의 노예화 수단과 억압이 고안되고 강화될 것이다. 모든 혁명과 혁명에 대한 모든 시도, 모든 음모, 그리고 모든 폭력적 국가의 교체 뒤에는 항상 그런 일들이 있었다. 모든 갈등은 주어진 순간에 권력을 쥔 자들의 손안에 든 억압과 노예화의 방법을 증폭시킬 뿐이다.

우리 기독교 집단의 입장, 특히 그 속에 가장 잘 흐르고 있는 기독교 사조의 이상들이 이러한 사실을 놀라울 정도로 분명하게 증명해준다.

이제, 국가 권력에 의해 장악되지 않는 오로지 한 가지 범주의 인간의 활동 분야만이 남아 있다. 그것은 집안의 경제적 범주 즉, 사생활과 노동의 영역이다. 그런데 심지어 이것마저 지금은 공산주의자와 사회주의자의 노력 덕택에 점차적으로 국가에 의해 장악되고 있는 중이다. 따라서 노동, 여가, 주거, 의복, 그리고 음식이 점차적으로, 만일 개혁가들의 희망이 성공한다면, 국가에 의해 결정되고 명령받으며 통제될지도 모른다.

## 권력의 악행에 대한 저항과 무저항의 문제

18세기 동안 권력의 악행이 점진적으로 진행됨에 따라 기독교 국가들은 자신들이 회피하던 문제를 해결해야 할 필요를 다시 느끼게 되었다. 바로 그리스도의 가르침을 수용할 것인가 말 것인가, 사회적 생활에서 드러나는 권력의 악행에 대해 저항할 것인가 말 것인가의 문제이다.

그러나 이런 차이가 있다. 즉, 이전에는 기독교가 준 해답을 사람들이 수용하거나 수용하기를 거부할 수 있었던 반면, 이제는 더 이상 그 해답을 피해갈 수 없게 된 것이다. 왜냐하면 그것만이 인민이 그물에 잡혀 있는 것 같은 노예 상태에서 빠져나올 수 있는 유일한 길이기 때문이다.

그러나 이것을 피할 수 없게 만든 것은 비단 그 처지가 불행하다는 데 있지 않다. 이교도적 조직이 거짓이라는 게 점점 더 확실해지면서 기독교의 진리는 도리어 점점 더 분명하게 입증되었다.

기독교적 인류애를 지닌 가장 훌륭한 인민은 정신적이고 종교적인 직관으로 진리를 깨달았으며, 18세기 동안 모든 협박, 모든 궁핍, 모든 불행, 모든 고통에도 불구하고 그것을 사람들 앞에서 증명했는데, 이는 결코 무의미한 것이 아니었다. 이러한 뛰어난 사람들은 그 순교자적 고뇌에 의해 기독교의 진리를 대중에게 전달하였으며, 이로써 그들의 마음에 큰 감동을 주었다.

그래서 기독교는 인류의 자각 속에 서서히 스며들었다. 이는 더 이상 이교도적 생활을 계속할 수는 없다는 점을 소극적으로 표명하는 방법뿐만 아니라, 적극적으로 기독교 교리를 간단명료하게 하고, 그동안 기독교와 뒤섞여 있던 미신을 몰아내며, 각계각층의 인민을 통해 전파해나가는 방법으로 그렇게 인류의 의식 속에 서서히 스며든 것이다.

18세기 동안 기독교는, 기독교를 오로지 외부적으로 받아들인 사람들에게조차 커다란 영향을 미쳤다. 인류의 발전에 더 이상 합당하지 않은 이교도적 생활을 하는 동안, 그들은 자신의 처지가 매우 비참하다는 것을 분명히 자각했고, 이러한 처지에서의 유일한 구원은 진정한 의미로서의 기독교 교리를 실천하는 데 있음을 확신하게 된 것이다. 그들은 오로지 이 같은 믿음을 통해서만 살 수 있었다.

물론 구원의 시기와 방법에 대해서는 각 사회의 지적인 발전 수준과 편견에 따라서 의견이 분분하다. 그러나 현대의 모든 인민은 우리의 구원이 오로지 그리스도의 가르침을 실천하는 데 있다는 것을 분명히 인식하고 있다.


## 구원의 시기와 방법

그리스도의 가르침이 곧 신의 가르침임을 인정하는 첫 번째 부류의 사람들은 모든 인민이 그리스도를 믿고, 그리스도의 재림이 가까이 왔을 때 구원이 온다고 주장한다. 마찬가지로 그리스도의 가르침을 신적인 것이라고 인정하는 두 번째 부류의 사람들은 구원이 교회를 통해서 이루어지며, 교회는 그들을 수용하여 기독교적인 선을 가르치고, 마침내 생활을 변모시킨다고 생각한다.

그리스도의 신성을 믿지 않는 세 번째 부류의 사람들은 인류의 구원이 점진적으로 진행되며, 그로 인해 우리 존재의 이교도적인 원리는 자유, 평등, 형제애라는 원리, 다시 말하면 기독교의 원리로 교체될 것이라고 주장한다.

사회적 혁명을 믿는 네 번째 부류의 사람들은 구원이 폭력적인 혁명을 통하여 오게 될 것이므로 인민이 재산을 공유하고 국가를 폐지하며 개인적인 노동 대신 집단적인 노동을 강제해야 한다고 주장한다. 즉, 기독교 교리의 한 가지 측면을 실현해야 한다는 뜻이다.

이 방법이든 저 방법이든 우리 시대의 모든 인민은 그들 내면의 자각에서 기존의 낡아 빠진 이교도적 질서를 비난하며, 가끔 무의식적으로 그리고 자신들을 기독교 교파에 적대적이라고 여기면서, 우리의 구원은 오로지 참된 의미의 기독교 교리 또는 그 일부분이라도 우리의 일상생활에 그 진정한 의미를 적용하는 데서 찾을 수 있다는 것을 인정한다.

기독교는, 그 창시자가 말한 것처럼, 대부분의 인민에게 동시에 실현될 수 없다. 그것은 조그만 씨앗에서부터 거대한 나무처럼 점진적으로 서서히 자라야 한다. 이제 기독교는 그렇게 자라났고 완전한 성장에 도달했지만, 애석하게도 실제 생활에서가 아니라 오늘날의 인민의 양심 속에서 성장했을 뿐이다.

언제나 기독교를 정신적 직관으로 이해한 소수뿐만 아니라, 그들의 사회적 존재 안에서 기독교로부터 너무나 멀리 있는 것처럼 보이는 대다수 인민도 그 진정한 의미를 지금은 인식하고 있다.

그들의 사적인 생활을 보라. 그들이 서로를 비판하면서 행하는 그들 행위의 평가에 귀를 기울여보라. 그들의 설교나 대중 연설뿐만 아니라, 그들이 보호하고 있는 어린 자녀들에 대한 부모나 보호자들의 조언도 들어보

라. 그러면 폭력에 의존하고 있는 그들의 사회적 생활이 기독교 진리를 깨 닫는 것과는 멀어도, 그들의 사적인 생활에서 예외 없이 모든 인민에게 선하다고 여겨지는 것은 오로지 기독교적인 미덕이고, 나쁘다고 여겨지는 것은 오로지 반(反)그리스도적인 악임을 당신은 알게 될 것이다.

인류에 봉사하기 위해 자신의 생활을 희생적으로 바치는 인민은 가장 훌륭한 인민이다. 자신의 이익을 위해서 타인의 불행을 이용하는 이기주의자들은 가장 나쁜 인민이다.

비록 어떤 비기독교적인 이상, 예를 들어 힘, 용기, 부 등은 기독교적 정신이 아직 스며들지 않은 소수가 여전히 숭배하는 것이지만, 이러한 이상은 시대에 뒤떨어진 것으로서, 모두는 아니더라도 적어도 훌륭한 인민이라고 여겨지는 많은 사람들은 이를 포기한다. 기독교적 이상 말고는 모든 인민이 받아들여 따를 필요가 있다고 여겨지는 어떤 이상도 없다.

현대의 기독교적 인류의 상태는, 바깥세상으로부터 바라본다면, 인간의 잔인함과 타락으로 물들어 있다는 점에서 정말 끔찍하다. 그러나 그것을 안에서, 내적인 자각에서 바라본다면, 그것이 보여주는 광경은 완전히 다르다.

우리 생활에 드러나는 모든 악은 단지 너무 오랫동안 존재해왔기 때문에 존재하는 것처럼 보인다. 악을 행하는 인민은, 비록 그들이 마음속으로는 행하던 대로 행하기를 원하지 않는다 해도, 여전히 반대로 행하는 법을 배우지 못했다. 따라서 모든 악은 인간의 양심과 별개의 원인 때문에 존재하는 것처럼 보인다. 이는 정말이지 이상하면서도 모순된 것처럼 보인다. 하지만, 현대의 모든 인간은 그들 스스로가 후원하고 있는 사회질서 자체를 증오한다는 것도 분명한 사실이다.

## 이교적 인생관의 사회는 반드시 사라진다

기독교로 개종한 인도인이 유럽을 방문한 뒤 놀라워한 것을 묘사한 사람이 막스 뮐러[5]라고 생각한다. 그에 의하면 그 인도인은 기독교의 본질을 흡수한 다음 유럽에 가서 기독교인의 실제 생활을 보았는데, 그는 기독교 국가의 현실과 그가 찾고자 하는 기독교 교리 사이에 차이가 너무 큰 것을 보고 충격과 경악을 금치 못했다는 것이다.

만일 우리가 우리의 신념과 행위 사이에서 발생하는 차이에 아무런 놀라움을 느끼지 못한다면, 그것은 역시 그 차이를 흐리고자 하는 어떤 영향이 우리에게 효과를 발휘했기 때문이다. 우리는 우리의 생활을 오로지,

기독교를 어떤 타협도 양보도 없이 그 진정한 의미에서 깨달은 인도인의 관점으로부터 보기만 하면 되며, 우리는 오로지 우리의 생활에 가득 차 있는 야만적인 잔학 행위를 잠깐 쳐다봄으로써, 흔히 우리가 관찰하지 않으면서 살고 있는 가운데서 나타나는 모순을 보고 놀라게 된다.

우리는 오로지 전쟁 준비, 기관총, 은도금한 총알, 어뢰 그리고 적십자, 감옥의 독방 감금, 전기처형 실험, 죄수에 대한 위생 복지 관리, 빈민을 만들어내어 모종의 혜택을 누리는 부유한 인민의 박애주의와 그

영국 잡지 《허영의 시장 *Vanity Fair*》에 나오는 뮐러의 캐리커처. 당시 51세였던 막스 뮐러를 당대의 가장 영향력 있는 사람 가운데 하나로 묘사했다(1875).

---

5    막스 뮐러(Friedrich Max Müller, 1823~1900)는 독일의 철학자이자 동양학자. 인도 연구에 관한 학문 분야를 서양에서 창시한 사람 중의 한 명이다.

들의 생활을 기억할 필요가 있다. 이러한 모순은, 겉으로 보이는 것처럼 실제로는 이교도이면서 기독교인처럼 행세해서가 아니라, 인민 안에 부족한 어떤 것, 또는 그들의 의식 속에 있다고 이미 스스로 느끼는 것, 그리고 그들이 순수하게 되고자 하는 그 무엇을 방해하는 어떤 종류의 힘 때문이다.

이 시대의 인민은 동물에게뿐만 아니라 인민에 대한 억압과 학대, 불평등, 계급 차별, 그리고 모든 종류의 잔인함을 단순히 미워하고 있는 척하는 게 아니다. 그들은 진정으로 이 모든 것을 혐오한다. 그러나 정작 어떻게 해야 이 모든 악행을 근절할 수 있는지 알지 못한다. 혹은 이 모든 것을 그대로 유지해나가면서 마치 그것들이 자신에게 필요한 것처럼 보이게 놓아둔다.

진실로, 모든 사람에게 제각기 물어보라.

어떤 사람이 자신의 나이에 그가 하는 일에 어울리지 않는 보수를 받는 직책을 가지고, 인민, 흔히 빈곤에 빠지는 인민에게서 세금을 거두어 대포, 어뢰, 다른 도살용 도구를 만드는 데 사용하고, 그래서 우리가 평화롭게 지내고 싶은 인민과 전쟁을 하게 되며, 그들 또한 똑같은 희망을 우리에게 느낀다면, 또는 자신의 전 생애를 헌신한 대가로 받은 보수를 도살 도구를 만드는 데 사용한다면, 또는 자신과 타인을 살인 작업에 투입시킨다면, 과연 이런 일들이 칭찬받을 만하며 바람직한 것이라고 생각하는지를 한번 물어보라.

또한 그에게 물어보라. 우리가 의식하는 것보다도 훨씬 적은 규모로 그들이 타인의 재산을 훔치기 때문에, 또는 그들이 우리가 행하는 것과 전혀 다른 방식으로 인간을 죽이기 때문에, 단지 보수를 받기 위해서 비참하고 비뚤어지고 문맹이거나 술 취한 인간들을 붙잡아 감옥에 가두고 처벌하고 죽인다면, 이런 일들이 과연 칭찬받을 만하며 바람직한 것인지, 기독교인에게 합당한 것인지를 물어보라.

그에게 다시 물어보라. 어떤 사람이 그리고 기독교인이 보수를 받기 위해, 기독교가 아니라 자신이 알기로 멍청하고 해로운 미신을 설교하는 것이 칭찬받을 만하며 바람직한 일인지 물어보라. 그리고 마치 대지주가 그러하듯 어떤 사람이 자신의 단순한 욕구를 만족시키는 즐거움을 목적으로 자신의 이웃을 강탈한다면, 또는 공장 소유주나 제조업자들이 그러하듯 생명을 위협하게 하는 노동을 강요한다면, 또는 상인들이 그러하듯 자신의 소득을 늘리기 위해 인민의 가난함으로 이익을 보고자 한다면, 이것이 칭찬받을 만하며 바람직한 일인지를 물어보라.

우리 각자는, 이 같은 비난이 특히 자신이 아니라 타인에게 향해질 때, "아니다"라고 대답할 것이다. 그렇지만 이러한 행위가 악하다는 것을 알고 있는 바로 그 사람이, 자신의 자유 의지로, 누구에 의해서 강요되지도 않고, 심지어 어떠한 금전적인 이득이 생기는 것이 아닌데도, 오로지 어린아이의 허영심으로 그가 착용할 수도 있는 사기제(製) 십자가나 한 조각의 리본 및 약간의 술 장식을 획득하기 위해 군대에 입대하기도 하고, 치안 판사, 고위 관료, 대주교, 주교, 혹은 각종 관리가 되기도 한다. 설사 이러한 관직을 이행하는 데 그가 스스로 모를 수 없는 그런 수치스런 악행을 저질러야만 하는데도 말이다.

나는 이들 중 상당수가 자신의 직위를 합법적이며 꼭 필요한 것이라고 생각하는 근거들을 확신에 차서 증명하려 한다는 것을 알고 있다. 그들은 자신을 변호하기 위해서 이렇게 말한다.

권력은 신으로부터 주어진 것이다. 국가의 기능은 인류의 행복을 위해서 없어서는 안 된다. 재산은, 부자인 젊은이가 완벽하기를 바란다면 그가 가진 모든 것을 팔아서 가난한 인민에게 주어야 한다고 명령하는 기독교에 반대되는 것이 아니다. 기존의 재산 분배와 우리의 상업 제도는 언제나 그대로 있어야 한다. 이는 모든 인민의 이익을 위한 것이기 때문이다.

그러나 그들이 아무리 자신과 타인을 속이려고 해도 그들은 이미 스스로 행하고 있는 것이, 그들이 믿고 그들이 그 이름으로 살고 있는 신앙에 반한다는 것을 누구나 다 잘 알고 있다. 그래서 그들은 마음 깊이에서 자신의 양심 안에 홀로 남아 있을 때, 특히 그들 행동의 추악함이 자신을 겨냥할 때 정신의 깊은 곳에서 그것을 기억하며 부끄러워하고 비참해 한다.

현대인은 그리스도의 신성을 믿든 말든 그가 황제, 장관, 총독, 또는 고위 관료의 다음과 같은 역할 수행에 동참한다는 사실을 깨닫게 마련이다. 즉, 총포를 제조하는 데 지출할, 혹은 사치를 일삼아 무용한 것보다도 더욱 나쁜 게으른 관리의 보수나 연금에 지출할 세금을 위해 빈곤한 가정에서 마지막 남은 닭 한 마리를 거두어들이는 일; 또는 우리 자신이 부패시킨 어떤 사람을 감옥에 처넣으며, 그의 가족을 거리로 쫓아내는 일; 또는 전쟁에서 약탈하고 도살하는 일; 또는 그리스도의 율법 대신에 야만적이며 우상을 숭배하는 미신을 주입시키는 일; 또는 토지가 없는 자에게 속하는 소를 자기 땅에서 발견하여 가로채는 일; 또는 공장에서 우연히 망가진 물건에 대해 벌금을 매겨 노동자를 속이는 일; 또는 가난한 사람에게 그가 단순히 지독한 빈곤 속에 살기 때문에 무엇이든지 두 배의 값을 지불하게 만드는 일 등등 이 시대의 어떤 한 사람도 이 모든 것들이 악하고 수치스러우며 그것들을 행해서는 안 된다는 것을 다 알고 있다.

그들은 모두 그것을 알고 있다. 그들은 자신이 하는 행동이 악하다는 것을 알고 있다. 그들은, 자신에게 그 같은 행위의 범죄성에 눈을 감지 않을 만한 힘, 악행을 저지르는 자들에게 저항할 수 있는 힘이 있다면, 결코 그대로 두지 않을 것임도 잘 알고 있다.


## 현대 모순의 극치인 징병제

현대인의 생활이 도달한 모순의 극치는 일반적 징병제에서 놀라울 정도로 가장 분명하게 나타난다. 그것은 폭력의 최후 수단이며 마지막 표현이다. 사실, 이런 일반적 군비와 병역의무라는 상태는 점진적이고 알아차릴 수 없게 변화해왔기 때문에, 그리고 국가들이 그것을 유지하기 위해 위협, 매수, 바보화, 폭력 사용 같은 거의 모든 자원을 사용해왔기 때문에, 우리는 현대 세계의 모든 사람들에게 스며든 기독교의 사상과 감정이 그런 것들과 명약관화하게 불일치한다는 사실을 선뜻 깨닫지 못한다.

우리는 너무나 그런 모순에 잘 적응되어서, 도살하는 직업을 존경스러운 것처럼 스스로 선택하고, 가난하며 불쌍한 인민이 징병에 복종하며, 강제 병역의무가 실시되지 않는 나라에서조차 인민이 자원해서 직업 생활을 버리게 하고, 병사를 모집하여 그들을 살인자로 훈련시키는, 무서운 어리석음과 비도덕성을 정확히 보지 못한다.

우리는 이 모든 인민이 기독교인이거나, 또는 자비로운 인도주의자이며 진보적인 자유주의 원리를 믿는다는 것을 안다. 그리고 그들은 이렇게 해서, 가장 제정신이 아니며 목적 없는, 잔인한 살인에 대해 부분적으로 책임이 있으며, 일반적 징병에 따라 개인적으로 책임이 있음도 안다. 그러나 그들 모두가 이런 일들을 행하고 있다.

그 뿐만이 아니다. 의무 병역제도가 처음 시작된 독일에서는 그 나라 수상인 카프리비가 그때까지 끈질기게 숨겨온 다음 사실에 대해 스스로 고백하여 밝힌 바 있다. 즉, 병사들이 죽여야 하는 상대 인민은 외국인들만이 아니라 그들 자신의 동포도 포함되었는데, 그들은 바로 자신이 차출해왔던 공동체의 노동하는 인민이라는 것이다. 하지만 이 같은 고백조차 인민의 눈을 열어주지 못했다. 그들을 두렵게 하지도 못했다! 그들은 여전히 양들처럼 도살장에 끌려가고 그들에게 요구되는 모든 것에 복종한다.

게다가 그것이 전부가 아니다. 독일의 황제는 최근 조심스럽지 못한 처신으로 무방비 상태의 시민을 살해한 병사에게 고마움과 감사를 표현함으로써 명백하게 군대의 의무를 강조했다. 심지어 가장 낮은 수준의 도덕성을 지닌 인간마저 추악하고 비겁하다고 여기는 행위에 상을 내림으로써 그 빌헬름 황제[6]는 병사들의 주된 의무가, 즉 권력이 가장 가치 있다고 여기는 의무가 사형 집행자로서의 의무임을 만천하에 밝혔다. 선고받은 범죄자들만을 죽이는 직업적인 사형 집행자가 아니라, 명령 하나에 언제든지 무고한 사람을 도살할 준비가 되어 있는 자로서의 의무를 말이다.

하지만 이게 전부가 아니다. 1892년, 앞에서 말한 자와 동일인인 빌헬름은, 타인이 생각만 하는 것을 아무렇지도 않게 입 밖에 쏟아내었다. 즉, 국가 권력의 '무서운 아이(enfant terrible)들'인 병사들에게 다음과 같은 발언을 한 것이다. 이 내용은 그다음 날, 수천 장의 신문 지상에 보도되었다.

신병들이여!
너희들은 신의 제단과 사제들 앞에서 나에게 충성을 맹세하였다! 너희들은 여기서 말한 것의 모든 중요성을 모두 이해하기에는 아직 너무 젊다. 무엇보

---

6  빌헬름 1세(Wilhelm I., 1797~1888)는 프로이센의 국왕이자, 독일 제국의 황제로 비스마르크를 수상으로, 몰트케를 참모총장으로 등용하여 독일의 통일을 이룩하였다.

다 먼저 너희들에게 주어진 명령과 지시에 복종하도록 힘쓰라. 나의 젊은 파수병들이여, 너희들은 나에게 충성을 맹세했다. 그것은 너희들은 이제 나의 병사들이며, 너희가 나에게 너희의 몸과 정신을 바쳤다는 것을 의미한다. 너희들에게는, 이제 오로지 하나의 적, 즉, 나의 적만이 존재한다. 사회주의자들의 선동이 있는 오늘날, 너희의 혈족과 너희의 형제들, 심지어 자신의 아버지들과 어머니들에게도, 그것은 신이 금지하는 일이지만, 총을 쏠 것을 내가 명령하는 일이 일어날 것이며, 그때에도 너희들은 주저함이 없이 나의 명령에 복종해야만 한다.

이 사람은 모든 상식적인 통치자들이라면 누구나 머릿속에서 생각하기는 하지만 용의주도하게 숨기는 것을 거리낌 없이 표명했다. 군대의 병사들이란 황제와 그의 이익을 위해 봉사해야 하며, 무조건 그의 처분을 따라야 하며, 심지어 자신의 형제나 부모를 살해하면서라도 반드시 황제의 이익을 위해 대기해야 한다고 강조한 것이다.

가장 잔인한 언어를 빌어 솔직하게, 그는 인간이 군대에 입대함으로써 맞아들여야 하는 범죄의 모든 공포와 복종을 맹세하는 인간에게 드리워지는 굴욕의 깊이를 보여주고 있다. 마치 대담한 최면술사가 최면당한 백성의 무감각 정도를 시험하는 것 같다. 붉게 달군 쇠를 피부에 갖다 대어 연기가 나며 피부가 타들어가는데도 최면에 빠진 사람은 깨어날 줄 모르는 것처럼 말이다.

이 불쌍한 사람은 어리석은 데다 권력에 도취해서, 그의 발언으로 현대 세계의 인간에게 신성시될 수 있는 모든 것을 자신의 말로 짓밟고 있다. 그러나 모든 기독교인들, 자유주의자들, 그리고 현대의 교양 있는 인민조차 이 무도한 행위에 대해 화를 내기는커녕 관심조차 두지 않았다.

## 이교적 생활은 극한에 도달해 전멸할 것이다

마지막으로, 가장 극단적인 시련이 가장 거친 형태로 인민 앞에 놓여진다. 그런데 인민은 그것이 시련이라는 것도, 그것에 대해 어떤 선택이 가능한 지조차 모르는 것 같다. 그저 아무런 선택의 길도 없이, 오로지 노예 같은 복종만이 있을 뿐이라 생각하는 것처럼 보인다. 위에서 본 것 같은 이러한 미친 말들은, 이 시대의 사람이 신성시하는 모든 것을 짓밟으므로, 반드시 분노를 일으켜야 함에도 그러한 종류의 일은 지금까지 벌어지지 않았다.

전 유럽을 통하여 모든 젊은이들은 해마다 이런 시련에 노출된다. 그리고 지극히 드문 예를 빼고 그들은 사람이 신성하게 여기는 모든 것을 포기하며, 적색과 금색 장식을 단 제복을 입은 첫 번째 미친 인간의 명령에 따라, 모두가 그들의 형제들과 심지어 아버지들을 죽일 준비가 되어 있음을 표명한다. 그리고 언제 어디서 살인해야 하는지 명령을 받기 위해 오로지 기다릴 뿐이다. 그들은 또한 실제로도 준비를 마치고 있다.

모든 야만인은 그가 신성하게 여기는 어떤 것, 그것 때문에 고통받을 준비가 되어 있는 어떤 것, 그가 행할 것을 동의하지 않는 어떤 것을 가지고 있다. 그러나 오늘날 문명화된 시민들에게 있어서 신성시되는 것은 무엇인가? 야만인들은 시민에게 이렇게 말한다.

> 당신은 반드시 나의 노예가 되어야 한다. 그리고 이 예속은 심지어 당신의 아버지마저 죽이라고 강요할 것이다.

매우 훌륭한 교육을 받고, 심지어 대학에서 모든 학문에 대해 훈련을 받은 지식인임에도 불구하고 그는 오로지 조용히 자신의 머리를 멍에 밑에 둘 뿐이다. 그러면 야만인들이 그에게 광대의 복장을 입혀 뛰어다니게 하고, 돌고 비틀고, 인사하고, 그리고 살해하도록 명령을 내린다. 그는 이 모든 명령을 유순하게 받아들여 실행한다. 만일 그들이 놓아주면, 그는 스스로 자신의 옛날 생활로 돌아가서 인간의 존엄성, 자유, 평등, 그리고 형제애에 대해 예전과 똑같이 말한다.

그래요. 그렇지만 우리는 어떻게 해야 하나요?

인민은 가끔 당황하여 묻는다.

만일 모두 거부하여 불거져 나온다면, 그것은 무언가 중요한 것이지만, 나 자신으로서는 누구에게도 선행을 하지 못하고 오로지 고통받을 것이다.

이것은 사실이다. 사회적 인생관을 가진 사람은 거부하거나 저항할 수 없다. 그의 생활의 목적은 개인의 행복이기 때문이다. 복종하는 편이 자기 개인의 행복을 위해 더 좋다는 것을 잘 안다. 그래서 그는 복종한다.

그들이 그에게 어떤 짓을 해도, 아무리 고문하고 모욕을 주어도 그는 복종할 것이다. 왜냐하면 그는 혼자서 아무것도 할 수 없기 때문이다. 혼자서 폭력에 저항할 수 있게 만드는 원칙도, 힘도 가지고 있지 않기 때문이다. 더구나 그들을 통제하는 권력은 일반 시민들이 단결하도록 내버려두지 않는다.

사람들은 흔히 무서운 파괴력을 가진 무기를 발명하고 사용하면 전쟁을 빨리 끝낼 수 있다고 말한다. 그러나 그것은 거짓말이다. 전쟁을 종식시키는 방법이 개선됨에 따라 사회적 인생관을 붙들고 있는 인민의 마음을 불안하게 함으로써 복종하게 만드는 방법 역시 개선될 수 있기 때문이다.

그들은 수천 명, 수백만 명을 죽일 것이며, 인민들을 산산 조각낼 것이다. 그럼에도 불구하고 인민은 생각 없는 가축 무리처럼 전쟁의 도살장으로 행군해갈 것이다. 어떤 사람은 자신이 잘 움직이게 재촉해주는 매질을 원할 것이며, 다른 자들은 리본 조각이나 황금 줄을 달아주면 자랑스럽게 여겨 앞으로 나아갈 것이다. 그들은 자신의 부모들과 사회개혁자들, 즉 보수주의자들, 자유주의자들, 사회주의자들, 아나키스트들을 살해할 약속이 되어 있는 공동체에게 이성적이며 도덕적인 사회를 세울 것을 제안하지만, 과연 어떤 종류의 도덕적이며 이성적인 사회가 그 같은 요소들로 구성될 수 있겠는가?

아무리 짜 맞춘다고 하더라도, 비틀어지고 썩은 판자로 집을 지을 수는 없다. 그리고 그런 인간들로 이성적이며 도덕적 사회를 다시 구성한다는 것은 정말 불가능한 일이다. 그들은 오로지 가축의 공동체밖에 될 수 없으며, 목동들의 고함과 회초리에 의지해 몰려갈 수 있을 뿐이다. 진정 그들의 현실은 그러하다.

그리하여 우리는 한편에서는 자신들을 기독교인이라 부르며 자유, 평등, 인류애의 원리를 믿고, 그런 것이 준비된 다음에 자유라는 이름으로 가장 노예 같은 타락에 복종하며, 평등이라는 이름으로 가장 적나라하며 가장 의미 없는 공동체를 외관상으로 더 높고 낮은 계급이나 동맹군과 적군으로 받아들이고, 형제애라는 이름으로 그들의 형제들을 살해할 준비를 하고 있다.

생활과 양심의 모순, 그리고 그것으로부터 초래되는 참담한 불행은 이미 극한에 도달했으며 그 결과 더 이상 앞으로 나아갈 수가 없게 되었다. 폭력에 기초한 생활의 국가적 조직은, 개별 가정의 안전과 사회적 행복이 그 목적임에도, 그것이 설립된 목적 자체를 포기하는 지점에 도달했다. 그것은 인민으로 하여금 그것이 보호하기로 되어 있는 행복의 절대적 포기와 상실로 몰아 세웠다.

예언의 첫 번째 절반은 그리스도의 가르침을 받아들이지 않은 세대에서 실현되었다. 그들의 후손은 이제 두 번째 절반의 진리를 경험을 통해 시험해야 할 절대적인 필요 위에 서 있다.

## 09

기독교적 인생관의 수용이 유일한 해방

**기독교인의 외부적 생활은 아직도 이교도적이다**

우리 시대 기독교 인민의 상태는, 이교도 시대와 똑같이 잔인하다. 많은 점에서, 특히 인간의 노예화라는 점에서, 그것은 이교도 시대보다 심지어 더 잔인하게 되었다.

그러나 과거의 상황과 우리 시대의 상황은, 우리가 식물의 세계에서 늦가을의 마지막 날과 새봄의 첫날에서 느끼는 차이와 똑같다. 늦가을이 되면 자연은 외면적으로 삶을 마감한 것처럼 보인다. 반면 새봄에는, 비록 겉으로 보기에는 여전히 삶이 정지되어 있는 것처럼 보일지라도 내부로부터 부활을 꿈꾸며 새로운 삶으로 이동할 준비를 한다. 이것이 바로 자연의 외양에서 드러나는 커다란 차이점이다.

인류의 생활도 이와 같다. 옛날의 이교도적 생활과 오늘날의 생활 사이에서 드러나는 유사성은 단순히 외면적인 것일 뿐이다. 이교도 시대를 살았던 인간의 내면은 현대를 사는 인간의 내면과 완전히 달랐다.

이교도 시대 당시의 외면적인 상태는 가혹함과 노예제를 기반으로 하였는데 이는 인민의 내면을 지배하는 의식과 완전히 일치했다. 그리고 전진하는 모든 발걸음은 이 같은 조화의 상태를 강화했다. 반면 현재의 잔인함과 노예제로 대변되는 외부적 상태의 특징은 기독교적 의식과 완전히 모순되며, 전진하는 모든 발걸음은 오로지 이러한 모순을 강화시키고 있을 뿐이다.

인류는 겉으로 보기에 불필요하며 무익한 고통의 삶을 살고 있는 중이다. 이는 마치 출산 과정에 따르는 고통과도 같다. 모든 것이 새로운 생명을 위해 준비되었지만, 여전히 새로운 생활은 오지 않고 있다.

더구나 그러한 상태에서 벗어날 길도 없어 보인다. 그리고 어느 한 사람에게, 따라서 모든 인민에게 그들을 도저히 풀 수 없을 것처럼 보이는 족쇄인 모든 구속으로부터 즉각 해방시켜주는 보다 높은 차원의 인생관을 만들어내는 권능을 부여받는 것 말고는 그 어떤 길도 없을 것이다.

그것이 바로 1,800년 전에 인류에게 알려진 기독교적 인생관이다.

사람은 오로지 이 기독교적 인생관을 자기 자신의 것으로 만들 때 자신에게 채워진 견고한 족쇄를 저절로 떨어져나가게 할 수 있다. 마치 한 마리의 새가 날개를 흔들자마자 갇혀 있던 곳에서 자유로움을 느끼는 것처럼 완전한 자유를 느끼게 되기 위해서는 이 기독교적 인생관을 파악해야 할 것이다.

기독교 교회를 국가로부터 자유롭게 해야 할지 말지, 또는 기독교인들에게 자유를 주어야 할지 말지에 대한 논의가 있다. 이 모든 사상과 표현의 저변에는 어떤 이상한 오해가 포함되어 있다. 자유라는 것은 한 사람의 기독교인이나 수많은 기독교인들에게 주어지거나 그들로부터 빼앗을 수 있는 것이 아니다. 자유는 분리할 수 없는 기독교도의 본질이다.

만일 기독교인들에게 자유를 부여하거나 그들에게서 자유를 뺏고자 한다면, 그것은 진정한 기독교인의 것이 아니라 자신을 소위 기독교인이라고 자처하는 자들의 것임이 명백하다. 진정한 기독교인은 자유롭지 않을 수 없기 때문이다. 진정한 기독교인은 그들 스스로 설정한 목표를 달성하는 데 있어 누구에 의해서도, 또한 그 무엇에 의해서도 억제되거나 방해를 받을 수 없는 탓이다.

사람들이 기독교가 그에게 생활의 진리를 깨닫도록 가르친 대로 오로지 그의 생활을 깨닫게 한다면, 다시 말해, 자신의 생활이 자기 자신이나 가족 혹은 국가에 속한 것이 아니라 그를 이 세상에 보내준 신에게 속한 것임을 깨닫고, 따라서 그가 실천해야 할 법 역시 자신이 세운 개인의 법이나 가족의 법 또는 국가가 세운 법이 아니라, 그를 세상에 보낸 신의 무한한 법임을 깨닫게 한다면 그는 스스로 모든 인간의 권력으로부터 완전한 자유를 느끼게 될 뿐만 아니라, 심지어 그러한 권력이 어느 누구를 방해할 수 있다고 여기지 않게 될 것이다.

인간들이 자신의 생활 목적이 신의 율법을 이행하는 데 있음을 깨닫게 되면 그 율법은 그를 위한 다른 모든 법칙을 대체하게 될 것이며, 인간은 신의 율법을 지키는 일에 충성을 다 바치게 될 것이다. 그리하여 바로 그 복종으로 말미암아 모든 인간의 법은 구속적이며 통제하는 힘을 잃게 될 것이다.


## 인간은 오직 기독교를 통해서만 권력으로부터 해방된다

기독교도는 그리스도로 인하여 각자의 영혼 속에 뿌리내리고, 각자의 의식 앞에 소환된 '사랑'이라는 신의 율법이야말로 자신의 생활과 타인의 생활의 유일한 지침이라고 간주하기 때문에 모든 인간적 권력으로부터 해방될 수 있다.

기독교인도 외부적인 폭력에 처해질 수 있으며, 육신의 자유를 박탈당할 수도 있다. 또한 자기의 정열의 속박(죄를 저지르는 사람은 죄의 노예이기 때문이다)에 빠질 수도 있다. 그러나 기독교인은, 어떤 위험이나 외부적 해악에 관한 어떤 협박이 가해질 경우 이내 양심에 어긋나는 행위를 억지로 수행하게 되는 것과 같은 지각의 속박에 빠지는 일은 없다.

기독교인은 억지로 이 같은 일을 수행하는 데 굴복하는 법이 없다. 왜냐하면 사회적 인생관을 가진 사람에게 강력한 무기가 되는, 폭력에 의해 생기는 일련의 박탈이나 고통은 기독교인에게 무엇인가를 강요할 수 있는 힘을 갖지 못하기 때문이다.

그러한 박탈이나 고통은 사회적 인생관을 가진 사람들에게서 그들이 추구하는 행복을 앗아간다. 그러나 신의 뜻을 실천해야 한다는 의식 속에서 살아가는 기독교인에게서는 행복을 침해하기는커녕 신의 뜻을 실천함으로써 그런 박탈이나 고통이 가해질 때마다 오히려 행복을 증대시킨다.

따라서 기독교인은 오로지 내부적인 신의 율법에만 구속되므로 외부적인 법률 조항들이 그가 인정하는 신이 말하는 사랑의 율법과 일치하지 않을 때(흔히 국가가 요구하는 경우에 자주 나타나는 것처럼), 그것들을 실행할 수 없을 뿐만 아니라 심지어 어느 누구에게든 혹은 어떤 것에든 복종할 의무조차 인정하지 않는다. 소위 충성이라고 불리는 의무들을 인정하지 않는 것이다.

기독교인에게 국가에 대한 충성을 맹세하는 것, 즉 국가 존재의 기초로 여겨지는 행위 자체를 하는 것은 기독교를 직접 포기하는 것과 다를 바 없다. 왜냐하면 인간에 의해 이미 만들어졌거나 앞으로 만들어질 미래의 법률에 대한 무조건의 복종을 약속하는 것은 가장 적극적인 방법으로 기독교를 포기하는 것이기 때문이다. 기독교인은 생활의 어떤 상황에서도 그가 인정하는 신의 사랑의 율법에만 복종해야 한다.

이교도적 인생관에서는, 할례나 안식일 엄수, 정해진 기도 시간 지키기, 특정한 종류의 음식 금지 등으로 표현된 신의 의지를 범하지 않고서도 세속적인 권력을 실행한다고 약속할 수 있었다. 하나의 법이 다른 법과 충돌하지 않았기 때문이다. 그러나 이는 기독교와 이교의 다른 점이다. 기독교는 어떤 특정한 외면적이고 부정적인 행위를 요구하지 않는다. 종래와 다른 대인관계, 즉 미리 예정될 수 없는 새롭고 상이한 행위가 나올 수 있는 대인관계를 요구하기 때문이다.

따라서 기독교인은 다른 어떤 사람의 뜻을 따르겠다고 약속할 수도 없다. 왜냐하면 그가 무엇을 요구할지 알지 못하기 때문이다. 기독교인은 변화하는 인간의 법률에 복종할 수 없을 뿐만 아니라 심지어 특정한 시간에 정해진 어떤 것을 할 수 있다거나 하지 않을 것이라는 약속도 할 수 없다. 왜냐하면 그는 사랑에 대한 그리스도의 율법에 의해서 어떤 시간에 그에게 무엇이 요구될지를 알 수 없기 때문이며, 그것에 대한 복종이 그에게는 가장 의미 있는 것이기 때문이다.

기독교인이 미래에 인간이 만든 법률을 무조건적으로 실천하겠노라 약속하지 못하는 것은 신의 내부적인 율법이 그에게 있어서는 생활의 유일한 법이라는 것을 여실히 보여주기 위한 것이다.

따라서 만일 기독교인이 사람이나 인정법(人定法)에 복종하겠다고 약속한다면 이는 어떤 고용주에게 고용된 하층 노동자가 다른 외부인이 자신에게 내린 명령을 지키겠다고 약속하는 것과 같다. 사람은 두 주인을 함께 섬길 수 없는 법이다.

기독교인은 인간의 권력으로부터 해방되어 있다. 왜냐하면 그는 오직 신의 권력만을 인정하기 때문이다. 따라서 기독교인은 그리스도에 의해 그들에게 밝혀진 신의 율법을 스스로 인식하여 스스로 그것에만 복종해야 한다.

## 해방은 생활의 외부적 조건이 아니라 인생관이 변할 때 가능하다

진정한 해방은 오직 인생관의 변화에 의해서 얻어진다. 투쟁을 통해서도 아니고, 기존에 존재했던 생활 방식을 파괴함에 의해서도 아니다.

이러한 해방은 첫째, 기독교인의 교사인 그리스도가 밝혀준 사랑의 율법이 모든 인간관계에서 가장 완전한 것임을 인정하는 기독교인으로부터 나온다. 따라서 그는 모든 폭력의 사용이 불필요한 것이며 불법이라고 여긴다. 둘째, 사회적 인생관을 가진 사람에게 복종할 필요를 느끼게 만드는 박탈과 고통, 또는 그러한 위협은, 다른 인생관을 가진 기독교인에게는 생존에 불가피한 조건에 불과하다. 따라서 이 문제를 해결하려면 폭력에 의존하여 싸우기보다 질병이나 배고픔 같은 역경을 인내하듯이 받아들여야 한다. 왜냐하면 기독교인의 행위에 대한 유일한 지침은 그의 안에 살고 있는 신적인 원리에서 찾아져야 하며, 그것은 무엇에 의해서도 압박되거나 지시되어서는 안 되기 때문이다.

기독교인은 그 스승의 말인 다음의 예언에 따라 행동해야 한다.

> 그는 다투거나 소리치지 않을 것이니 아무도 길거리에서 그의 음성을 듣지 못할 것이다. 그는 진리가 승리할 때까지 상한 갈대를 꺾지 않고 꺼져가는 등불을 끄지 않으실 것이다(마태복음 12장 19~20절).

기독교인은 다른 사람과 논쟁하지 않으며, 다른 사람을 공격하지 않고, 다른 사람에게 폭력을 사용해서도 안 된다. 오히려 반대로 스스로 폭력을 참아야 하며 저항하지 않아야 한다. 폭력에 대한 바로 이런 태도에 의해, 그는 모든 외부적 권력으로부터 자신만 해방하는 것이 아니라, 전 세계를 해방하게 할 것이다.

진리를 알지니 진리가 너희를 자유롭게 하리라(요한복음 8장 32절).

설령 기독교가 진리라는 데에 의혹이 있다고 해도, 기독교적 인생관을 자기 것으로 만들거나 경험하는 것에 의해, 누구에 의해서도 제압될 수 없는 그 완전한 자유야말로 그것이 분명 그 진리임을 아무런 의심 없이 증명해줄 것이다.

인간의 현재 상태는 마치 가지 끝에 덩어리진 채 매달려 있는 벌 떼와 같다. 가지 위에 자리한 벌들의 상태는 일시적이며 필연적인 것으로 변할 수밖에 없다. 그들은 반드시 날아올라 스스로 새롭게 살아갈 곳을 찾아가야 한다. 모든 벌은 이 사실을 너무도 잘 알고 있으며, 종종 자신과 다른 벌의 상태도 바꾸고 싶어 한다. 그러나 그것들 중 아무도 나머지 다른 벌들이 먼저 자리를 바꿀 때까지 그렇게 할 수 없다. 또 어떤 벌도 급격히 날아갈 수가 없다. 서로가 서로에게 매달려 있는 탓에 벌 떼에서 떨어지는 것을 방해하기 때문이다.

그러므로 그것들 모두는 계속해서 그 자리에 매달려 있다. 그래서 벌들은 결코 그들의 상태를 벗어날 수 없는 것처럼 보인다. 마치 이 세상의 모든 인민이 사회적 인생관의 역경에 사로잡혀 결코 탈출할 수 없는 것처럼 보이는 것과 같다.

만약 그 벌들이 각자 살아 있는 분리된 생물이 아니고, 자기만의 날개를 갖고 있지 않다면, 벌들에게는 어떤 탈출구도 있을 수 없을 것이다. 인간들도 마찬가지다. 만일 각자가 기독교적인 인생관으로 들어갈 수 있는 능력을 부여받은 살아 있는 존재가 아니라면, 그들에게는 어떤 탈출도 허락되지 않을 것이다.

만일 날 수 있는 모든 벌이 날려고 시도하지 않으면, 다른 벌 역시 움직이지 않을 것이며, 벌 떼는 결코 그 상태를 바꾸지 않을 것이다. 마찬가지로 기독교적 인생관에 익숙한 어떤 사람이 다른 사람을 기다리지 않고 자신이 신봉하는 인생관에 따라 살기 시작하지 않는다면, 인류는 결코 그 상태를 바꿀 수 없을 것이다.

그러나 벌 한 마리가 날개를 펼치고 출발해 날아가기 시작하면 이야기는 달라진다. 그 벌을 따라 다른 벌이, 또 다른 벌이, 더 나아가 뭉쳐 있느라 꿈적도 하지 않던 모든 벌들의 덩어리가 어느새 자유롭게 나는 벌 떼가 될 것이기 때문이다. 인간에게도 똑같은 방식이 적용될 수 있다. 오직 한 사람만이라도 기독교가 요구하는 대로 생활을 이해한다면, 그리고 그를 따라 다른 사람, 또 다른 사람이 똑같이 행동한다면, 어떤 탈출구도 보이지 않는다고 여겨지던 사회생활의 마법의 고리도 마침내 부서져버릴 것이다.


**국가에 의한 물질적 상태의 변화라는 구원 추구는 잘못된 것이다**

그러나 이런 수단으로 모든 인민을 해방한다는 것은 너무나 느린 과정이므로 모든 인민을 동시에 해방할 수 있는 다른 어떤 방법을 반드시 찾아 실행할 필요가 있다고 사람들은 생각한다. 이는 마치 날고 싶어 하는 각각의 벌들이 모든 벌 떼가 한 마리씩 출발하기를 기다리는 것은 너무나 오래 걸리는 과정이라 여기는 것과 같다. 그래서 모든 개별의 벌이 날개를 펴서 날아갈 필요가 없는 다른 방법을 찾아야만 하고, 그런 방법으로 전체 벌 떼가 날아가고자 하는 곳으로 지금 당장 날아갈 수 있어야 한다고 생각한다.

그러나 이것은 불가능하다. 첫 번째, 두 번째, 세 번째… 백 번째 벌이 그 날개를 펴고 자신의 힘으로 날아갈 때까지 벌 떼는 절대 날아오르지 못할 것이다. 새로운 생활을 시작하지도 못할 것이다. 인간 세상도 다를 바 없다. 각 개인이 기독교적 인생관을 자신의 것으로 만들고 그것에 따라서 살아갈 때까지, 인간 생활의 모순도 해결될 수 없으며, 새로운 형태의 생활도 확립할 수 없을 것이다.

우리 시대의 가장 놀라운 현상 중 하나는 바로 이 같은 노예 상태를 옹호하는 것이다. 그것은 이미 대중 사이에 널리 퍼져 있다. 이 상태는 이를 필요로 하는 국가에 의해서만이 아니라, 사회주의적 이론을 옹호하며 자신을 자유의 옹호자라 여기는 인간들에 의해서도 지지되고 있다.

이들은, 삶을 개선하거나 자신의 생활이 양심과 조화를 이루는 것이 각 개인의 인격적 노력의 결과가 아니라, 누군가에 의해 행해지는 폭력적 사회 개조의 결과, 혼자서 살아가는 것이라는 의견을 전개한다. 따라서 인민은 자신이 원하며, 가야만 한다고 생각하는 곳에 스스로 걸어가서는 안 된다고 생각한다. 그들의 발아래 놓인 바닥이 어떤 종류의 것이든 결국은 움직일 것이므로 그 위에 있는 자신들은 굳이 발을 움직이지 않아도 가야 하는 곳에 저절로 도착할 수 있다고 생각한다. 따라서 자신들이 원하고 또 가야 하는 방향으로 힘이 허락하는 한 걸어가야 하는 것이 아니라 가만히 서 있어도 목적지까지 닿을 수 있는 그런 공상의 바닥을 건설해야 하는 데 전력을 기울여야 한다고 주장하고 있는 것이다.

요즘 경제학에서는 경제가 악화하면 악화할수록 더 좋다는 이론, 즉 자본이 축적되면 될수록, 따라서 노동자에 대한 억압이 심해지면 심해질수록 해방의 날이 더 가까워진다는 이론이 지배적이다. 따라서 자본의 억압으로부터 자유롭고자 하는 사람 각자의 개인적 노력은 아무 소용이 없다고 말하게 되는 것이다.

한편 정치학에서는 국가 권력이 크게 되면 될수록 더 좋고, 국가가 아직 개입하지 않았던 모든 개인적인 생활에 반드시 개입해야 한다는 주장이 나오고 있다. 이는 개인적인 생활에 국가의 간섭이 더욱더 필요하다는 주장에 다름 아니다.

또 외교와 국제 문제에서는 파괴 수단이 발전하고 군비 증강이 활발해질수록 회의나 조정재판 등의 수단에 의한 군비 철폐의 필요로 이끌어질 여지가 커진다고 보는 주장이 지배적이다. 선뜻 입 밖에 꺼내기에도 놀라운 일이지만, 전체 생활의 과정, 즉 자신들이 선택하는 모든 걸음이 내면의 믿음을 저버리는 거짓이라는 사실을 폭로함에도 불구하고, 그들은 너무나 우둔한 탓에 이 같은 이론을 확신하고 있어서 더욱더 놀라지 않을 수 없다.

사실 억압당하는 인민에게는 고통이 있을 뿐이다. 혹자는 이런 억압으로부터 그들을 구해내려면 그들의 처지를 개선할 수 있는 일반적인 대책을 세워야 한다고 충고한다. 그러면서 그 대책이란 것을 권력의 적용에 맡기고, 자신들은 도리어 권력에 계속 복종하는 것이 좋다고 생각한다. 그러나 이 같은 현상으로부터 초래되는 결과는 명약관화하다. 바로 그 모든 것이 오로지 권력의 손에 더욱 큰 힘을 실어주며, 그로부터 더욱 큰 억압이 초래될 뿐이라는 사실이다.


## 인민은 스스로를 노예로 만든다

인민의 숱한 실수들 중 하나로, 자신들이 고군분투하는 목표로부터 아주 멀어지게 만든 것은 바로 다음과 같은 실수이다. 그것은 바로 인민은 자신의 목표를 달성하기 위해 온갖 종류의 일을 다 하지만, 누구나 행할 수 있는 간단명료한 단 한 가지의 일은 결코 하지 않는다는 점이다. 즉, 각자가 짜증나는 처지에 빠져들지 않도록, 인민은 그 곤혹스러운 처지를 역전시킬 아주 절묘한 온갖 수단들을 강구하지만, 정작 가장 간단한 수단을 강구하지 않는다는 점이다.

내가 아는 어떤 무모한 경찰관에 대한 이야기를 들은 적이 있다. 그 경찰관은 농부들이 폭동을 일으켰다는 소식을 듣고 군대가 출동한 마을로 갔다. 그는 니콜라이 1세[1]의 정신을 이어받아 자신의 개인적 영향력만으로 폭동을 진압해보겠다고 마음먹었다. 그래서 그는 우선 막대기를 몇 개 가져오라고 명령한 다음 모든 농부들을 헛간에 모으고, 자신도 그곳으로 들어간 뒤 문을 잠갔다. 그러고는 처음부터 우렁찬 목소리로 농부들을 협박하며 겁을 줌으로써 그들을 복종하게 하고, 자신의 명령대로 농부들이 서로에게 매질을 가하도록 종용했다.

그런데, 광에 갇힌 농부들이 서로에게 매질을 해대던 와중에, 갑자기 매질을 당하지 않겠다며 발버둥치는 한 얼간이가 나타났다. 심지어 그는 동

러시아와 페르시아 간의 전쟁 중 벌어진 엘리자베스폴 전투(1826. 9. 13)

---

1    니콜라이 1세(Nikolay I, 1796~1855)는 러시아 제국의 황제 겸 폴란드 국왕이다(재위 1825~1855).

료들에게 서로 때리는 것을 그만두라고 소리치기까지 했다. 그제야 비로소 이 어이없는 매질이 그쳤고, 경찰관은 헛간에서 도망쳤다. 이 얼간이의 충고는 바로 사회적 인생관을 가진 인간은 계속해서 서로에게 매질을 하는데, 이 같은 자기 징계의 행위야말로 인간적 지혜의 최후라고 인민에게 가르쳐주고 있는 것이다.

이 이야기는 우리 시대의 인민이 자신들을 노예 상태로 묶어두기를 요구하는 바로 그 명령에 이의를 달지 않은 채 복종하는 모습을 잘 보여주는 일화이다. 특히 병역의무에 복종하는 것은 스스로에게 매질을 해대는 놀라운 예 가운데 가장 두드러지는 것이다.

우리는 이처럼 인민 스스로 자신을 노예로 만드는 모습을 본다. 노예 상태로 고통을 당하면서도 이런 일들이 당연하며 별 문제가 아니라고 생각하고 있는 것이다. 이런 일들이 인민의 해방을 방해하지 않을 것이며, 사방천지에서 노예화가 끊임없이 진행되어도 해방은 어디에선가 어떤 식으로든 준비되고 있다고 믿는 것이다.

교육을 받았든 받지 못했든, 신앙이 있든 없든, 부자이든 가난뱅이든, 결혼을 했든 안 했든, 이 시대의 어떤 사람이든 살아가고 있다(진정한 기독교인이 아니라 이 시대의 보통사람을 의미한다). 그가 누구든, 현대의 인간은 모두 자신의 직업을 위해 일하고, 자신의 즐거움을 위해서 즐기며, 자기 노동의 소산물을 자신이나 가까운 사람을 위해 사용한다. 또한 누구나 마찬가지로 모든 종류의 압박과 박탈과 분쟁과 고통을 증오하며 살아간다. 이런 사람들은 모두 자신의 길을 평화스럽게 가고 있다. 그런데 갑자기 어떤 사람이 나타나 우리에게 다음과 같은 것들을 약속하고 그에게 맹세하라고 강요한다.

첫째, 우리가 당신에게 명령하는 모든 것을 노예처럼 복종하고, 우리가 계획하고, 결정하며, 법률이라고 부르는 모든 것을 절대적인 진리로 생각하고 모두 그것에 복종할 것을 약속한다고 맹세하라.

둘째, 당신이 노력해서 얻은 소산의 일부를 우리가 처분할 수 있도록 넘겨라. 우리는 당신을 노예 상태로 묶어두고, 당신이 우리의 지배와 명령에 복종하는 것을 폭력적으로 방해하는 것을 저지하는 데 그 돈을 사용할 것이다.

셋째, 국가에 형식적인 몫을 갖게 하기 위해, 다른 사람을 선출하거나 당신이 선출되도록 하라. 이와 동시에 국가는 당신 그리고 당신 같은 자들이 표현하는 바보 같은 말에 관계없이 앞으로 나아갈 것임을 알고 있어야 하며, 그런 진행은 우리의 의지, 즉, 군대를 손에 넣은 인민의 의지에 따를 것임을 알아라.

넷째, 지정된 시간에 법정으로 나와서 우리가 죄인들에게, 그리고 우리가 타락시키고 부패시킨 인민에게 징역, 추방, 독방 감금, 사형의 형태로 몰지각하고 잔인한 행위를 할 때 당신의 몫을 즐겨라.

마지막으로 이 모든 것에 더해 다섯째, 당신이 다른 나라 사람들과 매우 친밀한 관계에 있더라도, 우리가 당신에게 명령을 내리는 즉시 우리가 가리키는 자들을 당신의 적으로 간주하라. 그리고 개인적으로든 대리인을 통해서든, 만일 우리에게 필요하다면, 그들이 당신의 동족이나 친척들이라 해도 남녀노소 가리지 말고 유린하고 약탈하며 살해할 준비를 하라.

최소한의 지각을 가진 현대인이라면 이런 요구에 대해 "내가 왜 그런 일들을 해야 하는가?"라고 되물을 것이다. 제정신을 가진 사람이라면 반드시 놀라서 이렇게 묻지 않을 수 없을 것이다.

내가 왜 처음에는 솔즈베리[2]이고 다음은 글래드스턴,[3] 어느 날은 불랑제[4]이고 다른 날은 국회, 어느 날은 표트르 3세[5]이고, 다음 날은 예카테리나[6]이고 그다음 날은 푸가초프,[7] 어느 날은 바바리아의 미친 왕[8]이고 다음 날은 빌헬름에 의해 선포된 것에 복종해야 한다고 약속해야 하는가?

나는 왜 그들이 사악하거나 어리석은 자들임을 알면서도, 또는 그들을 전혀 모르면서도, 그들에게 복종하기를 약속해야 하는가? 나는 그 돈이 관리, 감옥, 교회, 군대를 비롯한 유해한 것들에, 그리고 나 자신을 노예화하는 데 사용될 것임을 뻔히 알면서도 왜 나의 노동의 소산을 세금이라는 형태로 그들에게 넘겨줘야 하는가? 나는 왜 나 자신을 처벌해야 하는가?

나는 왜 자신의 시간을 낭비하며 자신을 속이는가? 사악한 악인에게 거짓 충성을 맹세하고, 선거에 참여하며, 국가의 일에 참여하는 척하지만, 실은 국가를 실제로 통제하는 것은 군대를 지배하는 자들의 손에 달려 있음을 너무도 잘 알고 있지 않은가? 나는 왜 다른 인민이 죄를 지었을 때 그를 심리하고 처벌하는 일에 참여해야 하는가?

만일 내가 기독교인이라면, 복수의 법을 사랑의 법으로 대체해야 함을 알고

---

2   솔즈베리 후작(Robert Gascoyne-Cecil, 3rd Marquess of Salisbury, 1830~1903)은 19세기 영국의 수상이자 정치가로 글래드스턴과는 달리 전형적인 제국주의자였다.

3   글래드스턴(William Ewart Gladstone, 1809~1898)은 자유주의와 제국주의가 절정이던 19세기 영국에서 총리직을 4회나 역임한 정치인이다.

4   불랑제(Georges Ernest Jean-Marie Boulanger, 1837~1891)는 프랑스의 군인이자 정치가로 제3공화국하에서 쿠데타를 일으키려고 했다가 실패했다.

5   표트르 3세(Пётр III Пётр Фёдорович, 1728~1762)는 러시아의 황제로 정신적으로 미숙하고 프러시아를 좋아하여 평판이 좋지 못했다.

6   예카테리나 2세(Екатерина II Великая, 1729~1796)는 러시아 제국의 황후이자 여제로 행정 개혁과 내치, 문예 부흥 등의 공적을 높이 평가하여 예카테리나 대제로 불리기도 한다.

7   푸가초프(Емельян Пугачёв, 1740?~1775)는 예카테리나 2세의 정책에 불만을 품고 농노제 폐지를 선언하며 1773년 반란을 일으켰으나 실패했다.

8   루트비히 2세(Ludwig II, 1845~1886)는 바이에른 왕국의 국왕이다.

있지 않겠는가? 만일 내가 교육받은 사람이라면, 처벌로는 사람을 교화하지 못한다는 것, 처벌은 단지 인민을 악화시킬 뿐이라는 것을 잘 알고 있지 않는가? 그리고 무엇보다도 왜 나는 이웃나라의 인민을 적으로 여겨야 하는가? 나는 그들과 함께 여태까지 잘 살아왔으며, 그들과 함께 여전히 사랑과 화합으로 살아가고 싶어 할 뿐이지 않은가?

그럼에도 왜 그들을 죽이고 강탈하며 불행에 빠트려야 하는가? 그것은 오로지 예루살렘 성전의 열쇠가 다른 어느 주교가 아니라 이 주교의 손에 있어야 하며, 불가리아 군주는 이 독일인이어야 하지 다른 독일인이 되어서는 안 되며, 미국 상인보다는 차라리 영국 상인이 바다표범을 잡는 게 낫다는 등의 이야기가 아닌가? 그리고 무엇보다 나는 왜 형제들과 동족을 직접 죽이거나 다른 사람을 고용해서 죽여야 하는가? 나는 왜 내 자신에게 매질을 해야 하는가?

이 모든 일은 전적으로 나에게 필요하지 않다. 그것은 나에게 유해할 뿐이다. 그리고 어떤 관점에서 보든 이 모든 일은 비도덕적이며, 천박하고, 사악하다. 그런데도 나는 왜 이런 일들을 행해야 하는가?

만일 당신이 내가 이런 일을 행하지 않으면 누군가로부터 어떤 식으로든 손해를 입게 될 것이라 말한다면, 나는 이렇게 대답하겠다.

첫째, 내가 당신에게 복종할 때 발생하는 손해와 상처는 그 누구에게서 받는 것보다 클 것이다.

둘째, 우리가 스스로 매질하지 않는다면 어느 누구도 서로를 매질하지 않을 것이다. 나에게는 오직 이 점만이 분명하다. 황제, 장관, 그리고 손에 펜대를 들고 있는 관리를 의미하는 국가는 농부들에게 어이없는 명령을 내린 경찰관처럼 우리에게 무엇인가를 하라고 나에게 강요할 수 없다. 즉, 우리를 법정에, 감옥에, 그리고 처형장으로 끌고 가는 자들은, 황제나 손에 펜대를 들고 있는 관리들이 아니라 우리와 똑같은 상태에 있는 바로 그 인민 자체이다. 그러나 그들 역시 나만큼이나 매질당하는 것을 원하지 않는다. 어떤 경우든 이 익은커녕 유해하고 불쾌할 뿐이다. 그러므로 내가 그들의 눈을 뜨게 만든다면, 그들은 나를 폭력으로 대하지 않을뿐더러 나를 강제하지도 않고 내가 행하는 것처럼 행할 것이다.

셋째, 비록 내가 그 때문에 고통받는 일이 발생하더라도 곧 끝이 날 어리석음과 악함 때문에 고통을 당하는 것보다는 보통의 상식과 정의를 대변함으로써 추방되거나 감옥에 가는 편이 더 나을 것이다. 상식과 정의는 오늘이 아니더라도 얼마 가지 않아 승리할 테니까! 심지어 나는 그런 경우에도, 자신의 잘못을 통하여, 나의 모든 생활을 악한 인민에게 의존해 매여 사는 것보다는 차라리 추방당하거나 감옥에 가거나 처형당하는 위험을 기꺼이 감수하는 편이 더 좋다고 생각한다. 대포나 아무에게도 소용없는 한 필지의 땅을 위해, 또는 깃발이라고 불리는 무의미한 누더기를 위해 싸우는 것보다는 바보처럼 고문당하거나 살해당하는 편이 더 나을 것이다.

나는 나 자신을 매질하고 싶지 않다. 결코 그렇게 하지 않을 것이다. 나에게는 그렇게 해야 할 이유가 전혀 없다. 만일 당신이 그렇게 하기 원한다면, 당신 스스로 먼저 하라. 그러나 나는 절대로 하지 않을 것이다.


우리는, 오로지 종교적이거나 도덕적인 느낌만이 아니라, 가장 단순한 상식과 안목만으로도 오늘날의 모든 사람이 이렇게 대답하고 그렇게 행동할 것이라고 생각한다. 그런데 사실은 전혀 그렇지 않다. 사회적 인생관을 가진 인민은 그렇게 행동할 필요가 없다고 생각한다. 심지어 그들은 인민을 노예 상태에서 해방하는 것이 편파적이라 생각한다. 따라서 우리는, 마치 경찰관의 농부들처럼, 서로를 계속해서 매질해야 하며, 동시에 회의나 모임에서 재잘거리며, 노동조합을 설립해 5월 1일 메이데이가 되면 거리로 행진하고, 음모를 꾸며 우리를 매질하는 국가를 은밀히 괴롭힌다. 그리고 이 모든 것을 통하여, 우리를 더욱더 꽉 조인 굴레에 노예화함으로써, 우리가 조만간 해방되어 자유로워질 것이라고 스스로를 위로하면서 희망을 가져야 한다고 하면서, 저 경찰서장을 구타한 백성들처럼 서로 계속 구타해서는 안 된다고 그들은 주장한다.

이는 정말 놀라운 오류가 아닐 수 없다. 이것만큼 인민을 노예 상태에서 해방하는 것을 가로막는 것은 다시없다. 모든 사람이 자신의 에너지를 자신을 해방하는 데 쏟는 대신, 그리고 자신의 인생관을 바꾸기 위해서 쏟는 대신, 인민은 자유를 얻기 위해 해방의 외면적인 종합 수단을 찾으며, 그것에 의해 자신을 묶고 있는 사슬을 점점 더 단단히 고정시키고 있다. 이는 불을 피울 때 석탄에 불을 붙일 필요 없이, 석탄을 그저 일정한 순서대로 늘어놓기만 하면 저절로 불이 붙을 것이라고 주장하는 것과 똑같다.


## 인민의 자유는 오로지 개인의 자유를 통해서만 얻을 수 있다

그러나 모든 인민의 자유로운 해방은 오로지 개인의 자유로운 해방을 통해서만 가능하다는 사실이 최근 점점 더 명확해지고 있다. 기독교적 인생관의 이름 아래 국가 지배로부터 벗어나려고 하는 개인의 자유는 과거에는 눈에 잘 띄지 않는 예외적인 현상이었으나, 최근에는 국가 권력에 위협적인 의의를 갖게 되었다.

과거에, 가령 고대 로마의 어떤 기독교인이 자신의 종교를 신봉하고 황제와 다신에 대한 숭배를 거부하면서 그것에 따른 희생을 받아들이겠다고 한다면, 또는 중세의 기독교인이 우상 숭배를 거부하고 교황의 권력을 인정하지 않겠다고 했다면, 이런 거부들은 무엇보다도 먼저, 우연히 발생했을 것이다. 따라서 그는 자신의 신앙을 솔직하게 고백해야 할 상황에 놓이거나 반대로 모든 생활에서 이 같은 마음을 감추고 평생을 살아가야 했을 것이다. 그러나 지금 모든 인민은, 예외 없이, 그들의 신앙에 대한 이런 시련에 처해 있다. 이 시대의 모든 사람은 누구나 이교도적 생활의 잔인함에 스스로 참여하거나 그것에 대한 참여를 거부할 필요성을 느끼고 있기 때문이다.

둘째, 그 시대에는 신들이나 우상 혹은 교황에 대한 숭배를 거부한다고 해서 국가에 본질적인 흠집이 나지 않았다. 인민이 신들이나 우상, 교황을 숭배하든 말든 국가는 여전히 강력하게 존재했다. 그러나 지금은 사정이 다르다. 국가의 비기독교적 요구에 응하기를 거부하는 경우, 이는 곧 국가 권력의 뿌리를 근간부터 뒤흔들게 된다. 왜냐하면 국가의 전체 권력이란 이러한 비기독교적 요구에 복종하는 것을 기초로 하는 탓이다.

속세의 통치 세력은 이미 그 자신의 보존을 위해 진정한 기독교를 믿는 인민은 절대 이행하지 않을 행위를 모든 인민에게 요구하지 않으면 안 되는 입장에 놓여 있다. 그러므로 우리 시대에는, 어떤 개인에 의해서라도, 진정한 기독교의 믿음은 국가의 가장 근본적인 권력을 치는 것이고, 이는 필연적으로 모든 인민을 해방하는 길로 나가야 하는 불가피한 것임을 깨달아야 한다.

어떤 사람은 다음과 같이 생각할 것이다. 즉, 인민이 주장하는 것처럼, 국가에 대한 충성의 맹세를 거부하고, 세금 납부를 거부하고, 소송 절차나 병역의무에 참가하는 것을 거부하는 수십 명의 미친 녀석들이 있다고 해서 뭐 그리 중요한가 하고 말이다. 이러한 인민은 대개 처벌을 받아 멀리 추방된다. 그러고 나면 나머지 사람들의 생활은 구태의연하게 흘러간다. 그래서 대부분의 사람들은 그런 사건이 별로 중요하지 않다고 여길 것이다. 그러나 지금도, 무엇보다 먼저, 국가 권력을 약화하고 인민의 자유를 위한 해방의 길을 준비할 수 있는 길은 오직 그런 사건들에 의해서일 뿐이다.

이들은 개인적인 벌들로서 벌 떼로부터 떨어져 나오기 시작하고 있으며, 그 전체의 주위를 날고 있다. 그리고 전체 벌 떼가 그들을 따라 출발하는 데 더 이상 막힘이 없을 때까지 기다리고 있는 중이다. 국가도 이것을 잘 알고 있다. 그래서 이런 사건들을 너무나 무서워한다. 그래서 모든 사회주의자들, 공산주의자들, 아나키스트들, 그리고 그들의 음모와 다이너마이트 폭탄보다 이러한 현상을 더욱더 무서워하는 것이다.

이제 새로운 통치의 시대가 시작되고 있다. 일반적인 법률 규정과 새로운 질서에 의하면, 모든 백성은 새로운 국가에 충성을 맹세해야 한다. 이런 목적을 달성하기 위해 지배층은 일반 법령을 만들었고, 모든 인민을 사원에 소환하여 맹세를 다짐하게 한다. 그러나 어떤 일이 일제히 갑자기 벌어지는가 보라.

한 사람은 페름에서, 다른 사람은 툴라에서, 세 번째 사람은 모스크바에서, 네 번째 사람은 카루가에서 "나는 맹세하지 않을 것이다"라고 선언한 자들이 나타나는 것이다. 비록 그들 사이에 통신 수단조차 존재하지 않아도 그들 모두 똑같은 이유에서 거부의 뜻을 밝힌 것이다. 즉, 맹세는 그리스도의 율법에 의해 금지된 것이며, 설령 맹세가 금지되지 않았더라도 국가의 이익에 반하여 행동하는 것 같은 일을 밀고하거나, 무기를 가지고 국가를 방어하거나, 적들을 공격하는 것처럼, 맹세에 의해 강요하는 그 모든 악한 행위들을 그리스도의 정신에 따라, 이행하겠다고 약속할 수 없다고 주장한다.

따라서 그들은 시골의 경찰 관리, 지역 경찰서장, 성직자, 그리고 지사들 앞에 불려가게 되고, 거기서 훈계를 받거나 심문을 당하고, 협박을 받거나 처벌당한다. 그러나 그들은 결코 자신의 결심을 꺾거나 억지 선서를 하지 않는다. 그리고 선서를 한 수백만 명의 인민 가운데 섞여 소수인 채로 여전히 살아간다. 그리고 다음과 같은 질문을 받는다.

"선서를 하지 않았단 말입니까?"
"네, 선서를 하지 않았습니다."
"그런데 아무 일도 없었습니까?"
"네, 아무 일도 없었습니다."

한 나라의 백성은 모두 세금을 내야 할 의무가 있다. 그래서 누구나 세금을 낸다. 그런데 갑자기 하리코프에서 한 사람, 트베리에서도 다른 사람, 그리고 사마라에서 세 번째 사람이 세금 내기를 거부한다. 모두 다, 마치 서로 입을 맞춘 것처럼, 똑같은 내용을 말한다. 그중 한 사람은 자기한테서 거둬가는 돈을 무슨 목적으로 사용하는지 말해주면 세금을 납부하겠다고 말한다.

만일 세금이 좋은 일을 위해 사용된다면, 나는 스스로 세금을 낼 것이고, 심지어 나에게 요구하는 것보다 더 많이 낼 수도 있을 것이다. 그러나 만일 나쁜 일을 위해 쓰인다면, 나는 단 한 푼도 자진해서 내지 않을 것이다. 왜냐하면 나는 그리스도의 율법에 따라 그리스도를 따르는 사람이므로 나쁜 행위에 가담할 수 없기 때문이다.

다른 사람 역시 다른 표현으로 같은 내용을 이야기하고, 자진해서 세금을 납부하지 않으려 들 것이다. 빼앗길 재산이 있는 사람은 폭력에 의해 재산을 빼앗긴다. 반면 아무것도 가진 것이 없는 인민은 그냥 내버려진다.

"무어라고요, 세금을 내지 않았다고요?"
"그래요, 내지 않았습니다."
"그래도 아무 일도 없었습니까?"
"네, 아무 일도 없었습니다."

사람들에게 통행권을 발급하는 기관이 있다. 거주지를 떠나 이동하는 모든 사람은 통행권을 가지고 다녀야 하며, 그 소유의 대가로 세금을 내야 한다. 그런데 갑자기 여러 지역에서 통행권을 가지고 다닐 필요가 없다고 하면서, 폭력을 수단으로 하는 국가에 자신이 종속되는 것을 인정할 수 없다고 선언하는 사람들이 나타나기 시작한다. 그들은 통행권을 가지고 다니지 않으며 따라서 그것에 대한 세금도 국가에 내지 않는다.

어떤 수단을 동원해보아도 그들에게 통행권 지참을 강제로 요구할 수 없었다. 국가는 결국 그들을 감옥에 보냈지만, 곧 석방해야 했다. 이제 그들은 통행권 없이 살아가고 있다.

또한 모든 농부들은 특정한 경찰 업무를 수행하도록 되어 있다. 마을 순찰 업무라든지 방범 업무 등과 같은 것들이다. 그런데 갑자기 하리코프의 어떤 농부가 자기 의무를 수행하지 않겠다고 나섰다. 자신은 그리스도의 율법에 의해서 그리스도를 따르는 사람이므로, 어떤 사람에게도 족쇄를 채울 수 없고, 그를 투옥하거나 이곳저곳으로 끌고 다닐 수 없다는 이유에서였다. 이와 똑같은 선언이 티베르와 탐보프의 농민에 의해서도 행해졌다. 그들은 모욕을 당하고, 매를 맞고, 감옥에 갇혔지만, 자신의 결심을 바꾸지 않고 끝까지 고수했다. 자신의 믿음에 반하는 그런 직책들을 수행할 수 없다고 주장한 것이다. 결국 농부들의 순경 업무는 중단되었지만, 아무 일도 벌어지지 않았다. 이제 그들의 거부는 정당하게 취급되고 있다.

또 모든 시민은 배심원 자격으로 사법 절차에 참여할 의무가 있다. 그런데 갑자기 아주 서로 다른 곳에 사는 사람들이, 즉 마차 기술자, 교수, 상인, 농부, 귀족에 이르기까지, 마치 약속이라도 한 듯 이 직책을 수행하지 않겠다며 거부 의사를 밝혔다. 나라에서 정한 법령과 관계없이 그들이 보기에는 이 모든 절차가 기독교에 반하는 것으로 보였기 때문이다. 나라에서는 그들에게 거부의 동기를 설명할 기회를 주지 않으려고 벌금을 부과하고, 그들 대신 다른 사람들을 소환했다. 같은 근거에서 증인으로 재판에 출두하는 것을 거부하는 자에 대해서도 같은 대우가 내려졌다. 그 경우에도 역시 그 외에는 아무 일도 일어나지 않았다.


## 러시아의 양심적 병역 거부자들

러시아에서는 스물한 살이 되는 모든 청년에게 군대에 복무할 의무가 생겨난다. 그런데 모스크바, 트베리, 하리코프, 키에프에서 각 1명씩 모두 4명의 청년이 각각 당국 앞에 나타나 사전에 약속이라도 한 것처럼, 자신들은 기독교인이므로 어떤 선서도 하지 않을 것이며, 복무도 하지 않겠다고 밝혔다. 나는 모스크바에서 초기에 이 같은 행동을 한 청년에 대해 자세히 설명하려 한다. 그런 일이 자주 벌어져 나도 잘 알게 되었기 때문이다. 이와 똑같은 경우가 각기 다른 곳에서도 목격되었다.

중등 정도의 교육을 받은 그 청년은 모스크바 시청에서 선서하기를 거부했다. 그러나 아무도 그가 말하는 내용에 귀를 기울이지 않았다. 그저 나머지 다른 젊은이들처럼 선서 구절을 복창해야 한다고 강요되었을 뿐이었다. 그는 맹세를 금지한 복음서의 특정한 구절을 인용하면서 다시금 선서를 거부했다. 이번에도 그의 주장은 어떤 관심조차 끌지 못했다. 그리고 다시 한 번 명령에 응할 것을 요구받았다. 그러나 그 청년은 이에 응하지 않았다.

그러자 사람들은 그 청년이 분파주의자 이단자이며, 따라서 기독교의 가르침을 올바른 의미, 즉 국가의 월급을 받는 성직자들이 이해하는 의미대로 깨닫지 못한다고 여겼다. 그들은 청년을 잡아 성직자들에게 끌고 가서 설득해보려고 했다. 성직자들이 그를 열심히 설득했다. 이 얼마나 아이러니한 일인가? 그리스도의 이름으로 그리스도를 거부하도록 설득하는 성직자들의 노력은 그 청년에게 아무런 영향도 주지 못했으니 말이다.

결국 그 청년은 교정 불가능이라는 선고를 받아 다시금 군대로 보내졌다. 그는 맹세하지 않을 것을 고집하며, 공개적으로 어떤 병역의무도 이행하지 않겠다고 분명하게 선언했다. 이는 법령으로 미리 정해지지 않은 경우였다. 정부 당국의 명령에 응하라는 요구를 거부하는 자를 그냥 눈감아준다는 것은 상상조차 할 수 없는 일이었다. 그러나 이러한 경우는 단순히 규율 위반의 불복종과 똑같이 처리할 수가 없었다. 따라서 군 당국은 내부에서 서로 협의한 끝에 말썽 많은 이 청년을 제거하기로 결정하고, 그를 혁명주의자로 여겨 끌고 가서 비밀경찰 위원회에 보냈다.

경찰 당국과 헌병들은 그를 철저히 신문했지만, 그가 주장하는 내용 중 어느 것 하나도 자신들의 관할에서 범죄로 간주하는 조항에 해당되지 않는 것을 알았을 뿐이었다. 게다가 그가 혁명적 행위를 했다거나 혁명을 음모했다고 하여 기소할 가능성도 없었다. 왜냐하면 그 청년에게는 그 무엇도 공격할 의사가 없으며, 오히려 반대로, 모든 폭력의 사용에 반대하고,

비밀 음모를 꾸미기는커녕 자신이 말하는 모든 것을 직접 행위할 기회를 찾고, 이를 가장 공개적인 태도로 실행하고 있기 때문이었다. 결국 경관과 헌병들 역시, 비록 그들이 정해진 규칙에 얽매여 있지는 않지만, 청년에게서 범죄 혐의를 찾아내지 못했다. 그래서 성직자들처럼 그를 군대로 다시 보내지 않을 수 없었다.

관계 당국자들은 또 한 번 함께 협의했다. 그리고 청년이 비록 선서를 하지는 않았지만 일단 받아들여 입대시키기로 결정하여 병사들 사이에 등록하게 했다. 그리고 그에게 제복을 입히고 철저히 감시하여 군대가 주둔하는 곳으로 그를 보냈다. 청년이 입소한 주둔지 사단의 책임 장교는 다시 한 번 그 청년이 병역의무를 수행할 것을 요구했다. 그러나 이번에도 청년은 복종을 거부했다. 그는 오히려 다른 병사들의 면전에서 자신이 복종을 거부하는 이유를 자세히 설명했다. 즉, 자신은 기독교인으로서 모세의 율법에 따라 금지된 살인행위를 저지를 수 없다는 것이었다.

이 사건이 벌어진 곳은 지방 도시였는데, 이로써 외부인뿐만 아니라 장교들에 대해서도 관심과 심지어는 동정심마저 일깨우는 결과를 초래했다. 그리고 선임 장교들은 결국 청년의 복종 거부에 대해 징계 처분을 내리지 않기로 결정했다. 그러나 체면을 세우기 위해 일단 그를 감옥에 가둔 다음, 군대의 최고 사령부에게 자신들이 이 일을 어떻게 처리해야 할지 묻는 서신을 보냈다. 공적인 관점에서 볼 때 황제 자신도 복무하는 군대, 교회의 축복을 받는 군대에 복무하기를 거부하는 것은 제정신이 아닌 것처럼 보인 탓이었다.

그래서 마지막으로 그들은 페테르부르크에 편지를 썼다. 이 청년은 미친 것이 틀림없고 자기들은 더 이상 이 청년을 심하게 다룰 수 없으므로 그를 정신병자 수용소로 보내고, 그곳에서 정신 상태를 면밀히 조사한 다

모세가 야웨로부터 이스라엘 백성을
구하라는 명을 받고, 출애굽 이후 십
계명을 받은 시나이 산(엘 그레코 作)

시나이 산에서 내려온 모세가 사람들이
황금송아지를 우상으로 받들고 있는 모
습을 보고 십계명이 적힌 돌판을 던지려
하고 있다(하르먼스 판 레인 렘브란트 作).

음 과학적으로 치료해야 한다는 답이 페테르부르크에서 왔다. 그들은 10년 전 트베리에서 군 복무를 거부한 탓에 복종할 때까지 온갖 고문을 받고 있는 다른 청년과 마찬가지로 청년을 정신병원에 보냈고 그곳에 머물기를 희망했다! 그러나 이런 절차에 의존한다 해도 군 당국은 그 청년을 쉽게 제거할 수 없었다.

의사들은 그를 검사하면서 이 사건에 진지하게 관심을 가졌다. 그러나 당연한 일이지만, 아무런 정신 질병의 증상을 발견하지 못한 채 그를 다시 군대로 돌려보냈다. 군대는 다시금 청년을 받아들였다. 그러고는 그가 선서를 거부했던 일, 거부의 동기 등을 다 잊은 체하면서 청년에게 훈련을 받으라고 다시 한 번 명령을 내렸다. 그러나 청년은 또다시 다른 병사들 앞에 서서 선서를 거부하고, 자신의 거부하는 이유를 설명했다. 그래서 이제 그 문제는 병사들 사이에서나 그 도시의 거주자들 사이에서 더욱더 많은 관심을 불러일으키게 되었다.

군 당국은 다시 페테르부르크에 편지를 썼다. 얼마 후 청년을 전방에 주둔하는 군대의 어떤 사단으로 전출시키라는 명령이 내려왔다. 그 지역의 군대는 전투 상태에 있으므로 만일 그가 이번에도 복종을 거부한다면 총살될 테지만, 그렇게 된다 한들 별로 관심을 끌지 않을 거라고 덧붙였다. 매우 먼 지역인 데다가 러시아인이나 기독교인이 거의 없고, 대부분의 거주민이 외국인이거나 이슬람교도이기 때문이라는 것이었다.

결국 청년은 각본대로 처리되었다. 군 당국은 그를 카스피 해안 국경에 주둔한 사단에 전출시켰다. 다른 죄수들과 함께 무자비하고 가혹하기로 악명 높은 책임 장교에게 보냈다.

그 뒤 이곳저곳을 왔다 갔다 하면서 청년은 거칠게 다루어졌다. 추위와 배고픔에 떠는 것은 기본이고, 때로 오물통에 감금되기도 했다. 하루하루의 생활이 너무나 고통스러워졌다.

그러나 이 같은 고통도 청년의 결심을 바꾸게 하지는 못했다. 카스피 해 국경에서 그는 다시 완전 무장한 채 보초를 서라는 명령을 받았지만, 역시 거부했다. 군이 쌓아놓은 건초더미 근처에 가서 서 있으라는 명령 자체는 받아들이지만, 무기는 들지 않겠다고 선언했다. 자신은 어떤 경우에든 누구에게든 폭력을 사용하지 않을 것이라고 그는 선언했다.

청년은 이 모든 말과 행동을 다른 병사들이 있는 곳에서도 서슴없이 행했다. 그래서 군 당국이 그를 처벌하지 않고 방치해두는 것은 불가능했다. 그래서 결국 청년은 군법 위반의 죄목으로 재판에 회부되어 2년간 군대 감옥에 감금되도록 선고받았다. 그래서 그는 또다시 죄수들과 함께 역마차를 타고 코카서스로 갔다. 그곳에서 그는 다시 감옥에 갇혀, 간수의 무한한 권력 앞에 내던져졌다.

청년은 그곳에서 1년 반 동안 모진 학대를 받았다. 그러나 이 모든 상황에도 불구하고 무기를 들지 않겠다는 결심만큼은 절대로 바꾸지 않았다. 청년은 또한 자기가 접촉하는 모든 사람에게 자신이 군의 명령을 따르지 않는 이유를 당당하게 설명했다. 그런데 2년이 지나갈 끝날 무렵, 청년이 자신의 형기를 채 마치기도 전에, 군은 그를 풀어주었다. 군 복무 기간이 끝난 뒤까지 청년을 잡아두는 게 법령에 어긋나기 때문이기도 하지만, 이 지독한 말썽장이를 가능한 한 빨리 보내버리고 싶었기 때문이었다.

러시아의 여러 지역에서 다른 사람들이, 마치 약속이나 한 것처럼, 이 청년과 똑같이 행동하기 시작하고 있다. 그리고 이 모든 경우에 국가는 여전히 소심하고 우유부단하며, 애매하고 비밀스런 행위 과정을 택한다. 그들중 몇 명은 정신병원에 보내지고, 어떤 사람은 서기로 등록되어 시베리아로 전출되며, 어떤 사람은 숲속에서 노역하러 보내지고, 어떤 사람은 감옥

러시아 역사상 대규모 농민반란의 지도자인 스테판 라진('스텐카 라진'으로도 불린다). 돈 지방 카자크의 부유한 가문 출신인 그는 카자크에 대한 정부 간섭을 증오하여, 무산 계급과 도망 농노들을 규합하여 1667년부터 이듬 해까지 볼가강 하류와 카스피 해 연안을 휩쓸고 다녔다.1671년 4월에 체포되어 모스크바로 압송, 처형되었다 (바실리 서리코프 作).

에 보내지며, 어떤 사람은 벌금을 물고 있다.

바로 이 순간에도 같은 부류의 어떤 사람들은 여전히 감옥에 갇혀 있다. 그들은 실제 범죄, 즉 국가 행위의 정당성을 부인한 것 때문에 기소된 것이 아니라, 상사에 의해 개인적으로 부과된 특별한 의무를 불이행했기 때문에 감옥에 있는 것이다. 따라서 예비부대의 장교는 그의 거주지 변경을 보고하지 않았고, 그가 이제 더 이상 군대에 복무하지 않는다는 이유로 이를 정당화했으므로, 상부 당국의 명령에 대한 불복종으로 30루블의 벌금형에 처해졌다. 그러나 그는 이 벌금도 자진해서 납부하기를 거부했다. 최근 똑같은 방법으로 몇 명의 농부들과 병사들이 훈련과 무기 휴대를 거부했는데, 그 결과 그들은 군율과 복종 위반 혐의로 체포되었다.

## 다른 나라의 양심적 병역 거부자들

기독교에 반하는 국가의 명령에 복종하기를 거부한 경우, 특히 군대 복무를 거부한 경우는 최근 러시아에서만이 아니라 어디에서나 생겨나고 있다. 내가 알고 있는 한 가령 세르비아에서는 이른바 나자레파 기독교인들이 끈질기게 군대 복무를 거부하고 있는데 오스트리아 정부는 수년 동안 그들을 계속 투옥하면서 그들과 소득 없는 싸움을 이어가고 있다. 1885년, 그러한 거부 행동은 자그마치 130건에 달했다.

한편 스위스에서는 1890년, 병역 거부자들이 칠롱 성의 감옥에 갇혔으나 형벌에 의해서도 그들의 결의를 바꾸지 못했다.

이런 경우는 스웨덴에서도 찾아볼 수 있다. 그곳에서도 복종을 거부한 사람들은 똑같은 방법으로 감옥에 보내졌고, 국가는 이 사건을 인민에게 열심히 숨기려고 노력했다.

프러시아에서도 유사한 경우가 있다. 어느 근위대 중위가 일으킨 사건을 나도 알고 있다. 그는 1891년, 베를린 당국에게 자신이 기독교인으로서 복무를 계속할 수 없다고 선언하고, 모든 회유와 협박, 형벌에도 불구하고 신념을 고수했다.

프랑스 남부에서는 최근 힌시스트[9]라는 이름을 가진 모임이 생겨났는데, 이곳 회원들은 기독교적 원리의 수호를 이유로 병역의무를 거부했다(이는 〈평화신문Peace Herald〉 1891년 7월 호에 실렸다). 그들은 처음엔 야전 의무대에 배속되었으나 이제는 그 숫자가 늘어남에 따라 불복종에 대한 처벌이 가해지는 실정이다. 물론 그들은 여전히 무장을 거부하고 있다.

사회주의자들, 공산주의자들, 아나키스트들이 폭탄을 들고 소요와 혁명

---

9   힌시스트(Hinschists)는 1891년 7월 〈피스 헤럴드〉 지에서 가져온 것이다.

을 일으켜도, 여러 지역에서 발생하는 서로 상관없는 개인들이 국가의 명령에 불복하는 사건만큼 국가를 두려움에 떨게 하는 것은 없다. 그들 모두 똑같은 종교를 이유로 자신의 불복종을 정당화하며, 이제 이런 일들은 세상에 널리 알려져 있다.

모든 국가는 혁명주의자들로부터 스스로를 방어할 수단이나 방법을 알고 있다. 자신을 방어하는 데 필요한 자원도 가지고 있다. 그러므로 국가는 외부의 적들을 두려워하지 않는다.

그러나 기독교인이라는 이유로 국가의 명령을 따르지 않는 인민에 대해서는 거의 속수무책이다. 심지어 그들은 모든 국가를 무익하고, 불필요하며, 유해한 것으로 간주하여 그것에 저항하지 않을 뿐만 아니라 더 나아가 국가 자체를 필요로 하지 않는다. 이처럼 국가 따위는 상관없다고 선언하면서 국가가 요구하는 모든 일에 참여하지 않으려는 인민을 국가는 과연 어떻게 대해야 하는가?

혁명주의자들은 이렇게 말한다.

국가의 제도는 이런 점, 저런 점에서 나쁘다. 따라서 우리는 그것들을 파괴해야 하고, 이런, 저런 형태의 국가로 바꾸어야 할 필요가 있다.

한편 기독교인들은 다음과 같이 말한다.

나는 국가 제도에 대해서는 아무것도 모른다. 나는 그것이 좋은지 나쁜지 모른다. 그리고 나는 그것을 파괴하거나 전복하고 싶지 않다. 왜냐하면 정확히 나는 그것이 좋은지 나쁜지 모르기 때문이다. 그러나 바로 똑같은 이유로 그것을 지지하고 싶지도 않다. 그리고 나는 원하지 않을 뿐만 아니라, 그럴 수도 없다. 왜냐하면 그것이 내게 바라는 것은 나의 양심에 어긋나기 때문이다.


## 충성 선서, 세금 납부, 통행권, 경찰의무, 병역의무에 관한
## 러시아인들의 불복종

충성의 선서, 세금 납부, 사법 절차 참여, 병역의무 등과 같은 국가의 모든 의무는 기독교인의 양심에 반하고 어긋난다. 그런데 국가의 전체 권력은 이런 의무에 의존한다.

혁명가라는 적들은 바깥에서 국가를 공격한다. 반면 기독교는 결코 그것을 전혀 공격하지 않고 그것과 싸우지도 않는다. 그러나 안으로부터 국가가 의지하고 있는 모든 기초를 파괴한다.

러시아에서는, 특히 표트르 1세[10] 이후, 국가에 대한 기독교의 항의와 저항이 전혀 없어지지 않고 도리어 드세졌다. 인민은 무리를 지어 터키, 중국, 그리고 사람이 살지 않는 곳까지 도망쳤고 심지어 다른 나라로 이민을 떠났다. 그들은 국가의 도움이 필요 없다고 느낄 뿐만 아니라 언제나 국가를 무익한 짐으로 여겼기 때문에 터키 정부든, 러시아 정부든, 중국 정부든 자신들이 있는 곳과 무관하게 국가의 존재 자체를 불행으로 알고 참고 견뎠다.

이런 모습은 러시아 인민 사이에서도 나타났다. 최근에는 국가에 대한 종속을 거부하고 의식적으로 개인을 해방하고자 하는 기독교의 의식적인 사건이 더욱 빈번하게 나타나기 시작했다. 이들이 소위 배우지 못한 계급

---

10　표트르 1세(Peter der-Grosse, 1672~1725)는 러시아의 황제(재위 1682~1725)이다. 표트르 대제(Пётр Великий 표트르 벨리키)로 불리기도 한다. 표트르 1세는 서구화 정책과 영토 확장으로 루스 차르국을 러시아 제국으로 만들었다.

이기커녕 상당한 또는 훌륭한 교육을 받은 인민이라는 사실 때문에 국가는 더욱 놀라고 있다.

또한 오늘날 그들은, 옛날에 그랬던 것처럼 자신의 입장을 어떤 신비주의나 배타적인 신앙으로 정당화하지 않고, 불로써 자기를 희생하거나 순례를 행하는 종파처럼 미신적이거나 광신적인 의식과 관련시키지도 않고, 매우 단순 명료하고 분명하게 모든 인민이 납득하며 진리라고 여기는 가르침을 근거로 들어 국가의 요구를 거부하고 있다.

이들은 자진 납세를 거부한다. 세금은 폭력 행위, 폭력을 행하는 병사, 감옥, 요새, 대포 건조에 사용되기 때문이다. 그리고 기독교인으로서 이러한 행위에 협력하는 것을 죄악이자 비도덕적인 행위라 여긴다.

충성 선서를 거부하는 사람들은 권력과 폭력 행위에 의존하라는 복종 요구도 받아들이지 않는다. 이런 요구들은 복음서에 나타난 그리스도 가르침의 의미와 반하기 때문이다. 그들은 또한 재판에 참가하여 선서하는 것도 거부한다. 선서가 복음서에서 금지되기 때문이다.

그들은 경찰의무를 이행하는 것도 거부한다. 이러한 의무를 이행하려면 자기 형제들에게 반드시 폭력을 사용해야 하고, 그들을 학대해야 하는데, 기독교인은 그런 일을 할 수 없기 때문이다.

그들은 또 재판에 참여하기를 거부한다. 법에 대한 모든 호소는 복수의 법을 실천할 뿐으로 기독교의 용서와 사랑의 법과 상충되기 때문이다.

그들은 군사적으로 준비하고, 군대와 전쟁에 참여하는 것도 거부한다. 자신이 처형자가 되는 것은 물론 스스로 그런 잔혹행위의 준비에 가담하는 것을 원하지 않기 때문이다.

이 모든 거부의 동기는 너무나 훌륭해서 아무리 독재적인 국가라 해도 공개적으로는 그들을 처벌할 수 없다. 자신의 양심에 반하기 때문에 어떤 행위를 거부하는 사람을 처벌하려면, 국가는 먼저 선의와 선행에 대한 주장을 포기해야 하기 때문이다. 국가는 오직 자신들만이 이성과 선행의 이름으로 통치한다고 인민에게 주장해오고 믿게 하지 않았던가?

그렇다면 국가는 자기 신념에 따라 행동하는 인민에 맞서 무엇을 해야 하는가?

국가는 일단 폭력을 사용하여 국가를 전복하려는 모든 적을 매질하여 죽이거나 사형에 처하거나 무기 징역을 선고할 수 있다. 또한 국가는 자신의 적을 파괴하고자 하는 일단의 무리에게 아낌없이 돈을 대어주어 매수할 수도 있다. 국가의 적을 한 명도 남기지 않고 죽이는 수백 만 명의 무장 병사들을 복종시킬 수도 있다.

그러나 무엇을 전복하거나 파괴하려는 의도 없이, 순수하게 자신의 신념인 그리스도의 율법을 지키기 위해 아무것도 하지 않으며, 가장 평범해 보이는 국가의 명령, 국가 유지에 가장 필수적인 것의 이행을 요구하는 것을 거부하는 인민에게 국가는 과연 어떤 일을 할 수 있는가?

만일 그들이 폭력과 살인을 사주하고 실행하는 혁명주의자들이라면 차라리 그들을 억압하기도 쉬울 것이다. 그들 중 일부는 돈으로 매수할 수 있을 것이며, 일부는 속일 수도 있고, 일부는 협박할 수도 있다. 그리고 매수하지도 속이지도 협박하지도 못하는 일부 사람들은 범죄자나 사회의 적으로 간주하여 사형에 처하거나 투옥해버리면 그만일 것이다.

인민은 국가의 이러한 행위에 찬성할 것이다. 만일 그들이 이상한 신념을 믿는 광신자들이라면, 그들이 믿는 것에 섞인 허위의 미신적인 오류를 반증해냄으로써 그들이 진리라고 주장하는 것을 공격할 수도 있을 것이다.

그러나 그 어떤 혁명적 사상의 대변자도 아니고, 기괴한 이념적 교리를 믿는 것도 아니고, 그저 단순히 어떤 사람에게도 악을 행하기 싫다는 이유로 각종 선서와 세금 납부, 사법 절차 참가, 군대 복무 등, 국가의 전체 구조가 의존하는 어떤 명령의 이행을 거부하는 인민은 어떻게 처리해야 하는가?

그들을 뇌물로 매수하는 것은 불가능하다. 왜냐하면 그들 스스로가 자진해서 각종 위험 속에 노출된 것 자체야말로 그들이 욕심이 전혀 없어서 매수될 수 없음을 보여주는 증거이기 때문이다. 그렇다고 하여 그들에게 국가에 대한 명령 이행이 곧 신에 대한 그들의 의무라고 속이는 것도 불가능하다. 왜냐하면 그들의 거부는 명백하고 틀림없는 신의 법으로서 심지어 인민에게 그것에 반하는 행위를 강요하는 자들에 의해서도 인정되는 법을 기초로 하기 때문이다.

그들을 협박하여 겁을 주는 것은 더욱더 불가능하다. 그들이 겪게 되는 박탈과 고통은 오히려 자신들이 절대적인 명령으로 받드는 신앙에 의존하려는 욕구를 강화시켜줄 뿐이기 때문이다. 그들은 인간보다 신에게 복종하고, 육신을 파괴하는 자를 두려워하지 않으며, 오로지 육신과 정신을 파괴하는 것을 두려워하기 때문이다.

그들을 죽이거나 영원한 감금 상태에 두는 것 또한 불가능하다. 그들의 친구들은 그들이 어떤 생각을 하는지 어떻게 행동할지 이미 알고 있다. 그들은 모두에게 선량하고 점잖으며 평화를 사랑하는 사람으로 알려져 있다. 누구도 그들을 사회의 안전을 위해서 제거되어야 할 범죄자로 여기지 않는다.

그러므로 만일 국가가 앞장서 선한 인간으로 여겨지는 어떤 사람을 죽음에 처하게 만든다면 그것은 곧 다른 인민을 자극하는 결과를 초래할 뿐이다. 인민은 그들을 지지하고, 그들의 거부를 정당하게 여기게 될 것이다.

이 시점에서 필요한 것은, 국가에 복종하지 않는 이들의 거부 이유를 충분히 설명함으로써 누구든 그것을 이해하고 똑같이 행동할 수 있도록 힘을 부여하는 일뿐이다. 사실 이런 행동은 오래전에 이루어졌어야 한다. 물론 이럴 경우, 지배 권력은 절망적인 상태에 놓일 것이다. 그들은 기독교의 예언이 적중하고 있으며, 그것이 사슬에 묶인 자들의 족쇄를 점점 느슨하게 만들고, 부자유한 상태의 노예가 자유를 찾게 할 것을 알고 있다. 이러한 상황을 보는 국가도 이것이 모든 압제자의 종언임을 잘 알고 있다.

따라서 그들은 자신이 즐길 시간도 얼마 남지 않았음을 잘 안다. 그러나 그들은 아무것도 할 수 없다. 스스로를 구하기 위해 할 수 있는 것이라고는 자신의 파멸 시간을 연장하는 것뿐이다. 그들은 물론 필사적으로 이를 행한다. 그러나 그들의 처지는 역시 절망적이고 전혀 변하지 않는다.

국가의 이러한 상태는 마치 주민들 스스로 불을 지른 도시를 구하려고 시도하는 정복자의 입장과 같다. 그가 한 곳의 화재를 진압하자마자 다른 두 곳에서 불이 붙는다. 불이 타오르는 큰 건물 중앙에 뛰어들어 용감무쌍하게 불길을 잡자마자 건물 양쪽 끝에서 불길이 솟아오르는 경우처럼. 각각의 불길은 지극히 작은 것일지 모르지만 불은 아무리 작은 불똥으로부터 시작되었다 하더라도, 도시 전체를 다 태워버리기 전에는 결코 멈추지 않는 법이다.

이렇게 하여 통치 권력은 기독교를 믿는 인민 앞에 무력하게 서게 되는 것이며, 오랜 세기 동안 그렇게도 강력하게 보이고, 그렇게도 높은 위치를 차지하고 있던 통치 세력이 전복되어 가는 시기에, 사회개혁가들은 모든 사람이 따로따로 노예상태로부터 해방되어 자신의 자유를 성취할 필요가 없으며, 그렇게 하는 것은 도리어 해롭고 비도덕적이라는 견해를 널리 전파하느라고 분주하다. 이는 마치 한 무리의 인민이 오랫동안 공을 들여 강을 운하로 바꾸는 작업을 마친 끝에 이제 수문을 열어 물이 빠져나가게 하면 되는 상황에서, 다른 한 무리의 인민이 나타나 한쪽 물을 퍼서 다른 쪽으로 날라주는 기계를 건설하는 편이 훨씬 낫다고 충고하는 것과 같다.

그러나 사태는 이미 너무도 깊이 진전되었다. 국가는 이미 자신들이 약하고 무기력하다는 것을 느끼고 있다. 그리고 기독교의 교리를 따르는 인민은 무감각에서 깨어나 이미 자신들의 힘을 느끼기 시작했다.

그리스도는 말한다.

> 내가 불을 땅에 던지러 왔노니. 이 불이 이미 붙었으면 내가 무엇을 원하리요 (누가복음 12장 49절).

그리고 이 불은 이미 타들어가기 시작하고 있다.

## 10

# 국가는 필요 없다

## 국가의 필요성에 대한 논쟁

참된 의미의 기독교는 국가를 파괴한다. 기독교의 시초부터 그렇게 인식되었다. 따라서 그리스도가 십자가에 못 박혔다. 이것이 바로 기독교 국가라는 것을 굳이 인정할 필요가 없었던 기독교인들이 언제나 깨달은 내용이었다. 다만 여러 국가의 수뇌들이 명목상의 형식적인 기독교를 택하면서부터 기독교가 국가와 공존할 수 있다는 불가능한 이론을 교활하게 고안하기 시작했을 따름이다.

그러나 우리 시대의 정직하고 진실한 마음을 가진 사람이면 누구라도 진정한 기독교—온유함, 피해에 대한 용서, 사랑의 가르침—와 국가—거만함, 폭력 행위, 처형, 전쟁—가 공존할 수 없다는 사실을 분명히 깨달을 수 있다. 진정한 기독교의 믿음은 국가를 인정할 수 있는 가능성을 배제할 뿐만 아니라 심지어 국가의 기반도 파괴한다. 그렇다면, 기독교는 국가와 양립할 수 없다고 말하는 우리가 옳다면, 당연히 다음과 같은 문제가 제기될 것이다. 즉, 인류의 행복을 위해서는 어느 쪽이 더 필요한가? 어느 것이 인민의 행복을 가장 확실하게 보장할 수 있는가? 국가라는 조직을 운영해서인가, 아니면 그것을 파괴하고 기독교로 대체함에 의해서인가?

어떤 사람은, 국가는 인류를 위해서 필요한 것이므로 만일 국가 조직을 파괴한다면 인류가 지금까지 이루어놓은 모든 것도 함께 파괴될 것이라 생각할지도 모른다. 종래와 같이 국가는 인류가 발전할 수 있는 유일한 형태였고 아직도 그렇다고 생각하는 탓이다.

국가라는 조직 아래 살아가는 여러 인민 사이에서 우리가 보게 되는 악은 그러한 사회의 형태에서 생기는 것이 아니라 국가가 권력을 남용하는 데서 생기므로 굳이 국가를 파괴하지 않아도 악을 교정할 수 있다고 그들은 주장한다. 인류는 국가 조직을 파괴하지 않고서도 높은 수준의 행복을 발전시키고 획득할 수 있다고 주장하는 것이다. 이런 방식으로 생각하는 자들은 자신의 시각을 뒷받침하기 위해 역사, 철학, 심지어는 종교로부터 가져온 논박할 수 없는 여러 증거들을 제시한다.

그러나 이와 전혀 반대로 생각하는 사람들도 있다. 그들은 인류가 국가 없이 살았던 시대가 있었던 것처럼 이러한 조직 역시 일시적인 것이며, 인민에게는 새로운 조직이 필요한 때가 반드시 올 것이고, 바로 지금이 그때라고 주장한다. 이런 방식으로 생각하는 인민 역시 그들의 시각을 뒷받침하기 위해 그들이 생각하는 철학, 역사, 종교로부터 논박할 수 없는 증거들을 제시한다.

전자의 시각을 변호하기 위해서 이제껏 많은 책이 쓰였다(아주 오래전에 많은 책들이 쓰였고, 지금도 더 많이 그런 방향으로 쓰이고 있다). 그러나 이런 시각에 반대하는 책들도 많다(이 방향으로도 많이, 그리고 비록 좀 더 최근의 일이지만 가장 훌륭하게 쓰인 것도 많다).

국가 옹호자들은 흔히 국가를 파괴하면 사회적 혼란이 일어날 것이라 말한다. 상호 약탈, 살인, 모든 사회 제도의 파괴와 더불어 인류가 야만으로 복귀할 것이라고 주장하는 것이다. 하지만 이는 증명할 수 없는 억지 논리일 뿐이다. 국가를 반대하는 자들의 주장도 마찬가지다. 그들은, 인민은 이미 너무나 현명하고 선량해졌으므로 그들이 서로 약탈하거나 살인하는 일을 벌어지지 않을 것이며, 적대 행위보다는 평화적 관계를 선호할 것이고, 국가의 도움이 없어도 그들 스스로 필요한 모든 과정을 만들어나갈 수 있으며, 따라서 국가는 어떤 도움이 되기는커녕 국민을 방어한다는 미명 아래 도리어 그들에게 해롭고 잔인한 영향을 미칠 것이라고 주장한다. 그러나 이 역시 증명될 수 없는 것이다.

이들의 주장을 추상적인 논리로 증명하기란 불가능하다. 그렇다고 실험에 의해서 증명하는 것은 더욱더 불가능하다. 왜냐하면 문제 전체가 "우리가 실험을 해보아야만 하는가? 아닌가?"라는 것으로 귀결되기 때문이다. 국가를 폐지할 때가 되었는지 아닌지에 대한 질문은, 어떤 반론의 여지도 없이, 이 문제를 해결할 수 있는 다른 생활 수단이 존재하지 않는 한 대답할 수 없다.

우리는 병아리들이 어미닭 없이도 스스로 알을 깨고 나올 수 있는지, 혹은 아직 그 정도로 충분히 성장한 상태는 아닌지 의문을 가질 수 있다. 하지만 당사자인 병아리들은 알 안이 갑갑하다고 느낄 때, 스스로 이 문제를 결정할 것이다. 우리의 논쟁에 관계없이 말이다. 그런 뒤에 병아리들은 부리를 써서 시험해보며 스스로 알껍데기를 깨고 나올 것이다.

인민에게 국가 형태의 사회를 폐지하고 대신 새로운 형태로 바꿀 시간이 왔는가의 문제도 이와 마찬가지다. 만일 사람들의 양심 수준이 더욱더 높아져서 이제 더 이상 국가의 명령에 복종할 수 없다고 판단하게 된다면 그는 당연히 갑갑함을 느낄 것이고, 자연스럽게 더 이상 국가의 보호를 필요로 하지 않게 될 것이다. 그리고 이런 일이 일어날 때 비로소 인민이 국가라는 형태를 폐지할 준비가 되었는가 하는 문제는 해결된다. 그 결론은 사람에게도 알에서 부화되어 나오는 어린 새들에게도 최종적인 것이다. 세상의 어떤 힘도 새들을 껍데기 안으로 다시 넣을 수 없는 것처럼, 세상의 어느 권력도 일단 인민이 국가를 필요 없다고 느끼게 된 이상 그들을 국가 형태의 사회로 다시 데려다놓을 수는 없다.


## 기독교인의 국가 불필요론

기독교적 인생관을 받아들인 사람은 다음과 같이 말한다.

> 여러분은 국가의 목적을 이루기 위해 국가가 필요하였으며, 지금도 필요하다고 생각할지 모른다. 하지만 내가 알고 있는 것은, 한편으로 나에게 국가는 더 이상 필요하지 않으며, 다른 한편으로 나는 국가의 존재에 필요한 행동을 더 이상 실행할 수 없다는 것이다. 당신의 생활에 필요한 것에 스스로 만족하는 것이 좋다.
>
> 나는 국가라는 것의 일반적인 필요성이나 일반적인 해로움을 일반적으로 증명할 수 없다. 나는 오로지 내가 필요로 하는 것과 필요로 하지 않는 것, 내가 할 수 있는 것과 할 수 없는 것이 무엇인지만을 알고 있을 뿐이다. 나는 나 자신을 다른 민족들로부터 분리해야 할 필요가 없으므로, 특정 국가나 민족에 전적으로 예속되어 있다든가, 특정한 국가에 충성할 의무가 있다고 인정할 수 없다.
>
> 내가 아는 것은 나에게는 국가가 조직한 모든 기구들이 필요하지 않다는 것이다. 그러므로 나는, 내가 필요로 하지 않는 권력 기구들에 세금을 냄으로써, 나의 노동을 필요로 하는 인민을 궁핍하게 할 수 없다. 왜냐하면 나는 그

기구들이 내가 아는 한 해롭다는 것을 알고 있기 때문이다.

나는 폭력을 기반으로 하는 통치나 재판 제도를 필요로 하지 않는다. 그러므로 그 어느 것에도 참여할 수 없다. 나는 다른 민족을 공격하거나 살인하거나, 나 자신을 무기로 방어할 필요가 없다. 그러므로 전쟁이나 전쟁 준비에 참여할 수 없다.

인민 중에는 이 모든 것이 필요불가결하며 부득이한 것이라 여기는 사람도 있을 것이다. 나는 이 문제를 두고 그들과 다툴 생각은 없으며, 다만 내 의견을 말할 뿐이다. 그러나 나는, 국가 조직이 필요하지 않으며 따라서 국가가 바라는 바를 행할 필요도 없다는 것을 절대적으로 확신한다. 나에게는 국가가 필요하지 않다. 그들이 바라는 것을 행할 수 없다. 왜냐하면 이 모든 생각은 나 자신의 개인적인 뜻이 아니라, 나를 생활 전선으로 보냈고, 생활을 통해 나의 행위에 적합한 율법을 알려주신 신의 뜻이기 때문이다.

국가 권력을 억제하는 것은 해로우며 언젠가 재앙을 초래할 것이라는 항변을 지지하는 주장도 많지만, 일단 국가라는 형태의 조직을 필요로 하지 않는 인민은 다시 국가로 되돌아갈 수 없다. 세상의 모든 추론도 국가적 형태의 사회를 쓸모없다고 여기는 인민을 자신의 양심이 허락하지 않는 행위에 참여하게 할 수도 없다. 이는 다 자란 새가 다시 알의 껍데기 속으로 들어갈 수 없음과 다르지 않다.

## 보수주의자의 국가 옹호론

반면 기존의 세상 질서를 옹호하는 자들은 다음과 같이 말한다.

그러나 설령 그렇다고 하더라도, 여전히 국가 폭력을 폐지함은 오로지 모든 인민이 기독교인이 되었을 때에야 비로소 가능하며 바람직하다. 그렇지 않고 명목상으로 기독교인 사이에서 비기독교인인 사악한 인민이 있는 한, 그들은 자신의 탐욕을 만족시키기 위하여 다른 인민에게 해를 끼칠 준비가 되어 있을 것이며, 따라서 국가 권력의 폐지는, 다른 인민에게 축복이 되기는커녕, 오로지 그들의 불행을 가중시킬 것이다.

국가 형태의 사회를 폐지하는 것은 소수의 인민만이 진정한 기독교인일 경우 바람직하지 않다. 그러나 전체 인민 모두가 기독교인이라 해도 역시 바람직하지 않다. 그 주변의 다른 국가에는 여전히 비기독교인 인민이 있기 때문이다. 만일 국가 형태가 사라진다면 이들 비기독교인들은 기독교인을 강탈하고 폭행하며 죽일지도 모르지만 처벌을 받지 않을 것이며, 이로써 진정한 기독교인들의 생활을 불행하게 만들 것이다. 악한 자들은 선한 인민을 억압하고 폭행하면서도 처벌을 받지 않을 것이다. 그러므로 국가 권력은 세상의 모든 사악하고 탐욕스러운 인민이 완전하게 사라질 때까지 결코 폐지되어서는 안 된다. 국가 형태가 사라지는 일은 결코 오지 않거나, 적어도 당분간은 올 수 없다. 개별 기독교인이 국가 권력으로부터 해방되어 독립하려는 노력들에도 불구하고, 국가는 대다수 인민의 이익을 위하여 유지되어야만 한다. 국가를 옹호하는 자들은, 국가가 없으면 사악한 자들이 선량한 인민을 박해하고 폭행할 것이며, 국가의 권력은 선한 인민이 악한 자들에게 대항할 수 있도록 해준다고 믿는다.


기존의 세상 질서를 옹호하는 자들은 이 주장에서 그들이 증명해야 하는 명제를 당연한 것으로 전제한다. 국가가 없다면 악한 자들이 선한 인민을 억압할 것이라고 말할 때, 그들은 선한 인민을 현대에 권력을 소유하고 있는 인민으로, 그리고 악한 인민은 권력에 예속되어 있는 인민으로 여긴다. 이 점이야말로 증명을 요하는 문제다. 만일 우리 사회의 관습이 중국의 관습이거나, 아니 오히려 그렇다고 가정된다면, 그것은 진리일 것이다. 즉, 국가를 통치하는 자는 하늘이 내린 자이므로 언제나 선하며, 국가의 수뇌가 통치당하는 인민보다 낫지 않다면 시민들은 바로 그들을 제거해야 한다는 것이다. 중국의 관습도 그렇게 보일 뿐이고, 현실에서는 결코 있을 수 없는 일이다. 국가 통치의 수뇌들을 힘으로써 제거하려면, 권리뿐만이 아니라 힘도 필요하기 때문이다.

따라서 심지어 중국에서도 이는 오로지 상상 속의 관습일 뿐이다. 우리 같은 기독교 세계에서는 그러한 관습을 상상조차 하지 않는다. 권력에 오르는 자는 선한 자이거나 뛰어난 자일 거라고 가정할 만한 아무런 근거도 없기 때문이다. 현실에서의 수뇌들이란 권력을 잡은 자이고, 그것을 자신의 이익 유지를 위해 사용할 줄 아는 인민일 따름이다.

진정으로 선한 인민은 권력을 잡을 수 없고, 그것을 보유할 수도 없다. 이것을 행하려면 반드시 권력을 사랑해야 하는데, 권력에 대한 사랑은 선량함과 일치하지 않는다. 도리어 자만심, 교활함, 잔인함 같은 정반대의 성질과 상당히 일치한다. 자신을 높이고 다른 인민을 낮추지 않으면, 위선과 기만이 없으면, 감옥과 요새, 처형, 그리고 살인이 없다면, 어떠한 권력도 존재하거나 유지될 수 없을 것이다.


## 가장 악한 자는 권력자다

국가 권력을 옹호하는 자들은 "국가의 권력이 폐지된다면, 더욱 악한 자들이 덜 악한 자들을 억압할 것이다"라고 말한다. 그러나 이집트인이 유대인을 정복했을 때, 페르시아인이 이집트인을 정복했을 때, 마케도니아인이 페르시아인을 정복했을 때, 로마인이 그리스인을 정복했을 때, 바바리아가 로마인을 정복했을 때를 떠올려보라. 그 모든 정복자들이 언제나 피정복자들보다 선량하다고 말할 수 있는가?

하나의 국가 안에서 어떤 한 개인으로부터 다른 개인으로 권력이 전환될 때도 마찬가지다. 권력이 언제나 더 나쁜 사람에게서 더 좋은 사람에게로 옮겨졌는가? 루이 14세가 제거되고 로베스피에르[1]가, 그리고 그 뒤 나폴레옹이 권력에 올랐을 때 과연 어떤 자가 통치했는가? 더 선량한 사람이었는가, 아니면 더 나쁜 사람이었는가? 그리고 과연 언제 선량한 자가 권력을 쥐고 있었던가? 베르사이유 당인가 아니면 파리코뮌이 권력을 차지했을 때인가? 아니면 찰스 1세가 통치자일 때인가, 아니면 크롬웰이 정부 수반이었을 때인가? 표트르 3세가 차르였던 때인가, 아니면 그가 살해되고 예카테리나 2세가 러시아의 절반을 통치하고 푸가초프가 나머지를 통치할 때인가?

그렇다면 어느 쪽이 악랄한 쪽이고 어느 쪽이 선량한 쪽인가? 권력을 차지하게 되는 모든 자들은 그들의 권력이 악한 자들이 선한 자들을 억압하는 것을 막는 데 필요하다고 주장하며, 자신들은 월등히 선한 자로서 다른 선한 사람들을 악한 자들로부터 보호한다고 강변한다.

그러나 통치는 결국 폭력을 가하는 것을 뜻한다. 그것은 자기보다 약한 사람 위에 군림하겠다는 의미와 다르지 않다. 그리고 힘을 사용하는 사람은 그 누구도 자신에게는 그런 힘이 행해지는 것을 좋아하지 않는다. 결국 통치한다는 것은 다른 사람이 우리에게 행하는 것을 우리가 원치 않는

---

1  로베스피에르(Maximilien François Marie Isidore de Robespierre, 1758~1794)는 프랑스 혁명을 주도한 혁명 정치가로 공포정치를 하다가 테르미도르의 쿠데타로 반대파에 의해 처형당했다.

프랑스-네덜란드 전쟁 때 로비트에서 라인 강을 건너는 루이 14세와 그의 군대(위)
단두대로 가는 로베스피에르. 마차 가운데 손수건을 입에 대고 있는 사람이 로베스피에르이다.(아래)

1871년 3월 파리 코뮌 참여자들이 쳐놓은 바리케이드(위)
「말괄량이 길들이기」라는 제목의 풍자화(제임스 길레이 作). 오스트리아와 프랑스가 넘어지려는 에카테리나 2세를 부축하고 있다. 돈키호테처럼 묘사한 윌리엄 피트 뒤로 프러시아와 홀랜드, 말 꼬리에 입을 맞추고 있는 터키의 셀림 3세가 보인다.(가운데)
사형장의 푸가초프(아래)

것, 즉 악한 일을 다른 이들에게 행하는 것을 의미한다.

반면 복종한다는 것은 폭력을 사용하는 것보다 고통을 선호한다는 의미다. 그리고 폭력을 사용하는 것보다 고통을 선호한다는 것은 선하다는 것을 의미하거나, 적어도 그들 스스로가 좋아하지 않는 것을 다른 사람에게 행하는 사람보다 덜 악하다는 것을 의미한다. 그러므로 모든 가능성을 열어두고 볼 때, 언제나 선한 자보다는 더 악한 자가 통치하였으며, 지금도 그렇게 되어가고 있다. 통치받는 자 중에도 나쁜 자가 있을 것이지만, 더 착한 자가 일반적으로 더 나쁜 자를 통치했다고 할 수는 없다.

이것을 선에 대한 부정확한 이교도적 정의로 가정해보는 것은 가능하다. 그러나 선과 악에 대한 분명한 기독교적 정의로 그러하기란 불가능하다. 이교도적 세상에서 다소간 선한 사람과 다소간 악한 사람이 분간될 수 없는 경우에, 기독교적 선악관은 선한 사람과 악한 사람의 특성을 아주 분명히 규정하므로 양자를 혼동하는 일은 있을 수가 없다.

그리스도의 가르침에 따르면, 선한 자들은 온유하고 오래 참으며, 힘으로 악에 저항하지 않으며, 피해를 보더라도 용서하며, 그들의 원수들을 사랑한다. 반면 악한 자들은 스스로를 높이며, 억압하고 투쟁하고 힘을 사용한다.

그러므로 그리스도의 가르침에 의하면, 선한 자들이 통치자들이나 피통치자들 중 어디에서 발견될 것인지, 그리고 악한 자들이 통치자들이나 피통치자들 중 어디에서 발견될 것인지는 어떤 의심도 있을 수 없다. 정말이지, '기독교인들이 통치한다'는 얘기 자체가 말이 안 된다.

비기독교인들, 즉 자기 삶의 목적을 세상에서 행복을 찾는 데 두는 자들은 틀림없이 언제나 기독교인들을 통치할 것이다. 반면 기독교인들에게 삶의 목적은 그러한 세상의 행복을 포기하는 것이다. 이러한 차이는 언제나 존재해왔다. 기독교가 더 멀리 전파되고 더욱 정확히 깨달아짐에 따라서 이는 점점 더 확실해졌다. 기독교가 널리 전파될수록, 그것이 인민의 양심에 더욱더 깊이 파고들수록, 기독교인이 통치자가 된다는 것은 불가능하며 비기독교인들이 그들을 통치하는 편이 더욱더 쉬워졌다.

기존의 세상 질서를 옹호하는 자들은 이렇게 말한다.

> 모두가 기독교인이 아닌 사회에서 국가의 폭력을 없앤다는 것은 오로지 악한 자들이 무사히 선한 자들을 지배하고 그들을 폭력으로 억압할 수 있도록 도울 뿐이다.

그렇다. 그 밖의 것은 과거에 없었고, 그렇게 될 수도 없었다. 태초부터 언제나 그러했으며, 지금도 그러하기 때문이다. 악한 자들은 언제나 선한 자들을 지배할 것이며, 언제나 그들에게 폭력을 가할 것이다. 카인은 아벨에게 폭력을 가하여 그를 압도했다. 교활한 야곱은 순진한 에서를 억압했으며, 그는 자신을 속인 라반에게 지배를 당했다. 가야바와 빌라도는 그리스도를 억압했다. 로마의 황제들은 세네카, 에픽테투스, 그리고 그들 시대에 살았던 선한 로마인들을 지배하고 억압했다. 이반 4세[2]와 그의 추종자들, 매독에 걸린 술주정뱅이였던 표트르와 그의 광대들과 함께, 사악한 예카테리나와 그녀의 애인들은 모두 그들 시대의 근면하고 종교적인 러시아인들을 통치하고 억압했다.

빌헬름 황제는 독일인을, 스탐볼로프[3]는 불가리아인을, 러시아 관리들은

---

2  이반 4세(1530~1584)는 극단적인 공포정치를 하여 이반 뇌제라고도 했다.

3  스탐블로프(Stepan Nikolov Stambolov, 1854~1895)는 불가리아 정치가로 독재 정치로 터키와 러시아에 대항하였으며 불가리아 독립의 기초를 굳혔으나 암살당하였다.

아벨을 쳐 죽이는 카인
(페테르 파울 루벤스 作)

빌라도 앞에 선 예수
(미하이 문카치 作)

러시아 인민을 지배한다. 독일인은 이탈리아인을 지배했고, 이제 그들은 헝가리인과 슬라비아인을 지배하며 권력을 휘두르고 있다. 터키인은 슬라비아인과 그리스인을 과거는 물론 지금도 지배한다. 영국인은 인도인을, 몽고인은 중국인을 지배한다. 따라서 국가의 폭력이 억제되든 아니 되든, 선한 인민이 악한 인민에게 압박을 받고 있다는 점은 변하지 않았다.

인민에게 악한 자들이 선한 자들을 지배할 것이라는 전망을 보여주며 위협하는 것은 불가능하다. 왜냐하면 그것은 실제로 언제든 있어왔으며, 지금도 계속되고 있고, 앞으로도 있지 않을 수 없기 때문이다. 이교도 시대의 전체 역사는 오로지 더 악한 자들이 덜 악한 자들에 대해 권력을 장악하여 그것을 휘두르고, 잔혹한 행위와 교활한 기만으로 그것을 유지하며, 악한 자들로부터 선한 자들의 권리를 지켜주고 보호한다는 구실 아래 선한 자들 위에 군림하여 지배하는 사건과 수단의 되풀이에 지나지 않는다.

역사상의 모든 혁명은 단지 더 악한 자들이 권력을 잡으려고 하고 선한 자들을 지배하고 억압하는 사례일 뿐이다. 권력자들이 말하듯이 만일 그들의 권력이 존재하지 않는다면 더 악한 자들이 선한 자들을 억압하고 폭력을 가할 것이라고 선언함에 있어서, 권력의 자리에 있는 폭력적인 지배 권력은 오로지 다른 압제자들이 힘을 얻어서 그들로부터 권력을 가로채는 것을 허용하기 싫다는 것을 보여줄 뿐이다.


## 권력자의 변명

그러나 이를 주장하면서도 그들은 오로지 스스로를 비난한다. 그들의 권력, 즉 폭력은 현재의 다른 폭력자, 또는 미래에 나타날 수도 있는 폭력적인 압제자들로부터 인민을 수호하기 위해 필요하다고 그들은 말한다.

폭력의 사용이 위험하다고 하는 것은, 폭력적 압제자들이 자신을 변호하기 위해 제시하는 모든 논증이 심지어 더 좋은 논리로써 반박되어 전개될 수 있다는 것이다. 그들은 미래에 가장 흔하게 상상할 수 있는 폭력의 위험을 주장한다. 하지만 그들은 계속해서 스스로가 실제로 폭력을 행사하고 있다. 피폭력자들은 폭력자들에게 다음과 같이 말할 것이다.

인민은 과거에 서로를 약탈하고 살인했으므로 권력이 더 이상 존재하지 않는다면 앞으로도 그들은 서로를 약탈하고 살인할 것이라고 당신들은 말한다. 물론 그런 일이 일어날지도 모른다. 하지만, 그런 일은 일어나지 않을지도 모른다. 그러나 당신들이 수천 명의 인민을 감옥, 도형, 요새, 갤리선 유형, 그리고 추방으로 망하게 하고, 수백만 가정을 붕괴시키고, 수백만 명의 인민을 육체적 및 정신적으로 군대에서 파괴하게 한 사실, 이 사실들은 상상이 아닌 현실의 폭력 행위이다. 그것은 당신들의 논리에 의하면, 반드시 폭력으로 대항해야 하는 일들이다. 따라서 당신들의 논리에 따르면, 이들 억압받는 인민은 폭력을 사용하여 대항해야 마땅하다. 하지만 당신들은 인민을 억압하는 자들에게도 똑같이 말하고 있다. 그러므로 당신들이야말로 악한 자들이다.

비기독교인들은 언제나 그런 논리에 따라 말하고 생각하고 행동한다. 만일 억압되어 폭력을 당하는 인민이 억압하는 자보다 더 악하다면, 그들은 억압하는 자를 공격하여 전복하려고 시도할 것이다. 그리고 상황이 좋다면 그들은 억압자를 전복하여 타도하는 데 성공할 것이고, 매우 흔한 경우처럼, 자신도 압제자의 지위로 상승할 것이다. 그리고 자신들 스스로 폭력 행위에 가담할 것이다.

그러므로 국가 권력의 옹호자들이 공포라고 주장하는 그와 같은 폭력은, 그들의 억압적인 권력이 없다면, 악한 자들이 선한 자들을 억압하는 것처럼 보이게 함으로써, 이제까지 존재했던 것처럼 언제나 인간 사회에 존재할 것이다. 따라서 국가의 폭력을 폐지하는 것이, 어떤 경우에도, 악한 자들이 선한 자들을 더 많이 억압하는 원인이 될 수는 없다.

만일 국가 폭력이 근절된다면 아마도, 이전에 폭력 행위들을 저지른 인민을 제외한 다른 인민에 의해 폭력 행위들이 발생할 것이다. 그러나 폭력의 전체 규모는 어떤 경우에도 달라지지 않는다. 그저 권력이 한 무리의 인민에 의해서 다른 무리에게 옮겨지는 것이기 때문이다. 따라서 기존 세상의 질서를 옹호하는 자들은 이렇게 말한다.

> 국가 폭력은 오로지 사회에 악한 인민이 더 이상 존재하지 않을 때 멈출 수 있다.

그들은 이를 근거로 하여, 언제나 악한 인민이 있을 것이므로 폭력은 결코 중단될 수 없다고 주장한다. 분명히 그렇기는 하지만, 이는 폭력을 행사하는 압제자들이 언제나 가장 훌륭한 자이며, 인민을 악으로부터 구하는 유일한 수단이 폭력에 의존하는 경우에만 충분히 옳다고 주장될 수 있을 것이다.

사실, 폭력은 결코 완전히 없어질 수 없다. 하지만 이는 위와 같은 경우가 아니라, 현실은 그것과 완전히 반대이기 때문에, 즉 더 선한 자들이 악한 사람을 지배하는 것이 아니라, 악한 자들이 더 선한 자들을 억압하고 있으며, 폭력은 과거에 한 번도 악을 일소한 적이 없으므로 폭력 외에 폭력을 끝낼 다른 방법이 없다는 주장은 정확하지 않다. 폭력의 사용은 분명 점점 더 줄어들 것이고, 반드시 사라질 것이다.

그러나 이런 일들은, 기존 질서의 옹호자들이 상상하듯이, 폭력에 의해 억압받는 자들이 자신들에 대한 국가의 영향 아래서 점점 더 선해짐을 통해서가 아니라(그 결과는 반대로 국가의 영향은 그들을 계속 악화시키는 원인이 된다), 모든 인민이 자발적으로 점점 더 선해진다는 사실을 통해서 생겨날 것이다. 그리하여 심지어는 권력을 쥐고 있는 가장 악한 자들도 점점 덜 악해질 것이며, 마침내 그들도 폭력을 사용하기 불가능할 정도로 선해질 것이다.

## 폭력은 기독교에 의해 감소된다

인류의 진보적 움직임은, 보수주의자들이나 혁명주의자들이 상상하듯이, 사회의 선한 구성 요소들이 권력을 잡고서 그들에게 종속된 자들을 폭력적인 방법으로 선하게 만듦으로써 앞으로 나아가는 것이 아니다. 그것은 첫째, 일반적인 모든 인민이 기독교적 인생관을 점점 더 의식적으로 흡수하려고 꾸준히 그리고 이탈하지 않고 전진할 때 비로소 가능하다. 이것이 가장 중요한 점이다. 둘째, 의식적인 정신적 생활과 별개로 한 무리의 사람들이 권력을 잡았다가 다시 다른 인민에 의해서 교체되는 과정을 통해 무의식적으로 더욱더 기독교적인 태도를 취할 때 가능하다.

이 과정은 다음과 같이 행해진다. 즉, 사회의 더 악한 요소들은, 권력을 손에 넣은 후 이제 항상 힘을 수반하는 '건전한 영향력'하에서, 그 잔인함이 점점 약해져 잔인한 형태의 폭력을 행사하기가 불가능해지고, 그 결과 다른 인민이 그들의 자리를 차지하게 되고, 똑같은 완화 과정, 말하자면 무의식적인 기독교화가 그들 안에서 진행된다. 그것은 마치 물이 끓는 비등의 과정과도 같다.

대부분의 인민은 비기독교적 인생관을 가지고 있으므로, 언제나 권력을 추구하며 그것을 얻으려고 투쟁하게 마련이다. 이러한 투쟁에서 가장 잔인하고 가장 거칠며 가장 비기독교적인 사회의 요소들이 가장 온순하고, 친절하며, 기독교적인 인민을 폭력으로 지배한다. 폭력을 기반으로 사회 상류층으로 군림한다. 그리고 마침내 그들 안에서 다음과 같은 그리스도의 예언이 실현된다.

> 화 있을진저 너희 부요한 자여! 화 있을진저 너희 배부른 자여! 화 있을진저 너희 지금 웃는 자여!

즉, 권력을 잡고, 그것에서 비롯되는 부귀와 영화를 소유한 인민은 이제 그들 스스로 설정한 여러 가지 목적을 달성하였기 때문에 이 모든 것의 헛됨을 인식하고 그들이 떠났던 곳으로 되돌아간다. 카를 5세, 이안 4세, 알렉산더 1세는 권력의 공허함과 악함을 인식하고, 그들이 행했던 대로 그들 자신의 이익을 위해 폭력을 사용하는 것이 불가능해졌기 때문에 이를 포기했다. 물론 그들이 권력의 공허함과 악함을 인식한 유일한 예는 아니다. 누구나 자신이 추구하던 권력을 얻으면, 장군이든 장관이든 백만장자든, 10년 동안 그가 탐내던 지위를 마침내 얻은 하사관이든, 수백 루블을 저축한 어느 부유한 농부이든, 이 같은 무의식적인 완화 과정을 겪게 마련이다.

개인뿐만 아니라, 전체 인민도 이런 과정을 겪는다. 권력의 유혹, 모든 부귀와 명예, 그리고 사치스러운 삶은 오로지 그것을 얻지 못하였을 때에만 노력할 가치가 있는 목적으로 보이기 때문이다. 그리고 사람들은 대개 목적을 이루자마자 그 모든 것의 헛됨을 깨닫는다. 자신이 추구했던 모든 권력에 대한 매력도 점점 잃게 된다. 그것은 마치 멀리서 볼 때에만 훌륭한 모양과 아름다움을 갖춘 구름과 같아서 막상 그 속에 들어가보면 모든 화려함은 금방 사라진다.

　부귀와 권력을 이미 손에 넣은 인간들, 가끔은 심지어 자수성가하여 부귀와 권력을 획득한 인간들, 그리고 정말 흔한 경우로 그들의 상속자들은 권력에 대한 지독한 애착과 그것을 얻기 위해 지독히도 끈질기고 잔인하게 행동하던 것을 그만둔다. 기독교적 영향 아래 폭력으로 얻어진 모든 것들이 허무하다는 것을 경험으로 배웠으므로, 때로는 한 세대, 때로는 여러 세대에 걸쳐 권력과 부귀에 대한 열정에서 파생된 온갖 악덕을 잃게 된다. 이제 그들은 잔인함의 정도가 약해진 나머지 자신들의 지위를 유지할 수 없게 된다. 그리고 비록 지위는 낮으나 도덕성이 높은 사회 계급에 의해서 권력으로부터 축출된다. 따라서 인민의 기독교적 양심의 평균 수준이 높아지지만, 그들 뒤로 곧이어 가장 악하고, 가장 거칠고, 가장 비기독교적인 사회의 요소들이 다시금 수면 위로 떠오른다.

　이제 그들은 자신을 앞서간 인민이 겪은 것과 똑같은 과정에 놓이게 된다. 그리고 다시 한두 세대 안에, 폭력으로 얻어진 성과의 허무함을 깨닫고 기독교를 흡수하여 다시금 압박받는 인민의 위치가 된다. 그 뒤 그들의 자리는 다시 새로운, 이전의 압제보다 덜 잔인한 압제자들에 의해서 채워진다. 그래서 비록 권력은 외관상 옛날과 똑같지만 권력을 차지한 인민이 변할 때마다, 경험에 의해서 기독교적인 인생관을 흡수할 필요를 접하게 되는 인민의 숫자의 끊임없는 증가한다. 그리고 권력자들이 달라질 때마다, 비록 권력을 소유하게 되는 사람이 그 누구보다 거칠고, 가장 비기독교적인 인민이더라도 그들의 선조보다는 덜 거칠어지고 덜 잔인해진다. 권력은 사회의 가장 최악의 요소들을 선택하며 끌어들여서, 그들을 변형하고 그들을 개선하고 완화시켜서, 그들을 사회로 보낸다.

이러한 것이 바로, 기독교가 권력의 폭력으로 초래되는 인류의 진보에 대한 온갖 방해에도 불구하고 더욱더 많은 인민의 지지를 얻을 수 있는 방법이다. 기독교는 권력의 폭력에도 불구하고, 또한 그것을 수단으로 하여, 이렇게 인민의 깊은 의식 속으로 침투한다.

국가의 권력이 폐지되면 악한 자들이 선한 자들을 지배하여 억누를 거라는 국가 옹호론자들의 주장은, 그런 악인에 대한 선인의 지배가 바로 지금 일어나는 것이기에 위험하므로 이를 두려워해야 한다는 사실을 보여줄 수 없을 뿐만 아니라, 반대로, 악한 자들이 선한 자들을 억누르고 지배하게 하는 것이 국가의 폭력이며, 이것을 폐지하는 악이야말로 바람직한 것이며, 이 또한 생활 그 자체에 의해 점차 근절되고 있음을 증명해준다. 따라서 기존 질서를 옹호하는 사람은 이렇게 말한다.

그러나 만일 권력을 가지고 있는 사람들이 기독교인이 되어서 그들 스스로 권력을 포기하고, 그들의 자리를 가지고자 하는 자들을 찾지 못할 때, 국가 권력이 완전히 사라진다는 것이 사실이며, 그리고 비록 이 과정이 이미 진행되고 있더라도, 그것이 언제 일어날 것인가?

만일 1,800년이 지난 뒤에도 여전히 권력을 갖고 싶어 하는 사람이 많다면, 그리고 복종하고 싶어 하는 사람은 거의 없다면, 그것이 가까운 장래에 발생할, 또는 정말로 도대체 그것이 일어나기라도 할 가능성이 없는 것처럼 보이는 것이 아닌가?

비록, 언제나 존재했던 것처럼, 권력을 향유하기보다는 포기하는 것을 선호하는 약간의 인민이 있다고 해도, 대기하고 있는 인민의 규모가 복종보다는 지배를 좋아하기 때문에, 즉 너무나 커서 언제 그 숫자가 줄어들지 그때를 상상하기란 매우 어려운 일이다.

이러한 기독교화 과정은 모든 인민이 서로 서로에게 영향을 미쳐서 이교도적 인생관을 포기하고 기독교적 인생관을 택하게 할 터인데, 그 전에, 즉 권력과 부귀를 포기하기 전에 모든 거칠고 반야만적인 인민, 기독교를 이해하거나 그것을 행하기에는 완전히 불가능한 인민(이미 그들은 모든 기독교 사회에 너무나 많이 있다)이 반드시 기독교인으로 개종되어야 한다.

이 뿐만 아니다. 모든 야만적이고 일반적으로 비기독교적인 민족은 기독교 세계의 바깥에 너무나 많이 존재하고 있다. 그러므로 그들 또한 반드시 개종되어야 한다. 비록 이 같은 기독교화 과정이 언젠가는 모든 인민에게 영향을 끼치리라고 인정하더라도, 여전히 1,800년 동안 이룩된 진보의 양으로 판단해 보면, 그렇게 되려면 몇 번의 1,800년이 필요할 것이다. 그러므로 현재 권력의 폐지와 같은 실행 불가능한 어떤 것에 대해 생각하는 것은 불가능하며 소득이 없다. 우리는 오로지 권력을 가장 선한 인민의 손에 넘기도록 노력해야 한다.

이 같은 비난은 완전히 정당한 것이다. 만일 하나의 인생관이 다른 인생관으로 변할 때, 모든 인민이 단 하나의 과정에 의해서만 이를 성취한다면, 개별적으로나 연속적으로 각자가 스스로의 힘으로 권력의 공허함을 깨닫고 정신적인 길에 의해서 기독교적인 진리에 도달한다면, 그 과정은 절대 중단되지 않고 진행될 것이다. 인민은 이 같은 내면적인 방법으로 차례대로 기독교로 개종될 것이다.


## 외부적 방법에 의한 진리 인식
그러나 인민은 내면적인 방법에 의해서만 기독교를 받아들이게 되는 것이 아니라 변화가 덜 점진적인 또 다른 외면적인 방법에 의해서도 받아들일 수 있다. 그 경우에는 이러한 과정의 점진성이 소멸한다. 생활의 한 조직에서 다른 조직으로 옮겨가는 이러한 변화는 마치 모래가 모래시계를 한 알한 알 통과하는 것처럼 천천히 진행되지 않는다. 그보다는 도리어 물이 떨어져 있는 그릇 속으로 물이 흐르는 과정과 더 유사하다. 처음 얼마 동안은 그릇 측면을 통해 물이 한두 방울 균등하게 들어올 것이다. 그러나 차츰 물이 차오르면서 그릇은 무거워지고 어느 순간 갑자기 가라앉게 된다. 그리고 거의 순간적으로 그릇에 물이 가득 찬다.

인간 사회의 경우에도, 하나의 인생관으로부터, 따라서 생활의 한 조직으로부터 다른 것으로 이행하는 경우에 정말 똑같은 일이 생겨난다.

처음엔 오로지 점진적으로 서서히, 그리고 한 사람씩 균등하게, 인민은 내면적이며 정신적인 방법에 의해 새로운 진리에 도달하게 되고 그것을 하나둘씩 생활에서 실천한다. 그러다가 진리의 전파가 어떤 지점에 도달하게 되면, 그것은 균등하지 않고 갑자기 모든 인민에게 무의식적으로 흡수된다. 이 점이야말로 기존 질서를 옹호하는 자들의 주장이 틀렸다고 말할 수 있는 근거이다. 그들은 극소수 인류만이 1,800년 동안 기독교도로 변화하였으므로 나머지 모든 인민이 그렇게 되려면 1,800년이 몇 번 더 지나야 된다고 주장한다. 이들은 인민을 기독교도로 변화시키는 여러 수단 중 내면적이고 정신적인 방법 외의 다른 어떤 수단들도 고려하지 않았다. 하지만 인민은 바로 이런 것들에 의해서도 새로운 진리를 흡수할 수 있고, 한 가지 방식의 생활에서 다른 생활로 이동할 수 있게 된다.

인민이 진리를 흡수할 수 있는 방법은 다양하다. 오로지 예언적인 통찰에 의존하거나 생활의 경험에서 오는 인식을 통해서만 흡수하는 것은 아니다. 진리가 충분히 널리 전파되었을 때 정신적으로 낮은 발전 단계에 있는 인민은 내면적이며 정신적인 방법에 의해서 먼저 변화한 인민을 경험함으로써 일제히 진리를 받아들이게 되고, 이를 생활에 적용한다.

모든 새로운 진리, 즉 그것으로 인해 인간 생활의 질서가 변화되어 인류가 진보되는 것은 처음엔 오로지 매우 적은 수의 인민에게만 수용되게 마련이다. 이들 극소수의 인민은 대개 내면적이며 정신적인 직관을 통해 진리를 깨닫는 사람들이다. 반면 나머지 대다수의 인민은 언제나 새로운 진리 전파에 반목한다. 이들은 기존 질서를 이루는 데 기초가 된 이전의 진리를 덮어놓고 수용하는 사람들이다.

그러나 첫째, 인민은 정체하지 않고 꾸준히 진리를 인식해가며 점점 생활의 여러 방면에 이를 수용하게 된다. 둘째, 나이, 학력, 성격이 제가끔 다른 많은 인민도 결국에는 새로운 진리를 받아들인다. 처음에는 정신적인 직관에 의해 새로운 진리를 성취한 인민의 가장 가까운 곳에 있는 인민이 천천히 그리고 하나씩 진리를 받아들일 것이다. 그러나 이들도 뒤에 가서는 점점 빠른 속도로 새로운 진리를 받아들이게 된다. 이런 식으로 새로운 진리를 받아들인 인민의 수는 점점 더 늘어나고, 더욱더 많은 사람이 진리를 깨닫게 된다. 조금 낮은 진보 단계에 있는 인민 역시 확신을 갖게 되어 더욱 쉽게 진리를 파악하고, 결국에는 점점 더 많은 인민이 진리를 받아들인다.

움직임은 점점 더 빨라지고, 숫자도 계속 증가할 것이다. 마치 여러 개의 작은 눈덩이가 하나로 모여 커다란 눈덩이를 만드는 것처럼 결국에는 새로운 진리와 일치하는 거대 여론이 형성될 것이다. 그리고 바로 그때 인민 전체가 일제히 새로운 진리의 세계로 넘어가고, 마침내 그것과 부합하는 새로운 사회질서가 확립될 것이다.

진리가 어떤 특정한 인정 범위 안에 들어오면, 새로운 진리를 받아들이는 인민도 일제히 그 안으로 넘어온다. 그들은 마치 모든 배가 언제나 신고 있으면서, 동시에 배를 바로 세우기도 하고 배가 적절히 항해할 수 있도록 도와주는 바닥짐과 같다. 만일 바닥짐이 충분치 않다면 배는 수면 아래 잠기지 못할 것이며, 바닥짐의 상태가 조금만 달라져도 위치를 바꾸게 될 것이다. 이 바닥짐은 얼핏 배의 진행을 방해하는 것처럼 불필요하게 보이지만, 항해를 순조롭게 하는 데 꼭 필요한 것이다.

그것은, 개별적으로가 아니라 언제나 무리를 지어 새로운 여론인 사회 사상의 영향 아래서, 일제히 하나의 생활 조직에서 다른 것으로 변해가는 인류의 무리와 똑같다. 이 조직은 언제나, 그 자체의 무력감 때문에 인간의 경험으로는 충분히 증명되지 않은 새로운 사회적 질서로 나가고자 하는 혁명들을 저지한다. 지속적인 투쟁을 하면서 인류의 의식 속에 진리가 속속들이 스며들 때까지 오랫동안 이를 저지하는 방해공작을 펼치게 된다.

따라서 전 인류가 새로운 진리를 흡수하려면 적어도 1,800년의 몇 배가 더 필요할 것이다. 1,800년 동안 기껏해야 극소수의 인민만이 기독교를 흡수했으니까 말이다. 하지만 그 기간이 너무 멀리 있으므로 현재를 살아가는 우리는 그것에 대해 생각할 필요가 없다고 말하는 것은 잘못이다. 왜냐하면 낮은 단계의 문명에 있는 인민, 즉 생활의 기독교적 질서를 실현하는 데 장애가 된다고 일컬어지는 이들은 언제나 일제히 여론에 의해서 한 번 인정된 어떤 진리로 바로 개종 가능한 그런 사람들이기 때문이다.

그러므로 모든 인류의 생활이 달라지려면 모든 인민이 의식적으로 기독교적 인생관을 흡수해야 한다. 인민 각자가 개별적으로 기독교적 인생관을 흡수하거나 권력을 차지한 어떤 인민이 이를 받아들이라고 강조한다 하여 이루어지는 것이 아니다. 이는 오로지 기독교적인 여론이 형성되었을 때만 가능한 일이다. 왜냐하면 기독교적 인생관은 매우 확실하고 쉽게 이해할 수 있는 것이지만, 여론의 도움 없이 무기력한 대중이 자신들 스스로의 직관에 따라 진리를 깨닫기는 어렵기 때문이다.

여론은 자연적으로 발생하여 수백 년 그리고 수천 년 동안 확산된다. 또한 인민을 감염시키는 힘도 가지고 있어, 엄청난 속도로 엄청난 수의 인민에게 뿌리를 내리게 된다.

기존 질서를 옹호하는 자들은 이렇게 말한다.

그러나 비록 여론이 어느 정도의 확정성과 정확성을 획득하고, 기독교 세계의 바깥, 즉 비기독교적인 인류 사이에 있는 무기력한 대중뿐만 아니라 그 안에 살고 있는 거칠고 사악한 인민까지 개종시킬 수 있다는 것이 사실이라 하더라도, 이런 기독교 여론이 발생하였으며 폭력을 대체하고 그것이 필요 없도록 할 수 있다는 어떤 증거를 우리는 가지고 있는가?

우리는 무력을 포기해서는 안 된다. 그것으로 기존 질서를 유지해야 한다. 모호하며 허구적인 여론의 영향에 의존하는 것은 기독교인들을 문명사회의 안팎에서 야만인들에게 약탈당하거나 살해될 위험에 노출시키는 것과 다르지 않다. 왜냐하면, 심지어 폭력의 사용으로 뒷받침되어도, 우리는 이미 우리들 위에 쏟아지고 문명으로써 이룩한 모든 것을 파괴할 준비가 되어 있는 비기독교적인 요소들을 거의 통제할 수가 없기 때문이다. 여론이 폭력을 대신하고 우리를 안전하게 만들 수 있을 것 같은가? 폭력의 사용을 거부하고 우리를 방어하는 일을 여론에 맡기는 것은, 동물들을 우리에 가두어놓고 벌겋게 단 인두로 제지할 때 그들이 온순해 보인다는 것을 근거로 동물원의 모든 방어 무기들을 제거하고 사자들과 호랑이들을 풀어놓는 것만큼이나 미친 짓이다. 그러므로 권력을 지닌 인민은, 운명이나 신에 의해서 권력자의 위치에 들어선 터이므로, 문명으로 얻어진 모든 것을 포기하고 오로지 여론이 권력에 의해 성취한 보호 장치들을 대체할 수 있는지 없는지 보기 위해 여러 가지를 시험해볼 만큼 위험을 감행할 권리를 가지고 있지 않다.


## 여론과 폭력

이제는 잊힌 프랑스의 소설가 알폰스 카르[4]는 사형제도를 폐지할 수 없음을 증명하기 위해서 이렇게 말했다.

> 먼저 살인하는 자들이 우리에게 모범을 보이게 하라.

어떤 사람은 이 말을 사형제도의 폐지에 맞서는 재치 있고 그럴듯한 논리라 생각하여 자주 인용한다. 나도 이런 이야기를 종종 들었다. 그러나 모든 인민이 똑같이 행할 때까지 국가의 폭력 사용을 포기할 수 없다고 여기는 인민의 주장에는 분명 오류가 있다. 국가 폭력의 옹호자들은 또 이렇게 말한다.

> 살인자들이 살인행위를 포기하여 우리에게 모범을 보인다면, 우리도 그것을 폐지하겠다.

그러나 살인자들도 정말 똑같이 말한다. 훨씬 더 당당하게 이렇게 말한다.

> 우리를 가르치고 인도하려는 자들이 법적인 살인을 포기하는 모범을 우리에게 보인다면, 우리도 그들을 따라 할 것이다.

---

4   알폰스 카르(Jean-Baptiste Alphonse Karr, 1808~1890)는 프랑스의 소설가이다.

그들은 이 말을 농담으로서가 아니라 매우 진지하게 말한다. 실제로 현실이 그러하기 때문이다.

우리는 폭력 사용을 포기할 수가 없다. 왜냐하면 우리는 폭력적인 악당들에 둘러싸여 살고 있기 때문이다.

우리 시대의 어떤 논리도 이런 거짓된 논리보다 더 현재의 발전에 부합하는 인류의 발전과 조직의 설립을 막지는 못할 것이다. 권력을 쥔 자들은 오로지 폭력의 사용을 통하여 인민을 인도하고 사회를 발전시킬 수 있다고 확신하기 때문이다. 그래서 그들은 기존 조직을 뒷받침하기 위해 확신을 가지고 폭력을 활용한다.

기존의 질서들은 여론이 아니라 폭력에 의해서 유지되었다. 폭력이 여론 형성을 적극적으로 방해하기 때문이다. 폭력은, 심지어 가장 적절하다고 여겨지는 경우에도, 혹은 그것이 단순히 권력을 지닌 자들의 어떤 개인적인 목적을 위해서 사용되지 않을 때라도, 언제나 여론에 의해 지탄받아온 일종의 비탄력적인 법률 조항을 적용하여 여론을 처벌한다.

그러나 여기엔 차이가 있다. 여론은 다양한 경우를 포함하여 도덕적인 법에 대치되는 모든 행위를 비난하고 정죄하는 한편, 폭력에 의존하는 법은 특정하게 매우 제한적인 범위의 행위만을 오로지 정죄하고 처벌한다. 그리고 이렇게 행함으로써 그 같은 범주에 속하지 않는 똑같은 종류의 모든 다른 행위들을 정당화하는 것처럼 보인다.

모세 시대 이후 여론은 탐욕, 방탕함, 그리고 잔혹함을 죄라고 여겼으며, 따라서 그것들을 비난하였다. 그리고 그것은 모든 종류의 탐욕 행위, 즉 다른 인민의 재산을 폭력이나 사기 또는 속임수를 써서 차지하는 것뿐만 아니라 심지어 부를 잔인하게 남용하는 것마저 정죄했다. 여론은 모든 형태의 방탕함을 정죄한다. 첩, 노예, 이혼 등은 물론 자신의 아내와의 관계마저 규율한다.

여론은 모든 종류의 잔인함, 주먹질, 부당한 대우, 살인 등 인민에 대한 것뿐만이 아니라 동물에 대해서도 다양하게 정죄한다. 그러나 폭력에 의존하는 법률은 강도질과 사기 행위 같은 특정한 형태들의 탐욕과 결혼 생활의 탈선, 살인, 그리고 상해 같은 특정 형태의 방탕함만을 처벌한다. 이렇게 함으로써 좁은 의미의 정의 아래 들지 않는 탐욕이나 방탕함, 잔인함 등의 모든 행위들은 묵인하는 것처럼 보인다.

그러나 부패한 여론뿐만 아니라, 인민이 진보함에 있어서, 진리의 달성과 그것을 생활에 실현하도록 인민에게 강제하며, 인류의 모든 진보적인 움직임의 유일한 근원을 구성하는 정신적인 자극을 통해서가 아니라, 폭력을 통해서, 인민을 진리에 이르게 하기는커녕, 언제나 그것으로부터 멀어지게 하는 바로 그 힘에 의해서, 인민이 진보한다는 치명적인 확신에 이르게 한다.

이것은 치명적 오류다. 왜냐하면 그것은 인민이 그들의 생활에 깔려 있는 중요한 힘, 즉 정신적인 활동을 간과하도록 하며 그들의 모든 관심과 에너지를 폭력 사용으로 돌리기 때문이다. 그것이야말로 피상적이며 나태하고, 일반적으로 가장 해로운 것이기 때문이다.

그들은, 마치 증기 엔진을 가동하려는 사람이 그 움직임의 이면에 깔려 있는 작동 원인이 바퀴의 움직임에 연유하는 게 아니라 증기의 팽창 덕분이라는 사실을 생각해보지 않고서 그저 손으로 바퀴를 돌리는 자들과 같다. 손과 지렛대들을 사용하여 바퀴를 돌림으로써 그들은 잠시 바퀴가 움직이는 것처럼 할 수 있다. 그러나 단지 그 뿐이다. 잠시 동안은 억지로 바퀴들을 움직이게 할 수 있을 테지만 실제로 필요한 움직임의 과정을 방해할 뿐이다. 이것이 바로 외부적인 힘에 의해 인민을 전진하게 할 수 있다고 생각하는 인민이 저지르는 실수이다.


## 소위 야만인에 대한 기독교의 영향

사람들은 말한다. 기독교 사회의 울타리 바깥인 아프리카와 아시아(어떤 사람은 중국을 문명에 대한 위험한 존재로서 설명하고 있다)에는 야만 인종이 살고 있으며, 기독교 사회 가운데에도 야만적이며 부패한, 그리고 새로운 유전의 이론에 따르면 선천적 범죄자들이 존재하기 때문에 그들을 기독교적인 생활로 인도하려면 폭력이 필요하다고 주장하는 것이다. 그들은 또한 폭력이 야만인이나 범죄자들이 우리의 문명을 멸망시키지 않게 하는 데 반드시 필요하다고 말한다.

그러나 기독교 사회의 안팎에 있는 야만인들, 우리에게 그토록 공포의 대상인 그들은 폭력에 의해 결코 진압된 적이 없다. 현재도 마찬가지로 굴복하고 있지 않다.

여러 민족을 보라. 어느 민족도 결코 폭력만으로 다른 민족을 정복하지 못했다. 다른 민족에게 정복당한 민족의 문명 수준이 낮다고 해도 그들의 생활 조직을 폭력에 의해 전복하기란 불가능하다. 오히려 정복당한 민족에게 오래전부터 존재하던 생활 조직을 채택하게 마련이다. 만일 힘에 의해 정복당한 민족이 정말로 복종하거나 거의 그렇게 되었다면, 그것은 필시 여론의 움직임 때문이지 결코 폭력에 의해서가 아니다. 왜냐하면 폭력은 오로지 민족으로 하여금 지속적으로 반항하도록 만들 따름이기 때문이다.

전체 인민이 새로운 종교의 신앙에 지배당해서 기독교국가나 회교국가가 되었을 때, 인민의 개종은 결코 권력 당국이 그것을 의무로 강요했기 때문이 아니라(이와 반대로 폭력은 도리어 훨씬 흔하지만 정반대로 작용했을 것이다) 여론이 그러한 변화를 불가피하게 만들었기 때문이다. 인민은 그들의 정복자가 "우리의 신앙을 받아들이라"고 힘으로 강요할 때 이에 대해 적대적으로 남아 있게 마련이다.

우리의 문명화한 사회 한가운데 존재하는 야만적인 요소들도 마찬가지다. 처벌의 강도가 달라지거나 감옥이 변한다고 해서, 또는 경찰이 증강된다고 해도, 범죄자의 숫자가 줄어들지는 않는다. 그들의 숫자는 오로지 사회의 도덕적 기준이 변하는 데 따라서 감소할 것이다. 어떠한 처벌도 특정 지역에서의 결투나 피의 복수극에 종지부를 찍을 수 없다.

강도 행위로 인해서 처형당한 체르케스인[5]의 숫자가 많음에도 불구하고, 그들은 청년기 이후 계속해서 강도가 된다. 왜냐하면 그들이 말을 훔쳐서 달아나는 용감함을 증명하지 못한다면 어떤 처녀도 체르케스인 청년과 결혼하지 않을 것이기 때문이다.

만일 인민이 서로 결투하기를 중지하거나, 체르케스인들이 강도가 되기를 멈춘다면, 그것은 처형이 두려워서가 아니라(처형은 젊은이들에게 또 다른 매력으로 미화된다) 여론의 도덕적인 표준이 변했다는 사실 때문일 것이다. 다른 모든 범죄의 경우도 다르지 않다.

폭력은 여론이 금지하는 것들을 절대로 억제할 수 없다. 반대로, 여론은 오로지 폭력 사용의 전체 효과를 중화시키도록 강제하는 반대편에 서 있어야 한다. 여론은 모든 순교의 경우에도 그러했고, 앞으로도 언제나 그럴 것이다. 적대국이나 사회의 범죄적인 요소에 대항할 때 폭력을 사용하지

---

5  체르케스인(Tcherkesses)은 카프카스 제어(諸語)인 아디게이-체르케스어군(語群)의 언어를 사용하는 아디게·체르케스·카바르다 세 민족의 총칭으로 소련 내에 48만 7000명이었다(1979).

않는다면, 과연 어떤 일이 발생할지 우리는 알지 못한다. 그러나 우리는 계속되는 경험에 의해서, 적들도 범죄자들도, 폭력을 사용함으로써 성공적으로 억제할 수 없다는 것을 잘 알고 있다.

그들의 전체 교육이나 전통, 심지어 그들의 압제자들과 전쟁하며 자유를 위해 싸울 때, 숭고한 도덕을 원칙으로 하는 종교의 힘으로 삶을 지탱해온 인민이 정말 폭력에 의해 지배당할 수 있을까? 우리가 과연, 국가에 의해 범죄라고 단정되는 행위, 그리고 인민의 용감한 영웅적 업적으로 여겨지는 우리 사회의 한가운데서 저질러지는 행위들을 폭력으로써 억제하고 근절할 수 있을까?

그런 국가와 그러한 범죄자들을 폭력으로 전멸시키는 것은 가능하다. 충분히 이루어질 수 있는 일이다. 하지만 인민을 억제하고 굴복시키는 것은 불가능하다. 왜냐하면 인민과 국가를 이끌어온 유일한 힘이자 지침인 여론은 언제나 존재해왔고 지금도 존재하는 보이지 않는 무형의 내적인 힘이자 특정한 인민 또는 모든 인류의 모든 정신적인 힘들의 결과가 외부적으로 표현된 것이기 때문이다.

폭력의 사용은 오로지 이런 힘을 약화시키며 방해하고, 부패시키며, 인류의 진보에 도움이 되기는커녕 해로움이 될 뿐인 다른 것으로 그것을 대체하려고 한다. 기독교 세계의 울타리 밖에 있는 모든 야만족들, 즉 모든 줄루인, 만주인, 그리고 중국인들(그들을 많은 인민은 야만인이라 부른다), 그리고 우리들 가운데 살고 있는 야만인들을 기독교의 영향 아래에 들어오게 하려면 오로지 한 가지 방법밖에 없다. 즉, 이런 민족들 사이에 기독교적인 사회 이상을 전파하는 것이다. 이는 오로지 기독교적인 생활, 기독교적인 행위, 그리고 기독교적인 모범에 의해서만 실현될 수 있다. 하지만 우리 시대의 인민은 이와 정반대로 행동하고 있다. 비록 이것이 비기독교인으로 남아 있는 인민에 대한 영향력을 확보할 수 있는 유일한 방법이라 해도 말이다.

우리를 공격하지 않고, 따라서 그들을 억압할 아무런 구실을 찾을 수 없는 야만족을 기독교의 영향권 아래 들어와 기독교에 귀의하게 하려면, 우리는 무엇보다 먼저 그들을 평화롭게 살아가도록 내버려두어야 한다. 그리고 그들과 더욱 긴밀한 관계를 맺고 싶어 하면 할수록 우리는 오직 그들에게 기독교적인 태도와 기독교적인 가르침으로 영향을 주어야 한다. 인내, 온유함, 절제, 순결, 형제애, 그리고 사랑 같은 기독교의 미덕을 보여주어 그들을 움직여야 한다.

하지만 지금 우리는 어떠한가? 이렇게 하는 대신 우리는 먼저 그들의 사회에 새로운 시장을 개척한다. 오로지 우리 자신의 이익을 목적으로 그들의 토지를 강탈한다. 즉, 그들을 약탈하고 착취하는 것이다. 그리고 그들에게 술과 담배, 마약을 판다. 즉, 그들을 타락시키고 부패시킨다. 그러고 나서야 우리는 우리가 지녀왔던 도덕을 그들의 사회에 전파하면서, 그들에게 폭력을 사용하는 방법과 새로운 파괴 방법들을 가르친다. 즉, 사람이 행할 수 없다고 보이는 동물적인 투쟁법만을 추구하도록 가르치는 것이다.

그리고 우리 안에 있는 기독교적인 모든 요소를 숨기기 위해 할 수 있는 한 모든 일을 다 한다. 그다음으로 우리는 그들에게 교회의 위선적인 헛소리들을 지껄이기 위해서 수십 명의 선교사들을 보낸다. 그리고 이교도들을 기독교로 바꾸고자 하는 노력이 실패할 경우, 그들의 실제 생활에 기독교적 진리를 적용하는 것은 불가능한 일이었다고 주장한다.

## 범죄자에 대한 기독교의 영향

우리의 사회 가운데 살고 있는 소위 범죄자들에게도 마찬가지 논리가 적용된다. 이들을 기독교의 영향 아래 들어오게 할 수 있는 오직 한 가지 방법, 한 가지 수단은 기독교의 사회적 이상을 실현하는 길뿐이다. 이는 오직 진정한 기독교적 가르침에 의해서만 실현될 수 있으며, 기독교적 생활의 진정한 모범을 통해서만 뒷받침할 수 있다. 그런데 이런 기독교적 진리를 설교하고, 그것을 기독교적인 모범에 의해서 뒷받침하려고 우리는 그들 안에 감옥, 단두대, 교수대를 두며 살인을 준비하는 데 전력을 기울이고 있다.

우리는 보통의 인민을 마비시키기 위해 그들을 백치로 만드는 우상을 숭배하는 미신의 교리를 정하여 퍼뜨린다. 그들을 마비시키기 위해 그들에게 술, 담배, 그리고 마약을 정부 독점의 전매품으로 정하고 팔아서 그들을 짐승으로 만든다. 심지어 법률의 비호를 받는 매춘을 조직하고, 이미 부유한 자들에게 토지를 나누어준다. 그리고 고통받는 가난한 인민 가운데서 몰지각한 사치를 자랑한다. 기독교적인 여론을 무시하고 파괴하려 들며, 점차 확립되어 현존하는 기독교적인 여론을 계획적으로 파괴하고 억압한다.

그 뿐만이 아니다. 우리 자신도 다른 인민을 부패의 길로 인도하며, 그들을 탈출할 수 없는 곳에 야생의 짐승들처럼 가두어둔다. 그곳에서 그들은 더욱더 짐승처럼 되어가거나 우리의 손에 죽임을 당한다. 그런데 정작 우리는, 우리가 수단과 방법을 가리지 않고서 부패하게 만들었던 바로 그 인민을 잔인한 폭력이 아니고서는 다룰 수 없는 범죄자라고 하며 증거로 제출한다.

우리는 정말이지 무식한 의사들과 같다. 자연의 힘으로 병에서 회복할 수 있는 사람들을 더 열악한 위생 상태로 몰아넣고, 가장 해로운 독약을 먹이며, 그대로 놓아두었다면 오래전에 병이 나았을 환자들에게 우리 자신이 만들어낸 의학과 의약의 힘으로 그들이 마침내 생명을 구했다고 자랑스럽게 떠벌이고 있다.

하지만 기독교적인 생활 조직을 유지하기 위한 수단으로 주장되는 폭력은 그런 효과를 만들어내는 데 실패할 뿐만 아니라, 도리어 사회적인 생활 조직의 가능성과 당연함마저 저해한다. 사회 조직은 폭력의 결과로서 존재하는 것이 아니라 오히려 존재하지 않을 때 가장 좋다. 그러므로 기존 질서의 옹호자들이, 심지어 폭력의 도움에 기대서라도, 인류가 지닌 허약하며 악하며 비기독교적인 요소들이 우리를 공격할 때 이를 거의 막을 수 없기 때문에 폭력을 폐지하고 그 대신 여론에 의지해야 한다는 것은 말도 안 되는 소리라고 주장하는 것은 정말로 잘못된 것이다.

그들은 정말 잘못되었다. 폭력은 인류를 보호하지 못한다. 도리어 인류가 정말로 자신을 보호할 수 있는 유일한 가능성은 기독교적인 여론을 확립하고 전파하는 데 있다. 이는 오로지 폭력을 억제하고 그것을 폐지할 때에 비로소 가능하다. 그럴 때 비로소 기독교적인 여론은 더 이상 왜곡되거나 부패하지 않고, 어떤 방해도 받지 않고 널리 전파될 것이며, 인민도 정신적으로 전진할 수 있도록 노력하게 될 것이다.

그렇지만 무장한 경찰관이라고 하는 누구의 눈에도 보이고 감지될 수 있는 보호를 왜 버리고, 여론과 같이 눈에 보이지도 않고 감지할 수도 없는 것에 의존하려고 하는가? 그런 것이 정말 존재하는가? 아니면 존재하지 않는가? 게다가, 좋거나 나쁘거나, 우리가 지금 살고 있는 제도와 상황을 우리가 알고 있고, 우리는 그것의 결점을 알고 있으며 그것에 적응해왔다. 우리는 무엇을 해야 할지를 알고, 현재의 상황에서 어떻게 처신해야 하는지를 알고 있다. 그러나 우리가 그것을 거부하며 포기하고, 우리 자신을, 보이지도 않고 만질 수도 없는, 전적으로 미지인 것에 맡긴다면 대체 무슨 일이 생기겠는가?

그들에게는, 자신이 생활에서 얻은 습관적인 방법들을 포기하고 들어가야 하는 미지의 세계가 그 자체로서 두려울 것이다. 우리의 습관적인 지위가 건전하고 안전할 때에는 미지의 세계를 두려워하는 것이 당연하다. 그러나 우리의 처지는 안전한 것과는 너무나 거리가 멀다. 의심할 여지없이 우리는 벼랑 끝에 서 있기 때문이다.

## 두려워해서는 안 된다

우리가 무엇인가를 더욱 두려워해야 한다면, 그저 두렵다고 상상되는 것을 두려워하지 말고, 정말로 두려운 것을 두려워해야 하지 않겠는가?

미래가 완전히 명확하지 않다고 하는 이유만으로 우리를 망치고 있는 위험한 상황에서 우리 자신을 탈출시키려고 노력하지 않는다면, 이런 노력 자체마저 두려워한다면, 우리는 마치 침몰하고 있는 배에 있는 승객들이 자신을 육지로 데려다줄 수 있는 오직 하나뿐인 수단인 보트의 운항을 의심하면서 스스로 선실에 갇혀 나오기를 거부하는 것과 같다. 또는 헛간에 불이 붙자 두려움에 빠진 양들이 구석에 떼를 지어 모인 채 활짝 열린 문으로 나가지 못하는 것과 같다.

우리는 참상과 파괴성으로 두려운 사회적 혁명의 살인적인 입구에 서 있다. 그곳에 선 채 닥쳐올 온갖 불행을 상상하며 두려워한다. 그것과 비교한다면 1893년의 공포[6]는 다만 어린아이의 장난일 뿐이라고 전쟁 준비자들은 말한다. 그런데도 우리는 너무나 먼 곳에 살고 있으며 우리를 공격할 것

---

6 미국에서 주가가 떨어지면서 1893년에 공황이 발생한 것을 말한다.

이라는 생각 따위는 아예 품어본 적도 없을 다호메이 족[7]이나 줄루 족[8]등으로부터 닥쳐올 위험에 대해 겁을 먹고 두려워한다든가, 또는 우리가 선고를 내리거나 감옥에 처넣고 심지어 사형으로 다스린다 해도 결코 그 숫자가 감소되지 않을 만큼, 수천 명의 사기꾼과 도둑 및 살인자들이 가할

왕실용 파라솔 아래 서 있는 다호메이의 왕

지도 모르는 위험에 대해 말한다. 그러나 사실 그들이 짐승처럼 변하고, 타락하고, 불어난 것은 모두 우리가 저지른 행동 때문이 아니었던가?

그 뿐만 아니라 인민은 미지의 것에 대한 두려움에 사로잡혀 경찰관의 보호를 갈망한다. 눈으로 볼 수 있는 보호의 안전망이 억제되고 폐지되는 데 두려움을 갖는다. 이런 현

19세기 후반의 줄루족 전사들. 뒤편에 유럽인들이 보인다.

---

7  다호메이(Dahomey)는 약 1600년부터 1900년 사이 오늘날 아프리카 베냉 지역에 있었던 왕국이다.

8  줄루(Julu) 족은 남동 아프리카의 반투어족(語族) 가운데서 은구니계에 속하는 부족이다. 현재 남아프리카 공화국의 나탈 주(州)를 중심으로 약 350만 명이 살고 있다.

상은 대개 근본적으로 도시 인민에게, 즉 비정상적이며 인위적인 상황 아래 사는 인민에게 일어나는 공포이다. 그러나 자연을 기반으로 살아가는 인민, 즉 도시가 아닌 자연 한가운데서 살아가면서 자연과 맞서는 인민은 이러한 보호를 갈구하지 않는다. 자신들을 둘러싼 현실의 위험은 결코 경찰관의 보호 같은 것에 의존할 수 없다는 사실을 잘 알기 때문이다. 따라서 전자(前者)의 두려움에는 어떤 병적인 요소가 있다. 그리고 이것은 근본적으로 우리들 중의 많은 인민이 살고 있으며 성장해온 허위적이고 인위적인 상황에 기인한다.

어떤 정신병 전문의가 들려준 이야기가 떠오른다. 어느 여름날, 그가 정신병원 문을 나서자 환자들이 모두 뒤따라왔다. 의사가 그들에게 물었다.

나와 함께 시내로 나가보겠습니까?

정신병자들은 동의하고 작은 무리를 형성하여 의사를 따라나섰다. 그러나 건강한 사람들이 자유롭게 움직이고 있는 거리를 걸으면 걸을수록 그들은 더욱더 겁을 먹었다. 그래서 의사에게 점점 더 가까이 붙어 걸었다. 나중에는 의사가 걸을 수 없을 만큼 꼭 달라붙어 걸었다. 그러다가 마침내 그들은 의사에게 다시 병원으로 데려다 달라고 애원하기 시작했다. 무의미하고 일상적인 방식으로 진행되는 생활 방식 속으로, 감시자와 환자복이 있는 곳으로, 매일매일 매를 맞는 곳으로, 안전한 독방으로 데려다 달라고 간청한 것이다.

이것이 바로 기독교가 인민을 자유로우며 이성적인 생활로, 곧 다가올 미래 세기의 생활로 초대할 때 인민이 보여주는 태도이다. 오늘날의 인민은 두려움에 젖어 몰려다니면서 자신들의 비이성적인 생활 방식, 그들이 일하는 공장, 법정, 감옥, 처형장, 전쟁으로 되돌아가고 싶어 한다. 그래서 인민은 묻는다.

현행 제도가 철폐된다면 우리는 무엇에 의해 안전을 보장받을 수 있는가? 현행 제도를 대체할 수 있는 새로운 제도는 도대체 정확히 무엇인가? 우리의 생활이 어떻게 조직될 것인지를 정확히 모르는 한, 우리는 한 발자국도 앞으로 나갈 수 없다.

이러한 요구는 마치 새로운 미지의 세계로 떠나는 탐험가가 지금부터 출발하려고 하는 나라에 대한 상세한 지도와 설명을 요구하는 것과 같다. 어떤 개인이, 하나의 연령 단계에서 다른 연령 단계로 넘어가기 전에, 그의 미래 생활을 완전히 알 수 있다면, 그는 살아야 할 아무런 이유를 찾아내지 못할 것이다. 이는 인류의 생활에서도 마찬가지다. 만일 새로운 성장 단계로 들어가기 전에 인류에게 기다리고 있는 생활의 프로그램이 있다면, 그것이 무엇인지 이미 정확하게 알고 있다면, 그것은 우리가 살고 있는 이 자리에서 움직여 전진하지 않은 채 그저 똑같은 장소에서 쳇바퀴를 돌리고 있을 뿐이라는 가장 확실한 표시일 것이다.

생활의 새로운 조직에 관한 조건들은 우리 스스로의 노력에 의해서 창조해야 하는 것이므로 미리 알려지는 것이 있을 수 없다. 미지의 것을 인식하고, 그렇게 새롭게 인식한 것과 자기의 활동을 합치시키려고 하는 것이야말로 새로운 삶의 전부이다. 거기에 각 개인의 생활이 있고, 거기에야말로 인간 사회와 인류의 생활이 있는 것이다.

**폭력은 여론으로써 파괴될 수 있다**

감옥, 노예선, 교수대, 공장, 자본 축적, 세금, 교회, 술집, 매춘굴, 줄에 묶인 개 떼처럼 주인이 명령만 내리면 누구라도 공격할 준비가 되어 있는 짐승 같은 인민의 군대, 그리고 수백만 명의 인민과 함께하는 기독교 인류의 상황은 정말이지 이 모든 것이 폭력의 산물인 한 두려울 게 틀림없다. 그러나 이는 무엇보다도 압도적으로 여론의 산물이다. 여론에 의해서 세워진 것이라면 여론으로써 파괴될 수 있다. 그리고 이미 여론에 의해서 파괴되고 있다.

　수억 루블의 금전, 수천만 명의 훈련된 군대, 놀라울 만큼 완벽한 파괴적인 힘을 가진 무기, 완성의 극치에 이른 모든 조직, 인민을 속이고 마비시키는 임무를 띤 전체 인민의 군대, 그리고 놀라운 위력을 갖는 파괴적인 화기, 이 모든 것을 먼 거리에서도 전멸시킬 수 있는 전기에 의해, 그러한 사회 조직을 이익을 위해서 뿐만 아니라 자기 보존을 위해서도 필요하다고 여기며, 따라서 그것을 지키기 위해 그들의 창의력을 통한 모든 노력을 기울이는 인민을 직접 통제하기 위하여 재정이 낭비된다니, 이 얼마나 도저히 무너뜨릴 수 없을 만큼 강력한 힘이 아닌가!

그러나 우리는 오로지 잠시 실제 무슨 일이 일어날 것인지 상상해보기만 하면 된다. 즉, 이교도적 사회 원리를 대체하고, 똑같은 힘과 보편성으로 성립된 기독교적인 사회 원리, 그리고 그런 것들로 이익을 취하거나 폭력에 참가하는 것을 수치스러워하는 대부분의 인민을 상상해보라. 그들은 오늘날, 도둑질하며, 속이고, 애원하고, 비겁하게 굴고 있다. 그리고 당장 우리는 이러한 복잡하고 강력한 전체 사회 조직이 폭력으로 투쟁하지도 않고서 멸망하는 것을 보게 된다. 이런 일이 벌어지는 데 있어 인민의 마음 앞에 어떤 새로운 것을 제시할 필요는 없다. 오로지 인민의 눈에서 특정한 폭력 행위의 진정한 의미를 가리는 안개만 사라지면 된다. 그러면 솟아 올라오는 기독교적 여론은 폭력 행위를 허용하고 정당화시켰던 소멸된 기존 여론을 압도할 것이다.

오로지 폭력을 행하는 인민, 그리고 폭력으로써 이익을 보려는 인민을 돕는 것은 이제 만천하의 사기꾼이며, 도둑이고, 비겁자이거나 거지일 뿐임을 부끄러워하면 된다. 이런 변화는 이미 진행되고 있다. 다만 우리가 지구의 움직임을 느끼지 못하듯 자각하지 못하고 있을 따름이다. 왜냐하면 우리는 주변의 모든 것과 함께 움직이고 있기 때문이다.

사회 조직의 근본적인 특징은 1천 년 전의 폭력에 기초하던 조직과 정말 똑같다. 심지어 어떤 면에서는 전쟁의 준비나 전쟁 그 자체에 비해 훨씬 더 잔인해 보인다. 그러나 지금 벌어지고 있는 기독교적인 여론은, 특정한 발전 단계에서 반드시 모든 이교도적인 생활의 조직을 대체해야 하는 여론으로 이미 활동하기 시작하여 그 영향력이 느껴지는 참이다. 죽은 나무는 겉으로 보기에도 여전히 과거와 마찬가지로 단단한 것처럼 서 있다. 심지어 더 단단하기 때문에 더욱더 확고한 것처럼 보일 것이다.

그러나 그것은 탄력성을 잃고 있다. 심층부터 썩었으며, 곧 넘어질 것이다. 폭력적 힘에 기초하고 있는 현재의 사회 질서도 마찬가지다. 외적인 양상은 변하지 않는다. 그러나 늘 억압하는 폭력자와 억압받는 피폭력자 사이에는 차이가 있다. 하지만 그것의 중요함을 깨닫는 시각, 그리고 그들의 상대적인 입장에서 나오는 근엄함은 이제 과거와 다르다. 폭력을 휘두르면서 억압하는 자들인 국가 권력에 참여하는 자들과 폭력을 이용하여 남을 억압함으로써 이익을 보는 자들인 부자들은 이제 더 이상(그들이 과거에 그랬던 것처럼) 세상에서 선택된 자들도 아니고, 과거에 억압받는 자들의 가장 큰 목적이던 인간의 행복과 위대함의 이상을 구현하는 자들도 아니다.

억압하는 폭력자들의 지위를 동경하여 그것을 얻으려 애를 쓰고 그들을 흉내 내려는 인민은 억압받는 피폭력자가 더 이상 아니다. 도리어 그 반대로 폭력자들이 의도적으로 그들의 지위에서 얻을 수 있는 이익을 거부하거나 포기하고 억압받는 피폭력자의 상황을 선호하며, 단순한 생활로 그들을 닮으려고 시도하는 피폭력자들인 인민을 이제는 매우 흔하게 볼 수 있다.

간첩, 비밀경찰의 앞잡이, 고리대금업을 하는 사채업자, 술집 주인, 세금 징수원과 같이 오늘날 공개적으로 경멸받고 비난받는 지위와 직업은 말할 것도 없이, 경찰 공무원, 비서관, 판사, 그리고 행정관료, 성직자, 군대 장교들, 투기자들, 은행가처럼 이전에 명예롭다고 여겨졌던 수많은 폭력자들의 직업 대부분을 이제는 더 이상 바람직한 사회적 지위로 여기지 않고 있다. 심지어 이들은 가장 존경받는 특별한 범주의 인민에게서 비난을 받고 있다. 요즈음에는 이전에 나무랄 데 없다고 여겨지던 이 같은 직업들을 자진해서 스스로 포기하고 거부하며, 폭력의 사용과 아무런 연관이 없는 수입이 적은 직업을 선호하는 인민이 점점 더 많이 나타나고 있다. 심지어, 종교적인 감정이 아니더라도, 단순히 새로 떠오르는 사회적 규범에 민감하게 반응하면서, 즉 사람은 오로지 자신의 노동을 통하여 얻은 것만을 정당하게 사용해야 한다고 믿으면서 상속받은 자신의 재산을 포기하는 부자들도 나타나고 있다.

국가 관리나 부유한 자들의 지위는, 과거에 그러했던 것처럼, 그리고 비기독교인들 사이에 아직도 그러한 것처럼, 더 이상 존경스럽거나 신의 특별한 축복을 받은 것으로 여겨지지 않고 있다. 가장 섬세하고 도덕적인 인민(그들은 일반적으로 또한 가장 교양이 있다)은 그러한 지위를 회피하며 폭력의 사용에 의존하지 않는 좀 더 낮은 직업을 선호하고 있다.

우리의 가장 뛰어난 젊은이들도, 그들이 아직 생활에 의해서 오염되지 않은 나이에 진로를 선택할 때, 의사, 기술자, 교사, 예술가, 저술가, 또는 심지어 자기 자신의 노동으로 살아가는 단순한 농부의 직업을, 국가로부터 보수를 받는 판사, 행정관료, 성직자, 군인 등의 지위보다, 또는 다른 인민의 수입으로 살아가는 게으른 불로소득자의 지위보다 선호하고 있다.


## 상류 계급의 변화

이 시대의 기념물이나 기념비는 대부분 국가의 유명 정치인, 장군, 또는 부유한 자들을 기리기 위하여 세워지기보다 학자, 예술가, 과학자, 발명가처럼 국가나 권력과는 아무런 관계가 없으며 도리어 종종 국가와 싸우고 갈등을 일으키는 자들을 위하여 세워지고 있다. 그들에 대한 찬양이 시에 나타나고, 조각품으로 명예가 부여되고, 성대한 기념 축제로 승리의 환호를 받기도 한다.

우리 시대의 뛰어난 인민은 모두 그러한 존경과 명예를 얻기 위해 애쓰고 있다. 그래서 결국 부유한 자들과 국가 관료들이 차지하는 계급은 그 숫자가 점점 줄어들 뿐만 아니라 지능과 교육 수준, 심지어는 도덕적인 품성마저 낮아지고 있다. 그 결과 오늘날 부유한 계급과 국가의 상위 지도자 층에 속하는 인민은, 과거에 그랬던 것처럼 사회의 엘리트층을 형성하지 못한다. 도리어 그들은 오히려 중산 계급보다 더 열등한 평균 수준 이하다.

미국과 프랑스처럼 러시아와 터키의 관료들 역시, 국가가 아무리 자주 관료들을 바꾸더라도, 대부분 자신의 이익만을 추구하는 부패한 자들로서 도덕적 수준이 너무 낮은 나머지 심지어 국가가 요구하는 최소한의 상식적인 정직함이라는 가장 기초적인 의무사항인 뇌물을 받아먹지 않는다는 것조차 지키지 못하는 실정이다. 오늘날 우리는 가장 좋은 인민은 언제나 (그들이 얼핏 보기에) 어떤 이상한 운명에 의해 반대 진영에서 발견된다는 순진한 불평을 권력자들로부터 듣게 된다. 마치 교수형 집행의 직책을 받아들인 인민은, 어떤 이상한 운명에 의해서, 모두 다 인품이 세련되지 못했고, 우아함이 결여되어 있다고 불평하는 것과 같다.

우리 사회에서 가장 교양 있고 세련된 인민은, 과거의 원칙과 달리, 부유한 인민 가운데서 찾을 수 없다. 부유한 인민은 대체로 천하게 돈만 추구하는 인민이며 일반적으로 부정직한 방법을 써서 오로지 자신의 재물만 늘리는 데 급급하다고 경멸당하고 있다. 그러한 돈벌레들의 타락한 상속자들 역시 사회에서 어떤 돋보이는 역할을 하기는커녕 대체적으로 경멸의 대상이 되기 일쑤다.

국가의 관리들과 부유한 자들을 배출하는 계급은 이미 그 숫자가 줄어들고 있다. 이러한 사실 외에 달라진 것이 또 있다면, 그들도 이제 더 이상, 예전에 그랬던 것처럼, 자신들의 지위에 중요성을 부여하지 않는다는 점이다. 도리어 그들은 자기 직업의 불명예를 부끄러워하며, 직책상 수행해야만

하는 의무를 수행하지 않고 있다.

이제 왕과 황제는 거의 통치하지 않고 있다. 그들은 국내의 개혁이나 외국과의 외교에 있어서 새로운 시도에 대한 결정을 내리지 않는다. 그들은 이제 대체로 그러한 문제들에 대한 결정을 국가 행정기관이나 여론에 맡기고 있다. 따라서 그들의 모든 의무는 국가의 통일성과 위엄을 대표하는 데 그칠 뿐이다. 심지어 그들은 점점 더 이런 의무들을 수행하기가 어려워졌음을 자각하고 있다. 그 대부분은 과거의 절대로 침범할 수 없는 존엄과 면책권을 갖지 못하고 있다. 도리어 점점 더 민주화되고 심지어 통속화되며, 그들에게 남아 있던 최후의 외적인 위신과 후광 따위를 스스로 던져버린 채, 즉 사명으로 유지해야 할 것을 파괴하고 심지어 사기꾼처럼 변하고 있다.

군대도 마찬가지다. 고위급의 군 장교들은, 임무를 위한 잔인성과 난폭함을 그들의 병사에게 권장하기보다 병사를 교육시키고 인류애를 주입시키며, 종종 민중의 사회주의적 신념을 공유하고 전쟁을 부정하며 비난하고 있다. 최근 빈번하게 접할 수 있는 러시아 정부에 대한 음모 대부분도 군대에서 나온 것들이다. 군대 안에 있는 반국가적 인사의 숫자도 점점 늘어나는 추세다. 그리고 그것은 가끔—사실, 최근 며칠 전에도 어떤 사건이 있었다— 폭도들의 소요를 진압하라고 명령받았을 때, 인민에게 사격을 거부하는 일로 나타난다. 용감함을 특징으로 하는 군사적 행동들이 군 스스로에 의해 공개적으로 비난을 받으며, 종종 그들 사이에서 조롱의 대상이 된다는 점을 감안하면 이는 매우 놀라운 일이 아닐 수 없다.

법관과 검찰관도 마찬가지다. 법관은, 그들의 의무가 범죄인을 재판하고 형을 선고하는 일인데도, 가능한 한 그들을 덮어주려고 소송 절차를 진행하고 있다. 그래서 러시아 정부는, 그들이 유죄로 선고하여 처벌하고자 재판하기 위해, 더 이상 그들을 일반 법정에 맡기지 않고 군사 법정에서 재판하려고 하는데, 이는 오로지 정의를 흉내 내는 짓일 뿐이다. 검찰관 스스로도 가끔 기소를 거부하며, 심지어 기소할 때조차 가끔 법률에 반하여 회피하고, 심지어 그들이 기소해야 할 상대방의 자들을 변호할 때도 있다.

권력의 폭력을 정당화하는 것이 주 업무인 학식 있는 변호사들도 점점 더 처벌하는 형벌권을 부정하고 처벌 대신 '책임 능력이 없음'이라거나 '교정할 수 없는 도덕적 정신 이상'의 이론을 근거로 보통 범죄자로 불리는 자들에게 의학적 치료를 권유하고 있다.

그 뿐인가? 간수와 노예선의 감시자는 일반적으로 그들이 고문해야 하는 자들의 옹호자가 되고 있다. 헌병과 경찰 관리와 수사관도 그들이 체포해야 하는 상대의 탈출을 지속적으로 돕고 있다.

성직자는 관용을 설교하고, 폭력의 사용을 비난하며, 그들 중에서 더 많이 교육받은 자들은 설교를 할 때에 그들 지위의 기본이 되며, 그것을 지지하는 것이 그들의 의무임에도 불구하고, 그 같은 기만을 피하려고 시도하고 있다.

사형 집행자 역시 자기 임무를 수행하지 않으려 하고 있다. 그래서 러시아에서는 사형 집행자가 부족하여 더 이상 사형이 집행되지 않는 경우도 드물지 않다. 이들은 대개 죄수 중에서 선발하곤 했는데, 자신에게 수여되는 모든 이익에도 불구하고 그 직책을 감당하겠다고 나서는 자가 점점 줄어들고 있다.

지사, 경찰 관리, 세무원도 가끔 인민에게 연민을 느끼고 있다. 그리고 인민에게서 세금을 거두어들이지 않을 구실을 부지런히 찾고자 노력한다.

부자들은 재물을 자기 자신을 위해서만 소비하는 데 불편함을 느끼고 있다. 그래서 공공의 사업을 위해 재산을 내놓기도 한다. 지주들은 또한 자기 재산을 바쳐 자기 영지에 학교와 병원을 세우고 있다. 심지어 어떤 자는 토지 소유권을 포기하고, 그것을 경작자인 농민들에게 양도하거나 그들을 위해 농민 공동체를 설립하기도 한다.

공장 소유자나 제조업자도 병원, 학교, 저축은행, 연금, 노동자들을 위한 주택과 숙소를 짓고 있다. 그들 중의 어떤 자들은 다른 인민과 똑같은 몫을 향유하는 조합 등의 협력 단체를 만들기도 한다. 자본가들도 그들 자금의 일부를 사회, 교육, 예술, 자선 기관들에 지출하고 있다. 그리고 많은 자들—자신의 일생에서 모은 재산을 포기할 수 없었던—은 유언을 통해 자기 재산을 공공기관에 넘기고 있다.

이 모든 현상이 하나의 공통된 원인에서 기인한다는 것을 모른다면, 사람들은 이를 우연하고 예외적인 것으로 치부할 것이다. 마치 4월의 봄에 싹이 트는 나무들의 첫 번째 잎이 모두 같은 원인에서, 즉 봄이 왔기 때문임을 인지하지 못하면, 그리고 우리가 어떤 나무의 가지에서 싹이 나고 잎이 푸르러지는 것을 보면서 곧 모든 나무에 같은 현상이 일어날 것임을 예견하지 못한다면, 그저 이런 모습을 하나의 예외적인 우연의 현상이겠거니 생각하는 것처럼 말이다.

이는 폭력이나 폭력에 기초하는 모든 것에 대한 기독교적 기준으로서의 여론 형성에서도 마찬가지다. 만일 이런 여론의 기준이 어떤 인민, 즉 가장 감수성이 예민한 인민에게 이미 영향을 미치고, 그들 각자에게 그 자신의 분야에서 폭력의 사용에 기초한 특권을 거부하고 포기하고 이용하지 말라고 강요한다면, 그 여론의 영향력은 멀리 멀리 퍼져서 인민의 행위 전체에 다른 질서를 부여하여 변하게 하고, 인류의 선두에 선 채 살아 있는 힘인 기독교적인 이상에 부합하도록 만들 것이다.

## 폭력 기관의 변화

만일 이제 통치자가, 자신의 권력에 대한 어떤 발걸음도 결정하지 않으며, 군주와는 다르게, 그리고 가능한 한 평범한 인간들처럼 되려 하고, 그들의 특권을 버릴 준비가 되어 있다면, 단순히 공화국의 첫 번째 시민이 되겠다고 선언한다면, 만일 이미 전쟁의 모든 죄악과 해악을 깨닫고, 자신의 나라와 외국의 인민에게 총을 쏘지 않으려는 병사들이 있다면, 범죄인을 재판하고 선고하려 하지 않는 법관이나 검찰관이 있다면, 기만을 포기하는 성직자들이 있다면, 그들의 임무를 가능한 한 적게 수행하려는 세무원이 있다면, 그리고 자신의 재산을 포기하려는 부자들이 있다면, 그때는 똑같은 일들이 다른 통치자, 다른 군인, 다른 법관, 성직자, 세무원, 그리고 부자에게도 반드시 발생할 것이다. 그리고 더 이상 이런 지위를 차지하려는 인민이 없다면, 이러한 지위 자체도 사라지고 말 것이다.

그러나 우위를 차지하던 옛 질서를 폐지하고 새로운 질서를 정착시키는 데 있어 오직 여론만이 인민을 이끄는 것은 아니다. 폭력에 의한 통치에 기초한 지위가 점점 매력을 잃어갈수록, 그런 지위를 채우려 하는 인민의 숫자가 점점 적어질수록, 폭력의 무익함은 더욱더 분명해질 것이다.

기독교 세계 방방곡곡 어디에서나 이전과 똑같은 통치자, 똑같은 국가, 똑같은 군대, 똑같은 법정, 똑같은 세무원, 똑같은 성직자, 똑같은 부자, 지주, 제조업자, 공장주, 그리고 자본가가 있겠지만, 그들에 대한 세상의 태도와 자신들에 대한 본인의 태도 역시 함께 변할 것이다.

똑같은 군주들이 여전히 똑같은 알현과 면담을 진행하고, 사냥과 연회, 무도회를 개최하며, 여전히 같은 제복을 고수하고 있다. 똑같은 외교관이 동맹국과 전쟁에 대해 똑같은 회의를 열 것이다. 여전히 똑같은 의회를 통해 동방문제[1]와 아프리카문제, 여러 동맹과 협약의 위반 문제, 민족 자치 문제, 1일 8시간 노동에 대한 논의들이 오갈 것이다. 그리고 똑같은 방법으로 한 무리의 각료들을 다른 인민으로 대체하며, 똑같은 연설, 똑같은 사건을 다룰 것이다.

그러나 이제 하나의 신문에 등장하는 기사들이 수십 번에 걸쳐 국왕을 알현하거나 국회 회의를 거치는 것보다 정세에 대한 입장을 더욱 확실하게, 더욱 효과적으로 끌고 갈 수 있음이 분명해진다. 즉, 종래의 알현이나 면접, 국회에서의 논의가 문제의 과정을 이끄는 것이 아니라 그 모든 것으로부터 독립된 어떤 것이 이를 인도하며, 그것들은 결코 어느 한 곳에 집중될 수 없다는 점이 더욱더 분명해지고 있는 것이다.

똑같은 장군과 장교 및 사병, 대포와 요새, 열병식과 전쟁 연습이 있지만 전쟁은 일어나지 않는다. 이처럼 전쟁 없이 1년, 10년, 20년이 지나간다. 그리고 폭동을 진압하기 위해 군대에 의존할 가능성도 점점 줄어든다. 결국, 장군이나 장교, 사병들은 오직 성대한 발레단과 같은 행진, 즉 너무나 방대하고 엄청난 비용이 드는 국가의 즐거움을 위한 일에 참가하는 인물일 뿐이라는 사실이 점점 더 명백해진다.

똑같은 변호사와 법관, 똑같은 재판이지만, 민사 재판은 정의와는 관계없이 가장 다양한 근거로 사건들을 해결하며, 범죄 심리는 너무나 무의미하며, 그것은 처벌이 법관 자신이 의도하는 목적을 얻지 못하기 때문이라는 것도 점점 더 분명해진다. 따라서 이런 국가 기관 역시 더 이상 효과적인 일을 할 수 없는 사람들이 단지 생계수단으로 취하는 작업일 뿐임이 명백해진다. 그 외에는 별다른 의미를 찾지 못하기 때문이다.

---

1  19세기 이후 오스만 제국이 쇠퇴하면서 이집트가 자립하고, 발칸 여러 민족의 독립운동이 고조되자 유럽 열강이 오스만 제국에 간섭하여 국제 대립을 격화시킴으로써 야기한 것을 동방문제라고 한다.

똑같은 사제, 대주교, 교회와 종무원이지만, 그들은 이미 오래전부터 자신의 설교 내용을 믿지 않게 되었기에 이것을 다른 사람에게 믿으라고 굳이 강요할 필요가 없다고 생각하게 된다.

똑같은 세금 징수원이지만, 그들 역시 폭력을 사용하여 인민의 재산을 취할 수 없다는 것을 알게 된다. 인민은 마음만 먹으면 얼마든지 자신들이 강제하지 않아도 세금을 자진해서 납부한다는 것을 깨닫는다.

똑같은 부자인데도, 이제 그들은 자신의 재산을 개인적으로 관리하기를 그치고 재산의 전체 또는 일부를 사회에 양도하는 편이 쓸모 있는 일이라는 것을 점점 더 분명하게 깨닫게 된다.


## 폭력적 국가 기관을 두어야 하는가?

이 모든 것이 모든 인민에게 절대적으로 분명해질 때, 인민 역시 스스로에게 이렇게 질문할 것이다.

> 왕을 알현하고, 의회에서 논의한다고 해도 아무것도 얻을 수 없다면 우리가 왜 군이 그 모든 왕, 황제, 대통령, 그리고 모든 종류의 의회 및 각료의 구성원들을 유지해야 하는가? 어떤 해학가가 말했듯이 차라리 인도 고무로 여왕을 만드는 편이 낫지 않겠는가?
>
> 장군, 악대, 말, 그리고 드럼을 가진 이들 군대가 우리에게 무슨 소용이 있는가? 전쟁이 없다면, 아무도 전쟁을 벌이고 싶어 하지 않는다면, 그들이 무슨 필요가 있을까? 설령 전쟁이 벌어져 우리가 그로부터 어떤 이익을 얻게 된다고 해도 다른 국가들이 그저 보고만 있지는 않을 것이다. 하지만 병사들은 자신의 동족에게 총질하기를 거부할 것이다.

만일 이들이 민사 사건을 정의로 해결하지 않으며, 그들 스스로 형사 사건 처벌의 무익함을 인정한다면, 변호사와 검사와 법관이 무슨 소용 있겠는가?

세금 징수관이 없어도 필요한 모든 것을 쉽게 모금할 수 있다면, 억지로 세금을 거두어들이는 그들이 무슨 소용이 있겠는가?

자신들이 설교하는 것을 스스로 믿지 않는 성직자가 무슨 소용이 있겠는가?

모든 인민의 재산이 될 때에만 오로지 가치를 갖는 돈이 각 개인의 손에 들어간다면, 이것이 과연 무슨 소용이 있겠는가?

일단 인민 스스로 위와 같은 질문을 하게 된 이상 그들은 어떤 결정에 도달하지 않을 수 없을 것이다. 또한 더 이상 쓸모가 없는 이 모든 기관들을 지지하던 것을 중단하게 될 것이다. 그러나 이런 기관들을 지지하던 인민이 그것을 폐지하겠다고 결정을 내리기 전에, 각 기관에서 높은 지위를 차지하고 있던 인민이 먼저 자기 자리를 던져버려야 한다는 점을 깨닫게 될 것이다.

여론은 날이 갈수록 점점 더 폭력의 사용을 비난하고 있다. 국가 기관에 종사하는 인민이 폭력에 의존하는 자신의 지위를 바라지 않게 되는 이유이다. 만일 어쩔 수 없이 그런 지위를 차지하게 될 경우에도 그들은 가급적 폭력에 덜 의존하려고 노력할 것이다. 결국 그것들은 틀림없이 점점 더 쓸모없게 된다.

나는 이전에 모스크바의 포미나 대로 아호토누이 거리에 있는 교회 근처에서 부활절 뒤에 주로 행해지는 종교적인 회합에 참여한 적이 있다. 20여 명의 조그만 무리가 노상에 함께 모여서 진지한 종교적 토론을 시작했다. 동시에 똑같은 거리의 귀족회관 건물에서는 일종의 음악회가 열렸다. 그런데 교회 근처에 조그만 무리가 모였음을 알아차린 경찰관이 그들을 해산하기 위해 기마경찰을 보냈다. 해산할 필요가 전혀 없는 무리에게 말이다. 20명의 사람들 중 어느 누구도 그에게 대항하지 않았지만, 그 기마경찰은 오전 내내 그곳에 서 있었다. 그는 무엇인가 행동으로 보여주고 싶었던 것 같다. 젊디젊은 그 기마경관은 소리 나는 군도를 강하게 휘두르며 우리에게 다가와 위협적으로 물었다.

가시오! 이 모임의 목적이 무엇이오?

모두가 그 기마경관을 쳐다보았다. 연사 중 한 사람인, 농부의 옷을 입은 조용한 남자가 낮고 우아한 목소리로 대답했다.

우리는 중요한 문제들에 대해서 이야기하고 있습니다. 그리고 우리는 해산할 필요가 없습니다. 젊은 분, 말에서 내려 우리 이야기를 들어보는 게 어떻겠습니까? 당신에게 유익할 것입니다.

그는 기마경관으로부터 몸을 돌리고 강연을 계속했다. 그러자 기마경관은 한마디도 하지 않고, 말을 돌려서 가버렸다.

모든 폭력 사건은 이런 모습으로 마무리되어야 한다. 앞에서 말한 그 기마경관은 곧 지루해졌으며, 특별히 할 일을 찾지도 못했다. 그는 불쌍하게도 명령을 내려야만 하는 위치에 있었다. 인류라는 존재로부터 차단되어 오로지 감독하고 명령을 내려야 하는 상황에 처한 것이다. 감독하고 명령을 내리는 일이 도대체 아무런 쓸모가 없었는데도!

이것이 바로 불행한 모든 통치자, 각료, 국회의원, 지사, 장군, 장교, 대주교, 사제, 심지어 부유한 자들에 이르기까지 다들 어느 정도 깨닫고 있으며, 시간이 지남에 따라서 스스로 완전히 깨닫게 되는 처지이다. 그들은 아무것도 할 수 없으며 오로지 명령만 내릴 뿐이다. 명령을 내리고 사자(使者)들을 보낸다. 경찰서장이 경찰관을 인민에게 보내 개입하도록 만들듯이 말이다. 하지만 인민이 자신을 돌아보며 간섭하지 말라고 요청하는 순간, 그들은 스스로가 정말 유익한 존재인지 자문하게 된다.

하지만 이제 국가 기관에서 나온 사람들은 전혀 쓸모가 없고 오로지 장애가 될 뿐이다. 그들이 간섭하러 찾아간 인민이 부드럽고 조용하게, 마치 거리의 모임에서 만난 나의 친구가 "보시오, 우리에게 간섭하지 마시오"라고 말한 것처럼, 그들에게 할 일이 없다는 사실을 알려줄 것이고, 이는 곧 모든 사람에게 명백해질 것이다. 아니, 그러한 때는 이미 오고 있는 중이다.

그리고 모든 사신과 그들을 보내는 인민 역시 이러한 유익한 충고를 따라야만 하는, 다시 말해, 그들의 팔을 허리에 올리고 이리저리 뛰어다니며 인민에게 간섭하는 것을 멈추고, 말에서 내려 박차를 제거하고, 인민이 대화하는 내용에 귀를 기울이며, 그들과 어울림으로써, 그리고 진정으로 인간적인 일을 함으로써 그들과 함께 자리해야만 할 것이다.

폭력에 의존하는 모든 기관이 무익하고 어리석으며, 심지어 불편하다는 사실은 이제 모두에게 명백해졌다. 따라서 그러한 기관들이 사라지는 때가 곧 올 것이다. 아니, 이미 필연적으로 오고 있다.


## 「벌거숭이 임금님」의 이야기

폭력을 기반으로 한 관직에 오른 우리 현대 세계의 인민은 언젠가 반드시 안데르센의 「벌거숭이 임금님」 같은 입장에 처해질 것이다. 천진난만한 어린아이는 임금이 옷을 입지 않은 것을 보고 "보세요, 임금님은 옷을 입지

않았어요, 벌거벗었어요!"하고 소리친다. 그러자 나머지 모든 인민—벌거
벗은 임금을 보고서도 아무 말도 하지 않았던—도 그 사실을 인정하지 않
을 수 없었다.

이야기는 이러하다. 옛날에 새 옷을 너무도 좋아하는 어떤 황제가 있었
다. 어느 날, 두 재봉사가 그를 찾아와 세상에서 보기 드문 옷을 만들어주
겠다고 약속한다. 황제는 바로 그들을 고용했고, 재봉사 두 사람은 옷을
만들기 시작한다. 그러나 그들이 만드는 옷은 너무나 특이했다. 그들은 이
옷이 자신의 지위에 어울리지 않는 사람에게는 보이지 않을 거라고 설명
했다. 몇몇 신하들이 찾아와 재봉사들의 작업을 확인했지만 그들은 아무
것도 볼 수 없었다. 다만 허공에서 움직이는 바늘만 보았을 뿐이다. 하지만
신하들은 그 옷의 특이한 점을 기억해내고, 하나같이 멋진 옷이라며 큰 소
리로 칭찬을 아끼지 않았다. 황제도 똑같았다. 이윽고 황제가 새 옷을 입
고 바깥 행차를 하는 날이 왔다. 황제는 입고 있던 옷을 벗고 재단사들이
지어준 새 옷을 입었다. 즉, 벌거숭이가 되었다. 마을을 지나가는 동안에도
벌거숭이인 채였다. 그러나 모두들 이 옷의 비밀스러운 특징을 알고 있었
기에 감히 황제가 아무것도 입지 않았다고 말하지 못했다. 그때 어떤 아이
가 이렇게 소리친 것이다.

보세요, 임금님이 벌거벗었어요!

이것은 더 이상 쓸모없어진 관직을 오직 게으름으로 채워오던 모든 인민
의 상황에 대해, 그들이 무용함을 숨기는 것이 아무런 이익이 되지 않는다
고 솔직하게 다음과 같이 외치는 상황과 같다.

도대체 이런 자들은 과거부터 오랫동안 아무에게도 쓸모없었다.

요새, 대포, 다이너마이트, 총, 어뢰, 감옥, 교수대, 교회, 공장, 세관, 그리고 궁전을 가진 기독교적인 인류의 상황은 진실로 무섭다. 그러나 아직도 대포와 총은 스스로 그들에게 쏘지 않을 것이며, 감옥은 스스로 인민을 가두지 않을 것이며, 교수대가 그들을 매달지 않을 것이고, 교회가 그들을 속이지 않을 것이며, 어떤 세관도 그들을 방해하지 않을 것이며, 궁전과 공장도 스스로 세우고 유지되지 않을 것이다.

그 모든 것들은 인민의 작품이다. 인민이 이런 일들을 해서는 안 된다는 것을 깨닫는다면, 그들은 멈출 것이다. 그리고 이미 그들은 그것을 깨닫고 있다. 비록 모두가 깨달은 건 아니지만, 앞서가는 인민은 이미 깨달았고, 나머지도 곧 그들의 뒤를 따를 것이다. 그리고 앞서가는 인민은 이 깨달음을 중단할 수 없다. 그들이 깨달은 것을 나머지 인민은 앞으로 깨닫게 될 것이며, 필연적으로 깨달아야 한다.

그래서 인민이 신에 대해서 가르침을 받고, 더 이상 전쟁을 배우지 않으며, 그들의 칼을 쳐서 쟁기로 만들며, 그들의 창은 곡식용 낫으로 만드는 때가 올 것이라는 예언은, 우리의 언어로 이를 번역하자면, 요새, 감옥, 병영, 궁전, 그리고 교회가 비워지며, 모든 교수대와 총과 대포가 사용되지 않음을 의미하는 것이다. 이는 더 이상 꿈이 아니다. 오히려 빠른 속도로 인류가 다가갈 확실하고 새로운 생활의 형태이다.


## 구원은 인민 자신에게 달려 있다

그러나 그것이 과연 언제 올까?

1,800년 전에 그리스도는 이 질문에 대해 세상의 끝, 즉 이교도적 생활 조직의 끝은 인민의 시련이 지금까지 있어온 것보다 훨씬 강하고 클 때, 그리고 신의 나라의 복음, 즉 새로운 생활의 조직 가능성이 세상 모든 민족에게 전파될 때, 올 것이라고 대답했다(마태복음 24장 3~28절). 그러나 그날과 시간은 누구에게도 알려지지 않았으며, 오로지 아버지인 신만이 알고 있다(마태복음 24장 3~6절)고 그리스도는 말했다. 왜냐하면 그것은 우리가 미처 생각하지 못한 때에 찾아올 터이기 때문이다. "그때가 언제 올 것인가?"라는 질문에 대해 그리스도는 이렇게 대답한다.

> 우리는 알 수 없지만, 그때가 언제 올지 알 수 없다는 바로 그 이유 때문에, 자신의 집을 도둑으로부터 지키는 주인이 반드시 바라보듯이, 처녀가 신랑을 위해서 불을 밝혀 들고서 반드시 바라보듯이, 우리는 언제나 그때를 맞이할 준비를 하여야 하고, 나아가 하인들이 반드시 그들에게 맡겨진 재능으로 일해야 하듯이, 우리는 반드시 그때가 오도록 우리에게 주어진 모든 힘을 다하여 일해야 한다(마태복음 24장 43절 및 24장 13절, 25장 1~30절 ).

이것 말고는 어떤 대답도 있을 수 없다. 인민은 신의 나라가 올 날과 시간을 알 수 없다. 왜냐하면 그날은 오로지 스스로에게 달려 있기 때문이다. 그 대답은 마치 자신이 마을에서 멀리 떨어져 있는가를 물었을 때, "걸어라!"고 말한 현명한 사람의 대답과 같다. 인민이 어떻게 그곳으로 가고 있는지 모를 때, 그들이 가는지, 가지 않는지, 가만히 서 있는지, 걸음이 느려지는지, 서두르는지는 사실 그들 자신에게 달려 있는 것이 아닌가? 그런 만큼 인류가 다가가고 있는 목적에 우리가 얼마나 가까이 다가섰는지를 과연 그 누가 말할 수 있을까?

우리가 알 수 있는 모든 것은, 인류를 구성하는 우리가 신의 나라의 도래를 이룩하기 위해서 반드시 해야 하는 것이 무엇인지, 해서 안 되는 것이 무엇인지를 구별하는 것뿐이다. 사실 우리 모두는 그것을 이미 잘 알고 있다. 모든 사람의 가슴이 염원하는 약속된 신의 나라를 이루려면 우리는 각자 해야 할 일을 지금 바로 행하기 시작해야 한다. 우리 모두 오로지 자신 안에 있는 모든 빛과 함께 살아야 할 것이다.

## 폭력에 기초한 특권

### 특급 고문 열차

2년에 걸친 이 책의 저술을 끝낼 무렵인 9월 9일 나는 열차를 타고 작년에 농민들이 기근에 시달렸고 올해도 여전히 기근으로 고통받고 있는 툴라 지방과 라잔 지방으로 갔다. 어느 역에서 내가 탄 열차와 특급 열차가 마주쳤다. 그 특급 열차는 기아로 고통받는 농민들을 고문하고 죽이기 위해 소총, 탄약, 채찍 등을 지닌 군대를 지사가 지휘하며 이끌고 가는 특별한 열차였다.

　채찍질과 같은 태형은 이미 30년 전, 법률에 의해 폐지되었음에도 불구하고, 정부의 결정을 실행하기 위해 사람들을 채찍으로 학대하는 방법은 최근 러시아에서 더욱 빈번하게 멋대로 적용되어왔다. 그것에 대해 나도 들어왔고, 신문에서도 니제고르드 지사인 니콜라이 미하일로비치 파라노프가 자랑이라도 하듯이 행한 공포의 고문에 대해, 즉 체르니고프, 탐포프, 사라토프, 아스트라한, 오룔 등의 여러 지방에서 행한 고문 기사를 읽은 적이 있지만, 이번처럼 그것을 실행하려고 가는 사람들을 직접 본 적은 한 번도 없었다.

그런데 지금 나는, 기독교 정신에 충실한 선량한 러시아인들이 총과 채찍을 손에 들고, 기아에 허덕이는 동포를 살해하며 고문하기 위해 여행하는 모습을 내 눈으로 직접 보고 있는 것이다. 그들이 출동한 이유는 다음과 같았다.

어느 부유한 지주의 영지 안에서 농민들이 지주와 공유하는 목장에서 숲을 키웠다('숲을 키웠다'는 말은 숲의 성장 기간을 함께 지켜보았다는 뜻이다). 그들은 언제나 그 숲을 이용하였으므로 그 숲을 자신들의 것, 또는 적어도 공유하는 것으로 생각했다. 하지만 지주는 그 숲이 자기 것이라고 주장하면서 벌채를 시작했고, 이에 농민들은 소송을 제기했다. 1심 판사는 지주에게 유리한 비정상적 판결을 내렸다. '비정상적'이라고 하는 이유는, 검사와 지사처럼 당연히 이 사건을 알았을 사람들의 말을 빌린 것이다. 국회를 포함한 상급 법원들도 모두 판결이 비정상적임을 알 수 있었지만, 역시 판결을 재확인하고 숲을 지주의 것으로 인정했다. 이에 따라 지주는 다시 숲을 벌채하기 시작했지만, 그러한 명백한 부정의가 상급 법원들에 의해 선고되었다는 사실을 믿을 수 없었던 농민들은 판결에 승복하지 않았다. 그래서 벌채하러 온 인부들을 쫓아내고 숲을 자신들의 것이라 선언하면서, 황제에게 제소할 터이니 지주의 벌채를 허용할 수 없다고 주장했다.

이 사건은 곧 페테르부르크에 있는 지방 정부에 보고되었고, 그곳 지사는 판결 내용을 즉각 실시하라고 명령했다. 그리고 군대를 요청했다. 그래서 병사들이 칼을 꽂은 총과 실탄으로 무장하고, 이런 경우를 위해 특별히 준비한 차량에 채찍까지 쌓은 채 상부의 결정을 실시하기 위해 출동한 것이다.

## 불복종 저항에 대한 억압

상부 결정의 실시는 사람들이 저항하는지 아닌지에 따라 살해, 고문, 협박으로 행해지게 마련이다.

먼저 농민들이 저항하는 경우, 러시아에서는 다음과 같이 행해진다(국가 제도와 소유권이 인정되는 곳에서는 어디나 마찬가지다). 먼저 상부에서 성명을 발표하고, 농민들에게 복종을 요구한다. 대부분 지휘자에게 속아 흥분한 농민 군중은 정부 대표의 관료적인 공문서 같은 말투 때문에 내용을 정확하게 이해하지 못하여 쓸데없는 소동을 이어간다.

그러면 지휘자는 군중이 명령에 복종하거나 자진 해산을 하지 않을 경우, 무력에 호소할 수밖에 없다고 선언한다. 이때 복종하지 않으면, 지휘자는 장탄을 하여 군중의 앞쪽에 발포하라고 명령한다. 그런데도 군중이 해산을 거부할 경우 지휘자는 닥치는 대로 누구에게나 발포하라고 명령한다. 곧이어 부대가 발포하고 거리는 사상자로 가득 차게 된다. 그러면 대부분의 군중은 해산하고, 부대는 지휘자의 명령에 따라 주모자로 보이는 사람들을 체포하고 감금하기 위해 연행한다.

그 뒤에는 피를 흘리는 자, 죽어가는 자, 불구자가 되거나 죽거나 부상당한 자, 때로는 그런 여자와 아이들을 거두는 과정이 따른다. 사망자를 묻고, 부상자는 병원으로 이송된다. 그리고 주모자로 보이는 자들은 도시로 연행되어 특별히 설치된 군사 법정에 회부된다. 그들이 폭력을 행사했다는 게 드러나면 교수형을 선고받는다. 이어 교수대가 설치되고, 무방비의 사람들이 몇 명씩 교살당한다. 이는 러시아에서 수없이 행해져온 일이고, 사회제도가 폭력 위에 서 있는 곳에서는 어디서나 행해지고 있는 일이다. 아니, 어디에서나 행해지지 않을 리 없는 것이다.

그러나 농민들이 복종하는 경우, 러시아에서는 특별히 이상한 일이 행해진다. 즉 다음과 같은 것이다. 우선 지사가 현장에 와서 군중에게 연설을 하고 그들이 복종하지 않는 것을 비난한다. 그리고 농촌의 집집마다 군대를 배치하고, 그곳에 1개월씩 주둔하며 농민들을 파산시키거나, 아니면 엄청난 위협을 가하면서 자비를 베푼답시고 그들을 용서하고 퇴거시킨다. 그러나 가장 흔한 현상은 주모자 처벌이 당연하다고 선언하고, 주모자로 보이는 자들을 재판도 없이 멋대로 선정하여 사람들의 눈앞에서 공개적으로 고문하는 것이다.

그런 일이 어떻게 행해지는지 이해하도록 하기 위해 오룔에서 행해지고 당국에서도 승인한 다음 경우를 소개하겠다. 사건은 다음과 같았다. 툴라의 경우와 같이, 지주가 농민의 소유물을 뺏으려고 하자 농민들이 거기에 저항했다. 일의 발단은, 지주가 농민의 동의도 받지 않고 그들의 논밭을 물에 잠기게 할 수 있을 만큼 높은 곳에 있는 저수지에 물을 저장한 것이었다. 농민들은 이에 반대했다.

그러자 지주는 상부에 제소했다. 지방 장관은 비정상적으로 (이는 뒤에 재판에서도 인정되었다) 지주가 물을 끌어올리는 일을 허가하고, 그에게 유리하게 판결을 내렸다. 그러자 지주는 이 일을 수행하기 위해 인부들을 파견했다. 비정상적인 판결에 분노한 농민들은 인부들이 제방을 끌어올리는 것을 막기 위해 아내들을 불러 모았다. 여성들은 댐에 몰려가서 손수레를 돌려세우고 인부들을 추방했다. 지주는 여성들의 횡포를 부당하다고 제소했다.

지방 장관은 모든 마을에 명령을 내려 각각의 집에서 여성 1명씩을 체포하여 난방설비가 없는 감옥에 보내라고 지시했다. 그러나 이 지령은 제대로 수행되지 못했다. 왜냐하면 어느 집에나 여성은 여러 명이고, 경찰은 그중 누구를 체포할 것인지 몰랐기 때문이다. 그래서 경찰은 그 명령을 실행하지 못했다. 이에 지주는 경찰의 명령 불이행을 문제 삼아 지사에게 불만을 호소했다. 그러자 지사는 진상을 검토하지도 않고 지방 장관의 명령을 즉각 이행해야 한다고 경찰서장에게 명했다. 경찰서장은 상부의 명령대로 마을로 가서, 인권 무시라는 러시아 관료의 특징을 십분 발휘하여, 경찰관에게 집집마다 1명씩을 체포하여 구인하라고 명령을 내렸다.

그러나 어느 집에나 여성은 1명 이상이어서 누구를 체포하고 구인해야 하는지 알 수 없었기 때문에 시비와 저항이 시작되었다. 서장은 그러한 시비와 저항에도 불구하고, 누구든지 집집마다 1명씩 체포하여 유치장에 연행하라고 다시 명령했다. 농민들은 자신의 아내와 어머니를 지키기 위해 그들을 인도하려 하지 않았고, 그래서 경찰관과 서장을 구타하기 시작했다. 결국 관헌에 대한 저항이라는 새로운 끔찍한 범죄가 생겨났고, 이는 도시의 상부기관에 보고되었다. 이제 지사는 툴라의 경우처럼, 총과 채찍을 든 대대 병력을 이끌고 전신과 전화 및 철도를 이용하여 임시 특급 열차로 사건 현장에 도착했다. 태형의 위생 상태를 감시하도록 학식 있는 의사까지 동반한 채 말이다. 게르첸이 예언한 것처럼 "전보를 들고 있는 칭기즈 칸" 그대로의 모습으로 현장에 내려온 것이다.

시청 부근에는 군부대와 권총이 있는 붉은 허리띠를 찬 경찰관, 농민 중에서 뽑힌 관리, 그리고 피고들이 서 있었다. 주위에는 수천 명 이상의 군중이 모여들었다. 시청에 도착하자 지사는 마차에서 내려 미리 준비해온 연설을 하고 피고들과 긴 벤치를 요구했다. 사람들은 처음에는 이 요구가 무엇을 뜻하는지 이해하지 못했다. 언제나 지사를 수행하면서 고문에도 가담한 적 있는—이미 한 번 이상 도내에서 그것을 실시한 적이 있는— 경찰관은 벤치가 고문을 위한 것이라 설명했다. 벤치가 도착하자 열차에 싣고 왔던 채찍도 내려졌고 집행관들도 불려나왔다. 병사들이 의무 수행을 거부했기 때문에 도시의 말 도둑 중에서 집행관이 선발된 것이다.

이처럼 만반의 준비가 갖추어진 뒤, 장관은 지주가 진범이라고 지적한 12명 가운데 최초의 사람을 연행하라고 명령했다. 최초로 끌려나온 사람은 어느 집의 가장으로서 시골 사람들의 권리를 과감하게 주장했기 때문에 주민들로부터 존경을 받고 있는 40대 남자였다. 그는 이제 벤치로 연행되어 발가벗은 채 그 위에 눕혀질 터였다. 농부는 자비를 구했으나, 소용없음을 깨닫고서 가슴에 성호를 긋고 드러누웠다. 그러자 2명의 경찰관이 달려들어 그를 붙잡았다. 학식 있는 의사도 필요한 의학적 조언을 할 준비를 하고 그곳에 서 있었다.

말 도둑 죄수들은 손에 침을 뱉고 채찍을 휘두르면서 농부를 때리기 시작했다. 그러나 벤치가 너무 좁아서 몸을 눕혀 고문을 가하는 상대를 그곳에 두는 것이 무리임을 알게 되었다. 그러자 지사는 다른 벤치를 가져와서 처음 벤치와 붙이라고 명했다. 경찰관들은 모자의 끝에 손을 대고 "예, 각하"라고 대답하고는 그 즉시 유순하게 명령을 실행했다.

그 사이 반나체 상태로 창백한 얼굴을 한 수형자는 눈살을 찌푸리면서 시선을 내리깐 채 덜덜 떨고 있었다. 턱과 맨발이 심하게 떨렸다. 이어 두 번째 벤치가 연결되자 그는 다시 강제로 눕혀졌고, 말 도둑이 다시금 그를 때리기 시작했다. 등, 엉덩이, 넓적다리, 심지어 피고문자의 옆구리마저 채찍 자국과 피로 엉긴 줄무늬가 선명해졌다. 한 대씩 맞을 때마다 고문을 당하는 농부는 고통을 참지 못해 비명을 질렀다. 주위에 모여 있던 군중은 피고문자와 처벌을 위해 선택된 자들의 아내, 어머니, 아이들, 그리고 친척들이 흐느끼는 소리를 들을 수 있었다. 하지만 권력에 도취된 불행한 지사는 달리 할 일이 없다고 생각했는지 손가락을 하나씩 굽히며 몇 대나 때렸는지 숫자를 셌다. 그리고 끊임없이 담배를 피웠는데, 그때마다 몇 명의 충실한 부하들이 달려와 그에게 성냥불을 붙여주었다.

매질 수가 50대에 이르자 농부는 울음과 움직임을 멈췄다. 그러자 학식 있는 의사가 피고문자의 곁으로 와 그의 맥박을 짚어보고 심장의 고동 소리를 들은 뒤, 수형자가 의식을 잃었기 때문에 의학상으로 볼 때 그 이상의 매질은 생명에 위협이 될지도 모른다고 보고했다. 그러나 피를 보고 이성을 완전히 상실한 불쌍한 지사는 매질의 속행을 명했고, 고문은 기어이 70회까지 이어졌다. 그는 그 숫자가 적당하다고 생각한 것이다. 그래서 마침내 마지막 70회 째의 구타가 가해졌을 때, 지사가 말했다. "이제 됐어! 다음!" 그러자 등이 부어오르고 의식을 잃고 불구가 된 그 남자를 들어 올려 옮긴 뒤, 다른 사람을 끌고 왔다. 군중의 신음과 울음이 더욱더 커졌지만, 국가 권력의 대표자는 고문을 계속했다.

그렇게 그들은 제2, 제3, 제4, 제5, 제6, 제7, 제8, 제9, 제10, 제11, 제12번째의 농민들을 각각 70대씩 구타했다. 모두 자비를 구하며 신음하고 부르짖었다. 여성들의 흐느낌과 울부짖는 소리는 더욱더 커졌고, 더욱더 날카롭게 되었으며, 남자들의 얼굴도 더욱더 참담하게 변했다. 그러나 그들 주위에는 군대가 자리 잡고 있었고, 소위 지사라는 저 불쌍하고 반쯤 취한 인간은 자기 기분에 따라 움직였기에 고문은 결코 중단되지 않았다. 고문 현장에 입회한 관리, 장교, 병사들도 국가적 행사가 수행되는 과정에 불미스러운 일이 벌어지지 않도록 질서를 지키는 데 주력했을 뿐이다.

나는 지사 중 한 사람에게, 농민들이 이미 복종했고 군대도 시골에 주둔하고 있는데 왜 그들에게 이런 끔찍한 고문을 계속 가하는지 물어보았다. 그러자 그는 국가적 예지의 모든 미묘한 점을 몽땅 마음에 새긴 인간답게 심각한 얼굴로 이렇게 답했다. "고문이라도 하지 않으면 백성들은 정부의 명령에 계속 반항할 거요. 그러니 농부들 중 일부를 고문해서라도 정부의 결정은 절대 변하지 않을 거라는 점을 강력하게 보여주어야 하오."

이번에도 툴라 지사는 관리, 장교, 병사들을 데리고 똑같은 일을 하기 위하여 온 것이다. 전적으로 똑같이, 즉 살해나 고문에 의해 최고 권력의 결정을 실행에 옮기기 위해서 말이다. 이런 일은 1년 수입이 10만 루블인 젊은 지주가 굶주리며 얼어 죽고 있는 농민들을 속여서 취한 숲 덕택에 3천 루블도 받을 수 있으며, 또한 그 돈은 모스크바, 페테르부르크, 파리의 요릿집에서 단 2~3주 만에 전부 써버릴 수도 있다는 것을 보여준다. 지금 내가 만난 사람들은 이런 말도 안 되는 사건을 위해 여행하는 참이었다.

## 폭력 위에 세워진 특권 사회

운명은 마치 목적이 있는 것처럼, 나로 하여금 2년에 걸쳐 긴장이 따르는 사색을 하게 한 뒤에, 나를 생애 최초로 이 같은 현상에 부딪히게 했다. 그 현상은 이론적으로는 나에게 과거에 해명된 것을 실제로 너무나도 완전히 분명하게 보여주었다. 즉 우리의 전체 생활 구조는, 현행 제도 중에서 유리한 지위를 차지하는 사람들이 즐겨 상상하는 것처럼 어떤 사법적 원칙에 근거하고 있는 것이 아니라 지극히 단순하고 조잡한 폭력인 살인과 고문 위에 세워져 있다는 것이다.

거대한 토지나 자본을 소유한 사람들, 단순한 필수품만을 필요로 하는 노동 인민으로부터 모은 엄청난 돈을 보수로 받는 사람들, 이와 함께 상인, 의사, 예술가, 저술가, 학자, 마부, 요리사, 작가, 급사, 변호사처럼 그런 부자의 주위에서 먹고사는 사람들은 자신이 누리고 있는 특권이 폭력의 결과가 아니라 전적으로 자유롭고 올바른 봉사의 대가라고 믿는 것 같다. 나아가 이들은 그런 특권이 오룔을 비롯한 러시아 각지에서 올해 일어난, 또 유럽이나 미국 각지에서 지금 끊임없이 일어나고 있는 인민에 대한 구타나 살해의 결과로 생기는 것이 아니며, 그러한 폭력과는 어떤 관계도 없다고 믿고 싶어 한다. 그들은 자신이 누리고 있는 특권이 그 자체로 존재하는 것이며, 사람들의 자발적인 의견 일치에 따라 생기는 것이라 믿고 싶어 한다.

이들은 오히려 사람들에게 행해지는 폭력 역시 그 자체로 존재하며, 어떤 보편적인 최고의 법적·국가적 및 경제적 법칙에 의해 생기는 것이라고 믿고 싶어 한다. 따라서 지금 그들이 누리고 있는 특권이, 숲을 키우고 그것이 없으면 곤란한 농민들이, 그 숲을 키우는 동안의 보호에 어떤 힘도 주지 않았고, 그런 숲이 필요하지도 않은 부유한 지주에게, 어쩔 수 없이 그 숲을 양도해야 한다는 사실의 결과로서만, 즉 그 숲을 건네주지 않으면 그들은 구타를 당하거나 살해된다는 사실의 결과로서만 그러한 특권이 주어져 있다는 것을 모르고 있다.

그러나 만일 오룔의 저수지가 지주에게 큰 이익을 가져다주기 시작하게 되었다는 점이나, 농민들이 키운 숲이 지주의 손에 넘어가게 되는 것이 구타나 살해, 또는 그 위협의 결과일 뿐이라는 것이 전적으로 명백하다면, 동일한 빈민으로부터 필수품을 뺏는 부자의 다른 모든 독점적 권리 역시 같은 이유에 근거한다는 점이 명백해져야 할 것이다.

만일 자신의 가족을 부양하기 위해 토지를 필요로 하는 농민들이 자기 집 부근의 토지를 경작할 수 없는 반면, 1천 세대를 부양할 수 있을 정도의 토지를 소유한 일하지 않는 1명의 대지주—러시아인, 영국인, 오스트리아인, 또는 어느 나라 인간이든—가 있다면, 그리고 만일 지주들의 곤궁을 이용하여 곡식을 매점한 상인이 굶주리고 있는 사람들 사이에서 이를 자신의 창고에 안전하게 보관하고, 그가 시가보다 3분의 1의 싼 값으로 곡식을 사온 지주에게 3배의 고가로 그것을 되팔 수 있다면, 이런 현상 역시 마찬가지 원인에 의해 생기고 있는 게 분명하다.

또 만일 어떤 사람이 타인으로부터 값싸게 살 수 있는 상품을 국경이라는 제한 때문에 그 상품의 생산에 어떤 역할도 하지 못한 사람에게 상당한 관세를 지불해야만 살 수 있다면, 또 정부로부터 관리들에게 나누어주고, 나아가 납세자 자신을 살해할 병사들을 유지하는 데 사용되는 세금을 납부하기 위해 최후의 소 한 마리까지 팔지 않을 수 없다고 한다면, 그것은 절대로 추상적인 권리의 결과 따위로 행해지는 것이 아니다. 이는 오룔에서 행해지고, 또 지금부터 툴라에서 행해질 수 있는, 그리고 국가기구나 빈자와 부자가 존재하는 한 세계 어디에서나 여러 형태로 주기적으로 행해질 수 있는 일들의 결과이다.

고문이나 살해는 사람들의 모든 폭력 관계에 반드시 수반되는 게 아니어서 지배 계급의 독점적 이익을 누리고 있는 사람들은 자신이 누리는 특권이 고문이나 살해에서 생기는 것이 아니라, 다른 별도의 신비롭고 보편적인 원인이나 추상적인 권리 등에서 생기는 것이라고 자타를 향해 설득하고 있다.

그러나 만일 사람들이 이를 부정한 것이라고 생각—지금 노동자들은 모두 그렇게 여긴다—하고, 자기 노동의 대부분을 자본가와 지주에게 주고, 이게 악용되는 것을 알면서도 세금을 내고 있다면, 그들이 그렇게 행하고 있는 것은 그들이 한번도 들어본 적이 없는 추상적 권리 등을 의식했기 때문이 아니라, 그렇게 하지 않으면 자신들이 구타당하거나 살해당하는 것을 너무나도 잘 알고 있기 때문이다.

지주가 지대를 징수할 때, 곡식이 필요한 자가 자신을 속인 상인에게 3배나 더 주고 값을 지불할 때, 노동자가 공장주의 수입에 비례하여 반도 되지 않는 임금을 받으면서도 이 불합리함을 견딜 때, 빈민이 마지막 1루블을 세금으로 낼 때, 이 모든 상황을 가능하게 하는 근거는 단 한 가지뿐이다. 즉 자신에게 요구되는 일들을 행하지 않은 탓에 이미 많은 사람들이 수없이 구타당하고 살해당하는 것을 보았으며, 이를 결코 잊을 수 없기 때문이다.

우리에 갇혀 사육당하는 호랑이가 코앞에 있는 고기를 먹으려 하지 않고, 누워 있다가도 명령만 받으면 곧장 철봉을 뛰어 넘는 것은, 특별히 그렇게 하고 싶기 때문이 아니라 언제든 명령에 따라야만 뜨거운 철봉으로 때리는 벌이나 굶주림을 피해갈 수 있음을 알고 있는 탓이다. 자신에게 불리한 것이나, 파멸적인 것이나, 옳지 않은 것이라 생각하는 일에 복종하는 사람들도 이와 마찬가지다. 그들 역시 명령을 행하지 않으면 어떤 일이 생기는지 너무나 잘 알고 있다.

그러나 훨씬 오래전에 폭력을 기반으로 하여 특권을 쟁취한 사람들의 경우는 조금 다르다. 그들은 자신이 누리는 특권을 어떻게 얻었는지 종종 망각한다. 아니, 즐겨 망각하고자 한다. 그러나 우리가 역사, 즉 지배자들이 이룬 여러 왕조의 성공적인 역사가 아니라 참된 역사, 즉 소수자에 의한 다수자 압박의 역사를 상기한다면, 부자들이 가진 모든 특권의 기초야말로 채찍, 감옥, 도형(徒刑), 살해 등을 통해 공고해졌다는 사실을 너무나도 잘 알 수 있다.

자신의 재산을 늘리고 싶어 하는 인간의 영원한 집요함은 여전히 현대인을 움직이고 있다. 하지만 빈민에 대한 부자의 특권은 폭력 외의 다른 그 무엇에 의해서 유지되지 않았고, 앞으로도 그럴 것이다.

매우 드문 일이지만, 부유한 계급의 특권을 목적으로 하지 않는 압박, 구타, 감옥, 사형 등이 아예 없는 것은 아니다. 그러나 부족함이 없는 생활을 하고 있는 사람에 비해 노동으로 학대받으며 선망의 눈을 번쩍이면서 기아에 고뇌하고 때로는 가정사로 고통을 받는 노동자가 대부분인 현대 사회에서는, 부자의 모든 특권, 그 모든 사치, 평균적인 노동자에 비해 부자들이 여분으로 이용하는 그 모든 것이 빈번한 고문, 감금, 사형에 의해 확보되며 유지되고 있는 것이라고 감히 주장할 수 있을 것이다.

# 군대

## 군대와 군인

9월 9일에 내가 만난 임시 특급 열차, 즉 부유한 지주가 농민들에게 뺏은 작은 숲—지주에게는 불필요했지만 농민들에게는 반드시 필요한—이 자기 것임을 확인하기 위해 부대, 소총, 실탄, 채찍 등을 싣고 굶주린 농민들을 향해 가던 이 임시 특급 열차는, 신념과 양심을 전적으로 등지고 사는 능력이 인간에게 어느 정도까지 허용되는지를 놀라울 만큼 명확하게 보여주었다.

내가 만난 임시 특급 열차는 지사, 간부, 장교 등을 위한 1등 차량과 병사를 가득 실은 화물 차량으로 구성되었다. 새로 맞춘 군복을 입은 젊고 위세 당당한 병사들은 서 있거나, 화물 열차의 활짝 열린 문 앞에서 다리를 흔들며 앉아 있었다. 담배를 피우는 자도 있고, 서로 밀치며 농담하면서 이를 드러내고 웃는 자도 있었다. 자신만만하게 호박씨를 씹다가 껍질을 뱉어내는 자도 있었다. 그중에는 물을 마시기 위해 수돗가로 뛰어가는 자들도 있었다. 그들은 도중에 장교를 만나면 마치 자신들이 이지적인 어떤 일을 할 뿐만 아니라 심지어 매우 중요한 일을 하는 것처럼 곧은 자세로 경례를 부치는 바보 같은 동작을 하기도 했고, 때로는 심각한 얼굴로 장교를 지나치며 그 전보다 더욱 즐겁게 달리거나 플랫폼 바닥을 밟고 웃으며 서로 이야기를 나누었다. 그들은 마치 동료들과 함께 자신의 건강을 확인하는 여행길에 오른 것처럼 보였다. 자신들의 굶주린 아버지와 할아버지들을 죽이러 가면서도 즐거운 일, 혹은 최소한 지극히 당연한 일을 하러 가는 사람 같았다.

플랫폼이나 1등 대합실에 흩어져 있는 정장 차림의 간부나 장교들도 마찬가지였다. 파견대의 우두머리로서 반(半) 군복을 입은 지사는 술병이 가득 놓인 식탁에 앉아 무엇인가를 먹으면서 지인과 날씨에 대해 이야기를 나누었다. 마치 이제부터 그가 하려는 일이 지극히 간단하고 너무나 상식적인 것이어서 자신의 평온이나 날씨 변화에 대한 관심을 방해할 수 없는 것처럼 말이다.

식탁에서 조금 떨어진 곳에는 헌병대 장군이 앉아 있었다. 그는 자신을 옭아매는 일체의 형식들이 매우 지겹고 괴로운 듯 완고하고 어두운 표정으로 아무것도 입에 대지 않았다. 주변에는 황금색으로 물들인 화려한 제복을 입은 장교들이 움직이면서 떠들어대고 있었다. 식탁에 앉아 맥주 한 병을 마신 자도 있고, 뷔페 테이블 곁에 서서 작은 애피타이저 파이를 씹으면서 제복의 가슴에 묻은 빵부스러기를 털어낸 뒤, 자신만만하게 테이블에 돈을 던지는 자들도 있었다. 또 두 다리를 흔들면서 우리 열차 앞을 지나치는 여자들의 얼굴을 훔쳐보는 자들도 있었다.

그 모든 사람들은 자신을 부양하는 상대인 굶주린 무방비의 사람들을 살해하거나 고문하기 위해 가는 길인데도, 마치 자신들이 옳은 일을 하러 가는 것처럼, 심지어 그들이 하는 일에 자부심을 갖고 있는 것처럼 보였다.


군인은 어떻게 그런 짓을 하는가?

도대체 어떻게 된 것인가? 이 모든 사람들은, 부유한 젊은이가 굶주린 농민들로부터 뺏은—자신에게는 필요하지 않은— 3천 루블을 그 부자에게 돌려주기 위해, 상상할 수 있는 최악의 일을 하기 위해, 오룔에서처럼 죄가 없는 사람이나 자신의 형제를 죽이거나 고문하도록 강요받을지도 모르는 곳에서 불과 기차로 반시간 정도밖에 떨어지지 않은 곳에 있었는데 말이다.

하지만 그들의 간부도, 장교도, 병사도 그들을 기다리고 있는 것이 무엇인지 솔직하게 말할 수는 없었다. 왜냐하면 그들 스스로 그 일을 행해야 하는 탓이었다. 지사는 으레 농민에게 채찍을 휘두르라고 명령을 내려야 했고, 간부들은 자작나무 회초리를 헐값에 사서 지출 항목에 기입해야 했다. 군대는 실탄에 대한 명령을 주고받으며 모든 임무를 수행했다. 그들 모두는 자신들이 고문하러 가는 길이고, 아마도 그들의 굶주린 형제들을 죽이게 될지도 모르며, 어쩌면 한 시간 안에 그와 같은 일을 시작해야 할지도 모른다는 것을 알고 있었다.

그들이 이런 일을 행하는 것은, 흔히 하는 말로 그들 자신도 반복하듯이, 먼저 국가기구의 유지를 확신한 탓이라고 말하는 것은 옳지 못하다. 왜냐하면 다음과 같은 세 가지 이유 때문이다.

첫째, 그들은 국가기구나 그 필요성에 대해 아마도 과거에는 생각한 적이 없다.

둘째, 자신이 참가하는 일이 국가 유지에 도움이 된다고 절대 확신할 수 없다.

셋째, 현실에서 그들은 전부라고는 말할 수 없어도 그 대부분이 국가 유지를 위해서라고 하면서 결코 자신의 평안이나 즐거움을 희생하지 않을 뿐 아니라, 자신의 평안이나 즐거움을 위해, 설령 국가에 손실을 가할 수 있는 것이라고 해도, 모든 것을 이용하는 기회를 절대로 놓치지 않는 무리이다.

즉, 그들이 이런 일을 행하는 것은 결코 국가 유지에 대한 추상적 원리 때문이 아니라는 것이다. 그렇다면 그 이유는 대체 무엇인가?

나는 이 모든 사람을 알고 있다. 그들 모두를 개인적으로 알지는 못해도 그들의 성격, 과거, 사상을 대체적으로나마 알고 있다. 그들 모두에게는 어머니가 있다. 처자가 있는 사람들도 있다.

그들 대부분은 마음이 선량하고 온순하며 대부분 부드러우며, 인간을 죽이는 것은 물론 모든 잔인한 행위를 경멸하고, 동물을 죽이거나 고문하는 것조차 할 수 없는 사람들이다. 뿐만 아니라 누구나 기독교를 믿고 있으며, 무방비 상태인 사람들에게 폭력을 가하는 것을 저질이라 생각하고 이를 부끄러워해야 한다고 생각하는 사람들이다.

그들 중 누구도, 일상생활에서는 자신의 가장 작은 이익을 위해 오룔의 사람들에게 행한 것의 100분의 1도 자신의 평안이나 즐거움을 위해 할 수 없을 뿐 아니라, 그들 중 누군가가 사생활에서 이와 유사한 일, 즉 해서는 안 되는 일을 하면 분개할 게 틀림없는 사람들이다. 그러나 그들은 지금 어쩔 수 없이 그런 일을 제 손으로 해야 할지도 모르는 장소로 가고 있는 것이다.

도대체 어떻게 된 일인가?

이 기차에 타고 있는 사람들, 즉 살인과 고문을 하러 나선 이런 사람들만이 아니라 사건의 발단이 된 사람들, 즉 지주, 관리인, 재판관, 페테르부르크에서 이 사건에 지령을 내리고, 그 지령에 의해 여기 가담한 사람들, 나아가 같은 기독교를 믿는 선량한 사람들인 장관이나 국왕 등은 이 일의 결과를 뻔히 알면서도 어떻게 이런 짓을 하게끔 법을 입안하고, 지령을 내릴 수 있었을까?

이 사건에 참가하지 않는 방관자들에게도 책임이 있기는 마찬가지다. 모든 특별한 개별 폭력 사건은 물론, 단지 말 한 마리를 학대한다고 해도 치를 떨며 분개하는 자들이 어떻게 이런 무서운 일을 용인할 수 있었을까?

왜 이에 대해 분개하면서 이렇게 외치지 않았을까? "그러면 안 돼! 굶주린 사람들을, 그들로부터 힘으로 뺏은 재산을 그들이 포기하지 않는다고 해서 죽이거나 고문하다니, 말도 안 돼!" 하고 말이다.

하지만 그 어느 누구도 이렇게 나서지 않는다. 관리인, 지주, 재판관처럼 사건의 주모자였던 무리나, 지사, 장관, 황제 같은 이 사건의 가담자 혹은 명령자였던 사람들조차 일말의 양심상의 가책을 느끼지 못한다. 악행을 실행하기 위해 나서는 사람이나 명령을 내린 사람이나 모두 조용하다.

구경꾼들은 어떤가? 그들은 이 사건에 어떤 관심도 갖지 않으면서, 임무를 수행하기 위해 길 떠난 사람들을 비난하기는커녕 도리어 동정하면서 그저 지켜볼 따름이다. 나와 같은 차량에 타고 있던 상인은 농민 출신의 목재상이었으나 지금부터 농민들에게 가해질 고문에 대해 다음과 같이 동감의 뜻을 표했다.

> 국가에 복종하지 않는 것은 옳지 않아요. 그러니까 국가지요. 잠깐 기다리세요. 그렇게 떠드는 자들의 헛소리를 그만두게 할 테니까요. 그 뒤로는 반항할 생각을 못할 겁니다. 그 일은 그들을 옳게 만들어요.

## 무지, 확신, 잔인함, 몰인정함, 도덕적 감각 결여 때문이 아니다

이는 도대체 어떻게 된 일인가?

이런 사람들, 즉 이 사건의 도발자도, 가담자도, 묵인자도 모두 비열한 무리로, 자신들이 하는 짓의 추악함을 너무나 잘 알면서도 어떤 자는 보수나 이해관계 때문에, 어떤 자는 처벌을 두려워하여, 자기의 신념에 반하는 행위를 한다고 말하는 것 역시 마찬가지로 불가능하다. 이 모든 자들은 어떤 상황에서는 자기의 신념을 지키는 사람들이기 때문이다.

간부들은 개인적으로 남의 지갑을 훔치지 않고, 타인의 편지를 훔쳐보지도 않으며, 모욕을 준 상대나 모욕 그 자체를 무조건 참지도 않는다. 그런 장교들은 개인적으로 카드놀이에서 상대를 속이거나, 카드빚을 갚지 않거나, 친구를 배신하거나, 전장에서 도망치거나, 군대 깃발을 포기하는 짓도 하지 않는다. 또 개인으로서 성찬에 침을 뱉거나, 수난주간 금요일에 소고기를 먹지 말라는 명을 어기지 않는다.

이들은 모두 스스로 나쁘다고 생각하는 데 동의하기보다 모든 고통, 수난, 위험을 인내한다. 즉 이들에게는 신념에 반하는 행위를 해서는 안 된다는 굳은 믿음이 있고, 만에 하나 그런 일을 하게 되는 상황에 닥치면 언제나 저항하려 한다.

그러므로 이 모든 사람을 싸잡아, 이들이 그런 짓을 하는 것은 일반적인 특징이며 그런 일을 했다고 하여 마음 아파하지 않는 야수일 뿐이라 판단하는 것은 오류이다. 그들, 즉 지주, 재판관, 장관, 황제, 지사, 장교, 병사 등등과 이야기해보면, 그들 역시 마음 깊은 곳에서 이런 일이 옳지 않다는 것을 알고 있으며, 심지어 그런 일에 가담한다는 데 고뇌하고 있음을 잘 알 수 있다. 그들은 단지 이 문제를 생각하지 않으려 노력하는 것에 불과하다. 즉 지주로부터 최하급의 순경이나 병졸에 이르기까지 이 사건에 관련된 모든 사람들과 이야기해보면, 누구나 내심 그것이 악행이라는 것, 이런 일에 가담하지 않는 편이 좋다는 것을 잘 알고 있다는 것, 이 때문에 괴로워한다는 것을 알 수 있다.

우리와 같은 열차에 타고 있던 자유주의적 성향을 지닌 어느 부인은 1등 대합실에 지사와 장교들이 탄 것을 보고, 곧바로 그 여행의 목적을 알아차렸다. 그래서 그녀는 일부러 들으라는 듯 큰 소리로 현대 제도를 비난하면서 사건 관련자들을 매도하기 시작했고, 거기 있던 모든 사람들이 불편해

했다. 그러나 아무도 그녀에게 항변하지 못했다. 열차에 있던 사람들은 그런 공허한 말에 대답할 필요가 없다고 생각하는 것 같았다. 그러나 그들의 얼굴과 불안한 눈에서 수치심이 느껴졌다. 나는 일반 병사들의 경우에도 그런 느낌을 받았다. 즉 그들 모두는, 지금부터 실행하는 일이 악행인 것을 잘 알고 있었지만 그것에 대해 깊이 생각하고 싶어 하지 않았다. 나와 같은 차에 탄 목재상이 그저 자신의 교양을 과시하기 위해 덤덤히 어떤 조처가 필요하다고 말하기 시작했을 때, 병사들이 마치 아무 이야기도 듣지 못한 것처럼 그에게서 얼굴을 돌리고 기분 나쁜 표정을 지은 것만 봐도 그렇다.

지주, 관리인, 장관, 황제처럼 이 사건의 수행에 협력한 사람들도, 이 열차에 탄 사람들도, 심지어 이 사건과 무관하여 수행을 방관하고 있는 사람들도, 모두 다 그 일이 악행임을 알고 있었다. 자신이 그 악행에 가담하기 위해 이곳에 있다는 것조차 부끄러워했다.

그렇다면 왜 그들은 그냥 참고만 있는 것인가?

우리는 이제 그 이유를 물어보는 것이 좋을 터다. 이 사건을 야기한 지주나, 형식적으로는 합법적이지만 분명히 잘못된 판결을 내린 재판관이나, 판결의 집행을 명하고 있는 자들이나, 병사나 경찰관이나 농민들처럼 자신의 손으로, 자신의 형제를 구타하고 죽이는 짓을 직접 실행할 사람들에게 이유를 물어보는 편이 좋을 것이다. 아마 범죄의 도발자도, 협력자도, 실행자도, 묵인자도 모두 본질적으로 같은 대답을 할 것이다.

**기존 질서를 수호하기 위해 이런 일을 하며, 이는 인민의 의무라는 주장**

이 사건을 조장하고 협력하고 지휘한 당국자들은 이 일을 하는 이유에 대해 이렇게 말한다. "이는 기존 질서를 유지하기 위해 필요한 조처이며, 현재의 질서를 유지하는 것은 국가와 인류의 선을 위해 필요하고, 사회생활과 진보를 위한 앞으로의 운동들을 가능하게 하기 위해 꼭 필요하다"고 말이다.

농민이나 병사처럼 자신의 손으로 폭력을 행사해야 하는 하층 계급 사람들은 자신이 지금 하는 일이 상부의 지시 때문이며, 상부는 자신이 무엇을 하고 있는지 잘 알고 있다고 대답할 것이다. 즉 상부는 상부에 있어야 하는 사람들로 구성되며, 상부에서는 자신들의 행위를 이미 다 알고 있다고 생각하는 것이다. 따라서 하층 계급에 속한 실행자들이 어떤 실수를 저지르거나 오해를 빚어낼 가능성이 있다고 해도 이는 오직 하부 무리의 실책일 뿐이며, 모든 근원이 되는 최고 권력자에게는 절대로 잘못이 없다고 생각한다.

자기 행동의 동기를 아무리 여러 가지 근거를 들어 설명한다 해도, 명령자나 복종자는 자신들이 지금과 같은 일을 행하는 이유로 현행 제도의 필요성과 존재 당위성, 그리고 이를 유지하는 것을 각자의 신성한 의무라 생각한다는 점을 강조할 것이다.

현행 제도가 불가결하며 변경될 수 없는 것이라는 주장에서 우리가 쉽게 엿볼 수 있는 생각은 다음과 같은 것이다. 이는 국가적 폭력 행사에 가담하는 모든 사람이 늘 자신을 변명하고 합리화하는 데 인용하는 주장으로서 "현행 제도는 변할 수 없는 것이므로 개인이 자신에게 부과된 의무의 이행을 거부하여도 이는 사태의 본질을 변화시키는 것이 아니라, 거부한 자의 지위에 다른 자를 두는 것으로 끝날 뿐이며 그는 사태를 더욱 악화시킨다"는 것이다. 즉, 어떤 경우에도 폭력에 당하는 사람들은 점점 더 잔혹하고 더욱더 유해하게 다루어질 뿐이라는 뜻이다.

현행 제도를 불가결하며 불변의 것이라 생각하고, 이를 유지하는 일 자체가 모든 사람에게 신성한 의무라 주장하는 이런 신념은, 선량하고 사생활에서도 도덕적인 사람들에게조차 오률에서 행해지고 툴라 행 열차에 탄 사람들이 앞으로 실행할 그런 사건에 다소간 평온한 양심을 가지고 참가할 수 있는 가능성을 부여할 따름이다.

## 기존 질서는 꼭 필요하고, 불가피하다는 확신의 근거

이러한 확신은 무엇에 근거하는 것일까?

지주들이 기존의 제도를 불가결하고 불변하는 것이며, 불쾌하기커녕 바람직한 것이라 믿는 것은 이해할 수 있다. 이들이야말로 현행 제도의 수혜자이기 때문이다. 즉, 수백·수천 디샤티나[1]에 이르는 토지에서 나오는 수익 덕분에 이들은 사치스럽고 태만한 생활을 영위할 수 있다.

재판관이 이 제도가 반드시 필요하다고 강변하는 것도 충분히 이해된다. 그 덕분에 그는 최고로 근면한 노동자보다도 50배나 많은 보수를 받으니까! 6천 루블 또는 그 이상을 받는 대법관의 경우도, 고급 관리 전반의 경우도, 모두 이해된다. 이 제도하에서 비로소 지사, 검사, 국회의원 및 여러 협의회의 회원들도 수천 루블의 보수를 받을 수 있다. 만일 그것이 없었더라면 이들은 가족과 함께 굶어 죽었을 것이다. 현재 차지하고 있는 지위가 없다면, 즉 능력이나 근면, 지식의 측면만 놓고 보자면 그들은 지금 받고 있는 보수의 1000분의 1도 받을 수 없을 테니까.

장관이나 황제는 물론 모든 고관들의 입장도 마찬가지다. 다른 점이 있다고 하면, 지위가 높고 독점적일수록 현행 제도를 유일하게 가능한 제도로 믿고 받아들인다는 것뿐이다. 그들 역시 이런 지위 없이는 현재와 같은 풍요로운 생활을 누릴 수 없으며, 누구보다 더 추락할 수밖에 없음을 알고

---

1 디샤티나(desyatína)는 땅의 도량 단위로 1디샤티나는 2.7 에이커(약 4,046.8㎡)이다.

있다. 하지만 자발적으로 경찰이 되어 10루블 정도를 받는 자는 다른 곳에서도 얼마든지 이에 상응하는 보수를 받을 수 있으므로 굳이 현행 제도를 유지해야 한다고 목청을 높일 이유가 없고, 따라서 기존 제도의 불변성 따위도 믿지 않는다.

그러나 단지 높은 지위 때문에 수백만 루블을 받아가는 왕이나 황제는 자기 주위에 자신을 폐하고 대신 그 지위를 차지하고자 하는 수천 명의 사람들이 있음을 알고 있다. 또한 그들은 다른 지위로는 그만큼의 수입이나 영예를 누릴 수 없다는 것도 알고 있다. 대부분의 경우, 다소간 전제적인 정치하에서 만일 퇴위된다면, 자기의 권력을 이용하여 행한 모든 사안에 대해 재판을 받게 된다는 것도 알고 있으므로, 모든 왕과 황제는 현행 제도의 불변성과 신성함을 믿지 않을 수 없는 것이다.

인간은 차지하고 있는 지위가 높으면 높을수록 더 많은 이익을 얻게 마련이고, 따라서 더욱 불안정해지며, 전락에 대한 공포와 위험을 더욱더 크게 느끼게 된다. 고위층 지도자들이 현행 제도의 불변성을 강하게 믿는 이유이다. 그러므로 그런 인간들은 마치 자신을 위해서가 아니라 단지 현행 제도를 유지하기 위해 일하는 것처럼 행동하면서 점점 더 잔혹한 악행을 저지르게 마련이다. 이것이 바로 하급 경찰관으로부터 최고 권력자에 이르기까지, 현행 제도 밖에서 차지할 수 있는 것보다 더욱 유리한 위치를 차지하고 있는 모든 위정자들에게 나타나는 모습이다. 즉 이들은 모두 현행 제도가 자기에게 유리하다는 것을 알고 있기 때문에 불변성을 강조하는 것이다.

그러나 계층의 최하 단계에 있고, 현행 제도로부터 어떤 이익도 얻지 못한 채 끊임없이 예속되고 학대당하는 농민이나 병사들이 이 제도를 유지해야 한다고 강조하는 이유는 무엇일까? 자신들을 가장 불리하고 굴욕적인 지위로 몰아가며, 그 초라한 자리를 위해 양심에 반하는 악행마저 감수하게 하는 이 제도를 지지해야 한다고 믿는 이유는 대체 무엇일까?

**상류 계급의 확신은 기존 질서가 자신에게 주는 이익에 기초한다**

무엇이 그들로 하여금 현행 제도는 불변이고, 따라서 그것을 유지해야 한다고 잘못 판단하게 하는가? 실은 그들이 현행 제도를 지지하고 있기 때문에 변하지 않는다는 것이 명백한 사실인데도! 어제까지 쟁기를 들었다가 오늘 급하게 푸른 컬러와 금단추가 달린 추악하고 상스러운 제복을 입은 그들에게 굶주린 아버지와 형제를 죽이라며 총과 칼을 들려 여행하게 만드는 이유는 무엇인가? 사실 그들에게는 아무런 이익이 돌아오지 않는다. 지위가 변변치 못한 만큼 잃을 것에 대한 두려움도 없다. 왜냐하면 그들의 현재 지위라는 것도 따지고 보면 그들이 원래 차지했던 지위보다 못한 것이기 때문이다.

지주, 상인, 재판관, 국회의원, 지사, 장관, 황제, 장교 등 상류 계급 지배자들이 그런 음모에 가담하여 현행 제도를 유지하고자 하는 것은, 그 제도가 그들에게는 유리하기 때문이다. 반면, 선량하고 유화적인 사람들조차 이러한 일에 참가할 수 있다고 생각하게 된 이유는 그들이 교사, 결의, 명령 등에 의해 제약을 받는 탓이다. 당국의 관리자들은 그 누구도 자기들이 도발하고, 결정하며, 명령하는 모든 일을 직접 행하지 않는다. 대부분의 경우 그들은, 자신이 야기하고 명령한 이 모든 끔찍한 일이 어떻게 진행되는지조차 알지 못한다.

**무엇이 하류 계급에게 기존 질서의 불변성을 믿도록 강요하는가?**

현행 제도로부터 어떤 이익도 받지 못할 뿐 아니라, 반대로 그 제도가 있기 때문에 최대의 경멸 속에 살아가는 하층 계급의 불행한 사람들이 자신에게 불리한 이 제도를 유지하기 위해 스스로 다른 누군가를 가정에서 빼앗아가거나 체포하고, 투옥시키거나 사형장에 보내며, 감시하거나 총살하는 당사자가 된다. 그들은 대체 왜 이런 짓을 하는가? 이런 사람들로 하여금 현행 제도는 불변이며, 이를 유지해야 한다고 굳게 믿도록 만드는 것은 무엇인가?

모든 폭력은 그들, 즉 자기 손으로 구타하고, 체포하고, 투옥하고, 살해하는 그들 위에서만 구축되고 있다. 만일 그러한 사람들, 즉 명령에 근거하여 지시된 모든 상대에게 폭력을 가하고, 이들을 살해하려고 무장한 병사나 경찰관이 없다면, 사형, 무기징역, 도형의 선고에 서명하는 사람 중에 단한 사람도, 즉 그러한 피해자들의 1,000분의 1도, 스스로 교수형에 처하고, 투옥하고, 고문하고자 결의하지 않을 것이다. 지금 사무실에 조용히 앉아 교수형이나 모든 고문을 지시하고 있는 이들은 직접 그것을 보지 않고, 실행하지도 않는다. 어딘가 저 멀리에 자신의 명령을 충실히 집행할 사람들이 있다는 것을 너무나도 잘 알고 있기 때문이다.

기존 제도가 명맥을 유지하는 것은, 현재의 삶을 지배하는 모든 부정과 잔인함을 지지하는 이러한 사람들이 있기 때문이다. 이들 덕분에 제도들은 곧 생활 습관이 되어버렸다. 만일 이런 수행자들이 없다면, 엄청난 숫자의 피해자들에게 폭력을 가하려는 자도 없을 것이며, 그들 자신 역시 이것을 하라 저것을 하라며 명령하는 상류 계급의 모습조차 상상하지 못했을 것이다.

만일 상부의 의지대로 타인을 고문하고 살해하는 사람들이 없다면, 손끝 하나 움직이지 않으면서 토지 소유권을 주장하는 지주—다른 농민들은 토지를 갖지 못해 죽어가는데도—들도 존재하지 않을 것이며, 남이야

죽어가든 말든 사악한 방법으로 모은 곡물을 꼭꼭 숨겨두는 이윤에 눈이 먼 상인들도 존재하지 않을 것이다.

당국의 의지에 따라 명령받은 상대를 고문하고 살해하려고 대기 중인 이들이 없다면, 지주들이 백성에게서 그들의 목숨과도 같은 숲을 빼앗겠다고 생각하지 않을 것이고, 간부들도 거짓말을 부정하고 진실을 말한다는 명목으로 사람들을 투옥하고 추방하거나 굶주린 민중으로부터 거둔 보수를 민중 압박용으로 사용하는 게 합법적이라 생각하지도 않을 것이다.

그런데 이 모든 것이 하층 계급에게 요구되며 실행되고 있는 이유는 오로지 고문이나 투옥이라는 수단에 의지해서라도 지배자들의 요구 사항을 실행하고자 노력하는 충실한 부하들을 자신이 장악하고 있다고 확신하는 데서 비롯된다.

## 상류 계급은 하류 계급을 어떻게 기만할까?

명령이라면 무엇이든 가리지 않고 실행하는 충실한 사람들로 이루어진 권력이 배후에서 민중을 바보로 만드는 우둔화야말로, 위로는 나폴레옹부터 아래로는 민중을 사살하는 중대장에 이르기까지 모든 폭군의 악행이 행해지는 유일한 이유이다. 즉 모든 권력은 자기 손으로 폭력을 실행하고 있는 사람들 속에, 경찰 봉사를 하고 병역의무를 다하고 있는 사람들 속에, 더욱 특별하게는 병사들 속에 있다. 왜냐하면 경찰은 배후에 군대가 있는 경우에만 폭력을 실행할 수 있기 때문이다.

그렇다면 민중은 왜 특별한 이익을 얻는 것도 아닌 터에, 자신에게 불리하고 파멸적이며 고통으로 가득한 제도를 당연히 존재해야 하는 것으로 확신하게 된 것일까? 즉, 모든 끔찍한 일을 자신의 손으로 행하고, 모든 책임을 어깨에 짊어져야 하는 선량한 민중이 기존의 제도를 옹호하는 이유는 무엇일까? 그런 제도가 꼭 필요한 것이라 오해하게 만드는 것은 과연 무엇인가? 누가 그들을 이토록 현저한 오해의 세계로 끌어들이는가?

그들은 자기 자신이나, 전체 인구의 90퍼센트를 차지하는 다른 모든 계층에게, 고통이자 불이익이며 파멸적일 뿐만 아니라 심지어 양심에도 어긋나는 짓을 할 필요가 있다고 확신시키지 않는다.

"신의 율법에도 '사람을 죽이지 말라'는 조항이 있거늘, 어떻게 당신은 사람을 죽이려고 하는가?"라고 나는 몇 번이나 병사들에게 물었다. 그 질문은 언제나 상대에게 그가 생각하고 싶지 않은 것을 생각하게 만들어 곤란한 상태에 빠지게 했다. 상대방 역시 "사람을 죽이지 말라"는 필연적인 신의 율법을 알고 있었고, 의무적인 군대 업무가 있는 것도 알고 있었다. 그러나 그 둘 사이에 모순이 있다고 생각하지 않았다.

이런 질문에 돌아오는 소심한 대답의 의미는 언제나 다음과 같았다. 즉 전쟁에 나가 사람을 죽이는 것과 정부의 명령에 따라 범죄자를 사형에 처하는 것은 일반적인 살인 행위 금지에 포함되지 않는다는 것이다. 그러나 내가 그러한 제한은 신의 율법에 없다고 하면서, 모든 기독교인의 의무이자 살인 행위와 절대로 타협할 수 없는 인류애나 범죄에 대한 용서, 그리고 사랑의 가치를 상기시켜주면, 인민 출신의 사람들은 대체로 이에 동의하면서도 자신의 입장에서 다음과 같이 질문하곤 했다.

즉 자신들의 생각으로 국가는 원래부터 옳은 존재이므로 거기서 나오는 명령들, 이를 테면 군대의 일원이 되어 전장으로 출동하거나 범죄자에게 사형을 집행하는 행위들도 옳을 수밖에 없다고 생각한다는 것이다. 이에 대해 내가 그런 것을 명하는 국가가 잘못하고 있다고 답하면, 상대는 더욱 곤혹스러운 모습으로 대화를 중단하거나 나에게 화를 냈다.

어느 러시아 병사는 나에게 이렇게 말했다.

그런 율법이 분명히 있다. 주교가 우리보다 더 잘 알 것으로 생각한다.

그렇게 대답한 뒤 병사는 더욱 안심하는 표정을 지었다. 그의 조상이 받들어왔고, 황제와 황제의 자손들도 받들고, 수백만 명의 인민과 자신이 지금 받들고 있는 율법 자체를 그는 자기의 지도자들이 발견했다고 완전히 믿으면서, 내가 그에게 말한 내용을 일종의 책략이나 수수께끼 같은 술수라고 믿는 것이다.

현대 기독교의 모든 사람들은 복음서에서 말하듯이, 살인은 인간이 저지를 수 있는 가장 끔찍한 범죄의 하나이고, 살인이라는 죄는 사람에 따라 차별적으로 적용되지 않는다는 것, 즉 어떤 사람을 죽이는 것은 죄가 되고 다른 어떤 사람을 죽이는 것은 죄가 아니라고 하는 것은 도무지 있을 수 없는 일임을 전통에 의해서나 계시에 의해서나 양심의 부단한 소리에 의해서도 알 수 있다. 어떤 의심의 여지도 없이 잘 알 수 있다.

즉, 살인이라는 죄가 간음이나 절도 혹은 다른 모든 죄와 마찬가지로 그것이 행해지는 상대와 무관하게 언제나 죄라는 것을 누구나 알고 있다는 뜻이다. 하지만 동시에 사람들은, 어릴 적부터 살인이 죄라는 것을 알고 있었음에도 신이 정한 자신의 정신적 지도자로서 항상 존경해온 사람이 살인을 부추기는 것을 보아왔고, 그들이 태연하고 자신만만하게 살인을 명령하며, 살인 도구를 휴대하고, 법률은 물론 신의 율법이라는 이름 아래 살인에 관여하기를 모두에게 요구하는 모습도 보아왔다.

사람들은 거기에 어떤 모순이 있음을 알고 있었다. 하지만 그것을 해결할 힘이 없으므로 어쩔 수 없이 그러한 모순이 자신의 무지에서 생기는 것이라고 생각해왔다. 이 같은 모순의 황당함과 명백함이야말로 민중을 "그래도 된다, 위에서 명령하니까 받아들이는 게 옳다"고 확신하도록 만드는 근거인 것이다.

그들은 자신을 계몽시킨 유식한 자들이, 기독교 계율의 의무와 살인의 의무 사이에 모순이 있음을 알면서도, 언제나 확신을 가지고 설교할 수 있다는 것은 곧 아무 문제가 없기 때문일 거라 믿는다. 즉, 단순하고 순수한 유아나 청소년들은 사제나 학자처럼 훌륭한 사람들이 어떤 목적을 가지고 파렴치하게 자신을 속이리라고는 상상할 수 없었던 것이다. 그러나 실제로 바로 그런 일들이 행해졌고, 지금도 끊임없이 이런 일이 벌어지고 있다. 이는 대개 다음 두 가지 방법으로 이루어진다.

첫째, 도덕적이고 종교적인 문제를 스스로 해명할 여가가 없는 모든 노동하는 인민은 유년부터 노년에 이르기까지 일상의 본보기나 지배층의 설교에 의해 고문이나 살인 행위도 기독교와 합치될 수 있다고 세뇌당한다. 즉, 국가의 특정 목적을 이루기 위해 필요한 고문이나 살인 행위는 허용해야 된다는 생각을 주입받는 것이다.

둘째, 특히 징병이나 병역 또는 고용에 의해 징집된 무리의 일원이 자기 손으로 고문이나 살인을 행하는 것은 신성한 의무이며 찬양이나 포상을 받을 만한 용감한 행위라고 배운다.

## 일반적 기만

사실 이런 기만은 일반적으로 널리 퍼져 있다. 교리 문답서에도, 어린이의 의무교육에 사용되는 책 중에도 이런 내용이 포함되어 있기 때문이다. 여러 가지 폭력들, 즉 고문이나 금고, 사형 등이 전제국가, 군주국가, 국민공회, 나폴레옹 또는 불랑제의 제국, 입헌군주국, 코뮌, 또는 공화국을 막론하고, 국내 전쟁이나 국외 전쟁에서 벌어지는 살육 행위와 마찬가지로, 현존하는 국가의 질서를 유지하고 옹호하기 위한 완전히 합법적이고 도덕적인 가치이며 기독교의 가르침에 반하는 것도 아니라는 식으로 서술되어 있는 것이다.

모든 교리 문답서와 학교 교과서가 이렇게 서술하고 있다. 그리고 사람들은 이를 철저히 믿고 전혀 의심하지 않으면서 그런 신념 아래 성장하고 생활하며 죽어간다.

이는 분명 일반적 기만으로 모든 사람을 속이는 것이다. 그 밖에 개인적인 기만도 있다. 이는 여러 가지 방법으로 병사나 경찰관으로 징집되는 현행 제도의 유지와 옹호를 위하여 필요한 고문이나 살인을 집행하는 사람들에게 행해진다. 여러 가지 말로 된 모든 군사 법전 중 러시아의 군사 법전에는 다음과 같은 규정이 있다.

> 제87조. "상관의 명령을 정확하고 절대적으로 이행해야 한다는 것은 상관이 부여한 명령을, 그 적부나 가불가를 고려하지 않고 정확하게 이행해야 한다는 뜻이다. 상관 자신은 자신이 부여한 명령에 책임을 진다."
>
> 제88조. "부하가 상관의 명령을 거부할 수 있는 것은 상관의 명령을 실행하면 분명히 (그 뒤에는 다음과 같이 서술되어 있다고 생각하는 것이 자연스러울 것이다. 즉 "상관의 명령을 실행하면, 분명히 신의 율법을 침해하게 되는 경우뿐"이라고. 그러나 이는 착각으로, 실제는 다음과 같다) 국왕에 대한 서약, 충성, 봉사가 명백하게 침해된다고 보이는 경우에 한한다."

군사 법전에서는 "인간이 병사가 된 이상, 상관의 모든 명령을 예외 없이 실행할 수 있고, 또 해야 한다"고 규정하지만, 그 명령이란 곧 병사에게 부과되는 살인 행위이다. 따라서 신이나 인간의 계율을 전부 침해해도 무방하지만, "권력을 쥐고 있는 자에 대한 충성과 봉사만은 침해해서는 안 된다"

고 규정한 것이다.

이렇게 서술하고 있는 러시아 군사 법전과 말은 다르지만, 다른 법전에도 완전히 같은 내용이 규정되어 있다. 그 밖에 다른 것은 있을 수 없다. 왜냐하면 본질적으로는 신이나 자신의 양심에 대한 복종으로부터 인간을 해방시킨다고 하는 이런 식의 기만은, 복종이란 것을 우연히 만나는 상관에의 복종으로 대체하는 것에, 그리고 군대와 국가의 위력에 근거하기 때문이다. 자신들에게 파멸적인 현행 제도를 당연히 존재해야 하는 제도로 받아들이고, 따라서 고문이나 살인 행위에 의존해서라도 이를 유지해야 한다는 하층 계급의 기묘한 확신은 사실 여기에 근거한다. 즉 이 모든 게 상층 계급에서 내려와 인민 자신에게 투영되는 의식적 기만인 것이다.

어찌 그렇지 않을 수 있겠는가?

그 수가 가장 많은 하층 계급 사람들에게 양심에 반하는 행위를 하게 만들고, 그들이 자신을 학대하면서 고통스럽게 하려면, 이러한 하층의 최다수 계급을 반드시 속이는 수밖에!

## 병역의무에 대한 특별한 형태의 기만

최근 나는 이런 파렴치한 기만 행위가 공공연히 행해지고 있는 것을 목격하고, 매우 놀랐다. 반대하는 사람도 없었고, 장애물도 없었다.

11월 초, 툴라를 지나칠 때였다. 나는 시청 문 앞에 서 있는 수많은 사람들을 보았다. 술에 취한 자들은 고함을 지르고 있었고, 어머니와 아내들은 목청껏 울고 있었다. 바로 신병 징집 모습이다.

언제나처럼 나는 그 광경을 지나쳐버릴 수 없었다. 마치 악의를 품은 마술처럼 그 장면이 나를 이끌었다. 나는 군중 속에 들어가서 그들의 모습을 살피고 질문했다. 그리고 이 극도로 끔찍한 범죄가 백주에 당당하게, 아무런 장애도 없이, 대도시 속에서 행해지고 있다는 데 다시 한 번 놀랐다.

매년 인구 1억 명인 러시아의 모든 마을에서 촌장들은 11월 1일까지 명부에 적힌 젊은이들을, 심지어 자기 아들까지, 선발하여 도시로 보냈다. 도중에 신병들은 술자리를 계속 벌였으나 촌장은 간섭하지 않았다. 아내와 어머니를 버려두고, 성스러운 모든 것을 포기한 채, 단지 누군가를 위해 무의미한 살인 도구가 되려고 떠나는 마당이었기에 그들은 술에 의지해서라도 자신의 의식을 죽여야 했다. 그래서 젊은이들은 여행하고, 술을 마시고, 저주를 하고, 노래를 부르고, 싸움을 하고, 추태를 부렸다. 밤에는 여관에서 보냈다. 다음 날 아침 그들은 다시 취해서 시청 앞에 모였다.

그들 중 일부는 새 가죽으로 만든 반외투를 입고 손으로 짠 숄을 목에 걸친 채 여전히 술에 취해 서 있었다. 허세를 부리려고 고함을 지르는 자도 있었고, 낙담하여 조용히 서 있는 자도 있었고, 울고 있는 어머니와 아내에게 둘러싸여 순번을 기다리는 자도 있었다(내가 간 그날은 바로 면접일, 즉 출두 예정자들의 신체검사가 행해지는 날이었다). 다른 일부는 시청 대기실에서 기다리고 있었다.

시청에서는 작업이 바쁘게 진행되었다. 문이 열리고 수위가 표토르 시도로프를 불렀다. 표토르 시도로프는 놀라서 얼른 손으로 십자 성호를 긋고 창문이 있는 작은 방으로 들어갔다. 그곳으로 불려온 자들은 모두 옷을 벗었다.

표토르 시도로프의 동료인 한 후보 병사가 방에 들어왔다. 속옷 차림의 그는 합격 통보를 받은 모양으로 턱을 떨면서 옷을 입었다. 시도로프는 그 청년의 표정을 보고 합격했다는 것을 눈치 챘다. 동료에게 무엇인가 물으려는 시도로프에게 누군가 빨리 옷을 벗으라고 명령했다. 그는 얼른 반외투를 벗고, 장화와 조끼를 벗고, 셔츠마저 벗고 나서, 갈비뼈가 툭 튀어

나온 맨몸으로 덜덜 떨었다. 술과 담배와 땀에 찌든 냄새를 발산하며 그는 맨발로, 억센 두 팔을 엉거주춤하게 늘어뜨린 채, 곤혹스러운 표정으로 시청 쪽 방으로 들어갔다.

실내의 정면에는 완장을 차고 군복을 입은 황제의 초상이 거대한 황금 액자 속에 걸려 있었다. 구석에는 셔츠를 입고 가시나무 관을 쓴 그리스도의 작은 초상이 있었다. 중앙에는 녹색 보자기를 덮은 탁자가 있었고, 그 위에 서류와 '정의의 거울'이라 불리는 독수리 문장이 들어간 3면체가 놓여 있었다.

탁자 주위에는 자신감에 넘치는 유연한 얼굴의 상관들이 앉아 있었다. 그중 한 사람은 담배를 피웠고, 다른 사람은 서류를 뒤적였다. 시도로프가 들어서자 수위가 가까이 다가와서 그를 신장 측정기 밑에 세우고, 턱을 내밀고 두 다리를 곧추세웠다. 이어 담배를 입에 문 사람이 다가왔다. 군의관이었다. 그는 시도로프의 얼굴이 아니라 다른 어딘가를 응시하면서 혐오스러운 표정으로 그의 몸을 측정하고 진찰했다. 그러고는 시도로프에게 입을 크게 벌리라고 명한 뒤 숨을 쉬고 말을 해보라고 지시했다. 몇 사람은 기록을 했다. 마지막으로 시도로프의 눈을 다시 보지도 않은 채 군의관이 말했다. "합격, 다음!" 그러고 나서 그는 다시 굳은 표정으로 탁자 곁에 앉았다. 수위는 시도로프를 밀치며 급하게 밖으로 내보냈다.

시도로프는 재빨리 셔츠를 입고 바지를 걸친 뒤, 각반을 차고 장화를 신었다. 그러고는 숄과 모자, 반코트를 손에 쥐고서 밖으로 나갔다. 벤치에는 먼저 합격 통보를 받은 후보 병사들이 기다리고 있었다. 멀리서 온, 그와 같은 농촌 출신인 한 청년은 벌써 병사가 되었다고 생각하는지 날카로운 칼을 꽂은 총을 들고서 도망치면 죽이겠다는 표정으로 그를 노려보았다.

그동안 아버지, 어머니, 아내들이 순경들에게 밀리며 문 쪽으로 다가서 누가 합격하고 불합격했는지를 물어대고 있었다. 불합격한 자가 나오면서 표토르 시도로프는 합격했다고 말하자 그의 아내가 울부짖었다. '합격'이란 4~5년간의 이별을 뜻했고, 이는 곧 병사의 아내로서 요리사가 되어 방탕한 생활을 해야 함을 뜻했기 때문이다.

바로 그때, 다른 사람들과 너무 다른 독특한 모습을 한 장발의 남자가 나타났다. 그는 타고 온 마차에서 내려 시청으로 걸어갔다. 순경들이 사람들 사이에 길을 터주면서 말했다.

신부님이 선서를 해주려고 오셨나이다.

자신이 그리스도의 특별하고 유일한 종이라는 확신을 받고 있는 그 신부는, 대부분의 경우 자신이 기만에 빠져 있다는 것을 전혀 의식하지 못하는 합격자들이 기다리는 방으로 들어가, 황금색 옷을 입고 장발을 들어올리며 맹세를 금하고 있는 복음서를 펼치고 그 위에 십자가를 놓았다.

그런데 그 십자가는 상상의 봉사자가 행하라고 명한 것을 행하지 않은 탓에 그리스도가 못 박혔던 바로 그 십자가가 아닌가? 신부는 십자가를 설교단 위에 놓고서 불쌍하게 속고 있는 젊은이들에게 거짓말—그가 늘 당당하게 습관적으로 말하는—을 복창하게 했다. 그가 다음과 같은 내용을 읊자 병사들이 복창했다.

성스러운 복음서 앞에서 전능하신 하느님에게 맹세합니다. …방어하기 위해, 즉 내가 죽이라고 명한 모든 자들을 죽이고, 내가 모르는 사람들이 그 지위를 보전하고 나의 형제를 박해하기 위해 악행을 행할 때에만 나를 필요로 하는 자들이 명하는 모든 것을 하겠습니다.

합격자 모두는 이런 난폭한 말의 의미도 모른 채 그저 따라할 뿐이었다. 소위 '신부님'은 자기 의무를 올바르고 양심적으로 수행했다고 뿌듯해하면서 사라졌다. 그리고 속임을 당한 젊은이들 모두는, 지금 뜻도 모르고 복창한 바보 같은 말이 그 뒤 병역을 치루는 동안, 자신을 인간적 의무에서 면제시키고, 새로운, 더욱 강제적인 병사의 의무로 속박시킬 것이라고 생각했다.

이 행사는 공공연히 행해졌다. 기만하는 자에 대해서나 기만당하는 자에 대해서나 다음과 같이 절규하는 사람은 아무도 없었다.

스스로 생각하며 살아라. 그것이 우리의 육체만이 아니라 우리의 정신까지 파멸시키는 가장 비열한 거짓말이 아닌가를!

누구도 그렇게 말하지 않았다. 반대로 채용 절차가 끝나고 출발 시간이 되자, 마치 그들을 조소하듯이 상관들이 자신감에 가득한 거만한 태도로, 속임에 취한 젊은이들이 모여 있는 폐쇄된 공간에 들어와 군대식으로 용감하게 모두에게 소리쳤다.

자, 여러분, 폐하의 충복이 된 것을 축하합니다.

그러자 불쌍한 젊은이들은 (누군가가 그들에게 무엇을 해야 할지 가르쳐주었다) 익숙하지 않은, 반쯤 취한 목소리로 자신들도 기쁘다고 더듬거렸다. 그동안, 아버지, 어머니, 그리고 아내들은 모두 문 앞에 서서 기다리고 있었다. 여성들은 눈물에 젖은 눈으로 문을 주시했다. 문이 열리자 합격한 후보 병사들이 비틀거리며, 허세를 부리며, 밖으로 나왔다. 페트루하, 와뉴하, 마카르도 모두 가족들을 보려고 하지 않았다.

어머니와 아내들이 울부짖는 소리가 들려왔다. 그들은 서로 안고 울었다. 용감하게 보이려는 자도 있었고, 가족을 달래는 사람도 있었다. 어머니와 아이들은 앞으로 3~5년간은 부모를 잃은 고아처럼 살아야 한다는 것을 알고, 그들이 낼 수 있는 가장 큰 목소리로 울부짖었다. 아버지들은 말없이 입맛을 다시며 한숨을 쉴 뿐이었다. 자신들이 키우고 가르친 아들을 이제 더 이상 볼 수 없고, 그들이 되돌아올 때에는 과거처럼 평화롭고 근면한 농부가 아니라 보통은 더 이상 소박한 생활을 하지 않는 타락한 놈팽이가 되어 올 것임을 누구보다 잘 알고 있었기 때문이다.

이제 모든 사람들이 썰매를 타고, 여관과 식당이 있는 거리로 나섰다. 노래하는 소리, 울음소리, 주정뱅이의 절규, 어머니와 아내들의 울부짖음, 아코디언 소리, 그리고 저주의 말들이 뒤섞였다. 그들은 국가에 돌아갈 수익을 창출하는 술집과 식당에서, 자신들에게 행해진 불법에 대해 내부로부터 피어오르는 불안한 의식을 잠재우려고 자진하여 술에 취했다.

2~3주간을 그들은 집에서 그렇게 지냈다. 즉, 술을 마시며 살았다.

예정된 날짜에 그들은 소집되었고, 가축처럼 한 곳에 모여 병사로서의 태도를 배우고 훈련을 받았다. 이들을 교육시키는 자는 새내기 병사들과 마찬가지로 국가에 사기를 당해 2~3년 먼저 입대한 야생화 같은 자들이었다. 훈련 수단은 간단했다. 기만, 우둔화, 구타, 보드카가 전부였다. 이제 그들은 1년도 채 되지 않아, 정신이 건전하고 현명하고 선량했던 젊은이들은, 자신을 가르친 교사들처럼 야비한 존재로 변했다.

나는 젊은 병사에게 물었다.

만일 죄수가 당신의 아버지인데, 그가 탈주한다면 어떻게 하지?

그는 독특한, 바보 같은 병사 어투로 답했다.

　　총검으로 죽일 수 있지요. 도망치면 반드시 사살해야지요.

　아버지가 도망칠 때 어떻게 해야 할지를 잘 알고 있다는 듯 그는 자랑스러운 태도로 말했다. 그 착한 젊은이가 동물보다 못한 상태로 전락하는 것이야말로 그를 폭력의 도구로 사용하고자 하는 무리가 원하는 바였다. 그리고 이제 그는 완전히 그들의 바람대로 되었다. 인간은 사라지고 폭력의 새로운 도구가 창조된 것이다.

　이 모든 일은 매년 가을마다, 러시아의 모든 곳에서, 백주에 대도시에서, 모든 사람들의 눈앞에서 행해진다. 그 기만 상황이 너무나도 교묘하고 교활하여, 사람들은 그 모습을 생생하게 목격하면서도, 내심 그 추악함과 끔찍한 결과를 짐작하면서도, 그로부터 벗어나지 못했다.

## 권력의 노예에서 탈출하라
### 도덕에 반하는 살인은 상류 계급만 인정

사람들에게 행해지는 이 끔찍한 기만에 눈을 뜬다면, 고문과 살인이 모든 사람들의 생활에 필수 조건이며 그들 중에는 동포에 대한 살인을 마다하지 않는 특수한 사람들이 언제나 있고, 우리 각자도 언제든 그런 인간으로 변할 수 있다는 것을 교회나 정부가 공공연히 인정하는 사회에서는 기독교와 도덕의 설교자, 청소년 교육 담당자, 어느 사회에나 항상 존재하는 오로지 선량하고 총명한 부모들마저 어떤 명령이든 도덕의 가르침으로 받아들인다는 점을 깨닫고 놀라게 될 것이다.

그들은 살인 행위가 우리의 복지 유지를 위해 불가결하며, 따라서 합법적이라 가르친다. 또한 권력자의 의지에 따라 우리 각자에게 자신의 친척을 고문하거나 살해하는 것처럼 범죄를 행하는 일이야말로 인민의 의무라 말한다. 그러면서 동시에, 청소년에게든 일반인에게든, 기독교 정신에 의한 문명의 가르침과 도덕률을 가르치고 계몽하려 든다. 도대체 이런 일이 어떻게 가능한 것일까?

만일 권력을 쥔 자의 의지에 따라 고문, 살인은 물론 모든 범죄를 범할 수 있고, 또 그것을 해야 한다면 어떤 도덕의 가르침도 없어지고, 아니, 있을 수 없게 되며, 있는 것은 오로지 강자의 권리뿐일 텐데도! 하지만 이것이 바로 현재 상황이다. 일부 사람이 '생존을 위한 투쟁'이라 떠벌리는 그런 교리가 우리 사회에 이미 군림하고 있다.

실제로, 어떤 목적을 위해서 살인 행위를 시인하는 도덕적 가르침이 있을 수 있는가? 이는 둘은 셋과 같다는 것을 인정하는 수학 이론이 존재하지 않는 것처럼 불가능하다. 둘이 셋과 같다고 인정할 경우—수학에는 이와 유사한 경우가 있을 수 없지만— 결코 참된 수학적 지식이 존재할 수 없다. 사형, 전쟁, 자위책이라는 형태로 살인 행위를 인정하는 경우도 마찬가지다. 이런 논리와 유사한 도덕 비슷한 것은 있을 수 있어도 결코 참된 도덕은 있을 수 없다. 각자의 생명을 신성하다고 인정하는 것이야말로 모든 도덕이 최초이자 유일한 기초로 삼아야 하는 진리이다.

"눈에는 눈, 이에는 이, 목숨에는 목숨을"이라는 가르침을 그리스도가 부정한 이유는 이 가르침이 무도덕을 정당화하는 것에 불과하고, 오로지 정의의 유사품으로서 어떤 의미도 갖지 않기 때문이다.

생명에는 중량이나 척도가 없다. 그 무엇과 비교할 수 없을 만큼 중요한 것이기 때문이다. 따라서 하나의 생명으로 다른 생명을 뺏는 데엔 그 어떤 의미도 있을 수 없다. 뿐만 아니다. 모든 사회적 법칙은 인간 삶의 개선을 목적으로 한다. 그런 마당에 누군가의 생명을 뺏는 것이 어떻게 인간의 삶을 개선하는 행위가 된다는 것인가? 타자의 생명을 빼앗는 것은 개선의 행위가 아니라 자살 행위일 뿐이다. 정의를 지키기 위해 타인의 생명을 뺏는다는 것은, 한쪽 팔을 잃은 사람이 그 불행을 무마하기 위해, 즉 공평을 기하기 위해, 자신의 다른 팔을 끊어버리는 것과 같다.

그러나 가장 끔찍한 범죄를 사람들에게 의무로 생각하게 만드는 기만의 죄는 말할 필요도 없이, 또 선서로 행해지고 있듯이, 바로 그리스도에 의해 가장 철저하게 부정되고 있는 것을 합법화하려고 그리스도의 이름과 권위를 빌리는 저 끔찍한 범죄는 말할 필요도 없이, '이 작은 양들'의 육체만이 아니라 정신까지도 뺏는 수단이 되는 유혹은 말할 필요도 없이, 아니, 이 모든 것을 일일이 열거할 필요도 없이, 어떻게 사람들은—심지어 일신의 안전을 위해서라고 하지만— 자신의 생활형식 안에, 자신의 진보를 존중하는 내면에, 군대에 의존하는 국가 조직에 의해 만들어지는 저 끔찍하고 무의미하며 잔인하고 파괴적인 힘이 들어앉는 것을 묵인할 수 있을까?

아무리 잔인하고 끔찍한 강도라 해도, 국가 조직만큼 끔찍하지 않을 것이다. 어떤 도둑 무리의 수령이라고 해도 그보다 파렴치하지는 않을 것이다. 도둑의 무리든 강도의 무리든, 그 안에는 다소나마 인간적 자유를 가지고, 자신의 양심에 반하는 행위에 반대하는 경우도 있으므로 어느 정도 제한이 따른다. 그러나 정규적으로 조직되고, 오늘날엔 군기마저 갖게 된 군대를 둘러싼 국가의 일부를 이루는 사람들에게는 어떤 제약도 없다. 국가의 일부를 이루는 사람들과 종종 수령이 될 수 있는 자들, 즉 불량제, 푸가초프, 나폴레옹 등의 의지에 따라 군대가 범했던 그 많은 범죄들을 떠올려보라.

신병 징집, 군사 교련, 기동 훈련만이 아니라, 장전한 권총을 쥔 순경, 착검한 총을 가지고 선 보초 등을 보거나 (지금 내가 사는 하모브니키에서 듣고 있듯이) 하루 종일 표적을 명중하는 탄환이 날아다니는 소리를 들을 때, 그리고 (제멋대로의 행동이나 폭력 행위가 일체 금지되어야 하고, 화약이나 약품의 판매, 교통기관의 폭주, 무면허 치료 등이 허가되어서는 안 되는) 우리의 도시에서 살인을 가르치는 사람이나 어떤 높은 한 사람에게 종속되어 있는 수천 명의 훈련병을 볼 때, 나는 무조건 다음과 같이 자문하게 된다.

도대체 왜, 자기 안전을 존중하는 사람들이, 이 모든 것을 아무렇지 않게 시인하고 그것을 참을 수 있는가?

푸가초프의 재판(바실리 페로 作(1879))

유해하고 부도덕한 것은 물론이요, 이보다 더 위험한 일이 있을 수 있는가? 기독교도나 사제들, 박애주의자와 도덕주의자들은 물론이요, 자신의 생명, 안전, 행복을 존중하는 모든 사람들은 무엇을 보고 있는가? 이러한 조직은 누구의 손에 있다 한들 결국 같은 일을 하지 않겠는가?

설령 오늘은 그 권력이 아직 참아줄 만한 위정자의 손에 있다고 해도, 내일이면 비론이나 엘리자베스, 예카테리나 혹은 푸가초프, 나폴레옹 1세나 3세의 손에 넘어갈지도 모른다. 또한 그 권력을 쥔 자가 오늘은 아직 참을 만한 인물이라 해도, 내일은 야수로 변할지 모르며, 어쩌면 그 자리를 바바리아 왕이나 바벨 황제 같은 광인이 차지할지도 모른다.

게다가 최고 위정자만이 아니라, 도처에 흩어져 있는 난폭한 관리들—수많은 파라노프의 부하들, 도시의 경찰서장으로부터 지방 경찰서장, 중대장, 하사관에 이르기까지—도 자리가 바뀌기 전에 그런 악행을 저지를 시간적 여유가 있으므로 지금 그런 짓을 끊임없이 행하고 있다.

**특권 유지를 위한 살인**

그래서 뜻하지 않게 다음과 같이 묻게 된다.

> 정치적인 문제를 가장 많이 고려해서가 아니라, 자기의 안전을 위해서라도 사람들은 어떻게 그런 일이 생기는 것을 허용하는가?

이러한 물음에 대한 답을 찾아내려면 우선 이를 허용하는 게 모든 사람이 아니라 (대다수는 기만당하고 종속된 사람들이기 때문에 무엇이든 허용할 수밖에 없다) 그러한 조직하에서만 사회적으로 유리한 지위를 차지한 사람들이라는 점을 이해해야만 한다. 그러고 나면 답은 간단해진다. 이들이 폭력을 허용하는 이유는 국가나 군대의 수뇌가 광인이나 잔인한 인간이 되어 입는 위험보다 조직 자체가 파괴되어 입는 불이익이 훨씬 더 크다고 생각하기 때문이다.

재판관, 경찰관, 지사, 장교들은 불랑제의 시대이든, 공화국이든, 푸가초프의 천하이든, 예카테리나의 시대이든 전혀 아랑곳하지 않고 원하는 지위를 차지할 것이다. 하지만 현행 제도가 붕괴하면, 그들은 분명 자신이 누리던 지위를 상실하게 될 것이다. 따라서 그런 자들은 모두, 누가 폭력 조직의 수령이 되는지에 대해서는 관심이 없다. 두려워하지도 않는다. 우두머리가 누가 되었든 적응하는 데 문제가 없는 탓이다. 다만 그러한 조직 자체가 파괴되지 않을까 두려워할 뿐이다. 그들이 언제나 폭력을 거의 무의식적으로 지지하는 이유이다.

그렇게 할 필요가 전혀 없는, 소위 '사회의 꽃'이라 불리는 자유인들마저 러시아, 영국, 독일, 오스트리아, 심지어 프랑스에서도 군대에 들어가는 이유가 무엇인지, 굳이 살인자가 되는 기회를 찾는 이유가 무엇인지 의아해하는 사람들이 있다. 도덕적인 사람으로 보이는 부모들이 자녀를 군사 훈련을 전문으로 하는 학교에 보내는 이유는 무엇인가? 부모들이나 좋아할 장난감인 헬멧, 총, 칼 등을 아이들에게 사주는 이유—농민의 자제들은 결코 병사놀이를 하지 않는다—는 무엇인가? 군사와 무관한 선량한 남녀까지 스코벨레프[2] 같은 이의 여러 공적에 기뻐하며 그를 찬양하는 이유가 무엇인가?

강요당하는 것도 아니고 보수를 받는 것도 아닌데, 러시아의 귀족 단장과 같은 자들이 신병 채용이라는 업무 수행에 엄청난 노동력을 바치는 이

---

2  스코벨레프(Mikhail Dmitrievich Skobelev, 1843~1882)는 러시아의 저명한 장군이다.

유는 무엇일까? 육체적으로 고달프고, 도덕적으로도 고통에 가득 찬 그런 일을 여러 달에 걸쳐 수행하는 이유는 과연 무엇일까? 모든 황제나 왕들이 군인이 다는 것 같은 장식을 옷에 붙이는 이유는 무엇일까? 군사 훈련이나 열병에 관심을 쏟고, 군인들을 찬양하고 자주 포상하며, 장교와 정복자들의 기념비를 열심히 세우는 이유는 무엇인가?

자유롭고 부유한 사람들이 왕관을 쓴 자의 종 역할을 명예롭게 여기며 비열하게 굴고, 추종하고, 그러한 자들의 특별함을 확신하는 듯이 행동하는 이유는 무엇인가? 오래전부터 중세 교회의 미신을 믿지도 않고, 더 이상 믿을 수도 없게 되어버린 사람들이 진지하고 완고하게 그것을 믿는 것처럼 굴면서, 타락하고 모독적인 교회제도를 지지하는 이유는 무엇인가? 민중의 무지와 무식이 국가만이 아니라 상류사회의 자유인에 의해 그렇게도 열심히 지켜지는 이유는 무엇인가?

그들이 종교적 미신을 파괴하고, 민중을 계몽하려는 참된 시도들을 그렇게도 격렬하게 공격하는 이유는 무엇인가? 역사가나 소설가, 시인처럼 더 이상 추종해야 할 대상을 갖지 않는 자들마저 과거에 죽은 황제나 왕이나 장군을 영웅으로 받드는 이유는 무엇인가? 학자라 자처하는 자들이 권력에 의해 인민에게 가해진 폭력을 일종의 특권이라 결론짓는 이론을 정립하느라 생애를 바치는 이유는 무엇인가?

사회문제에도 군사문제에도 관심이 없는 사교계 사람들이나 화가들이 무슨 필요가 있어서 노동자들의 파업을 비난하고, 전쟁을 주창하며, 항상 한쪽을 공격하고 다른 쪽을 옹호하는지 사람들은 매우 궁금해한다. 이유는 간단하다. 지배 계급의 모든 사람들은 그들이 누리고 있는 특권을 이용할 수 있는 조직을 무엇이 지지하는지, 무엇이 파괴하는지 언제나 본능적으로 느끼고 있기 때문이다.

사교계 부인들은, 만일 그들을 보호해주는 군대가 없어진다 해도, 자신의 남편은 여전히 돈을 많이 벌 것이며, 그녀 자신 살롱을 소유하거나 화려한 장식품을 갖는 데 아무 문제가 없을 거라고 생각한다. 화가들 역시 군대의 보호를 받는 자본가들이 없어도 그림을 파는 데 문제가 없을 거라 생각한다. 그러나 대개 본능이 판단을 대신하여 사람들을 이끄는 법이다. 그야말로 똑같은 본능이―약간의 예외를 제외하면― 자신들에게 유리한 모든 정치, 종교, 경제제도를 지지하는 모든 사람들을 지배한다.

그러나 상류 계급 사람들은 과연 이 제도가 자기에게 유리하다는 이유만으로 지지하는 것일까? 그런 사람들이라고 해도, 이 제도 자체가 불합리하고, 이미 사람들의 의식 단계나, 여론에도 적응할 수 없고, 위험으로 가득 차 있는 것을 모를 리가 없다.

지배 계급 사람들, 특히 성실하고 선량하며 총명한 사람들은 이 내적인 모순에 고뇌하지 않을 수 없고, 이 제도가 그들을 위협하는 위험을 모를 리가 없다. 과연 수백만 명에 이르는 하층 계급 사람들이 강제되고 있는 고문이나 살인과 같이 명백한 악행의 모든 것을, 형벌이 무섭다는 이유만으로 태연하게 행할 수 있을까?

실제로 그런 일은 있을 수 없다. 어떤 계급에 속한 사람이 국가기구의 특수성에 따라 무슨 일을 할 때, 만일 국가에서 그 행위의 부자연스러움과 불합리를 숨기지 않았더라면, 그들 역시 자기 행위의 불합리함을 금방 눈치 챘을 것이다. 사실 이러한 불합리한 악행에는 너무나도 많은 도발자와 공모자, 묵인자가 개입되어 있고, 이 때문에 어느 한 사람만 도덕적 책임을 느끼게 되지 않는다.

살인자들은 살인 현장에 있는 모든 사람에게 이미 살해된 희생자를 구타하도록 강요함으로써 가능한 한 많은 사람들에게 죄의식과 책임을 분담시키려 한다. 국가기구에 의해 저질러지는 범죄에도 똑같은 원칙이 적용된다. 법으로 규정한 범죄들은 이미 국가기구 속에도 규정되어 있는 것으로 국가는 본래 그런 범죄가 끝없이 행해져야만 존재 가치를 증명할 수 있다. 따라서 국가의 지배자들은 자신이 행하는 범죄, 자신들의 권력을 유지하기 위해 필요한 모든 범죄 행위에 가급적 많은 시민을, 가능한 한 많이 참가시키고자 노력하는 것이다. 이는 최근에 시민으로 배심원단을 구성하여 재판하게 하고, 병사들을 뽑아 군대에 보내고, 선거인이나 대표자를 선출하여 지방행정이나 입법회의에 유인하는 수단을 통해 분명하게 나타났다.

국가기구는 마치 나뭇가지로 짠 바구니 같아서 가장 말단에 있는 직위나 사람을 찾기가 어렵다. 바구니의 가장 밑 부분이 교묘하게 숨겨져 있는 것처럼 범죄의 가장 근본적인 책임자 역시 사람들의 눈에는 잘 보이지 않는다. 덕분에 사람들은 아무리 두려운 짓을 해도 거기에서 자신의 책임을 보지 않을 수 있는 것이다.

과거에는 포악무도한 짓을 한 폭군이 비난받았지만, 지금은 네로 시대에조차 생각할 수 없었던 끔찍한 범죄가 벌어져도 아무도 비난하지 않는다. 첫 번째 사람이 요구하고, 두 번째가 결정을 내리고, 세 번째 사람이 이를 확인하고, 네 번째가 실행을 제안하고, 다섯 번째 사람이 보고하고, 여섯째가 지령을 내리고, 마지막 사람은 직접 실행에 옮긴다.

지금 러시아에서도 최근의 유조프스키 공장에서처럼 죄 없는 여성과 노인들이 살해되고 교수되고 태형에 처해지고 있으며, 똑같은 일들이 유럽과 미국의 도처에서 행해지고 있다. 아나키스트나 현행 제도를 반대하는 사람에 대한 투쟁에서도 수백 명, 수천 명이 총살당하고 교살당하고, 전장에서는 수백만 명이 사망하거나 부상당하고 있으며, 감옥의 독방과 병역제도 안에서 사람들의 정신이 망가지고 있다. 이런 일들은 끊임없이 행해지며 게다가 그것은 누구의 악도 아니라고들 한다.

사회의 낮은 계층에서도 마찬가지 일들이 벌어진다. 여전히 많은 사람들이 군대에 차출되어 소총이나 권총, 칼로써 사람을 고문하고 살해하지만, 그들은 행위에 대한 책임을 지려고 하지 않는다. 아니, 이런 일을 자신들에게 명령한 상부에 의해 책임의 소재 자체가 완전히 제거된다고 그들은 믿고 있다. 한편 상층 계급을 구성하는 황제, 대통령, 장관, 국회는 이러한 고문, 살인, 징병을 명령하면서 자신들은 신에 의해 그 자리에 올랐다거나, 자신이 지배하는 사회가 자신에게 이런 명령들을 요구했다고 주장하면서 자신에게는 죄가 없다고 믿는다.

이 두 계층 사이에는 고문, 살인, 징병의 관리를 담당하는 중간 계층이 있는데, 그들 역시 책임을 느끼지 않는다. 책임의 반은 위에서 내려온 명령에 있고, 나머지 반은 명령을 이행하는 하층 계급에 있으므로 자신들에게는 아무런 책임이 없다고 주장한다. 즉, 국가기구의 양 극단에 있는 명령권과 집행권은 수레의 바퀴처럼 서로 연결되어서 상호 및 중간의 모든 부분을 제약하며 지지하는 것이다.

만일 지금 행해지고 있는 모든 일에 책임을 느끼는 사람이 단 한 명이라도 있다면 어떤 병사든 고문이나 살인을 직접 행하지 않을 것이다. 이런 악행은 모든 국민, 즉 황제나 왕, 대통령, 의회, 그리고 실행자인 하층 계급에 속한 인민조차 자신에게는 책임이 없다고 확신하는 데서 비롯한다. 즉, 위에 행위의 책임을 지는 사람이 있고, 아래에 자기 복지를 위해 그런 행위의 실행을 요구하는 사람이 있다고 하는 확신 없이는, 위정자와 병사의 중간에 있는 사람들 중에 그 누구도, 그들이 지금 실행하고 있는 짓을 할 수 없을 것이다.

국가기구는 어떤 사람이 사회 계층의 어떤 단계에 있든 누구도 책임을 지지 않으려 하는 사람들로 이루어진 것이다. 따라서 상위 계층에 속하면 속할수록 그들은 하부의 관리들에게서 이러저러한 요구를 받았다고 주장하게 마련이며, 그 반대 역시 마찬가지다. 내가 직면하고 있는 경우에도 이 일에 관련된 사람들은 누구나 지위가 높으면 높을수록 하층 관리의 영향을 많이 받았다고 주장함으로써 그만큼 상부 명령의 영향력이 적은 것처럼 보이게 한다. 반대의 경우도 똑같다.

국가기구를 구성하는 모든 사람들은 자신의 행위에 대한 책임을 서로 전가한다. 병역에 동원된 농민은 장교가 된 귀족이나 상인에게, 장교는 지사 자리를 차지한 귀족에게, 지사는 장관 자리를 차지한 간부나 귀족의 자식에게, 장관은 황제의 지위를 차지한 황족에게, 황제는 다시 그런 간부나 귀족, 상인, 농민에게 책임을 전가한다. 그리고 이들은 '떠넘기기' 방법에 의해 자기 행위에 대한 책임감으로부터 면제될 뿐만 아니라, 자기 책임에 대한 도덕적 의식마저 상실하게 된다. 왜냐하면 자신들 역시 국가기구에 포함되지만 동시에 결코 똑같은 죄를 저지르는 인간이 아니라고, 즉 '별이 서로 다르듯이' 서로 다르다고 오랫동안 열심히 믿어온 탓이다.

그리하여 상류 계층에 속하는 이들은 자신이 결코 다른 사람들과 동급이 아니며, 오로지 찬양받아 마땅한 특수한 사람이라고 나머지를 세뇌한다. 그러면서 인민으로 하여금 자신이 다른 사람보다 지위가 낮으니 상부의 명령에 불평 없이 따라야 한다고 믿게 만든다. 이렇게 믿도록 모든 수단을 강구한다.

이처럼 어떤 사람을 높이고 어떤 사람은 낮추는 불평등은 현행 생활 제도의 불합리와 잔인함 및 범죄성을 간과하면서 타인이 기만당하는 것을 묵인하는 데서 비롯된다. 따라서 특별한 초자연적인 의의와 위대함을 부여받았다고 생각하는 사람들은 그런 착각에 완전히 도취되어 자신이 행하는 일에 대해 일말의 책임감도 느끼지 못한다.

이와 반대로 다른 모든 사람보다 신분이 낮기 때문에 상부 명령에 불평 없이 따라야 한다고 믿는 사람들은 그 끝없는 자기 비하의 결과, 기묘한 굴욕의 도취 상태에 빠져 자기 행위의 의미를 깨닫지 못하게 되고, 책임 의식마저 상실한다. 또한 중간 위치에 있는 사람들은, 그중 일부는 상관에게 종속되고 나머지 일부는 스스로를 상관이라 생각하면서, 권력과 굴욕의 도취에 동시에 빠져서 자신의 책임 의식을 상실한다.

만일 열병식 같은 행사를 볼 기회가 있다면 참모를 따라가보라. 거기서 스스로의 위엄에 도취한 최고 사령관의 모습을 확인해보라. 훈장이 잔뜩 달린 특별한 군복을 입고 화려하게 장식한 말에 앉아, 정연하고 장엄한 군악대의 나팔 소리가 퍼지는 가운데 뭔가에 마비된 비굴한 표정으로 총을 들고 줄 지어 선 병사들 앞을 지나가는 그의 모습을 보고 있노라면, 당신은 그런 도취 상태에 있는 자가 그 누구이든, 즉 최고 사령관이거나 병사거나 중간 무리에 속한 자거나 그 누구를 막론하고, 다른 조건하에서는 절대로 꿈도 꾸지 못했을 일을 태연하게 저지르는 이유를 이해하게 될 것이다.

## 권력의 노예

열병, 황제 알현, 교회 의식, 대관식처럼 사람들이 일시적으로 경험하는 도취 상태 외에 만성적인 도취 상태도 있다. 이는 황제로부터 길거리에 서 있는 순경에 이르기까지 권력을 쥔 모든 사람들한테서 발생되는 것으로, 인민은 언제나 그 권력에 복종하고 비굴한 도취 상태에 빠져들게 된다.

즉, 위로는 그 상태를 변호하기 위해, 아래로는 과거와 현재의 모든 노예 상태에 있는 사람들이 자신이 예속된 상대에게 최대의 의미와 가치를 부여함으로써 일시적인 도취 상태와 버금가는 경험이 공유되는 것이다. 이는 불평등을 강요하는 권력과 이에 대한 복종에의 도취를 조장하는 기만 위에 특별히 뿌리를 내리고 있다. 국가기구에 결합된 사람들이 양심의 가책을 전혀 느끼지 않고 양심에 반하는 행위를 하는 것도 한 몫 한다.

권력과 굴종에 대한 이러한 도취의 영향 아래, 인간은 자신에 대해서든 타인에 대해서든, 스스로를 더 이상 현실적인 존재로서의 평범한 인간이 아니라 귀족이나 상인, 지사나 재판관, 장교나 황제, 혹은 장관이나 병사라고 하는 특별한 존재, 제약된 어떤 존재로 간주한다. 따라서 보통의 인간 종(種)으로서 가지는 의무에 구속되지 않고, 자신에게 할당된 의무—귀족, 상인, 지사, 재판관, 장교, 황제, 장관, 병사 등—에 우선해야 한다고 생각한다.

따라서 앞에서 본 숲 사건으로 재판을 받은 지주가 그런 짓을 한 것도, 자신을 모든 사람들, 즉 함께 살고 있는 농민과 같은 사람이라고 생각하지 않고, 거대한 토지를 가진 지주이자 귀족의 일원이라고 생각하여 그 결과 권력 도취의 영향 아래 자신이 모욕당했다고 느꼈기 때문이다. 오로지 이런 이유 때문에 그는 자신의 요구에서 발생할지도 모르는 결과와 상관없이 자신의 상상 속의 권력을 부활시키는 데 초점을 맞춰 청원서를 낸 것이다.

부정한 판결에 의해 숲을 지주에게 넘긴 재판관들도 마찬가지다. 그들이 이런 판결을 내린 이유는 자신이 다른 사람들과 같지 않으며, 따라서 자신이 정의라고 생각하는 대로 일을 수행해야 한다고 생각했기 때문이다. 즉, 스스로 보통의 인간이라 생각하는 대신, 권력에 도취되어, 자신을 절대로 틀릴 리 없는 공정한 재판의 수호자라고 생각한 탓이다. 또한 그 자신 굴종의 도취 상태에 빠져 모든 책 속에 쓰여 있는 법을 실행할 의무가 있는 자라고 상상한 탓이기도 하다.

이 같은 사건에 관계된 모든 사람들, 즉 장관이 올린 보고서에 승인의 서명을 한 황제, 신병 모집을 행한 귀족 무리의 단장, 선서식을 거행한 사제, 자신의 형제들을 사살하려고 떠나는 일개 병사에 이르기까지, 이들 모두는 권력이나 복종의 도취 아래 자타에 대해 자신들은 현실에 있는 그대로의 인간이 아니라 재판관과 마찬가지로 조건부의 인간이라 생각하고 있다.

그들이 이런 짓을 행해왔고 또 지금부터 행하고자 하는 이유는, 자신들이 현실 그대로의 인간—양심에 어긋나는 악행에 가담해야 하는지 아닌지 의문을 갖는—이 아니라 여러 가지 조건으로 규정된 인간이라 생각하는 데 있다. 즉, 이들은 모두 자신을 1억 명의 복지를 보장하는 사명을 띤 특별한 존재로서 성스러운 기름을 바른 황제로, 귀족 계급의 대표로, 자신의 헌사에 의해 특별한 은혜를 입었다는 사제로, 명령받은 것은 무엇이든 무비판적으로 실행해야 한다고 생각하는 병사로 생각한다.

이처럼 공상적 상태에서 나오는 권력과 복종에 대한 도취야말로 이 모든 사람들로 하여금 지금 행해지고 있는 것을 하도록 종용하는 것이다. 만일 이들에게 황제, 장관, 지사, 재판관, 귀족, 지주, 귀족 단장, 장교, 병사와 같은 칭호가 현실에 존재하며 지극히 중요한 것이라는 확고한 신념이 없었다면, 그중 한 사람으로서 공포와 혐오감 없이 지금 행해지고 있는 일에 가담하려고 마음먹는 자도 없을 것이다.

수백 년 전에 제정되어 몇 세기 동안 인정되었으며, 지금도 우리 주위의 모든 사람들이 인정하고 있고, 독자의 명칭과 특수한 복장에 의해 지정되고, 그 밖에 있을 수 있는 모든 의식과 표면적 감정에 대한 작용에 의해 확정되고 있는 조건적 지위는 확실하게 사람들 마음속에 깊은 인상을 주고 있으므로, 그들은 보통의 모든 사람들에게 공통된 생활 조건들을 잊어버리고, 자신이나 모든 사람들을 오로지 어떤 제한된 관점에서만 보게 되며, 자타의 행위를 평가하는 경우에도 이러한 조건적 관점에 의해서만 좌우되는 것이다.

그리하여 정신적으로 건강하며 나이도 많은 성숙한 사람이 장난감 같은 장식을 단 광대 같은 옷을 입고, 허리에는 열쇠나 푸른 리본—정장을 한 어린 소녀에게나 어울릴 법한—을 단 채 장군이라는 둥, 시종이라는 둥, 안드레이 훈장의 서훈자라는 둥 거들먹거리며 바보 같은 생각에 젖게 되는 것이다. 그러고는 별안간 자신감이 솟구쳐 교만해지고 뜬금없는 행복감에 젖게 된다. 혹은 이와 반대로 장식이나 호명을 뺏기거나 받지 못하게 될 경우, 너무나 슬퍼지고 불행하게 되어 병에 걸리기도 한다.

더욱 놀라운 일은, 다른 경우에는 정신이 완전히 건강하고 자유로우며 훌륭한 젊은이들이, 검사나 지방 장관이라고 자처하거나 사람들에게 그렇게 불린다는 이유만으로 불행한 과부를 어린아이로부터 빼앗아 투옥하거나, 아이들을 고아로 만든다는 것이다. 이들이 그녀를 감옥에 가두는 이유는 정말로 어이가 없는 것들이다. 즉 그 불쌍한 과부가 밀주를 만들어 파는 바람에 국고 수입에 25루블의 손실을 끼쳤다는 것이다. 그런데 이들 생각 없는 젊은이들은 조금도 후회하지 않는다. 더더욱 놀라운 점은, 다른 경우에는 총명하고 온순한 인간이, 기장이나 제복을 몸에 걸치고 수위라거나 세관 병사라 불리게 되는 순간, 사람들에게 마구 탄환을 쏘아댄다는 것이다. 그런데도 자신은 물론 주위 사람들조차 그를 나쁘다고 질책하지 않는다. 도리어 그가 명령에 따라 사살하지 않을 때 그를 나쁘게 본다.

사형을 선고하는 재판관이나 배심원, 조금의 후회도 없이 수천 명의 인간을 살육하는 군인은 더 말할 것도 없다. 그들은 자신이 인간이 아니라, 배심원, 재판관, 장군, 병사라고만 생각한다.

**최면술에 걸린 국가생활의 기괴한 모순**

국가생활에서 사람들이 보여주는 그러한 끝없고 부자연스러우며 기괴한 상태는 보통 다음과 같은 말로 표현된다.

인간으로서 나는 그를 동정한다. 그러나 수위, 재판관, 장군, 지사, 황제, 병사로서 나는 그를 살해하거나 고문해야 한다고 생각한다.

마치 사람들에 의해 주어지거나 인정되는 지위가 별도로 존재하고, 이것은 각자의 지위에 따라 우리 각자에게 부과된 인간으로서의 의무를 없앨 수 있다고 생각하는 듯하다. 지금의 경우도 마찬가지다. 기차에 탄 젊은이들은 지금 굶주린 자들을 살해하거나 고문하려고 여행하면서도 실은 농민과 지주 사이의 분쟁에서는 농민이 옳다고 인정하고 있다(이는 모든 상관들이 나에게 말한 것이다). 그들은 또 농민들이 불행하고 빈곤하며 굶주리고 있다는 사실도 잘 안다. 동시에 지주는 부자이기 때문에 사람들의 동정을 받지 못한다는 생각도 한다.

그럼에도 불구하고 이들 무리가 지주에게 3천 루블의 돈을 벌어주려고 농민들을 죽이는 여행에 동참하는 이유는, 그들이 이 순간 자신을 인간이라고 생각하지 않는 탓이다. 인간이라는 신분 대신 지사, 간부, 헌병대장, 장교, 병졸이라는 신분으로만 자신을 규정한다. 따라서 이들은 자신에게 부과된 의무를 인간 양심의 영원한 요구가 아니라 장교로서 또는 병사로서의 입장에 부과된 일을 다하는 것이라 생각한다. 그리고 이런 일 모두가 우연적이며 일시적인 요구에 의한 것이라 생각한다.

이렇게 말하면 이상하게 들리겠지만, 이 놀라운 현상에 대한 유일한 설명은 다음과 같다. 즉, 이들은 일정하게 한정된 상태에서 자신을 상상하고 감지하며, 그 상상하는 존재가 행동하듯이 움직이게끔 되어 있는 최면술에 걸린 자들의 상태와 같다. 최면술에 걸린 사람은 절름발이라는 암시를

모스크바 페트롭스키 궁전 뜰에서 자치 구역의 노인들에게 영접받고 있는 알렉산더 3세(일리야 레핀 作)

442

받게 되면 절뚝거리기 시작하고, 소경이라는 암시를 받게 되면 보지 못하는 것처럼 행동하며, 야수라는 암시를 받으면 남을 물어뜯기 시작한다. 이 열차에 올라 살육 여행을 떠나는 모든 사람은 지금 그런 상태에 있다. 아니, 비단 그들만이 아니다. 인간으로서의 의무 대신 자신의 지위에 따른 사회적 및 국가적 의무를 우선적으로 수행하고자 하는 모든 사람들이 이런 상태에 놓여 있다.

이러한 상태의 본질은, 사람들이 자신에게 제시된 사상의 영향 아래 자기 행위를 판단할 수 없게 하고, 따라서 암시된 사상에 따라 명해진 실례, 조언, 암시를 받아들이고 이를 적극 사용함으로써 모든 것을 무비판적으로 행하게 한다는 데 있다. 그런데 인위적 수단에 의해 최면에 걸린 사람들과 국가적 암시의 영향 아래 최면 상태에 빠진 사람들 사이에는 차이점이 있다. 전자에게는 돌연히 1인의 인물에 의해 매우 짧은 시간 안에 공상의 상태가 암시되고, 따라서 그 암시가 우리에게는 너무나도 놀라운 형태로 나타난다면, 후자는 그 같은 공상 상태가 아주 서서히, 그리고 조금씩, 분명하지 않게, 어린 시절부터 여러 해, 혹은 여러 세대에 걸쳐 암시되며, 1인의 인물에 의해서가 아니라 주위의 모든 사람들에 의해 암시된다는 점이다.

이에 대해 사람들은 다음과 같이 말할 것이다.

> 그러나 언제나 어느 사회에서나 대부분의 사람들, 즉 모든 아이들, 임신과 출산과 육아와 가사에 바쁜 여성들, 언제나 긴장하고 근면해야 하는 육체노동의 필요에 놓인 노동하는 인민, 생래의 정신박약아, 담배와 술과 아편의 중독에 의해 정신 활동이 박약하거나 비정상적인 사람들 모두, 자주적으로 사고할 가능성을 갖지 못하고, 이성의 더욱 높은 단계에 선 사람들이나 가정이나 국가의 전통 혹은 소위 여론이라는 데 복종하는 상태에 놓이게 되는데,

그 복종에는 어떤 부자연스럽고 모순된 것도 없다.

사실, 여기에는 어떤 부자연스러운 점이 없다. 의식의 더욱 높은 단계에 있는 사람들의 지시에 사고가 낮은 사람들이 복종하는 것은 인간의 일반적인 특성이기도 하고, 그 결과, 사람들은 합리적 원칙을 따라 사회생활을 유지할 수 있다. 즉, 소수의 사람들은 자기 이성의 요구와 일치하는 결과에 따라 또는 동일한 합리적 원칙에 따라 살아갈 수 있고, 그 외의 대다수 사람들은 어떤 요구가 여론이 되면 무의식중에 이를 원칙으로 여겨 따르게 된다. 사고력이 약한 사람들이 이처럼 여론에 지배당하는 일은 정작 여론이 분열되기 전까지는 전혀 부자연스러운 것이 아니다. 그러나 처음에 일부에게만 계시되는 더욱 높은 수준의 인식은 곧이어 어떤 사람들로부터 다른 사람들에게로 균등하게 이행되게 마련이어서 낮은 수준의 인식을 기반으로 한 이전의 여론은 흔들리게 된다.

하지만 지금은 새로운 여론이 확립되지 않은 시대이다. 낡은 여론이 여전히 작동 중이며, 새로운 여론도 그 모습을 확실하게 드러내지 않았다. 다만 사람들은 새로운 의식을 기반으로 자타의 행위를 비판하기 시작하면서 이성의 최고 단계라 여겼던 예전의 시대와 현재 사이에 보이는 모순을 깨닫고 있을 따름이다. 즉, 타성과 전통에 젖은 가운데 새로운 의식의 형성을 감지하는 봄을 맞고 있는 셈이다. 이런 때에 사람들은, 한편으로는 새로운 여론에 따라야 한다는 필요를 느끼면서도, 다른 한편으로는 낡은 여론을 버리지 못하는 부자연스럽고 동요하는 상태에 머물게 된다. 비단 이 열차에 오른 사람들만이 아니라, 현대인의 대다수가 그러하다. 특히 기독교의 진리에 대한 관계에서 그렇다. 독점적으로 유리한 지위를 누리는 상층 계급 사람들도, 명령에 무조건 복종하는 하층 계급 사람들도 마찬가지다.

한편으로 지배 계급 사람들은 자신이 차지하는 유리한 지위에 대한 합리적인 설명을 더 이상 찾아내지 못하여, 이러한 독점적 지위를 유지하려면 최고의 이성인 사랑의 능력을 억눌러야 한다고 내심 생각한다. 그러나 다른 한편으로 노동에 의해 압살되고 고의적인 우둔화를 겪은 하층 계급 사람들은, 상층 계급 사람들에 의해 집요하게 강행되는 암시의 상태 아래 계속 놓여 있다.

## 고문 열차의 경우

9월 9일에 내가 만난 열차—가장 야만적이고 무분별하며 비열한 범죄를 수행할 목적으로 사람들을 태운—는 우리의 일상생활에서 흔히 볼 수 있는 대표적인 견본이다. 눈에 익은 것처럼 친근하고 온순한 사람들이 나에게 보여준 저 끔찍한 현상은 아마도 이렇게 설명할 수 있을 것이다. 만일 그 사람들 중에 양심을 저버리지 않은 자가 있었다면 그들은 절대로 지금 자신들이 행하려 하는 일, 그리고 앞으로 벌어질 일들의 100분의 1도 하지 못할 것이라고 말이다.

그들이 지금부터 하려는 일을 금하는 양심이 그들에게 전혀 없는 것은 아니다. 하지만, 400년, 300년, 200년, 100년 전에는 누군가를 화형에 처하거나, 고문하거나, 죽도록 채찍질을 하는 사람들에게는 그런 양심이 없었다. 그것은 이 모든 사람들 속에 있지만 단지 마비되어 있을 뿐이다. 즉, 독점적으로 유리한 지위에 있는 지배 계급 사람들의 경우엔 심리학자들이 말하는 자기 암시에 의해, 실제로 집행하는 병사들의 경우엔 상층 계급에 의해 행해지고 있는 직접적이고 의식적인 암시, 즉 최면술에 의해 잠들어 있는 것이다.

이러한 사람들의 양심은 잠들어 있지만, 실은 그들 속에도 양심은 존재한다. 자기 암시를 통해 그들 내부에서 이미 수없이 말해졌는지도 모른다.

어쩌면 지금 이 순간에도 눈을 뜨고 있을지 모른다.

　이 모든 사람들이 처한 상태는 최면에 걸린 인간의 상태와 같다. 도리에 맞고 착한 일이라 생각하는 모든 것에 반하는 행위, 가령 자신의 어머니나 영아를 살해하는 행위를 하게끔 끊임없이 암시하거나 명령하는 최면술에 걸린 인간의 상태와 같은 것이다. 최면에 걸린 인간은 자신에게 걸린 암시에 스스로 묶여 있다고 착각하며, 이제는 더 이상 그것을 중단할 수 없다고 생각한다.

　그러나 동시에 범행의 시기와 장소가 가까워짐에 따라, 내부에서 압살된 양심의 소리가 서서히 들려오면서 차차 강렬하게 저항하고 몸부림치며 기어이 눈을 뜨게 된다. 하지만 그가 암시받은 행위를 하느냐 마느냐, 즉 이성적인 의식과 비이성적인 암시 중 어떤 쪽이 상위를 차지하느냐는 예단을 불허한다. 모든 것은 쌍방의 상대적인 힘에 따르기 때문이다. 지금 그와 똑같은 일이, 이 열차에 탄 사람들뿐만 아니라 국가적 폭력을 범하고 그것을 이용하는 우리 시대의 모든 사람들에게도 벌어지고 있다.

　과거에는 사람들에게 보여주기 위한 고문이나 살인을 목적으로 여행을 떠났다가 목적을 수행하지 못하면 집에 돌아가지 않는 사람들이 많았다. 또한 임무를 완성한 뒤에는 후회나 의문으로 고뇌하지 않으며 집으로 돌아가 가족들 품에서 여전히 아이들을 귀여워하고, 농담하고 웃으면서 조용히 가정적 단락에 탐닉하기도 했다. 따라서 그 당시에는 폭력을 조장하고 이용했던 사람들, 즉 지주와 부호들도 자신이 누리고 있는 이익이 그런 잔인한 행위와 직접 연결된다고 생각하지 않았다.

　그러나 지금은 다르다. 사람들은 자신이 무엇을 하고 있는지, 무엇을 위해 어떤 일을 행하고 있는지 잘 알고 있거나, 거의 알고 있다. 또한 그들은 아예 양심의 움직임에 눈을 감아버릴 수도 있다. 하지만 만약 이들이 눈을 감지 않고 양심을 죽이지 않는다면, 그런 일을 하는 사람이나 이를 이용하는 사람 모두 행위 자체의 의미를 되짚어볼 수도 있지 않을까? 물론 범행을 수행한 뒤 비로소 자신이 행한 일의 의미를 이해하는 경우도 있고, 때에 따라서는 범행 전에 이해하는 경우도 있을 것이다. 가령 니지니 노브고로드, 사라토프, 오룔, 유조프 공장 등에서 고문을 담당했던 사람들은 범행 뒤에 비로소 자신이 행한 일이 어떤 의미였는지 이해하고, 지금까지도 여론과 자기 양심에 대한 수치 때문에 고뇌하고 있다. 명령한 자도, 집행한 자도 괴로워하고 있다.

나도 그런 일을 수행한 병사들과 이야기해보았지만, 그들은 언제나 깊은 대화를 꺼렸으며, 설령 이야기를 하게 되었을 때에도 의혹과 공포에 휩싸이곤 했다.

개중에는 범행 전에 그 일의 의미를 깨달은 경우도 있다. 예를 들어 나는 다음과 같은 사건을 알고 있다. 진압에 나섰을 때 백성 두 명에게 구타당한 어떤 병사가 이 사건에 대한 보고서를 제출했던 사건이다. 하지만 그는 다음 날 다른 농민들이 모질게 고문당하는 장면을 목격한 뒤, 보고서를 파기하고 자신을 구타한 농민들을 방면해줄 것을 중대장에게 탄원했다. 나는 또한 총살 명령을 받은 병사들이 복종을 거부한 예도 알고 있고, 상관들이 고문과 살인의 명령을 내리는 것을 거부한 많은 예도 알고 있다. 그러므로 폭력을 기획하고 그것을 실행하는 사람들도, 때로는 암시된 범행을 행하기 전에 이를 인식하는 경우도 있고, 때로는 범행 직전이나 그 직후에 인식하는 경우도 있음을 알아야 할 것이다.

이 열차에 타고 가는 사람들은 자기의 동포를 고문하고 살해하기 위해 오가는 것이지만, 출동의 목적을 수행할지 거부할지는 아무도 모른다. 각자에게 이 행위의 책임을 아무리 숨긴다 해도, 또 그들이 자신은 인간으로서가 아니라 지사나 경찰서장, 혹은 장교나 병졸로서 그런 일을 하는 거라고 암시하면서 최면에 빠진다 해도, 그들은 목적지에 가까워질수록 의문을 품게 될 것이다. 즉, 자신들이 과연 출동의 목적을 수행할 필요가 있을까 하는 의문이 강하게 일어날 것이며, 그 의문은 집행의 순간 최고도에 이를 것이다.

지사의 신분이라 해도, 주위 사정으로 아무리 마비 상태가 된다고 해도, 살인이나 고문에 대해 최후의 결정적인 명령을 내려야 하는 순간에는 망설이지 않을 수 없다. 그는 오룔 지사가 행한 행위가 사회의 뛰어난 사람들의 분노를 샀음을 알고 있고, 그 자신 역시 소속된 집단의 영향을 받아 오룔 지사에게 몇 번이나 반대 의사를 표명한 터이므로!

출동해야 할 검사가 그 행위를 부끄럽게 생각하여 참가를 단호하게 거부한 것도 그는 이미 알고 있고, 언제라도 정변이 일어나면 그 결과 어제의 공적이 내일은 실추의 빌미가 된다는 것도 잘 알고 있다. 러시아 신문이 아니라고 해도, 적어도 외국 신문이라면 그 사건을 보도하여 그의 이름을 영구히 욕보일지 모른다는 것조차 잘 알고 있다. 그는 과거 여론이 요구했던 것을 새로운 여론은 폐기하고 있다는 것도 이미 느끼고 있다. 뿐만 아니라 그는 집행자들이 최후의 순간에 자신의 말을 따를지에 대해서도 확신이 없다. 그는 동요하고 있다. 심지어 자신의 행동을 예측할 수도 없다.

다소간의 차이는 있겠지만, 그와 동행하는 간부나 장교들 모두 같은 경험을 했다. 그들은 누구나 마음 깊이에서 지금 행해지고 있는 행위가 부끄러운 짓이라는 것을, 이 일에 가담하는 것이 여태껏 자신의 의견을 존중해 준 사람들 앞에서 인간성을 실추시키며 더럽히게 되는 일이라는 것도 알고 있다. 또 무방비의 사람들을 살해하고 고문한 뒤 연인이나 아내에게 가까이 가는 것이 엄청 부끄러운 일이라는 것도 알고 있다.

뿐만 아니라 그들도 지사와 같이, 사병들이 과연 명령에 복종할지를 의심하고 있다. 역이나 플랫폼을 왕래하면서 마주치는 장교들도 마찬가지다. 비록 자신감 넘치는 표정을 짓고 있지만, 그들 역시 마음 깊은 곳에서는 고뇌하고 동요하고 있다. 그들은 자신만만한 표정 뒤에 마음의 동요를 숨기려고 애쓰며, 이 불안한 감정은 현장에 가까워질수록 더욱 증폭된다.

심지어 이를 잘 모르는 병사들, 이상하다고 생각하면서도 일단 순종해야 한다고 생각하는 젊은 병사들 역시 이 같은 상태에 있다. 사실 그들 모두는 더 이상 과거의 병사가 아니다. 자연에서 행하는 노동을 거부하고, 생애를 오로지 방탕과 약탈, 살인에 바쳤던 로마의 병사나, 30년 전쟁의 병사, 또는 최근 1825년[3]의 병사와 같은 자들이 아니기 때문이다. 그들 대부분은 막 가정을 떠나온 사람들이며, 선량하고 자연적이고 합리적인 가정생활에 대한 생각으로 가득 찬 사람들이다.

대부분이 농촌 출신인 그들은 어떤 사건 때문에 자신들이 열차를 탔는지 알고 있으며, 이번 사건 역시 지주들이 자신들의 동료인 농민을 모욕해서 발생한 것이라는 점을 잘 알고 있다. 더구나 그들 대부분은 책을 읽을 줄 아는 사람들이다. 따라서 책 속에 전쟁을 찬양하는 내용만이 아니라, 전쟁의 비도덕성을 지적하는 내용이 있다는 것도 잘 안다.

그들 중에는 자유주의를 믿는 동료인 지원병들과 마찬가지로 젊은 자유주의 장교도 종종 근무하고 있으며, 그들 사이에는 이미 그런 행위의 무조건적 합법성이나 충성에 관한 의문의 씨앗이 싹트는 중이다. 그러나 그들 모두 인간의 자주성을 전부 말살하는, 여러 세기 동안 만들어진, 끔찍하고

---

3  1825년 12월, 러시아 제국에서 일부 청년 장교들이 입헌군주제의 실현을 목표로 난을 일으킨 것을 말한다.

교묘한 훈련을 거쳐왔고 게다가 기계적인 복종에도 익숙해져 있으므로 "일제 사격! 쏴!" 등의 명령이 귀에 익어, 혼자서 총을 올리며 훈련된 동작을 취하는 것이 분명하다. 그러나 지금 "쏴!"라는 명령을 수행하는 것은 문제가 다르다. 사격 연습용 표적을 맞추고 나서 기뻐하는 게 아니라, 바로 눈앞의 거리에서 처자와 함께 군중 속에 서서 손을 흔들면서 무엇인가 외치고 있는, 고통당하고 모욕당한 자기 아버지나 형제들을 죽이는 일인 탓이다.

그들은 카잔 지방이나 랴잔 지방에 남아 있는 그들의 아버지와 꼭 닮은, 엉성한 턱수염을 기르고, 너덜너덜해진 띠가 달린 소매 옷을 입고, 나무껍질 신발을 신은 사람들이다. 아버지의 아버지, 즉 할아버지처럼 허연 수염에 새우등을 하고 커다란 지팡이를 든 사람들이다. 지금 그를 사살하려고 하는 자신의 1년 전 모습을 떠올리게 만드는 젊은이, 장화를 신고 붉은 셔츠를 입은 젊은이도 있다. 또 집에 남아 있는 어머니처럼 손으로 짠 스커트를 입고 나무껍질 신발을 신은 여자도 있다.

정말 이 사람들을 죽여야 하는 것일까?

각각의 사병이 최후의 순간에 무엇을 할지는 오직 신만이 알 것이다. 하지만, "그렇게 해서는 안 된다"고 하거나 특히 "아무것도 하지 않아도 무방하다"고 하는 정말 간단한 지시, 단 한마디의 말, 아니 단 하나의 암시만으로도 그의 행동을 중단시키기에 충분할 것이다.

이 열차에 탄 모든 사람들은, 그들이 목적하는 행위를 실행하고자 나아갈 때, 최면술에 걸린 자가 통나무를 자르라는 암시를 받고, 그에게 통나무라고 지적된 것을 향해 걸어가서 도끼를 든 순간, 갑자기 그것이 통나무가 아니라 잠든 그의 형제라는 소리를 듣거나, 스스로 실제의 모습을 보는 것과 같다. 그는 명령받은 대로 실행할지 모른다. 어쩌면 실행하기 직전에 눈을 뜨게 될지도 모른다.

데카브리스트의 난.
1825년 12월, 러시아 제국에서 일부 청년 장교들이 입헌군주제 실현을 목표로 난을 일으켰다(바실리 팀 作).

## 자각해야 한다

마찬가지로 다른 모든 사람들도 자각할지 모르고, 못할지도 모른다. 만일 그들이 자각하지 못한다면 오룔에서와 같은 끔찍한 일이 생길 것이며, 그들에게 영향을 미친 암시가 다른 사람들 속에서도 강화될 것이다. 하지만 그들이 자각한다면 그런 짓은 결코 하지 않을 것이다. 뿐만 아니라, 사태의 변화를 아는 사람들 대부분이 자신들이 걸려 있는 암시로부터 해방되거나, 적어도 그런 해방에 가까워질 것이다.

그러나 이 열차에 탄 사람들 모두가 자각하여 그들이 이제 막 가담하려 하는 행위의 수행을 자제하거나, 그중 일부만이 자각하고 자제함으로써 타인에게 그 행위의 범죄성을 용감하게 표명한다면, 그것만으로도 타인에게 큰 영향을 미쳐서 자신이 걸려 있는 암시를 자각하고, 예측되는 악행을 행하지 않게 될지도 모른다.

그 뿐만이 아니다. 이 사건과 무관하지만, 그것을 준비하는 장소에 있었거나 혹은 이전에 행해진 비슷한 사건을 전해 들었던 몇 사람이라도 관심을 가지고 이 사건의 가담자들에 대한 혐오감을 직접적으로 대담하게 표명하여, 이 사건의 비합리성, 잔인성, 범죄성 등을 지적해준다면 결코 무시되는 일 따위는 없을 것이다.

지금의 경우도 마찬가지다. 이 사건과 관련되었든 무관하든, 아직 암시에 걸려들지 않은 몇 명이 앞에 나서, 아직 이 사건이 준비 단계에 있을 때 다른 곳에서 행해진 고문에 대한 자기의 분노, 관련자들에 대한 혐오와 모욕감을 대담하게 표명한 것만으로도, 이번의 툴라 사건에서와 마찬가지로 몇 명이 참가를 거부하는 것만으로도, 여객 중 여성 몇 명이 이 역에서 열차로 출동하는 무리에게 가서 그들이 행할 악의적인 행위에 대한 분노를 표명한 것만으로도, 군대 일부를 파견하여 소요를 진압하라는 명령을 받은 연대장 한 사람이 군인을 처형자로 쓸 수는 없다며 자기 의견을 표명한 것만으로도, 자기 암시와 최면술에 빠진 사람들에게 영향력을 행사할 수 있으며, 비록 지금은 중요하지 않은 것처럼 보일지라도 결국에는 사태를 전적으로 달라지게 할 수 있다. 어쩌면 군대가 현지에 도착한 뒤에도 고문이나 처형을 하지 않고, 단지 숲을 벌채하여 그것을 지주에게 건네주는 것으로 끝낼 수도 있다(물론 자신이 하는 일이 악행이라고 생각하지 않는 몇몇 사람은 오룔에서와 같은 일을 벌일 수도 있다). 그러나 악행에 대한 의식이 더욱 강해지고 그 영향력이 과거보다 커질수록, 지사들은 분명 군대를 끌고 가서 숲을 벌채하게 될 것이다. 의식이 더욱 강해지고 영향력이 더욱 커진다면 지사는 아예 현지에 가려고 하지도 않을 것이다. 의식이 더더욱 강해지고 영향력이 더더욱 커진다면, 장관도 명령을 내리지 않을 것이며 황제도 그런 결정을 인가하지 않았을 것이다.

모든 것은 각자가 기독교의 진리를 의식하는 힘에 달려 있다. 그러므로 인류의 복지에 기여하고 싶어 하는 모든 현대인의 활동은, 자기 자신은 물론 다른 사람들 사이에서 기독교 진리의 요구를 더욱 명확하게 보여주는 데에 초점을 맞추어야 한다.

### 과학적 개선 방법의 문제점

#### 현실적 개선 수단의 문제점

놀랍게도 오늘날, 다른 누구보다도 인간 생활의 개선에 마음을 쏟는다고 하는 자칭 여론 지도자라는 자들은 인간의 상태를 개선하는 데에는 더욱 현실적인 다른 수단이 있다고 말한다. 그들은 다음과 같이 주장한다.

인간 생활의 개선은 진리에 대한 개개인의 의식, 해명, 신봉에 대한 내면적 노력의 결과로 생기는 것이 아니라, 생활의 전반적인 외부적 조건의 점진적 변화의 결과로 생기는 것이다. 따라서 각 개인의 힘은 진리 의식이나 자기에 대한 해명 및 신봉에 향해져야 하는 것이 아니라, 전반적 생활의 외부적 조건의 인류에게 유익한 방향으로의 점진적 변화로 향해야 한다.

현행 제도와 일치하지 않는 진리를 개개인이 아무리 요구하여도 그것은 무익할 뿐 아니라, 유해하기도 하다. 왜냐하면 당국의 압박을 초래하고, 그로 인해 개개인이 사회봉사를 위해 유익한 활동을 계속하는 것을 방해하기 때문이다.

이 견해에 따르면, 인간 생활의 모든 변화는 동물의 세계에 적용되는 법칙과 같은 것에 의해 가능해진다. 따라서 모세나 다른 예언자들, 공자, 노자, 붓다, 그리스도 등 모든 종교의 창시자들이 자신의 가르침을 설교하고, 후계자들이 그것을 받아들인 것은, 그들이 진리를 사랑하고 그것을 스스로 해명하고 신봉했기 때문이 아니라, 그런 가르침이 나타나고 보급한 민족의 정치적, 사회적, 주로 경제적 조건이 그 출현과 보급에 들어맞았기 때문이라는 뜻이 된다.

그렇다면 사회에 봉사하고 인류의 상태를 개선하고 싶어 하는 자들의 주된 활동은, 이 견해에 의하는 경우, 진리의 해명이나 신봉이 아니라 외부적인 정치적, 사회적, 특히 주로 경제적 조건이 개선되어야만 가능할 것이다. 그리고 정치적, 사회적, 경제적 조건들은, 그중 일부는 국가에 의하는 것이므로 자유주의적인 진보 원리의 도입에 따라, 다른 일부는 산업 발달과 사회주의적 사상의 보급, 특히 과학교육의 보급에 의존할 것이다.

이 견해에 의하면, 가장 중요한 것은, 현재의 생활양식을 변화시키지 않

고 자기 신념에 반대되는 현행 제도 속에 자유
주의를 도입하는 것이다. 즉, 계시된 진리를 생활
속에서 신봉하고 그 결과 필연적으로 그것을 생
활에서 실현한다든가, 또는 적어도 자신이 신봉
하는 진리에 근거한 행위가 아닐 경우 국가에 봉
사함으로써 그 권력을 강화하지 않는다든가, 자
본주의 기구를 옳지 않다고 생각할 때 이용하지
않는다든가, 여러 가지 의식을 유해한 미신이라
고 생각하면 그것들에 경의를 표하지 않는다든
가, 어떤 제도를 허위라 생각할 때 재판에 참가
하기를 거부한다든가, 병역에 복무하지 않는다든
가, 맹세하지 않는다든가, 거짓말을 절대로 하지
않는다든가, 비겁한 짓을 하지 않는다든가 등의
행동을 하는 게 아니다. 이는 곧 산업, 사회주의
선전, 과학의 진보, 교육 보급 등에 협력하는 것
이다. 그 견해에 따르면, 지주, 상인, 공장주는 물
론, 국가로부터 임금을 받는 재판관, 간부, 병사,
장교는 모두 현재 그대로 있어도 인도적인 인간
이 될 뿐 아니라 사회주의자나 혁명가로도 될 수
있다.

인류의 타락과 속죄 및 교회에 대한 과거의 가
르침은 종교적 위선에 방점을 찍었다. 하지만 현
대에는 과학적 근거를 더 중시한다. 그 결과 인류
의 발전 단계에서 사람들은 더 이상 종교적 위선

**숯불로 정화된 이사야의 입술**
(벤자민 웨스트 作)(위)
**예언자 말라기**
(두초 디 부오닌세냐 作)(아래)

천사 가브리엘에게서
첫 번째 계시를 받는
모하메드
(라시드-알-딘 하마다니 作)

고타마 싯다르타의 태몽을 꾸는 마야

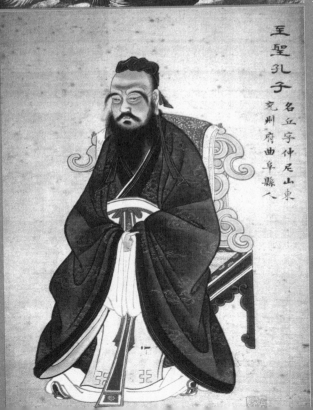

공자

에 의존하지 않게 되었고, 과학의 발전은 더 많은 사람을 사로잡게 되었다. 따라서 이전에는 교회의 종교적 가르침을 신봉하는 사람들만이 스스로 모든 죄로부터 순수하다고 인정하면서, 국가에 의해 행해지는 여러 범죄에 가담하기도 하고, 그것을 이용할 수 있었다면, 즉 그것에 의해 자기 신앙의 외면적 요구를 수행할 수 있었다면, 지금은 교회나 기독교를 믿지 않는 모든 사람들—국가의 악행에 가담하고 그것을 이용하는—이 자신을 순수하고 도덕적이며 고매한 인간이라 인정하게 해주는 강고하고 세속적인 과학적 근거를 갖게 되었다.

## 지주, 상인, 공장주의 위선

러시아만이 아니라 프랑스, 영국, 독일, 미국에도 부유한 지주들이 살고 있다. 그들 역시 자신의 땅을 부쳐 먹으며 생계를 이어가는 사람들로부터 최대한 이윤을 짜낸다. 뿐만 아니라 그들은 토지에 대한 강력한 사유권을 즐겨 휘두른다. 예를 들어 굶주린 인민이 자신의 승낙 없이 토지를 이용하고자 시도할 때 군대를 출동시키고, 토지를 점거한 사람들을 고문이나 살인으로 격퇴한다.

아마 독자들은, 이런 생활을 하는 사람은 이기적인 존재로서 결코 자신을 기독교인이라거나 자유주의적인 인간이라 부를 수 없다고 생각할 것이다. 따라서 만일 그런 인간이 조금이라도 기독교나 자유주의에 가까워지고자 한다면, 그가 해야 할 최초의 일은, 정부가 지시한 살인과 고문을 행하여 유지되는 토지에 대한 권리를 제한하고, 자신의 토지를 사용하는 사람들의 재산을 마음대로 약탈하거나 파멸시키는 것을 멈추는 일이다. 그러나 이는 위선의 형이상학이 존재하지 않는 경우에나 가능하다. 그것이 존재하는 지금, 그들은 다음과 같이 말한다.

종교적 견지에서 본다면, 토지 소유에 의해 구제의 차별이 생기지 않지만, 과학적 견지에서 본다면 토지 소유를 거부하는 것은 무익한 개인적 노력이고, 인간의 복지에 대한 기여는 그런 방법이 아니라 외부적 양식의 점진적 변화에 의한다.

그래서 이들은 조금도 주저하지 않은 채, 자신의 신용에 대해 어떤 의문도 없이, 농업전람회나 금주회를 개최하고, 처자를 통하여 3명의 노파에게 옷이나 수프를 제공하고, 대담하게도 가정, 응접실, 위원회, 신문을 통해 모든 이웃, 특히 그가 끝없이 학대하고 고통을 주고 있는 농민들에게 복음서나 인도적인 사랑을 설교한다. 그러면 억압받는 사람들은 놀랍게도 그의 말을 믿고 찬양한다.

이들은 자신의 삶이 약탈 위에 성립되었다는 가장 중요한 사실을 망각한 채, 노동하는 민중의 지위를 개선할 수 있는 여러 수단에 대해 경건하게 심의한다. 하지만, 이를 이루기 위해 가능한 한 모든 수단을 강구하면서도, 정작 단 하나의 예외—그것 없이는 농민의 지위 개선에 대해 토론하기 어려운—는 생각하지 않는다. 즉 그들에게서 토지를 빼앗는 행동에 대해서는 일고해보지 않는다.

이러한 위선의 가장 놀라운 사례는, 최근 1년간, 기근과의 싸움에서 러시아 지주들이 보여준 배려였다. 사실 그 기근의 원인은 지주들에게 있었다. 그런데도 지주들은 오히려 기근을 빌미 삼아 곡물을 최고 가격으로 팔았을 뿐만 아니라, 얼어붙은 농민의 집을 데워줄 연료인 감자줄기를 1정보에 5루블씩 팔아먹었다.

상인들도 마찬가지다. 그들이 하는 모든 장사는 다른 장사와 같이 사기의 연속일 뿐이다. 오직 사기에 근거하여—사람들의 무지와 곤궁을 이용하

1905년 '피의 일요일' 이전의 시위 장면

여— 그들로부터 제값 이하로 물건을 산 뒤, 다시 그들의 무지와 곤궁과 관심을 이용하여 그들에게 제값 이상으로 되팔았다. 이들은 그러한 행위를 자기 입으로 사기라 고백한다. 그러면서 이런 행위들이 다른 조건 아래 행해졌더라면 자신 역시 스스로 부끄러워하면서 더 이상 상업 활동을 계속하지 못했을 것이며, 더 나아가 자신을 기독교도라거나 자유주의적 인간이라 부르지 못했을 것이라 말한다.

그런데 위선의 형이상학이 하는 이야기는 영 딴판이다. 위선의 형이상학은 이런 사람들에게 유해한 활동을 계속하면서도 인격자라는 평판을 받을 수 있다고 꼬드긴다. 종교적 인간에게 필요한 것은 오로지 신앙뿐이지만, 자유주의적 인간에게 필요한 것은 외부적 조건의 변화, 즉 산업의 진보에 기여하는 일뿐이라고 말이다.

그 밖에도 불량품을 우량품으로 속여 팔고, 수량이나 수치를 속이기도

하고, 술과 아편처럼 민중의 생활을 궤멸시키는 상품을 거래하는 등 여러 방면에서 직접적으로 사기를 행하는 상인들은 업무상으로 자신의 사기꾼 동료들을 직접 속이지 않는 한, 자신은 그래도 청렴한 사람이며 선의의 표본이라 생각한다. 또한 남들도 그렇게 생각한다. 만일 그가 이렇게 (인민에게서) 훔친 돈의 1,000분의 1이라도 병원, 박물관, 교육시설 등과 같은 공공시설에 기부했다면, 그는 이 모든 재산이 사기에 의해, 그리고 인민을 타락시켜 모은 것이라 해도 훌륭한 자선가로서 추앙받을 것이다. 만일 그가 훔친 것과 진배없는 재산 일부를 교회나 빈민을 위해 희사한다면, 그는 모범적인 기독교도로 존경받을 것이다.

공장주의 경우도 마찬가지다. 그의 모든 수입은 노동자에게서 착취한 임금이다. 그의 사업은 여러 세대에 걸쳐 사람들을 파멸시켜온 부자연스러운 강제 노동에 근거한 것이다. 따라서 그가 기독교나 자유주의적 원리 같은 것을 믿는다면, 무엇보다도 먼저 자기 이익을 위해 타인의 삶을 파멸시킨 것을 참회하면서 이를 중단해야 할 것이다.

하지만 현존하는 이론은, 그의 행위는 결코 인간과 사회에 유해하지 않은 것이며, 또한 그는 산업에 협력하는 자이므로 활동을 그만둘 필요가 없다고 말한다. 덕분에 수천 명의 노예를 거느린 이 잔인한 자가 여전히 태연한 얼굴로, 자신만만하게 활동을 계속할 수 있는 것이다. 노동으로 불구가 된 사람들을 위한답시고 2평 정도의 좁은 정원이 딸린 오두막을 세우고, 공제금고, 빈민원, 병원 등을 만들면서 말이다. 자신이 육체적으로나 정신적으로 파멸시킨 사람들, 앞으로 계속 파멸시킬 사람들을 위해서!

## 공무원의 위선

어떤 자든 마찬가지다. 위정자든, 문관이나 사제든, 군인이든 소위 국가의 공복이란 자들은 다 똑같다. 그들은 자신의 명예욕이나 권력욕을 채우기 위해 근무하거나, 또는 (가장 흔한 것이) 노동으로 여위고 지쳐버린 민중에게서 징수한 보수를 받기 위해 일할 뿐이다(세금을 누구로부터 걷든, 이는 노동에서, 즉 노동인민으로부터 나온다). 그는 아마도 공금을 직접 훔치지 않는다 하여—아직은 찾아보기 힘든 경우이지만— 자신을 사회의 유익하고도 고귀한 구성원이라 생각할지도 모른다. 그와 비슷한 생각과 행동을 하는 자들도 그렇게 판단할지 모른다.

재판관, 검사, 사직당국도 마찬가지다. 그들은 자신의 선고나 판결에 의해 가족과 이별하게 된 수천 명의 불행한 사람들이 독방이나 도형에 처해지고, 발광하거나 유리조각으로 자살하거나 단식으로 죽는 것을 잘 알고 있다. 또 그 수천 명에게는 이별로 고통당하는 수천 명의 어머니와 아내와 아이들이 있으며, 이들에게는 면회도 허용되지 않을뿐더러 줄곧 세상의 냉대를 받아야 한다는 것을, 그들이 아버지, 자녀, 남편, 형제의 사면이나 감형을 호소해도 아무런 효력이 없다는 것도 다 알고 있다.

그런데도 많은 사람들이, 즉 동료나 아내, 하녀 등은 물론, 재판관 자신이나 사직당국마저 스스로를 선량하고 감수성이 통하는 인간이라 믿는다. 하지만 이야말로 견고해진 위선의 삶 속에 고착된 오해에 불과하다. 위선의 형이상학은 이런 사람들조차 사회적으로 유익한 사업을 하고 있다고 평가한다. 그래서 이들은 자신의 행위 때문에 파멸한 사람들, 자신을 저주하며 좌절하고 절망한 수백 수천 명의 사람들을 외면한 채, 선과 신을 믿는다고 공언하면서 번들번들한 얼굴에 빛나는 멋진 미소를 머금고 미사에 참석하고, 복음서에 귀를 기울이고, 자유주의적인 언사를 토하며, 아내와 자녀들을 애무하고, 가족들에게 도덕을 설교하며, 이름뿐인 정신의 고뇌가 존재하는 데 깊이 감동한다.

이러한 자들의 주위에 있는 무리들, 즉 그들의 아내, 가정교사, 아이들, 요리사, 배우, 기수(騎手)도 마찬가지다. 그들 역시 여러 가지 방법으로 빨아낸 노동자들의 피에 의지해 살아간다. 각자 매일, 자기의 쾌락을 위해, 살해의 강박과 학대에 못 이겨 일하는 수백 수천 노동자들의 피를 소비하면서 살고 있는 것이다. 이들은 노동자나 그들의 아이들, 부모, 아내, 그리고 병자들의 곤궁과 고뇌를 항상 목도하고 있다. 또한 자신의 이익을 위해 제정한 규정들을 어기거나 어쩔 수 없이 물건을 약탈한 자들이 십중팔구 사형에 처해진다는 사실도 잘 알고 있다.

하지만 이들은 결코 사치스러운 생활을 포기하거나 그 욕망을 숨기려 하지 않는다. 뿐만 아니라, 학대에 못 이겨 그들을 증오하게 된 노동자들 앞에서 마치 일부러 그들을 자극하듯 자신의 정원이나 저택과 연회장, 사냥이나 경마 등의 활동을 뻔뻔스럽게 과시하는 동시에 자신들이 민중의 행복을 엄청 걱정하고 있다고 피력한다. 스스로 이렇게 믿고, 그들의 동료들도 이렇게 믿는다. 그리고 일요일마다 사치스러운 옷을 걸친 채 호화로운 마차를 타고, 기독교를 고의적으로 우롱하기 위해 세워진 대형 건물로 간다. 그러고는 위선의 전파와 확인을 위해 특별히 교육받은 사람들―사제복을 입거나 입지 않은―이 하얀 넥타이를 매고, 자신들이 전적으로 무시하는 일반 인민을 입에 올리며 그들을 사랑해야 한다고 역설하는 것을, 여러 가지 방식으로 행해지는 인간의 사랑에 대한 설교를 듣는다. 그런 자들은 또한 스스로의 역할에 동화되어 그들이 말하는 모든 내용을 사실이라고 믿는다. 그런데도, 가증스러운 위선이 현대 모든 계층의 심신을 속속들이 물들이고 있는데도, 단 한 사람도 분개하지 않는다. 다들 위선이란 심각한 어떤 것이 아니라 그저 연기일 뿐이고, 이는 가장하고자 하면 누구나 할 수 있는 것이라 생각하는 모양이다.

그리스도의 대리인들은 장탄된 총을 쥐고서 자신의 형제를 쏘려고 정렬해 있는 살인자들을 축복한다. 모든 기독교 종파의 사제나 목사들은 언제나 형리와 함께 사형에 참가함으로써 자신의 입회에 의해 살인 행위마저 기독교 가르침과 합치할 수 있다고 주장한다(미국에서는 전기의자에 의한 사형 집행 시 목사가 출석한다). 그런데 아무도 이런 현상에 놀라지 않는다.

최근 페테르부르크에서 '국제 감옥 전람회'가 열렸다. 그곳에서는 수갑이나 독방의 모형, 그리고 일반적인 매나 채찍보다 더욱 끔찍한 고문 도구들이 전시되었다. 그곳에 참관한 자들은 하나같이 감수성이 예민하다고 자처하는 신사숙녀들이었다.

## 자유주의적 학문의 위선

자유주의적 학문은 다 알다시피 인간의 평등, 박애, 자유를 인정한다. 동시에 군대, 사형, 세관, 검열, 매춘의 규제, 저임금 노동자의 추방, 이민 금지, 소위 미개인이라고 하는 모든 종족에 대한 학대, 약탈, 근절에 근거한 식민 정책의 필요성과 정당성을 입증한다. 그러나 이 모순에 대해 놀라는 사람은 없다.

모든 사람이 기독교(서로 적대시하는 여러 종파)를 신봉하고, 누구나 잘 먹고 잘 입으며 전신 전화에 의해 세계의 끝과 끝을 서로 연결하면, 기구(氣球)에 의해 교통도 가능하며, 모든 노동자에게 사회주의가 침투하고, 노동조합이 수백만 명의 조합원과 자금을 모으고, 모든 사람이 교육을 받아 신문을 읽고 과학을 알게 된다면 어떻게 될지에 대해 사람들은 말한다. 그러나 설령 그렇게 된다고 해도, 사람들이 진리라고 보는 것을 실제로 말하거나 행하지 않으면, 그 완성으로부터 어떤 유익한 것, 선한 것이 생길 수 있을까?

사람들의 불행은 그들의 분열에서 생긴다. 그 분열은 사람들이 하나밖에 없는 진리를 따르지 않고, 수많은 허위를 따르는 데서 생긴다. 사람들을 하나로 결합시키는 유일한 수단은 진리뿐이다. 따라서 사람들이 진리를 향하여 진지하게 돌진하면 할수록 그들은 결합에 가까워지게 된다. 그러나 그들이 스스로 알고 있는 진리를 표명하지 않거나, 그런 것을 할 필요가 없다고 생각하고, 진리라고 생각하지 않는 것을 진리라고 생각하게 된다면, 어떻게 진리로 결합하고 진리에 가까워질 수 있을까?

따라서 사람들이 자신을 가장하고 있는 동안, 즉 스스로 진리를 숨기고 있는 동안, 그들의 결합이, 따라서 행복이, 진리 속에서만 가능하다는 것을 인정하지 않는 한, 또 그들에게 계시된 진리를 인정하고 신봉하는 것을 다른 모든 것의 위에 두지 않는 한, 사람들의 상태는 개선될 수 없다.

종교인이나 과학자밖에 공상할 수 없는 외부적 조건에 의해 완성되는 상태를 그리는 것도 좋다. 즉, 모든 사람에게 기독교를 받아들이게 하고, 벨러미[4]나 리세[5]와 같은 사람들이 희망하는 개선된 삶을 실현하기 위해 가능한 외부 조건들을 보충하고 수정하여 완성을 향해 나가는 것도 좋을 것이다. 그러나 그 경우, 과거와 같은 위선을 행해보라. 사람들이 스스로 아는 진리를 신봉하는 대신 믿지 않는 것을 믿는 체하고, 존경하지 않는 것을 존경하는 척해보라. 그러면 사람들의 상태가 현재에 머물기커녕 더욱더 악화될 게 틀림없다. 먹어야 할 것이 많으면 많을수록, 전신, 전화, 책, 신문, 잡지가 더 많아지면 많아질수록, 서로 조화되지 않는 허위나 위선의 보급 수단이 늘

---

4  에드워드 벨러미(1850~1898)는 미국의 소설가로 『돌이켜보면, —2000년에서 1887년을』로 유명해졌다. 이 작품은 자본주의로부터 비폭력 수단에 의해 사회주의로 향하는 과도기적 단계로서 집산주의가 존재한다는 사회상을 그린 유토피아 소설이다.

5  찰스 리세(1850~1935)는 프랑스의 생리학자로 알레르기연구의 아버지이다.

어날 뿐이며, 현재 그러하듯이 사람들의 분열과 불행이 증대될 뿐이다.

외부적으로 어떤 변화가 일어난다고 해도 인간의 조건은 개선되지 않을 것이다. 그러나 각자가 지금 바로 그 힘에 따라 스스로 알고 있는 진리를 신봉하거나 적어도 정의라는 이름 아래 행해지는 거짓과 부정을 옹호하지 않는다면, 1893년의 우리가 100년 뒤에도 꿈꾸지 못할 인류의 해방과 지상(地上)의 정의 확립을 향한 거대한 변화가 일어날 것이다.

그리스도는 종종 온화하기는커녕 끔찍한 말들로 위선자들을 책망했다. 그가 위선에 반대하며 이런 말들을 한 데에는 충분한 이유가 있다.

사람들을 타락시키고 분노하게 하며 야수로 만들어, 그 결과 분열시키는 것은 절도도, 약탈도, 살인도, 간음도, 사기도 아니라, 바로 거짓말이다. 즉 사람들의 의식 속에 있는 선악의 구별을 없애고, 그것에 의해 악을 회피하며 선을 추구할 가능성을 상실하게 하며, 참된 인간 생활의 본질을 이루는 것을 빼앗고, 그 결과 사람들이 자기완성의 길로 나아가는 것을 가로막는 것이야말로 바로 위선이라는 독특한 거짓말이다.

진리를 모른 채 악행을 저지르는 사람들은 자신의 희생에 대한 동정과 자신의 행위에 대한 혐오를 타인에게 환기시키면서 직접적인 상대에게만 악을 행한다. 이는 자타가 공인하는 악행을 저지르는 자들로서 도둑이나 약탈자, 살인자나 사기꾼들이다. 이들의 행동은 마치 악행의 견본처럼 각인되어 많은 사람들로 하여금 악을 혐오하게 되는 결과를 낳는다.

그러나 절도, 약탈, 고문, 살인과 같은 짓을 종교적 및 과학적 자유주의의 시인 아래 숨어서 행하고 있는 사람들은, 지주, 상인, 공장주 및 현대 국가의 모든 종류의 간부들에 의해 행해지는 것처럼, 타인에게 그 행위를 모방하고 싶다는 마음을 불러일으킴으로써 피해를 입는 사람들만이 아니라, 그들이 타락시키고 있는 수백 수천만 명의 사람들마저 선악의 구별을 상실한 채 악을 행하게 만든다.

이들은 민중에게 필요하거나 인민을 타락시키는 물품을 거래하고, 주식을 거래하며, 민중의 필요에 의해 장차 인상될 토지를 값싸게 확보하고, 인민의 건강이나 생명을 해치는 공장을 마구 건설하고, 민간인들을 국가를 위해 일하는 군인으로 근무하게 만들고, 온당치 못한 수단으로 확보한 재산을 사회 지도자들의 허가나 찬동 아래 혹은 자선사업이라는 명목 아래 분식 회계로 재산을 숨기는 데 능숙하다. 이 모든 일은 법에 의해 인정된 형식 밖에서 행해진다. 따라서 이들은 형법의 추궁을 받는 수백만 명의 절도, 사기, 약탈자와는 비교할 수 없을 만큼 악질이며 훨씬 더 많은 사람들을 타락시키는 주범이다.

열정의 영향하에 있지 않고, 충분히 교육받은 사람에 의해, 더욱이 기독교 사제들의 인정과 협조를 얻어, 마치 꼭 필요하고 옳은 것처럼 보이게 하는 사형을 집행한다 해도, 그것은 교양이 없는 노동자들이 특별하게 격정에 쫓겨 행하는 수백수천 건의 살인보다 더욱더 많은 사람을 타락하게 만들며, 야수처럼 만든다. 사람들이 정신의 유화라는 종교적 감동마저 경험할 것이라며 주코프스키[6]는 사형을 제안했지만, 이는 두말할 여지없이, 상상할 수 있는 한 가장 강력하게, 사람들을 타락시키는 행위다.[7]

전쟁이라고 하는 것은 모두, 설령 아무리 단기간의 것이라고 해도, 사람을 타락시킬 뿐만 아니라, 개개인이 격정에 쫓겨 1백 년 동안 행하는 수백 건의 약탈, 방화, 살인을 상회하게 마련이다. 즉, 전쟁에 소요되는 많은 돈, 황폐해지는 논밭, 묵인되는 도둑질과 음란 행위, 약탈과 살인 등과 함께,

---

6   주코프스키(1783~1852)는 러시아의 시인이다.

7   (원주)『주코프스키 전집』, 제6권 참조.

전쟁의 필요와 정의를 조작하고 정당화하는 것, 군사 정복을 고양하고 상찬하는 것, 군기와 조국에 대한 사랑을 강요하는 것, 부상자들을 위선적으로 배려하는 것 등의 수많은 악행이 단 1년 동안에 모두 벌어질 수도 있다.

예의 바르고 소위 훌륭하다고 평가받는 가정에서 행해지는 사치스러운 행위는, 그것이 비록 극단적이지 않다고 해도, 그 가정 가까이에서 빈곤하게 살아가는 수천 명의 노동자에게는 끔찍한 악영향을 끼치게 마련이다. 엄청난 물질을 아무렇지 않게, 오직 자신들만을 위해 소비하는 그들의 생활은, 술과 방탕에 젖어 장난처럼 거울과 접시 등을 깨버리는 난폭한 상인이나 장교, 혹은 노동자들의 기괴한 탐닉보다 더욱더 영혼 깊숙한 곳을 타락시킨다.

장엄한 행렬이나 의식, 또는 설교대나 강단에서 행해지는 허위에 가득 찬 설교—대개는 설교자 자체도 믿지 않는—들 역시 그 하나만으로도 수천 가지 불량식품과는 비교 불가일 만큼 큰 해를 끼친다.

## 현대인의 위선

우리는 흔히 바리새인들의 위선에 대해 말한다. 그러나 현대인의 위선은 바리새인의 위선을 훨씬 능가한다. 적어도 바리새인에게는 외면적으로나 종교적으로 지켜야 할 율법이 있었고 그것을 꼬박꼬박 행했기에, 이웃에 대한 자신의 의무를 소홀히 할 때조차 위선에 대한 인식이 없었다. 더구나 당시에는 그 의무란 것들이 무엇인지 아직 명확하게 나타나 있지도 않았다. 그러나 현대에 와서는 사정이 좀 다르다. 지금은 사람들을 이웃에 대한 의무, 즉 어떤 차별도 없이 모든 이웃을 사랑하라는 의무로부터 해방하는 종교적 계율이 없다(나는, 지금까지도 성례나, 신부가 허락하는 죄가 허용된다고 생각하는 야만적이고 우매한 무리를 고려하지 않는다). 오히려 여러 가지 형태로

바리새인들과 논쟁하는 그리스도(구스타프 도레 作)(위)
바리새인의 집을 방문한 그리스도(야코포 틴토레토 作)(아래)

우리가 신봉하는, 복음서의 율법만이 그 의무를 단적으로 지시하고 있을 뿐이다.

또한 당시에는 막연한 표현으로 일부 예언자에 의해서만 말해졌던 그 의무가, 지금은 명확하게 서술되어 누구나 이해하고 알 수 있게 되었으므로, 중학생들이 보는 책이나 신문에서도 그것을 언급할 정도다. 그러므로 이제는 현대인들도 더 이상 자신의 의무를 모른다고 잡아뗄 수 없을 것이다.

폭력에 의해 유지되는 질서를 이용하면서, 동시에 이웃을 크게 사랑한다고 주장하고, 자신들이 그 모든 생활에서 이웃에게 악행을 행하고 있음을 전혀 인정하지 않는 현대인들은, 그 자신 끊임없이 남을 약탈하면서, 정작 자신에게 필사적으로 도움을 요청하는 희생자에게는 칼을 휘두르고, 그러다가 결국 체포되면 자신의 행위가 상대를 위협했다는 사실을 부인하는 인간과 흡사하다. 하지만 그러한 강도나 살인자는 누구나 분명하게 알아볼 수 있는 법이다. 마찬가지로 지금 학대받는 사람들의 고통 덕분에 잘 살아가는 현대인들이, 자신이 끝없이 약탈하고 있는 상대의 행복을 원한다고 입바른 소리를 한다든가, 자신이 지금 누리고 있는 것이 어떻게 얻어진 것인지 정말 몰랐다고 시치미를 떼는 것은 누가 보나 말도 안 되는 일이다.

우리의 재산과 안전을 보증하기 위해 감옥에 처넣거나 유형지로 보낸 사람들이 러시아에만 10만 명이 넘는다는 사실을 모른다고 잡아떼는 것도 더 이상 믿을 수 없다. 우리 자신도 관련되고, 우리의 간청에 의해, 우리의 재산과 안전을 침해한 사람들을 투옥하거나 유형지로 보내고, 사형을 선고했던 수많은 재판들을 모른다고 할 수도 없다. 그 수형자들은 그들을 재판하고, 파멸하고, 타락시킨 사람들에 비해 조금도 열등한 사람들이 아니다.

또 우리가 소유하고 있는 모든 것, 우리를 위해 확보되어 있는 모든 것은, 실제로 살인 행위나 고문에 의해 얻은 것이므로, 도저히 이를 몰랐다고 말할 수는 없을 것이다. 우리가 맛있는 식사를 할 때나, 새로 무대에 올린 연극을 보고 있을 때, 우리를 보호한다는 명목으로 장탄한 권총을 손에 쥐고 창문 앞을 왕래하는 순경의 모습을 본 적이 없다는 표정도 지을수 없을 것이다. 이는 우리의 재산이 침해되면 바로 소총과 실탄을 가지고 달려오는 군대에 대해서도 마찬가지다.

우리가 식사를 마칠 수 있고, 새 연극을 보고, 무도회, 크리스마스트리, 스케이팅, 경마, 또는 사냥을 즐길 수 있는 것은 오로지 순경의 권총과 병사의 소총에 장전된 탄환 덕분이다. 권총을 쥔 순경이 가버리거나, 우리가 소리를 지르면 바로 달려오는 군인들이 없다면 우리는 그것들을 즐기지 못할 것이다. 길가에 서서 우리의 향락을 감시하며 우리의 향락을 파괴하려는 좌절한 인간의 공복에 탄환 구멍을 내주기 위해 즉각 달려오는 그들이 없다면, 우리는 아무것도 하지 못할 것임을 분명히 알고 있다.

따라서 백주에 약탈 현장을 발각당한 배고픈 남자가 상대에게 칼을 휘두르는 것은, 결코 상대의 지갑을 뺏기 위해서도 아니고, 죽이려고 위협하는 것도 아니다. 그는 오로지, 우리의 경우에 부대나 권총을 쥔 순경이 주위에서 우리를 지켜주는 것처럼, 자신을 방어하기 위해서, 즉 외적으로부터 자신을 방위하려는 몸부림일 뿐이다. 그러므로 부유한 사람들이 내뱉는 다음과 같은 말들은 전혀 믿을 게 못 된다. 즉, 우리의 소유는 사회 질서와 미화, 오락과 열병식을 위한 것이고, 우리는 실제로 우리가 빌려준 토지에서 생계를 꾸릴 권리가 없는 사람들일지라도 굶어죽게 내버려둔 적이 없으며, 우리는 노동자들이 으레 지하에서나 수중에서나 뜨거운 불볕더위 아래서나 일하기를 좋아하는 줄 알고 있었고, 그들이 우리의 향락 물자를 만들기 위해 낮에는 물론 밤까지, 즉 10시간에서 14시간에 걸쳐 공장에서 일하는 것을 좋아하는 줄 알았다고 말이다. 그 누가 이런 말들을 믿겠는가?

물론 부자들 중에도, 다행스럽게, 정직한 사람들이 있다. 특히 청년이나 여성 중에 있다. 그들은 자신들의 쾌락이 어떻게 하여 무엇에 의해 강구되었는지 화제에 오르면, 진실을 숨기려고 하지 않고 머리를 싸매면서 다음과 같이 말한다.

오, 그것에 대해 말하지 마세요. 사실을 말하면 계속 살아갈 수가 없어요.

즉, 거기에서 탈출할 수는 없지만, 자신의 죄를 알고 있는 이러한 진지한 사람들도 있는 것이다. 그러나 대다수 현대인들은 위선적인 자기 역할에 완전히 빠져서 누구의 눈에도 너무나 확실한 것을 과감하게 부정하며 다음과 같이 말한다.

이 모든 것은 옳지 못합니다. 누구도 지주를 위해, 또는 공장에서 노동하도록 인민을 강제할 수 없습니다. 이는 자유 계약의 문제입니다. 거대한 재산이나 자본은 노동을 조직하고 그것을 노동 계급에게 주기 위해 필요합니다. 공장과 작업장에서의 노동은 당신이 상상하는 것처럼 끔찍한 것이 아닙니다.

설령 공장에서 다소의 월권행위가 있었다고 해도, 정부나 사회가 수단을 강구하여 그것을 배제하고, 노동자의 노동을 더욱 쉽게, 심지어 쾌적하게 만들어줍니다. 노동 대중은 육체노동에 익숙하고, 지금 당장은 다른 일을 할 수 없습니다. 민중의 빈곤은 결코 자본가의 월권행위나 학대에서 생기는 것이 아니라, 다른 원인, 즉 민중의 무교양, 조잡함, 음주에 의한 것입니다.

그러나 우리, 즉 현명한 정책에 의해 이 빈곤화에 대항하고 있는 국가의 간부나, 유익한 발명의 보급에 의해 이에 대항하고 있는 자본가, 종교 교육에 의한 사제 계급, 노동조합의 결성이나 교육 확대 및 보급에 의한 자유주의자들은, 자기의 입장을 바꾸지 않고 민중의 복지를 증대시킬 수 있습니다.

우리는 모든 사람들이 빈민처럼 가난하기를 바라지 않고, 도리어 부자들처럼 부유하게 되기를 바랍니다. 사람들을 고문하고 죽이는 것은, 그들을 부자를 위해 일하도록 하기 위해서라는 것은 궤변입니다. 민중에게 군대를 파견하는 것도, 민중이 자기 이익을 오해하여 소란을 피워 모두의 복지에 필요한 안녕을 침범하는 경우에 한정됩니다. 따라서 악인을 금고에 처하는 것도 필요하고, 이를 위해 감옥, 교수대, 노역 등을 만들었습니다. 우리들도 그런 것을 폐지하고 싶지만, 지금은 그런 방향에서 노력하고 있습니다.

두 가지 측면, 즉 사이비 종교와 사이비 과학에서 지지되고 있는 오늘날의 위선은, 만일 우리가 그 속에서 살고 있지 않다면 사람들이 그 정도까지 자기기만에 빠졌다고 도저히 믿을 수 없을 것이다. 현대인은 그 마음이 너무나도 황폐하여 보여도 보지 않고, 들려도 듣지 않으며, 이해하지도 않는 놀라운 상태에 이르렀다. 인류는 이미 오래전부터 자신의 의식에 반하는 삶을 하고 있다. 만일 위선이라는 것이 없었다면, 그렇게 살 수 없었을 것이다. 자신의 의식에 반하는 이러한 생활 체제가 유지되는 이유는, 그것이 위선 아래 감춰져 있는 탓이다.

### 위선의 한계

현실과 인간의 의식 사이의 거리가 커질수록, 위선도 더욱 커진다. 그러나 위선에도 한계가 있다. 지금 우리는 그 한계에 이르렀다고 나는 생각한다. 모르는 사이에 몸에 들어온 기독교적 의식을 갖춘 현대인은, 누구라도, 마치 잠자고 있는 사람이 꿈속에서도 해서는 안 되는 것으로 알고 있는 것을 행해야만 하는 꿈을 꾸고 있는 것과 같다. 그는 이 점을 자신의 내면 깊숙한 곳에서부터 인식하고 있지만, 그래도 역시 자신의 상태를 변화시킬 수 없듯이, 중지할 수도 없고 해서는 안 된다고 알고 있는 것을 행하는 것도 그만둘 수 없다. 그리고 꿈속에서 자주 그러듯, 그의 상태는 더욱 고통스럽게 되고, 결국은 긴장의 극한까지 이른다. 그때 그는 자기에게 나타나는 진실성을 의심하기 시작하고, 자신을 구속하는 환영을 파괴하기 위해 의식적인 노력을 기울인다.

현대 기독교적 세계의 평균적 인간은 모두 이러한 상태에 놓여 있다. 그는 자신과 그 주위에서 행해지고 있는 모든 것이 불합리하고, 추악하며, 불가능하고, 자기의 의식에 반하는 것임을 느끼고 있고, 그런 상태가 더욱 고통스럽게 되어, 이미 긴장의 극한에까지 이르렀음을 잘 안다.

하지만, 그래서는 안 된다. 인간의 존엄, 인간의 평등이라고 하는 기독교적 의식이 우리에게 침투해 있고, 여러 국민의 평화적 교류와 결합이라는 요구를 수용해야 하는 우리 현대인들이, 우리의 모든 기쁨, 모든 편의를 동포의 고뇌와 생명 위에 건설하고 유지해서야 되겠는가?

뿐만 아니다. 무엇인가를 착각하는 외교관이나 위정자가 마찬가지로 착각하는 외교관이나 위정자에게 바보 같은 것을 말하거나 쓴 것만을 가지고, 민족과 민족이 서로 싸우고, 사람들의 노력과 생명을 무참하게 파멸시키는 야수로 변해서도 안 될 것이다.

그래서는 안 된다. 그러나 모든 현대인이 보듯이 이러한 것들이 현실에서 그대로 행해지고 있다. 똑같은 상황이 기다리고 있다. 그런 만큼 사태는 더욱더 고통스럽게 전개될 것이다. 마치 인간이 꿈속에서 스스로 현실이라고 생각하는 것이 진정한 현실이라고 믿지 않고, 참된 현실을 향하여 눈을 뜨고 싶어 하는 것처럼, 현대의 평균적 인간도 자신이 지금 놓여 있는 이

상황, 더욱 악화하는 끔찍한 상태를 참된 모습이라고 믿고 싶어 하지 않는다. 그보다는 참된 현실, 즉 그 속에 이미 살고 있는 의식의 현실을 향하여 눈을 뜨고 싶어 한다.

마치 꿈속에서 의식을 움직여 그것이 꿈이 아니지 않느냐 하고 자문한다면, 지금까지는 절망적으로 인식했던 상태를 순간적으로 타파하면서, 조용하고 즐거운 현실을 향하여 눈을 뜰 수 있는 것처럼, 현대인들도 의식을 움직여 자신이나 자기 주위의 위선이 보여주는 것의 진실성을 의심하고, 이야말로 기만이 아닌가 하고 자문한다면, 눈을 뜬 인간과 마찬가지로, 환상의 끔찍한 세계로부터 참되고 조용하며 즐거운 현실로 돌아온 자신을 느낄 수 있을 것이다.

이러한 변화에 필요한 것은 그 어떤 공적이나 잘난 행위가 아니다. 필요한 것은 단지 의식적으로, 내면의 노력을 경주하는 것뿐이다.

인간은 왜 그런 노력을 할 수 없을까?


## 참된 자유
### 인간의 자유를 부정하는 위선적 이론에 대한 비판

위선적으로 살아가는 데 필요한 현존 이론에서는 인간은 자유롭지 않고, 자신의 생활을 바꿀 수 없다고 하면서, 다음과 같이 말한다.

> 인간은 자신의 생활을 바꿀 수 없다. 왜냐하면 그는 자유롭지 못하기 때문이다. 그가 자유롭지 못한 것은, 그의 모든 행위가 선행하는 여러 원인에 의해 제약받기 때문이다. 인간은 무엇을 하고자 해도, 이러저러한 행위를 하게 된 이러저러한 이유가 언제나 존재한다. 따라서 인간은 자유로울 수 없고, 그의

생활을 바꿀 수 없다.

위선의 형이상학을 옹호하는 자들은 위와 같이 말한다. 그리고 만일 인간이 진리에 관해 부동의 무의식적 존재라고 한다면, 즉 일단 진리를 깨달아도 언제나 그 인식의 동일 단계에 머무르고 있다면, 분명 옳은 것이 된다.

그러나 인간은 의식적인 존재이고, 진리의 더욱 큰 단계를 끝없이 알아가는 존재이다. 따라서 만일 인간이 어떤 행위를 하는 데에 자유롭지 못하다면, 그 행위에 원인이 존재하기 때문이라고 해도, 이러한 행위의 원인 자체는, 의식적인 인간에게 행위의 충분한 원인으로 작용하는 어떤 진리를 인정하는 것, 즉 인간의 힘의 범위 내에 있게 된다.

따라서 인간은, 어떤 행위를 하는 경우 자유롭지는 않아도, 행위가 행해지는 근본에서는 자유롭다. 이는 마치 기관차의 운전사와 같다. 이미 행해졌거나 행해지고 있는 기관차의 움직임을 변화시키는 데서는 자유롭지 못해도, 앞으로 어떻게 움직일까를 미리 결정하는 데에서는 자유롭다. 의식적인 인간이 무엇을 하려고 하는 경우 (자신이 마음먹은 대로) 그렇게 행위를 하고 달리 행위를 하지 않는 것은, 그가 행동하고 있는 것처럼 행동해야 한다는 것을 진리로 인정하고 있거나, 과거에는 그것을 인정했지만 지금은 단지 타성, 즉 습관에 젖어 이전에 그렇게 해야 한다고 인정한 대로 행동하는 데 불과하다.

어느 경우에든 행동의 원인은, 어떤 현상 자체가 아니라 그것을 진리로 인정하느냐 마느냐에 달려 있다. 즉 어떤 현상을 진리로 인정하는 것은 이를 자기 행위의 충분한 원인으로 인정한다는 뜻이다. 이를 테면, 무엇을 먹든 먹지 못하든, 노동을 하던 휴식을 하든, 위험을 피하든 위험을 당하든, 그 당사자가 의식적인 인간이라면, '지금 이렇게 하는 것이 적절하고 합리적'이라고 생각하기 때문이다. 즉, 반드시 그렇게 행동하는 것이 옳다고 여겼거나, 또는 그 전부터 그렇게 행동하는 것을 진리라 생각했기 때문이다.

그런데 어떤 진리를 인정하는가 인정하지 않는가는 외부적인 원인에 의한 것이 아니라 인간 자체에 있는 어떤 다른 원인에 의한 것이다. 따라서 때로는 어떤 외부적인, 진리로 인정되기에 유리한 조건하에서나 어떤 명백한 이유가 없어도 그것을 인정하는 자가 있다. 이는 요한복음 6장 44절에서 말하는 "나를 보내신 아버지께서 이끌어주지 아니하시면, 아무도 내게 올 수 없다. 나는 그 사람들을 마지막 날에 살릴 것이다"와 같은 의미다. 즉, 인간생활의 모든 현상의 원인을 이루는 진리의 인식은, 반드시 외부적 현상에 의존한다기보다 인간의 관찰 영역에 속하지 않는 어떤 내부적인 특질에 의한 것이다.

따라서 자신의 행위에서는 자유롭지 못한 사람도 그 행위의 원인을 이루는 것, 즉 진리를 인정할 것인가 인정하지 않을 것인가에 대해서는 언제나 자신을 자유라고 느낀다. 하지만 자신을 자유라고 느끼는 것도 외부에서 발생하는 사건에 한정될 뿐, 자기의 행위조차 좌우되지는 않는다.

가령 인간은, 정욕의 영향으로 의식된 진리에 반하는 행위를 한 뒤에도, 여전히 그 진리를 인정할 것인가 부인할 것인가 고민할 수 있으며, 선택 역시 자유이다. 즉, 어떤 것을 진리로 인정하지 않지만 자신에게 꼭 필요하다고 생각하여 행동에 옮기고 난 뒤 자신을 정당화할 수도 있고, 진리로 인정하여 자신의 행위를 악한 것이라 판단하고는 그것을 행한 자신을 비난할 수도 있는 것이다.

## 세 가지 진리
어떤 사람이 유혹을 이기지 못하여 번뇌에 굴복하고 결국 도박이나 술에 빠졌다고 치자. 이때 그가 도박이나 중독을 악이라 인정하든, 일시적이며 하잘것없는 즐거움이라 인정하든, 이는 개인의 자유다. 하지만 그가 즉각 자신의 번뇌에서 벗어나지 못한다고 해도 마음속으로 진리를 인정하는 사람이라면 그는 머지않아 번뇌로부터 해방될 수 있다. 반면 진리에 대한 인식 없이 마음속의 번뇌만 강화해나가는 사람은 자신을 해방시킬 수 있는 가능성마저 모두 상실하게 된다.

열기를 이기지 못해 불이 난 집에 친구를 두고 도망 나온 사람의 경우도 이와 마찬가지다. 그가 (인간은 자기 생명의 위험을 무릅쓰고라도 타인의 생명에 봉사해야 한다는 진리를 인정하고) 자신의 행위를 악이라 생각하여 자신을 비난하는 것도 자유이며, (그 진리를 인정하지 않고) 자신의 행위를 자연스럽고 어쩔 수 없었던 것이라 생각하며 이를 시인하는 것도 자유이다. 진리를 인정하는 첫째의 경우에는, 진리에서 후퇴했으나 반드시 진리의 인식으로부터 나와야 할 일련의 자기희생적인 행위를 스스로 준비하게 된다. 둘째의 경우에는 전자와 반대되는 일련의 이기적인 행위를 준비하게 된다.

그러나 인간은, 어떤 것을 진리라 인정하거나 인정하지 않을 때, 언제나 자유로운 것은 아니다. 본인이 과거에 인정한 진리, 교육과 전통에 의해 습득한 신앙, 혹은 제2의 자연스러운 습관이 된 진리도 있을 테지만, 막연하게 그리고 매우 멀리서 그들에게 나타나는 진리도 있기 때문이다. 인간은 제1의 진리를 인정하지 않는 점에서나 제2의 진리를 인정하지 않는 점에서나 모두 자유롭지 않다. 그런데 제3의 진리도 있다. 이는 아직 인간 활동의 무의식적인 계기로 작동할 만큼 그 중요성이 부각된 것은 아니지만, 이미 명백하게 계시되어 있다는 점에서 회피할 성질의 것은 아니다. 따라서 이러한 진리는 인정할 것인가 말 것인가의 문제가 아니라 반드시 대처해야 하는 것이 된다. 인간의 자유는 이러한 종류의 진리에 한해서만 발현된다.

모든 인간은, 삶에서 드러나거나 찾아볼 수 있는 진리에 관해서는 마치 자기 앞에서 움직이는 등불의 빛에 의지해 어둠 속에서 앞으로 나아가는 나그네와 같은 입장에 있다. 그는 등불에 비춰지지 않은 것은 보지 못하며, 그가 지나치고 나면 어둠 속에 다시 숨어버리는 그 무엇을 볼 수도 없다. 더구나 그에게는 이 모든 것과의 관계를 변화시킬 힘도 없다. 그러나 길 위의 어디에 서 있든지, 그는 적어도 등불이 있는 한 볼 수 있으며, 따라서 나아갈 방향을 선택할 수도 있을 것이다.

우리는 살아가면서 다양한 진리 인식 경험을 갖는다. 눈에 보이지 않는 진리, 즉 아직 마음의 눈이 열리지 않은 탓에 쉽게 깨달을 수 없는 진리도 있고, 이미 체험되어 파악되었으나 얼마 지나지 않아 잊어버린 진리도 있으며, 이성의 빛을 통해 알게 되어 내면에서 인정을 요구하는 진리도 있다. 그리고 이러한 진리를 인정하거나 거부할 경우에 우리의 자유라는 의식이 발휘된다.

자유라는 문제를 너무나도 어렵고 해결하기 힘든 문제로 보는 이유는, 이 문제를 해결해야 하는 사람들 모두가 자신은 진리에 대해서 변하지 않는 신념을 가졌다고 생각하는 탓이다. 즉 인간을 부동의 존재로 파악하는 것이다.

그런데 우리가 만일 인간을 부동의 존재라고 생각한다면, 즉 인간이나 인류의 생활은 오로지 어둠에서 광명으로 향하고, 낮은 진리의 단계에서 높은 진리의 단계로 향하며, 오해를 포함한 혼돈된 진리로부터 그것을 모두 버린 진리를 향해 부단하게 움직인다는 사실을 잊어버린 채 인간을 변하지 않는 존재라고 생각한다면, 우리는 필시 부자유스러운 존재임에 틀림없을 것이다.

만일 우리 인간이 어떤 진리도 알지 못한다면, 결코 자유로울 수 없을 것이다. 그 반대의 경우도 마찬가지다. 만일 실생활에서 인간을 이끌어주는 모든 진리가 영원히, 그 순수함 그대로 일말의 오해도 섞이지 않은 채 인간에게 계시된다면, 아마도 인간은 자유롭지 못했을 것이며, 어쩌면 자유라는 관념조차 가지지 못했을 것이다.

그러나 인간은 진리에 대해 부동의 존재가 아니다. 인간은 누구나 자기 삶 안에서 끝없이 움직여나간다. 누구나, 다른 모든 인류와 마찬가지로 진리의 더욱 높은 단계를 인식하게 마련이며, 혼미한 상태로부터 점차 해방된다. 따라서 사람들이 파악하는 진리는 다음과 같은 세 가지 종류로 정리할 수 있다.

첫째, 이미 사람들이 분명히 파악하여 행위의 무의식적 원인으로 자리 잡은 진리이다.

둘째, 인간들에게 이제 막 계시되기 시작하는 진리이다.

셋째, 아직 진리로 파악되지 않았지만, 사실은 이미 명백하게 계시되어 있는 터라 이를 인정할 것인가 말 것인가를 고민해야 하는 진리이다.

## 진리의 수용과 거부라는 자유

진리를 인정할 것인가 말 것인가를 결정하는 것은 인간의 자유이다. 인간의 자유란 자기 삶을 마음대로 이끌어가는 어떤 움직임이라거나 혹은 이미 존재하여 자신에게 영향을 미치는 것과 상관없이 제 멋대로 행동할 수 있음을 의미하지 않는다. 그보다는 자신에게 계시된 진리를 인정하고 그것을 믿으면서, 신에 의해 혹은 전체 세계의 생명력을 유지하기 위해 행해지는 영구적이며 무한한 사업의 자유롭고 즐거운 행위자가 될 수 있음을 뜻한다. 따라서 진리를 인정하지 않는 자는 노예가 될 것이며, 자신이 원하지 않는 방향으로 무리하게 고통을 받으며 끌려갈 것이다.

진리는 인간 생활의 방향을 지시할 뿐만 아니라, 인간의 생활이 나아갈 수 있는 유일한 길을 계시해준다. 따라서 모든 사람은 자유로운 형태인가 아닌가에 관계없이, 어떤 사람은 하늘이 명한 인생의 일을 스스로 행하고, 또 어떤 사람은 인생의 법칙에 종속되어 생활을 개척한다. 어느 길을 선택하든 그것은 그 사람의 자유이다.

하지만 이런 좁은 범위의 자유는 종종 사람들에게 너무나도 가치 없는 것으로 보인다. 별로 주목을 받지도 못한다. 결정론자들은 이런 자유를 사소한 것으로 평가하여 인정하지 않는 반면, 공상의 자유를 염두에 두고 완벽한 자유를 옹호하는 사람들은 일면 무의미하게 보이는 이런 자유를 경멸한다.

진리에 대한 무지와, 진리를 어느 정도 인정하는 일 사이의 경계에 있는 자유는, 사람들에게 자유로 생각되지 않는다. 인간은 계시된 진리를 인정하고자 욕구하든 욕구하지 않든, 언젠가는 반드시 생활 속에서 그것을 실행하게 될 것이다.

다른 말과 마찬가지로 짐마차에 연결된 말에게도, 마음대로 앞으로 나아갈 자유는 없다. 하지만 말이 마차를 끌지 않는다면, 얼마 가지 않아 마차의 다리는 부러지게 될 것이며, 결국 말은 어쩔 수 없이 마차를 끌게 될 것이다.

우리가 우습게 보는 사소한 자유도 마찬가지다. 머릿속으로 상상하는 자유에 비해 현실의 자유가 아무리 하찮게 보인다 해도, 이 자유만큼은 의심할 수 없이 존재하며, 이 자유만이 진짜 자유이므로, 인간은 이 같은 자유 안에서 행복을 추구해야 한다. 이 자유는 인간에게 행복을 줄 뿐만 아니라 생명을 가진 자들이 세계를 위해 해나가는 사업을 유지하는 유일한 수단이기도 하다.

기독교의 가르침에 의하면, 생활이 자유롭지 않은 분야, 그 결과인 행위의 분야에서 생활의 의의를 보는 자는 참된 삶을 살아가는 자가 아니다. 기독교의 가르침에 의하면 참된 생활을 가질 수 있는 사람은, 생활이 자유로운 분야, 그 원인인 스스로 계시된 진리를 알고, 인정하며, 믿고, 따라서 말의 뒤에서 말을 따르는 마차와 같이, 불가피하게 그것에 따르는 것을 실행하는 사람뿐이다.

　하지만 사람들은 자기의 생활은 육체상의 일에 있다고 생각하여 자기 밖에서 벌어지는 공간적 및 시간적 원인에 좌우되는 일만 행한다. 어떤 일도 스스로 하지 않는다. 겉으로는 그가 무엇인가를 열심히 하고 있는 것처럼 보이지만, 실제로 그는 노예일 뿐이다. 즉, 그가 하는 것처럼 보이는 모든 일이 그를 통하여 이루어지고 있는 것은 맞지만, 결국 그는 생활의 창조자가 아니라 노예의 위치에 있는 것이다.

　한편 자기의 생활을, 자신에게 계시되고 있는 진리를 인정하고 그러한 믿음 가운데 둔다면, 그의 생활은 다른 전체 삶의 근거와 일치할 것이고, 그가 행하는 일은 더 이상 시간과 공간의 조건에 의해 좌우되는 개인적이며 부분적인 일이 아니라, 원인도 없고 제약도 받지 않는 무한한 의미를 획득하는 일이 될 것이다. 왜냐하면 그런 일은 이미 그 자체로서 다른 모든 것의 원인이 되기 때문이다.

　진리를 인정하지 않고, 진리 위에 성립되는 참된 생활의 본질을 경시하고, 외면적 행위에 의해 자기의 생활을 개선하고자 노력하는 이교도적 인생관에 사로잡힌 사람들은, 마치 기선을 탄 사람들이 목적지에 이르기 위해 노를 젓는 데 방해가 된다며 증기기관을 끄는 것과 같다. 즉, 증기나 스크루로 나아가는 대신 수면에 닿지도 않는 노를 저어 태풍 속을 열심히 통과해나가려는 사람들의 태도와 같은 것이다.

신의 나라는 노력에 의해 세워진다. 오직 노력하는 사람만이 이를 높게 세울 수 있다. 그리고 진리를 인정하고 믿기 위해 외부적 조건을 부정하는 이 노력이야말로, 그것에 의해 신의 나라가 세워지고, 현대에 행해져야 하고 행해질 수 있는 유일한 노력이다.

사람들이 이 사실을 이해할 수 있다면 좋겠다. 즉, 진리에서 오는 자유를 추구하는 대신 외면적이고 일반적인 것 때문에 괴로워하는 것을 그만두고, 외면적인 일에 사용하는 에너지의 100분의 1이라도 자유, 즉 눈앞에 있는 진리를 인정하고 그것을 믿는 것에, 그리고 자기와 타인들을 허위와 위선으로부터 해방하는 데 사용하면 얼마나 좋을까? 그렇게 하면 어떤 노력도, 투쟁도 없이, 사람들을 고통스럽게 하고, 그들을 더욱 가난하게 하는 잘못된 생활 제도는 즉각 파괴되고, 신의 나라, 또는 적어도 사람들이 그 의식에 의해 이미 준비된 나라의 제1단계를 실현할 수 있을 것이다.

소금을 충분히 포함한 액체를 한 순간에 결정체로 바꾸는 데에는 약간의 자극으로 충분하다. 그렇듯이 지금은 이미, 사람들에게 계시된 진리가 수백, 수천, 수백만 명의 사람들을 사로잡아 의식에 상응하는 여론을 확립하고, 그것이 확립된 결과, 현행 생활 제도의 모든 것을 바꾸는 데에 정말이지 약간의 노력만으로 충분한 시점이다. 그리고 이런 노력은 우리들 개개인에게 달려 있다.

여러 가지 형태로 우리를 둘러싸고 있고 우리의 영혼에 들어오고자 요구하고 있는 기독교적 진리를 우리 각자가 이해하고 인정하고자 노력한다면, 그런 진리를 볼 수 없다든가, 실행하고 싶어도 우리부터 솔선하여야 하므로 사실 좀 어렵다고 말하든가, 쉽게 거짓말하거나 속이는 짓을 그만두어야 할 것이다. 대신 우리를 부르고 있는 이 진리를 인정하고 열심히 믿을 때, 우리는 수백, 수천, 수백만 명의 사람들이 우리와 같은 입장에 있고, 우리가 보는 것과 같이 진리를 보며, 우리와 마찬가지로 타인이 그것을 인정하기를 기대한다는 사실도 충분히 이해할 수 있을 것이다.

사람들을 유일하게 연결시키고, 강고하며 꼭 필요하고, 신이 제정한 것이라 생각되는 비정한 생활 제도는 이미 전체적으로 동요하고 있다. 이 모든 게 위선에 의지한 터이기 때문이다. 그러므로 우리는 모든 위선적인 행위를 그만둘 때 비로소 자신도 모르는 사이 그런 일에 가담하고, 알게 모르게 지지하고 있었다는 사실을 깨닫게 될 것이다.

## 현행 질서의 파괴

그러나 설령 그렇다고 해도, 즉 현행의 생활 제도를 파괴하는 것이 확실히 우리에게 달려 있다고 해도, 그 대신 무엇을 해야 하는지 분명히 알지 못한 채, 그것을 파괴할 수 있는 권리가 과연 우리에게 있을까? 만일 현행 질서 제도가 파괴된다면, 세계는 어떻게 될까?

게르첸은 다음과 같이 말했다.

우리가 버린 세계의 벽 너머에는 무엇이 있을까?

공포가 우리를 사로잡고 있다. 공허하고, 확대된 자유… 가는 방향도 모르고 우리가 어떻게 갈 수 있는가? 무엇을 얻을지도 모르고 어떻게 잃을 수 있는가? 만일 콜럼버스가 그렇게 생각했다면, 그는 결코 닻을 내리지 않았을 것이다. 그 존재조차 의문인 나라를 향하여, 과거에 누구도 항해하지 않은 바다를 진로도 모르고 항해하는 것은 미친 짓이다.

그러나 그 광기 때문에 그는 새로운 세계를 발견했다. 값싼 호텔에서 고급 호텔로 이동하기란 매우 간단한 이야기이지만, 새로운 집을 준비하는 데에도 상대가 없으면 이야기가 안 된다. 미래는 바다보다도 더욱 끔찍하고, 거기에는 아무것도 없다. 그것은 환경과 인간들이 만들어내는 것에 불과하다.

만일 당신이 낡은 세계에 만족한다면, 그것을 보존하고자 노력하는 것이 좋다. 그러나 그것은 매우 위험하며, 결코 오래가지 않을 것이다. 만일 당신이 신념과 실제 생활 사이의 영원한 불일치 속에서 살아가고, 생각하는 것과 행동하는 것 사이의 차이를 참을 수 없다면, 자신의 위험을 걸고 중세풍의 하얀 둥근 천정 밑에서 뛰쳐나오라.

그것이 쉽지 않다는 것을 나도 잘 알고 있다. 인간이 태어난 날부터 자라고 성장하여 너무나도 익숙해진 모든 것과 결별하는 것은 농담처럼 가능한 일이 아니다. 인간은 끔찍한 희생을 각오할 수는 있어도, 새로운 생활을 추구하는 희생을 각오할 수는 없다.

과연 그들은 현대의 문명, 생활양식, 종교, 그리고 일단 채택한 낡은 도덕을 희생할 수 있을까? 지금까지의 노력에 의해 만들어진 모든 성과를, 3세기에 걸쳐 자랑해온 성과를 상실할 각오가, 우리들 존재의 모든 편의와 매력을 버리고 이미 이룬 노경보다도 황량한 청춘을 택할 각오가, 우리 뒤에 의심할 바 없이 훌륭하게 세워질 새로운 집의 주춧돌로 참가한다고 하는 단순한 만족을 위해 조상 전래의 성을 파괴할 각오가 그들에게 과연 가능할까?[8]

현대에서라면 아무리 생각이 얕은 사람이라도 알 수 있는 것, 즉 종래의 기초 위에 세운 생활을 계속해가는 것은 이제 불가능하고, 어떤 새로운 생활양식을 확립해야 한다는 것을, 이미 반세기 전에 러시아의 한 작가가, 이미 그 당시에 그 투철한 지성으로 분명히 꿰뚫어보고 말했다.

아무리 단순하고 저급하며 세속적인 견지에서 보아도, 그 무게를 이길

---

8  (원주)『게르첸 전집』, 제5권, 55쪽.

수 없는 건물의 지붕 아래에 멈춰 서 있는 것은 어리석은 일이므로, 거기에서 나와야 한다는 것은 자명한 이치이다. 그리고 서로 무장하는 민족이나, 더욱 대규모로 되어가는 이러한 군비를 유지하기 위해 끝없이 증대되는 세금, 부유 계급에 대해 더욱더 불타오르는 노동 계급의 증오, 지금도 떨어지고 있을지 모르고 조만간 반드시 떨어질 것임에 틀림없는 전쟁이라는 다모클레스[9]의 칼을 품고 있는 현대 기독교 세계가 놓인 상태보다 불행한 상태는 생각하기도 힘들 정도이다.

아마도 어떤 혁명에서도 인민 대중에게는 부자연스러운 노동, 빈곤, 음주, 타락 등 일상의 희생과 함께, 겨우 1년 만에 최근 100년 동안의 모든 혁명보다도 더욱 큰 희생을 치르고서 전쟁의 공포를 숨긴 우리 생활의 현행 질서, 아니, 도리어 무질서보다 불행한 것은 있을 수 없다.

신이 인간 각자의 마음속에 뿌리를 내린 양심을 통하여 요구하는 것을 우리 모두가 이행한다면, 우리 모든 인류는 어떻게 될까? 가령 완전하게 주님의 지배하에 있는 내가, 주님이 세우고 지도하는 곳에서 명해진 일을 하는 경우, 주님의 최종 목적을 알고 있는 나에게는 무엇인가 기이한 생각이 들지 않을까?

그러나 주님의 의지를 이행하는 것을 망설이는 경우, 그들을 불안하게 하는 것은 '어떻게 될까?'라는 문제가 아니다. 그들을 불안하게 만드는 문제는 우리가 과학, 예술, 문명, 문화라고 부르는, 익숙해진 우리의 생활환경

---

9  다모클레스(Damocles)는 기원전 4세기 전반 시칠리아 시라쿠사의 참주인 디오니시오스 2세의 측근이었던 인물이다. 어느 날 디오니시오스는 다모클레스를 호화로운 연회에 초대하여 한 올의 말총에 매달린 칼 아래에 앉혔다. 참주의 권좌가 '언제 떨어져 내릴지 모르는 칼 밑에 있는 것처럼 항상 위기와 불안 속에 유지되고 있다'는 것을 가르쳐주기 위해서였다. 이 일화는 로마의 명연설가 키케로에 의해 인용되어 유명해졌고, 위기일발의 상황을 강조할 때 '다모클레스의 칼'이라는 말을 속담처럼 사용하기 시작했다.

다모클레스의 칼(리처드 웨스톨 作)

을 잃는다면 어떻게 살아갈 수 있을까 하는 점이다. 우리는 개인으로서 현대 생활의 중압을 느끼고 있고, 이 생활 제도가 만일 계속된다면 반드시 우리를 멸망시킬 것도 잘 알고 있다.

동시에 우리는 우리의 생활 속에서 태어나 자란 그 환경, 즉 우리의 과학, 예술, 문명, 문화가 생활이 변해도 그대로 남기를 바라고 있다. 그것은 마치 낡은 집에 사는 사람이, 그 집이 붕괴하고 있는 것을 알고 있으므로 그 재건축에 찬성하면서, 그 집의 추위와 불편에 입을 닫고, 자신은 그곳에서 나가지 않는 다는 조건을 붙이는 것과 같다. 이 조건은 재건축을 거부하는 것과 같다.

만약 그가 집에서 나온다면 일시에 모든 편의를 잃게 될 것이고, 새로운 집을 세우지 못할지도 모르며, 세운다고 해도 다른 것이 되어 나에게 익숙한 것은 더 이상 없게 되지 않을까?

그러나 건축 재료가 있고 목수가 있으면, 새 집이 낡은 집보다도 좋을 가능성은 더욱 커진다. 동시에 낡은 집이 붕괴되고 그곳에 남은 사람들의 생활이 파괴될 공산도 더욱 증폭될 것이다. 과거의 익숙한 생활환경이 유지되든, 그것이 파괴되든, 전혀 새로운 것, 더 좋은 것이 생기든 간에, 그보다 더욱 불가피하게 필요한 것은, 더 이상 존속이 불가능할 정도로 굳어진 과거의 생활 조건에서 떠나 미래를 향하여 전진하는 것이다.

과학도, 예술도, 문명도, 문화도 없어질 것이다!

그러나 이 모든 것은 진리의 여러 가지 표현에 불과하고, 이러한 변화는 진리에 대한 접근과 그 실행이라는 이름으로만 행해진다. 그렇다면 진리가 실현된 결과인 그 표현이 없어질 정도라는 것은 과연 어떻게 가능할까? 아마 그것과 다른, 더 우수한, 더 높은 것이 되어도, 결코 없어질 수는 없을 것이다. 오로지 없어지는 것은 가짜일 뿐이다. 진리에서 나온 것은 더욱더 활짝 꽃을 피울 것이며, 더욱더 강해질 것이다.

## 반성하라
### 우리의 생활은 불행의 극한에 도달했고, 조직 체계로는 개선될 수 없다

사람들이여, 반성하라. 행복의 가르침인 복음서를 믿어라. 반성하지 않으면 빌라도에게 살해된 사람들이 멸망하듯이, 실로암의 망대[10]에 억눌린 사람들이 멸망하듯 죽이고 죽임을 당하고, 사형하고 사형당하고, 고통을 주고 고통을 당하는 수백만 명이 멸망하듯이, 또 곡창을 채워 오래 살고자 희망했던 남자가 생활을 시작하고자 생각한 그 밤에 바보 같은 죽음을 당하듯이, 멸망할 것이다.

그리스도는 1,800년 전에 "사람들이여, 반성하라. 그리고 복음서를 믿어라" 하고 말했다. 그리고 지금은 더욱 큰 확신을 가지고 고난과 우둔의 극한에까지 이른 우리 생활의, 그가 예언했고 지금은 실현된, 고난과 우둔이 그것을 말해주고 있다.

이교도적 폭력 기구에 의해 우리 생활을 안전하게 만들려는 수백 년 동안의 헛된 노력 끝에 오늘날, 그런 방향으로의 모든 노력은 오로지 개인적 및 사회적 생활에 새로운 위험을 던져주고, 어떤 방법으로든 더 안전하게

---

10  실로암(Siloam)의 망대는 누가복음 13장 4절에 나오는 것으로, 회개하지 않는 자들은 망할 것이라는 표징이다.

부자 청년에게 천국으로 가는 길을 설명하는 예수(하인리히 호프만 作)(위)
예루살렘에 입성하는 예수(장 레옹 제롬 作)(아래)

만들어주지 않음이 모든 사람에게 명백해졌다.

우리가 스스로를 어떤 명칭으로 위엄스럽게 말하든, 어떤 제복을 입든, 어떤 사제가 우리에게 기름을 부어주든, 우리가 수백만 루블을 소유하든, 우리가 가는 길에 아무리 많은 경호원이 진을 치든, 아무리 많은 경찰관이 우리의 부를 경비하든, 소위 범죄자, 혁명가, 아나키스트를 우리가 아무리 많이 처형하든, 우리가 어떤 위업을 성취하든, 우리가 어떤 국가를 세우고, 바벨에서부터 에펠 탑까지 수많은 요새와 성을 세웠을지라도, 우리 모두가 직면해 있는, 그 전체 의미를 상쇄하는 두 가지 피할 수 없는 생활의 상태가 있다.

첫째, 죽음이다. 이는 어느 순간에나 우리 각자 위에 덮칠 것이다.

둘째, 우리의 모든 업적의 덧없음이다. 이는 너무나 빨리 사라지고 아무런 흔적도 남기지 않는다. 우리가 무엇을 하는지, 즉 국가를 설립하고, 궁전과 기념비를 세우며, 노래와 시를 쓰든지 간에, 그 모든 것들은 오래가지 않는다. 그것은 금방 사라지고, 아무런 흔적도 남기지 않는다.

그러므로 우리가 그것을 아무리 자신에게서 숨기려 해도, 우리는 생활의 의미란 개인의 육체적 존재, 즉 치유할 수 없는 고통과 피할 수 없는 죽음의 먹이나 어떤 사회적 기구나 조직에 있지 않음을 깨닫지 않을 수 없다.

이 문장을 읽고 있는 당신이 누구든 간에 당신의 지위와 의무를 생각해보라. 그것은 지주, 상인, 법관, 황제, 대통령, 장관, 사제, 병사로 사람들이 일시적으로 당신에게 부여한 지위가 아니라 그 지위에 의해 당신에게 부과된 가상의 의무일 따름이다.

당신이 어느 순간에라도 그분의 뜻에 따라 돌아가서, 존재하지 않는 것 같은 영원 뒤에 무의식으로 숨어 있는 그분의 뜻에 따라 불려나온 피조물로서, 존재로서의 영원한 당신의 진정한 지위에 대해 생각해보라. 당신의 의무에 대해 생각해보라. 당신의 토지에 대한 지주로서의 의무, 당신의 사업에 대한 상인으로서의 의무, 황제, 장관, 또는 관리의 국가에 대해 가상의 의무로서가 아니라, 당신의 진정한 의무, 이 세상에 부름받고 이성과 사랑을 부여받은 존재로서의 진정한 지위에 따르는 의무를 생각해보라.

### 국가에 대한 특권과 의무를 지니면서
### 신이 우리에게 명하는 것을 행하고 있는가?

당신을 세상에 보내고, 당신이 곧 되돌아가야 할 신이 요구하는 것을 당신은 과연 행하고 있는가? 당신은 신이 당신에게 바라는 바를 행하고 있는가? 지주나 제조업자로서 당신이 빈민으로부터 그들 노동의 열매를 강탈하고, 당신의 생활을 이런 노동자를 약탈하는 일 위에 세울 때, 또는 법관이나 총독으로 인민을 학대하고 그들에게 사형선고를 내릴 때, 또는 병사로 전쟁에 참여하고 살인하며 약탈할 때, 당신은 신의 뜻을 행하고 있는가?

당신은 세상이 그렇게 만들어졌으므로 이것이 불가피하며, 당신 자신의 자유 의지로 그렇게 한 것이 아니라 그렇게 하도록 강요되었다고 말할 것이다. 그러나 당신은 과연, 당신은 인간의 고통, 학대, 살인을 몹시 혐오하고, 동료에 대한 사랑과 협력은 강렬하게 원하며, 오로지 모든 사람이 평등하며 상호 봉사할 때 가장 큰 행복이 실현될 수 있다고 믿으며, 당신의 머리와 가슴이 믿는 신앙과 심지어 과학 자체가 똑같은 진리를 말해주는데 불구하고, 어떤 혼란스러우며 복잡한 추론 때문에 이 모든 것에 정면으로 반대했던 거라고 말할 수 있는가?

지주나 자본가로서 당신은 모든 생활을 인민을 억압하는 데 바쳐야 하고, 황제나 대통령으로서 당신은 군대를 지휘하고 살인자들의 수반이자 지휘자가 되어야 하며, 국가 관리로서 당신은 가난한 인민에게서 그들의 마지막 한 푼을 빼앗아 부자들에게 나누어주어야 하고, 법관이나 배심원으로서 당신은 진실이 밝혀지지 않았다는 이유만으로 과오를 저지른 인간들을 가혹하게 대우하고 사형을 선고하며, 무엇보다 당신은 악을 근절한다는 이유로 병사가 되어 모든 자유의지와 인간으로서의 감정을 모두 포기한 채 다른 인민의 명령에 따라 누구라도 죽이는 임무를 다할 수 있다고 말하겠는가?

아니, 그럴 수 없다.

심지어 이 모든 것이 기존 세상 질서를 유지하기 위해 필요하고, 빈곤, 기근, 감옥, 교수대, 군대, 전쟁과 함께하는 사회 질서가 꼭 필요하며, 만일 이런 조직이 파괴된다면 훨씬 큰 불행이 따를 것이라 전해 들었을지라도, 그 모든 것은 오로지 이런 조직에 의해서 이익을 얻는 자들이 말한 것일 뿐이다. 반면, 그것으로 인해 고통받는 인민은 (그들의 숫자는 열 배나 많다) 이와 정반대로 생각하고 말한다. 그리고 당신 역시, 가슴 깊은 곳에서는 그것이 진실이 아니고, 기존 조직은 시대에 맞지 않으며, 이제 사회는 반드시 새로운 원리 위에 필연적으로 재건설되어야 하고, 따라서 우리는 결국 인간적 감정을 희생하면서까지 그 조직을 유지해야 할 필요가 전혀 없음을 알고 있다.

## 우리가 이런 지위를 유지하는 것은 우리가 원하기 때문이다

심지어 당신이 이런 조직이 필요하다고 인정하더라도, 당신의 가장 훌륭한 인간적 감정을 희생하고서라도 그것을 유지하는 것이 당신의 의무라고 믿는 이유는 무엇인가? 누가 당신을 이런 병들어 죽어가는 조직을 책임지는 유모로 임명했는가?

사회도 국가도 어느 누구도 아니다. 아무도 당신에게 책임지라고 요구하지 않았다. 당신이 지주, 상인, 황제, 사제, 또는 병사의 지위를 가진 이유는 인간의 행복을 위해 필요한 생활의 조직을 유지하기 위한 이타적인 목적이 아니라, 단순히 당신 자신의 이익을 위해, 당신 자신의 탐욕, 허영, 야욕, 나태함, 비겁함을 만족시키기 위한 것이다.

만일 당신이 그 지위를 바라지 않았다면, 당신은 그것을 유지하기 위해 최선을 다하지 않을 것이다. 당신의 지위를 보유하려고 끊임없이 저지르는 잔인하고 배신적이며 교활하며 비천한 행위를 중지해보라. 그러면 당신은 당장 그것들을 잃게 될 것이다. 국가의 통치 지배자나 관리로서 거짓말하기를 포기하고 처형과 폭력 행위에 참여함을 거부하는 단순한 실험을 해보라. 성직자로서 기만을 포기하고, 군인으로서 살인을 포기하고, 지주나 제조업자로서 사기와 폭력으로 당신의 재산을 지키기를 포기해보라. 그러면 당신은 당장 당신에게 강요되거나 당신에게 짐이 되는 것처럼 보이는 그 지위를 잃을 것이다.

사람은 자신의 양심에 어긋나는 상황에서 자신의 의지에 반해 서 있을 수 없다.

만일 당신이 그러한 지위에 있다면, 그것은 어느 누군가에게 필요해서가 아니라, 단순히 당신이 그것을 원하기 때문이다. 그러므로 당신의 지위가 당신의 가슴과 머리에, 당신의 신앙에, 심지어 당신이 믿는 과학에 적대적이라는 것을 알면서도 그것을 지니고, 무엇보다도 그것을 정당화하는 것에 대해 당신이 실제로 행해야 하는 것을 행하고 있는지, 의문을 가져보라.

만일 당신이 당신의 잘못을 깨닫고 고칠 시간적 여유가 있다면, 그리고 만일 당신이 어떤 가치를 지닌 것을 위해 위험을 감수한다면, 당신은 실수를 저지르는 모험을 하지 않게 될 것이다. 그러나 의심할 여지없이 당신 자신이나 당신을 오류로 끌고 가는 자들에게나 잘못을 만회할 최소한의 가능성 없이, 당신이 불시에 사라질 수 있음을 알 때, 그리고 생활의 외적인 조직에서 당신이 무엇을 하든지, 그것들이 모두 당신 자신만큼 빨리 그리고 확실히 사라지고 뒤에 아무런 흔적을 남기지 않을 것임을 알 때, 당신은 그러한 무서운 잘못에 모험을 걸 아무런 합당한 이유를 갖지 못한다는 것을 깨닫게 될 것이다.

만일 우리에게 그토록 명백한 진리를 당신의 위선으로 위장하지 않았다면, 사실 그 진리들이란 완벽하게 단순하다는 것도 알게 될 것이다.

당신이 가진 모든 것을 다른 인민과 나누고, 재물을 쌓아두지 말고, 훔치지 말고, 고통을 주지 말고, 살인하지 말고, 그들이 당신에게 행하지 않기를 바라는 것은 당신도 다른 인민에게 행하지 말라. 이 모든 것은 1,800년 전이 아니라 5,000년 전에 이미 말한 것이고, 위선이 없었다면 이 같은 율법의 진리에 대한 의혹도 있을 수 없다. 위선이 아니라면, 인간은 율법을 실천하는 것이 아니더라도 적어도 그것을 인식하고, 그것을 실천하지 않는 것이 잘못임을 인정하지 않을 수 없다.

그러나 당신은, 고려되어야 할 공공의 선이 있으며, 따라서 공공의 선을 위해서 우리는 폭력 행위와 살인을 저질러야 하기 때문에 그 원리를 따르면 않으면 안 되고, 당연히 따르지 말아야 한다고 말할 것이다. "전체 인민이 멸망하느니 한 사람이 죽는 것이 낫다"고 당신은 가야바처럼 말할지도 모른다. 그리고 어떤 사람, 그다음 사람, 세 번째 사람의 사형 선고에 서명하고, 공공의 선을 위해 죽어야 할 그를 향해 총에 실탄을 장전하고, 그를 투옥하며, 그의 재산을 빼앗는다.

당신은 당신이 사회와 국가의 일원이기 때문에 이런 잔학 행위를 저지른다고 말한다. 그것에 봉사하는 것이, 그리고 지주, 법관, 황제, 또는 병사로서 그들의 법률에 따르는 것이 당신의 의무라고 말한다.

쿠르스크 구베르니아의 종교 행렬(일리야 레핀 作)

그러나 국가에 속하고 그런 지위에 의해서 만들어지는 의무를 가질 뿐만 아니라, 당신은 또한 세계의 영원한 생활과 신에게 속하며, 신 또한 당신에게 의무를 내린다. 그리고 당신의 가족과 사회에 대한 의무가 국가에 대한 상위의 의무에 종속되는 것처럼, 똑같은 방법으로 후자는 반드시 필연적으로 세계의 영원한 생활과 신에 의해서 당신에게 지시된 의무에 종속된다.

그리고 전신주를 뽑아서 가족이나 사회의 연료로 사용하며, 공익을 희생하면서까지 인민의 복지를 향상시키는 게 무지막지한 일인 것처럼 똑같은 방법으로 국가의 복지를 향상시키기 위하여 폭력을 행사하고, 처형하며, 살인하는 것도 무지막지한 일이다. 왜냐하면, 그것은 인류의 이익을 희생하는 것이기 때문이다.

국가에 속하는 시민으로서의 당신의 의무는 세계의 영원한 생활이나 신의 영생에 대한 우월한 명령에 종속되지 않을 수 없고, 그것에 반해서도 안 된다. 1,800년 전 그리스도의 제자들도 이렇게 말했다.

- 신 앞에서 너희 말 듣는 것이 신의 말씀을 듣는 것보다 옳은가 판단하라(사도행전 4장 19절).
- 사람보다 신을 순종하는 것이 마땅하다(사도행전 5장 29절).

소수의 사람들에 의해 세상 한구석에 세워진, 불안전한 체제의 질서가 파괴되지 않도록 하기 위해, 당신은 신과 이성에 의해 세워진 영원하며 불변의 질서를 파괴하는 고문, 학대, 살해 등의 폭력 행위를 저질러야 한다고 주장한다. 그것이 정말 가능한 일인가?

그러므로 당신은 지주, 제조업자, 법관, 황제, 대통령, 장관, 성직자, 그리고 병사로서의 당신의 지위에 대해 반성하지 않을 수 없고, 학대, 폭력, 기만, 그리고 살인으로 점철되어 있는 그것의 불법성을 인식하지 않을 수 없다.

## 최소한 죄를 인식하고, 그것을 정당화하거나 숨기지 마라

당신이 지주라면, 즉시 당신의 토지를 가난한 인민에게 나누어주어야 한다고 나는 말하지 않는다. 당신이 만일 자본가나 제조업자라 해도 당신의 돈을 노동자들에게 나누어주라고 나는 말하지 않을 것이다. 또는 당신이 황제, 장관, 관리, 법관, 또는 장군이라면 당신의 지위에서 얻는 이익을 즉각 포기해야 한다고 나는 말하지 않을 것이다. 또는 당신이 모든 폭력 체제의 기초가 되는 병사라면, 불복종에 따른 모든 위험에도 불구하고 즉각적으로 복종하기를 거부하라고 나는 말하지 않을 것이다.

하지만 만일 당신이 그렇게 한다면, 당신은 가능한 한 가장 훌륭한 일을 하는 것이다. 그러나 당신은 그렇게 할 힘을 갖지 못할 것이다. 확실히 그럴 것이다. 당신에게는 친척, 가족, 부하, 상사가 있기 때문이다. 그들은 당신에게 너무도 강력한 영향을 끼치는 자들이어서 그들을 고려하지 않을 수 없다.

그러나 당신이 언제나 진리를 진리로 인정할 수 있고, 거짓말을 거부할 수 있다면 언제나 그렇게 할 수 있다. 당신이 인류에게 유용하기 때문에, 지주, 제조업자, 상인, 예술가, 또는 저술가로 있겠다고 말할 필요는 없다. 당신은 또한, 당신에게 적합하고 익숙하기 때문이 아니라 공공의 복지를 위해 지사, 검사, 또는 황제의 지위를 유지하는 거라고 말해서도 안 된다.

당신은 물론 계속 병사로 남아 있을 수도 있다. 하지만 이렇게 하는 것이 단지 처벌이 두려워서가 아니라 군대가 사회에 필요하기 때문이라고 계속하여 주장할 수는 없을 것이다. 즉, 언제까지나 이런 방법으로 자신이나 타인에게 거짓말을 해나갈 수 없을 것이다. 왜냐하면 당신 생활의 한 가지 목적은 자신을 거짓으로부터 깨끗이 하는 것이며, 진리를 믿는 것이기 때문이다. 당신은 오로지 그렇게만 하면 된다. 그러면 당신의 상황은 저절로 변하게 될 것이다.

## 생활의 유일한 목적은 진리를 배우고 행하는 것

한 가지, 오직 한 가지 길이 있다. 즉, 진리를 인식하고 믿는 가운데 생활에 대한 자유로움을 허락하고, 그 외 모든 것은 당신의 권한 밖에 있음을 인정하는 것이다.

하지만 당신은 그렇게 하지 않는다. 그저 단순히, 당신처럼 잘못 인도되어 온 가련한 다른 인간이 당신을 병사, 황제, 지주, 자본가, 성직자, 또는 장군으로 만들었다는 사실을 받아들이고, 이로부터 당신의 이성과 마음에 명백히 상반되는 폭력 행위를 저질러야 할 의무를 지게 되었을 따름이다. 당신은 여전히 자신의 존재를 타인의 불행 위에 두고 있고, 무엇보다도, 자신이 인식한 진리 아래 의무를 다하는 대신 그것을 인식하지 못한 척하며, 자신과 타인에게 그것을 숨겨오지 않았던가!

당신은 어떤 상태에서 이런 일을 하고 있는가? 언제 죽을지도 모르면서 당신은 사형 선고에 서명하고, 전쟁을 선포하거나 직접 참가하며, 판결을 내리고, 처벌하고, 노동하는 인민을 약탈하고, 빈민들의 삶 따위 아랑곳하지 않은 채 호화스럽게 살아가며, 당신에게 신뢰를 가지는 연약한 사람들에게 거짓을 가르치지 않았던가? 그러나 당신이 이렇게 행동하고 있는 사이, 박테리아나 탄환이 당신을 공격하여 넘어지고 죽는 일이 벌어질지 모른다. 그러면 당신은 타인에게 끼친 해악을 되돌릴 기회조차 영원히 잃어버리고, 무엇보다도, 영원에서 오로지 한 번만 당신에게 주어진 지상에서의 삶을 무익하게 허비한 결과, 당신이 정작 했어야 할 유일한 일을 성취하지 못할지도 모른다.

문제는 진리의 인식 여부다. 그 진리가 우리에게 아무리 진부해 보이고 시대에 뒤떨어진 것처럼 보이더라도, 또한 위선과 최면적 암시에 걸려 엄청난 혼란에 빠지더라도, 지금 그 무엇도 이처럼 단순하고 명료하게 정의된 진리의 확실성을 파괴할 수는 없다. 어떤 외부적 조건도 우리의 생활을 보장할 수 없다. 생활은 다만 피할 수 없는 고통을 수반할 뿐이며, 여지없는 죽음으로 종말을 맞이하게끔 당신을 오도(誤導)할 것이다. 따라서 우리는 오직, 우리 자신을 유일하게 확실한 지침인 이성적 양심의 생활로 데려가주는 진리의 권능이 요구하는 것들을 부단히 성취해야만 한다.

이것이야말로 비이성적이며 불가능한 권능이 우리가 몸담은 세속적이고 외부적 생활의 조직—사회나 국가의 생활에 따른—을 우리에게 요구하지 않는 이유다. 그 권능은 우리에게 오로지 이성적이며, 확실하며, 가능한 것인 신의 나라를 섬기라고 요구한다. 즉, 살아 있는 모든 존재가 가능한 한 최대로 화합한 가운데 이런 생활을 확립할 수 있도록 노력하라는 뜻이다.

이는 오로지 진실 안에서 인류의 화합을 추구하고, 권능 안에 있는 진리를 인식하고 믿을 때에 가능하다. 인간 삶의 유일한 의미는 신의 나라 수립에 기여하며 인류에게 봉사하는 것이다. 이는 오로지 모든 인간이 진리를 인식하고, 이를 믿는 가운데서만 이루어질 수 있다.

1905년 10월 17일(일리야 레핀 作)

너희는 먼저 신의 나라와 그의 의를 구하라. 그러면
이 모든 것을 너희에게 덤으로 주실 것이다.

(마태복음 6장 33절)

신의 나라는 볼 수 있게 오는 것이 아니며,
또 '여기 있다', '저기 있다' 하고 말할 수도 없다.
왜냐하면 신의 나라는 너희 안에 있기 때문이다.

(누가복음 17장 20~21절)

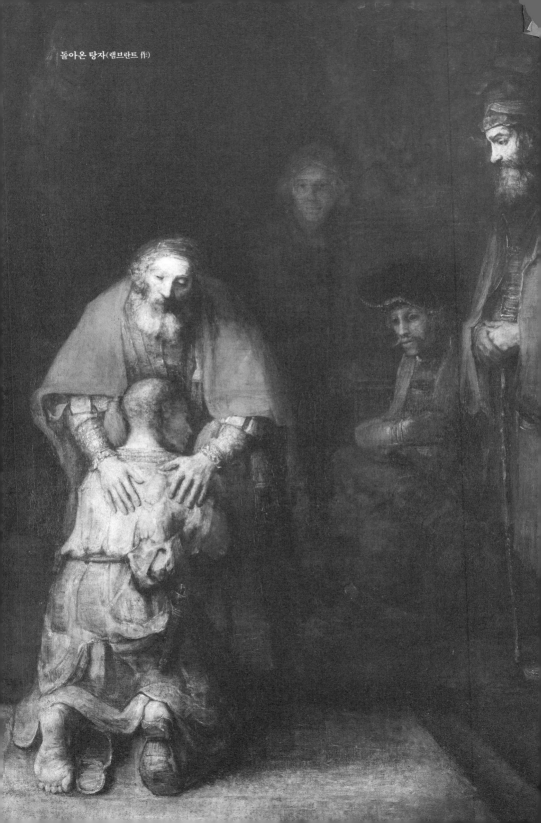

돌아온 탕자(렘브란트 作)